THE HISTORY OF WORLD

珍藏本

英国通史

THE HISTORY OF ENGLAND

全 新 修 订

钱乘旦 许洁明 ◎ 著

上海社会科学院出版社
SHANGHAI ACADEMY OF SOCIAL SCIENCES PRESS

前言

在欧亚大陆的西部终端,跨过一道海峡,有一个岛国,国名叫"大不列颠和北爱尔兰联合王国",一般称作"英国"。这个国家面积不大,人口不多,在今天这个世界上,充其量是个中等国家,若不是它在世界历史上起过特殊的作用,人们怎么也不会把关注的目光投向它。但它的历史作用实在是太特殊了,不了解它,就不能理解今天的世界;没有这个国家,现在的世界也可能就不是这个样!英国的人口和面积与它的历史地位太不相称了,在人类文明的历史上——至少在西方文明的历史上,只有两次出现过这种情况,另一次就是古罗马。

对中国人来说,英国是最早出现在我们面前的西方国家,也是迫使中国打开国门的第一个国家,对此,我们抱着复杂的心情。这种心情其实并不是中国所独有,世界上许多国家都有过,至今仍然有。不过,正是这种复杂的心情标示着英国在世界历史上的特殊作用:英国开创了世界的一种新文明,这种文明对多数国家来说是异质的,不接受它不可能,接受它却又很痛苦。这是一种当今世界的主体文明,英国开创这种文明,带给世界的,是灾难,还是福音?

在世界所有国家中,大概只有英国在产生并发展这种文明时,社会所经历的震荡最小,世人所感受的心理落差也最少。用学术的话语来说:英国是一个"原生型"的或"自发型"的现代化国家,"原生型"或"自发型"国家非常少,寥寥无几;多数国家是"派生型"或"触发型",是被迫进入现代化的,其历史的自然进程被打断,被迫走上一条它原本也许根本就不会走的路,所以,心理上的迷惘是可想而知的,历史上的震动也特别大。被强制的过程一定是非常痛苦的,这是世界上多数国家所走过的路。

英国虽平稳走上现代化之路,其历史却也不平直,也有许多曲折,它有自己的辉煌,也有自己的失落。英国在古代被强制纳入罗马文明,从此后就在欧洲文明的框架中蹒跚,和西欧许多其他地区一样经历了罗马帝国的占领,封建社会的转型,长期的社会经济停滞和徘徊,在世界文明的边缘上悄悄地生存了一千多年,不为世人所知。这一千多年的默默无闻其实是正常的,因为,作为一个小国,远离文明的中心,英国能做什么呢?但后来,当新社会的曙光初露霞曦时,英国却突然跃出地平线,机遇是瞬间即逝的,英国却抓住了机遇,也因为各种巧合,这个在文明世界最边缘的蕞尔小国居然一跃而前,领先走进一种新文明,以至后来所有国家都要跟在它后面——一个小岛带动了世界,这是奇迹,还是必然?英国的历史因此充满了难解的谜,它处处暗藏着隐喻,既诱惑人们去发问,又鼓励人们去寻找答案。英国的历史极其诱人,你要想了解现代世界,就应该首先从英国历史开始。

历史本来是生动的,它原本是故事,是活人演绎的活报剧。写历史本来也应该很生动,它把生活录写成文字,因此是倒装的创作:先演剧,再写剧本。但在很长一段时间里,中国的历史书不好看,它把历史视作教条,似乎生活都从条文里出来,而不是相反。于是,生活和故事都没有了,有的只是几根骨架,架子上挂着几条干枯的肉丝,刚好符合条文的需要。如此写历史历史便死了,所以应恢复历史的生动性,让它活生生地体现出来。

这本书是英国历史的一个剪影,它尽量写出生活、写出故事情节,让历史书生动起来。但受到篇幅的限制,这个目标仍很难达到。读者可以看出,虽书中笔法尽量通俗,其立意却仍是学术的准确性,观点和结论是研究所致,并非想当然,也非从众之说。许多地方与众说不同,这正说明是研究的结果,因而更符合历史的真实,也更接近国际学术界的研究成果。我们力图写出一个生动活泼的学术面孔,目的是为了方便读者,让各种读者都可以感兴趣。这毕竟是一个"简史","简"就简在不仅使漫长史事长话短说,而且将烦琐的考订隐于幕后,让读者直接接触历史过程;反过来,学术也能接近更多的读者,让他们了解更多的历史。

希望这个目标能达到。

目录

- 1 前言
- 1 **第一章 从远古到罗马占领**
  - 1 一、自然环境与海
  - 3 二、早期的人类活动
  - 10 三、罗马统治下的不列颠
  - 17 四、罗马人撤离
  - 18 作者点评

- 19 **第二章 盎格鲁-撒克逊时期的不列颠**
  - 19 一、军事征服
  - 21 二、基督教的传播
  - 23 三、"七国"和威塞克斯统一的努力
  - 27 四、社会、文化和经济
  - 35 五、盎格鲁-撒克逊时代的结束
  - 37 作者点评

- 38 **第三章 诺曼底征服和封建制度的发展**
  - 38 一、诺曼底征服和封建制度的确立
  - 44 二、安茹诸王
  - 47 三、早期的威尔士、爱尔兰和苏格兰问题
  - 49 四、教会、行政、司法
  - 56 作者点评

- 57 **第四章 《大宪章》和议会的起源**
  - 57 一、男爵叛乱和《大宪章》
  - 62 二、《牛津条例》和《威斯敏斯特条例》
  - 65 三、对威尔士和苏格兰的征服
  - 68 四、爱德华一世的法制和议会的起源
  - 72 作者点评

73	**第五章　英法百年战争和红白玫瑰战争**
73	一、百年战争
82	二、红白玫瑰战争
84	三、统一与民族意识的增长
89	作者点评

90	**第六章　中世纪的经济、社会和文化**
90	一、经济情况
95	二、社会分层与状况
100	三、教育、科学、文学、艺术
107	作者点评

108	**第七章　都铎王朝与宗教改革**
108	一、王权的加强
112	二、宗教改革
119	三、圈地、毛纺织业、人文主义文化
125	作者点评

126	**第八章　伊丽莎白女王时代**
126	一、巩固政权，打败无敌舰队
130	二、经济发展与社会变化
136	三、辉煌的文学成就
140	四、女王统治后期
141	作者点评

143	**第九章　早期斯图亚特王朝**
143	一、詹姆士一世与议会的矛盾
148	二、查理一世激化矛盾
151	三、经济状况，殖民活动的开始
155	作者点评

第十章　英国革命
- 156　一、内战及各派政治力量的斗争
- 164　二、从共和国到复辟
- 170　三、经济、社会、思想文化
- 175　作者点评

第十一章　复辟与光荣革命
- 176　一、查理二世的统治
- 181　二、詹姆士二世与光荣革命
- 186　三、复辟时期的经济与社会
- 192　作者点评

第十二章　贵族的优势
- 193　一、君主立宪制的完善与发展
- 198　二、殖民争霸和第一帝国
- 203　三、乔治三世个人统治的失败
- 206　四、贵族统治下的社会生活
- 212　作者点评

第十三章　工业革命与拿破仑战争
- 213　一、工业革命的成就
- 222　二、保守主义政治
- 226　三、反法战争
- 231　作者点评

第十四章　第一次议会改革
- 232　一、"旧制度"
- 234　二、改革前的社会力量对比
- 238　三、改革运动与1832年改革

249　作者点评

第十五章　维多利亚时代
251
- 251　一、反谷物法胜利与自由资本主义的鼎盛
- 254　二、宪章运动
- 263　三、竞相改革的年代
- 269　四、维多利亚时代的经济、社会与文化
- 274　作者点评

第十六章　工会运动与工人政党
275
- 275　一、工会运动的产生与发展
- 282　二、工会参政与工党建党
- 289　作者点评

第十七章　争夺世界帝国
290
- 290　一、"第二帝国"的形成与发展
- 295　二、"炮舰政策"与"自由帝国主义"
- 300　三、爱尔兰的沉沦与复兴
- 303　四、争夺非洲及英布战争
- 311　作者点评

第十八章　从第一次世界大战到第二次世界大战
312
- 312　一、20世纪初到第一次世界大战
- 318　二、自由党衰落与工党崛起
- 323　三、殖民地民族运动与英国的统治
- 330　四、第二次世界大战
- 335　作者点评

第十九章　走向福利国家
337
- 337　一、"福利国家"与"英国病"

346	二、殖民地独立与英帝国解体
354	三、从"帝国情结"到融入欧洲
357	作者点评

358	**第二十章　此去何方**
358	一、寻找新方向
364	二、英国与欧洲，英国与世界
370	三、是"合"还是"分"？
375	作者点评

376	**结束语　过去、现在与未来**
380	**附录一　英王世系简表**
384	**附录二　英国历届首相表**
387	**附录三　英联邦成员国一览表**
389	**附录四　进一步阅读的书籍**
398	**后记**

第一章 从远古到罗马占领

一、自然环境与海

土地养育着人民,环境制约着发展。英国是一个岛国,英国人具有岛民特性:他们生活在四面环海的岛屿上,英国总面积244 200平方千米,东邻北海,西、北面对大西洋,南面是英吉利海峡,与法国隔海相望。

地理学上这里叫"不列颠群岛",它们星星点点地散布在欧洲大陆西北边的水域中。其中最大的岛屿——大不列颠岛,上面分布着英格兰、苏格兰和威尔士三个区域单位。北爱尔兰和爱尔兰共和国分享第二大岛——爱尔兰岛,但在政治上,北爱尔兰和大不列颠共同组成"联合王国",爱尔兰共和国则是独立于联合王国而存在。至于那些环绕两大主岛的卫星岛,它们与联合王国的政治关系不尽相同:北部的设得兰群岛、奥克尼群岛、赫布里底群岛、爱尔兰海中的盎格利西岛、南部的锡利群岛和英吉利海峡的怀特岛在政治上属于联合王国;马恩岛和海峡岛既不属于联合王国,也没有加入欧洲联盟,然而,它们都是英联邦的成员,拥有立法权、司法权和行政管理权,同时又与英国王室有特殊的关系。英国政府在国际事务和防务方面对马恩岛和海峡岛拥有代表权,在某些情况下尚可干预其行政事务。

从地图上看,0度子午线穿过伦敦东部的格林威治天文台,爱尔兰岛的最西部在西经10度,从英格兰东海岸到威尔士西海岸最宽地带也只有300英里(483千米)。英格兰东南部的利泽德角正切北纬50度,而苏格兰东北海岸的设得兰岛则处于北纬60度。这样,从英格兰的最南端到苏格兰的最北端只跨越10个纬度,最长也不过600英里(966千米)。在欧洲国家中英国的面积之小可想而知。然而,小有小的好处,它有助于政治统一,社会、经济和文化生活易于交流,制度容易规范化。

英国海岸线异常曲折,构成了许多港湾。在英国,"内陆"离海洋最远处也不过75英里(120千米)。在人类历史兆始之时,不列颠尚不是游离在大陆之外的孤岛,而是欧洲大陆的一部分。后来,随着冰河纪晚期的冰川融化,海水升高及其对陆地低洼处的侵蚀,才形成北海和英吉利海峡,而不列颠也与欧洲大陆分离。但是,位于欧洲大陆架上的不列颠诸岛沿海水域不深,一般在300英尺(90米)以内。同时,当大西洋暖流缓缓穿过这个"陆桥"之时,它温暖了空气、提升了水温,使不列颠的气候与同纬度其他地区相比,都要暖和宜人。浅水、暖流、深湾共同构成了远古时代养育不列颠人的天赐富源。

不列颠岛地貌特征也是自然界几百万年长期发展变化的结果,在史前的几百万年中,地壳的运动曾使海底升腾,被折叠挤压而形成了英国最古老的陆地。后来,暖温时代的冰川消融又使这块土地大部分被沼泽和森林覆盖。此后,沙丘和泥土掩埋了森林,使其遗骸构成了英国的煤矿藏。而且,此后数世纪中,不列颠的气候一度在温带气候和亚北极圈气候间反复交替,使那些因地壳运动而升起的地块受到冰风雨雾等因素的影响,山峰被削平、洼地被填满,形成不列颠的谷地和平原,沿海地带低洼,海岸线凹凸曲折。远古时代地理和气候的变化还造就英国的诸多河流,在这幅员不大的国土上,河流分布的细密令人惊异:苏格兰有克莱德河、福斯河和特温得河;英格兰和威尔士有泰恩河、特伦特河、亨柏河、塞文河、埃文河、迪河和泰晤士河;北爱尔兰有斑河与拉根河。

除此之外,英国的地貌特征还可大致分为低地区和高地区两个部分,这种划分在历史上对于人口定居、军事征服、交通与工农业发展都有意义。大体上说,高地区主要分布在西部和北部,低地区主要分布在南部和东部。在低地区,海拔一般不超过1 000英尺(305米)。从地质结构看,西部和北部多为远古地球运动所造就的古老岩石。南部和东部则因气候变化而形成沙丘、黏土和石灰地,这是一个特别适合于精耕细作和畜养家畜的沃原。

从总体上看,英国的气候是温暖宜人的。夏日气温一般在摄氏32度以下,冬天则保持在零下10度以上。当然,由于受海拔高度的影响,苏格兰高地比英格兰低地夏凉冬冷。例如,北部的设得兰群岛冬天的平均气温在摄氏3度左右,夏天在12度左右;最南部的怀特岛冬天的气温平均为摄氏5度,夏天为16度。

对英国降雨量发生影响的主要因素有:穿越大西洋的低气压;每年大部分时间都有的西南风;朝向大西洋的漫长西海岸;海岛的狭长构造;以及西高东低的地理结构。结果,西部和北部降雨量最大,为年平均60英寸(1 500多毫米),秋冬季是落雨的高峰时节。相比之下,由于西北高地的屏障作用,东南部的降雨量只有年平均30英寸(不到800毫米),夏季降雨更多一些。但总的说来,英国是一个降雨量充沛,多淫雨大雾、少暴雨洪灾的国家。

海在英国人的生活中是一个最重要的因素,与海洋相关的一切物质和精神财富都是不列颠人的至宝:古代社会因海的便利带给不列颠人开放的文化价值观。近代时期,不列颠人为寻求财富而通过大海走遍全世界。中世纪的英格兰国王因海的屏障而不必保有常备军,近代初期这个民族比欧洲许多国家都更早地实现了政治统一。海的便利和海洋的屏障作用同在,21英里(34千米)宽的英吉利海峡把英国与大陆相隔,使英国既容易保持独立,又避开了岛国常出现的孤立、封闭和停滞。在古代,它把英国带到古代文明的摇篮地中海;到后来,它又给英国带来基督教、文艺复兴和宗教改革。16世纪以后,世界商业贸易的重心从地中海移向大西洋,曾经位于文明边缘的英国人,突然发现自己处于世界文明变化的中心,因而就更加奋发图强。这一切无不与海岛的独立、海的屏障和航海的便利息息相关。所以,在不列颠自然史上一个有纪念意义的重大事件是,在公元前6000年左右,地质运动所带来的北海潮水淹没了不列颠与欧洲大陆的连接之处,不列颠从此成为与西欧大陆隔海相望的岛,不列颠人也就成了靠海而生存的海洋民族。

二、早期的人类活动

从整体上看,人类的历史比不列颠岛的自然历史更古老。在更新纪时代,中非的南方古猿已经用熔岩和石英小卵石制造粗糙的砍削器,直立人则开始用岩石制作有边手斧。非洲的手斧文化向北传播,在40万年前到达摩洛哥,30万年前到达法国。据估计,当不列颠尚与欧洲大陆相连之时，人类是在第二纪冰期中一个较为温暖的时代，追赶着驯鹿和麝牛而不知不觉来到不列颠的。在肯特郡发现的手斧说明，至少在30万年前人类已在不列颠群岛生存。这些首先进入不列颠的人类先祖尚处在从直立人向智人过渡的时期，1935年在离伦敦18英里、位于泰晤士河边的肯特郡斯旺斯孔布村发现的头骨化石，说明生活在20万年前(旧石器时代)的斯旺斯孔布人，已经不再是直立人，而开始属于接近现代人的智人了。

托马斯·霍布士说过，旧石器时代的生活是"孤寂、贫困、艰辛、残忍和短暂的"，人的生命周期一般在25年左右，男人们追捕猎物，妇幼则采果挖根以维持生计。在游猎社会每500平方千米土地上的物产才足以满足一个人的生存所需，据此推测该时代的不列颠最多只会有500个人。在埃塞克斯郡的克拉克顿海滩发现了代表英国旧石器时代早期的克拉克顿文化，年代大约为25万年前，这里出土的石器有中心厚边沿薄的类似于手斧的砍砸器，以及由薄石片做成的具有刀刃性质的尖状器和刮削器。这类工具一般都会有多种用途，它基本上属于早期斯旺斯孔布人的杰作。

此后，法国的勒瓦卢瓦文化打制石片技术表明人类开始了一场制作工具的革命：人类从龟形石核上打下一边平直的大石片，制成无需加工就有锋刃的、能剥制兽皮的石刀，有些石片工具的粗端还加以修整，以便装柄，人类还用薄石片直接制成各种有专门用途的手斧。在第三纪间冰期，勒瓦卢瓦文化向不列颠推进。紧接着是第四冰期(武未冰期)的莫斯特文化，其特征是刀口经过修整的石片工具，或两个切削面的石核工具，这些工具的制造者是生活在10万—15万年前的尼安德特人。尼安德特人用兽皮制衣，使用火，以采集和狩猎为生，开始掩埋死者的尸体。他们已领悟到生命的短暂，有了生命的观念，并开始朦胧意识到一种看不见的力量。到公元前4万年左右，克罗马农人取代尼安德特人，克罗马农人已是真正的智人——高大、直立、强健，他们是真正的猎人，猎取驯鹿、野牛、野马和猛犸象，他们制作窄长形的两面打制的叶形尖器，从而发现了切削刀的原理，他们发明了石制凿子，用以把骨头和鹿角做成尖矛、箭、渔叉等，还可用来雕刻宝石，可见旧石器时代晚期的人类已经有了审美意识。克罗马农人的叶形尖器文化曾从法国传到不列颠，在德比郡的克罗斯韦尔发现了用来制作皮衣和雕刻骨头的燧石工具，这时大约在公元前13000—前9000年左右，人们在这里发现了第一个有明显不列颠特征的文化——雕刻着一匹马的骨片，这是出土很少的英国旧石器时代的艺术品。

公元前8300年左右大冰川时期突然结束了,旧石器时代人类所追猎的野牛、驯鹿、犀牛也突然消失,取而代之的是躲藏在大森林里的喜暖的小动物赤鹿、大角鹿、野猪等,以及桦木、松树、橡树、榆树和菩提树。环境的巨变摧毁了旧石器时代晚期的采集狩猎经济,而让位于中石器时代的渔猎经济。人类开始学习抓鱼、捉鸟、逐鹿。他们开始制作独木舟、渔叉、长矛、弓箭。这时,北海一带的马格莱莫申文化和法国的塔登努阿文化为不列颠人提供了中石器时代的生产技术:马格莱莫申人制作了伐树造舟的扁斧,塔登努阿人则精于制作几何形的小燧石工具,这些小燧石安置在木棍上就成了长矛、渔叉和箭。两种文化在不列颠的混合促进了不列颠土著文化的产生,位于英格兰西苏塞克斯的霍舍姆文化就是其中一种。霍舍姆人用塔登努阿人的小燧石和马格莱莫申人的重型手斧,在不列颠第一次建造出一种宽8英尺、深4英尺,以树枝和草皮做顶的"住房"——穴坑。

新石器时代的农耕和畜牧业是并存的。农耕经济兴起于今天的西亚、北非地区,它为人类的生存提供了10倍的资源,是工业革命出现前人类生产力发生的最大一次变化。在这个时代,那些身材纤细、面孔黝黑、头型窄长的地中海人向东到达多瑙河,向西沿西班牙海岸北上,经布列塔尼到达英格兰、爱尔兰和苏格兰,这些人被称为"伊比利亚人"。到公元前3800年左右,新石器时代的农业文明已经取代了中石器时代的渔猎文化。

起初,新石器时代的拓殖者在石灰石高地、海边沙地和白垩土低地定居下来。他们清除森林,开垦沃土,饲养牛、羊、猪、狗,种植大麦小麦,制作陶器,穿戴兽皮衣装。新石器时代不列颠农业最有代表性的遗址是威尔特郡的温得米尔土丘文化。这里留下了新石器时代人用土埂围起的营地,它们由围绕同一圆心的沟渠和堤防组成,沟渠堤防又常常被一条条指向中心的堤道所切断。温得米尔山丘上最大一个营地遗址外圈占地23英亩,内圈占地为外圈的1/4,与沟渠交叉的大量堤道表明,营地是用以保护家畜免遭侵袭的。新石器时代不列颠人的住房最初是用橡树桩支撑兽皮而造成的地穴式土坑,后来慢慢地露出地面,成为半地穴式的房屋。他们用燧石手斧砍橡树桩,为寻找制造大砍伐器的燧石,他们在白垩土上挖掘30—40英尺深的矿井,采出燧石制成手斧。这样,温得米尔山民开始了不列颠最原始的开采业——采石业,而手斧制作也成为远古不列颠最早的制造业。以温得米尔土丘文化为代表的新石器不列颠人显然是群居的,他们有营地、燧石矿坑、带有火塘的半地穴式集体住所,并营造长100—400英尺、宽30—50英尺、高约12英尺的长方形集体殡葬墓室。

  英格兰科茨沃尔德丘陵的古墓室是由巨石建造的,墓室可容5—50人不等,可供数年丧葬之用。在爱尔兰、苏格兰东南部、设得兰群岛、奥克尼和西部群岛上共有上百处类似的墓葬遗址,有的是由一条通道进入的圆形墓室,有的是由直立的巨型石板建造的方形墓室,内部由平行石板隔成分室。这些建筑使用的石头重约4吨、8吨、10吨不等,显然,从巨石的开采、运输到古墓的建造并非一个家族能完成,从社会学角度看,它说明在新石器时代,不列颠已存在超家族的政治单位。从宗教学意义上说,对于原始社会普遍流行的再生观念,巨石古墓起到了使死者灵魂免于离散,从而再次进入新生命的作用。不论怎样解释,这些荒凉而醒目的纪念物,在英格兰、爱尔兰、苏格兰和威尔士的山丘上至今仍然历历在目。

  此后,与青铜时代相联系的"大杯文化"出现在不列颠,一支被后人称为"大杯人"的游牧人群,从莱茵河谷越过海峡进入不列颠,他们的名称来自精良制作而呈褐红色的杯形壶,其形体庞大,故为"大杯"。大杯人的居所比新石器时代的不列颠人要简单,但其陶器要精致得多。大杯人穿亚麻衣服,不再实行集体墓葬,而是用平底坟、圆形坟作单体葬。墓室中常出土戟、弓、箭、装饰品和大杯壶。一些史前史学者曾认为,大杯人把冶金术从莱茵河畔带到英格兰,现今的考古学家证明,英格兰的大杯居民是从爱尔兰得到铜制短剑和手斧的,这些东西有可能是在新石器晚期从埃及传入西班牙,又从西班牙传入爱尔兰。不管怎么说,到公元前2000年,爱尔兰人已开始用康沃尔生产的锡制造青铜扁斧和戟。可见,即使说大杯人是迁徙而来的,也不是他们带来制造青铜器的技术,而是爱尔兰工匠创造了灿烂的不列颠青铜文化。总之,在不列颠,迟至公元前1400年,青铜扁斧和戟已取代了石制的武器和工具。

  在威塞克斯出土的墓葬表明,大约在公元前1900年左右,大杯人开始有贫富分化和等级差别,圆形大墓里的殉葬品远较普通圆坟的多:两边有凸缘的戟、青铜匕首、石制权标头、金耳环、骨镊子、饰针和精美的陶器。显然,这些墓主是大杯人社会中的武士贵族。青铜时代的不列颠无疑已是一个人口较多而富裕的,开始出现等级分化的社会了。

第一章 从远古到罗马占领

在英格兰的索尔兹伯里平原上，至今还矗立着一群群史前巨石，对于这一景观，美国小说家亨利·詹姆斯说，"它孤独地屹立在历史上，如同它孤独地屹立在这块大平原上一样。"人们把这些巨石称为"斯通亨治"（石林）。对这些神秘莫测的巨石群，有人推测说，"斯通亨治Ⅰ"是新石器时代的索尔兹伯里人在大约公元前2900—前2500年间建造的。

英格兰中部索尔兹伯里平原上的巨石群

这一石群方圆380英尺，向外有一条通道，圈外100英尺处有一块巨大的侧石，若站在圆石林的中间，可在侧石上看到仲夏日的日出，即天文学上称为"日至"的现象。"斯通亨治Ⅱ"是大杯人在大约公元前2000年建造的，那是由沟内和堤上都置有巨石的两道同心圆组成，使用82块各重5吨的青石，都是从遥远的威尔士运来的。青铜时代的不列颠先祖在荒野泽地和山丘土岭上，还建造了许多这类圆形巨石林，但其规模要小得多。"斯通亨治Ⅲ"是由后来的威塞克斯的部落首领们建造的，其中最著名的是阿维伯里石林，其结构较之斯通亨治Ⅰ、Ⅱ发生了很大变化。据推测，人们把这组每块重25吨的天然巨石，从20英里外的马尔博罗运来，矗立在地面，又在上面放置每块重7吨的巨石作为过梁。这个圆石林方圆97英尺，圈内建有五个巨大的三石塔，形成一个马蹄形内圈，开口处正对着圆石林外的一块侧石，在整个圆形石林的外边围有土埝和壕沟。这项工程的技术难度在于，把一些高25英尺、重约20吨的巨石围成一圈后，要在立着的石头上打凸榫，在作横梁的石头上凿卯眼，然后把过梁架立在两块直立的石头上。

这样的工程需要有组织的劳动大军，这是显而易见的。但巨石群意味着什么？其用途何在？这些令后人百思不解。巨石群无疑反映了一种宗教的驱使力，因为很难推测除宗教的力量之外，还有什么东西会使原始的不列颠人，建筑像阿维伯里巨石群这样的欧洲最大的人造石群。"斯通亨治"很可能是一种祭祀太阳的神庙，因为对仲夏日出的观测构成了整个建筑的轴心。或许每一组巨石群都不仅仅是一个神庙,它还是原始不列颠人的"天文台"。斯通亨治在原始的社会生活中很可能起这样的作用:是一个日历,告诉人们何时该去播种,何时应去收割,远古时代的祭司还能根据这个日历去宣召人们参加对日月的祭祀活动。在社会学和政治学方面,巨石群给人的启迪是:建造这样的巨大工程其前提条件是政治权力的相对集中,同时,还需要一个相对稳定和有一定物质基础的社会环境。可见,不列颠的巨石群不仅是对太阳神的纪念,而且是对原始不列颠人技术能力和社会组织能力的纪念。

公元前 2000—前 1100 年,在"大杯文化"和"威塞克斯酋长制文化"的基础上,形成了两种新的不列颠人文化:泰晤士河之北的陶土食器文化和泰晤士河之南的陶瓮丧葬文化,两者都得名于其墓葬出土的器物。泰晤士河之北的不列颠人制造简陋的粗陶器,妇女们佩带金耳环和用约克郡煤玉制成的项圈。泰晤士河之南的不列颠人死后火葬并用陶瓮保存骨灰,他们种植亚麻、小麦和大麦,驯养羊群,纺织羊毛,分散居住在围成一圈的圆形小石棚内。这些施行陶瓮丧葬的人后来向北发展,进入约克郡、兰开郡、苏格兰,甚至在整个不列颠群岛形成一种统一的迁徙农业文化。

后来,农业技术和冶金技术都发生深刻的变化,这种变化是由高地区域地力的消耗而引起的,人们开始向土质肥沃的低地区集中,强调土地使用的长期性和谷类种植,他们力求保持某种生态平衡,因此用混合农业取代了迁徙农业。人们在整齐的方形田地里种植谷物,并出现了圈围起来的"畜牧场"和"存猪栏"。这种文化被称为"德弗雷尔-里姆伯里"土著文化,今天在苏塞克斯郡和多塞特郡仍可见到这些圈围牧场的遗址,它暗示着土地作为私有财产的出现。在混合农业社会里,青铜制造业有了显著的进步:古老的长剑为双刃重剑代替,连把手斧、连杆长矛、镰刀、刃器、器皿桶具都是青铜制造的,铜盾、马具也讲究起来,龙头已包括缰绳、口衔、铜环等物。

在不列颠,与铁器时代相关的一般称为克尔特文化。何为不列颠克尔特人?他们是什么时候来到不列颠的?这些是难以回答的问题,难就难在今天"celt"一词只指一种语言,而不指一个种族和文化。尽管如此,从广义上说,克尔特人是铁器时代欧洲的和前罗马时期印欧民族的一个部分,其支系分布在从大不列颠群岛、西班牙到小亚细亚的广大区域。其中有一部分后来被吸收进罗马帝国,如布列吞人、高卢人、波伊人、加拉西亚人、克尔特伯利亚人等。不列颠克尔特人指的是当公元1世纪罗马人征服不列颠时,他们所见到的说克尔特语的不列颠土著居民,其中包括在公元前1世纪才进入不列颠的比尔盖人。许多历史学家还认为,早在公元前7世纪那些把奥地利的哈尔布塔特文化带到不列颠的人们已经操说克尔特语了。不管怎么说,在公元前7—前1世纪,那些操克尔特语的人改变了不列颠的社会生活:武士们带着铁戟和铁刀,农夫们带着铁镰、铁斧和窄形的铁犁铧。后来,不列颠克尔特人制造了配有条幅铁双轮和铁马衔的战车,比尔盖人的制铁技术更为精湛,其铁斧已能劈砍巨树,铁犁已能深耕土地。不列颠的克尔特居民还用铁条作为货币,在多塞特郡布拉斯通伯里出土、重309.7克的扁形铁条,就是商人们用以交换商品的钱币,比尔盖人用铸币把陶轮买到不列颠,又把不列颠的谷物、铁、锡、兽皮和猎狗卖到欧洲大陆。

在英格兰南部,分布在各地的3 000多个各式各样的栅栏城,是铁器时代的特色,它们大的占地50公顷,小的只有半公顷,有人称之为"山堡",因栅栏城一般都筑在山丘之顶;也有人称之为"山寨",因为它们大多是一些建在悬崖和海岬高处的村子。无论怎样称呼,这些栅栏城都是不列颠克尔特人的居住、宗教和政治中心,也是有经济意义的牧地围栏区。当然,它更重要的作用是防御。栅栏城建筑在大约公元前1200—前150年间,只分布在英格兰南部。在英格兰的西部和北部,铁器时代的不列颠人大概喜欢住在带围栏的宅地或空旷的村落中。在苏格兰,直到罗马时代,克尔特人仍住棚屋,裸体赤足,以采集狩猎为生。克尔特人的社会已具有军事贵族制性质,这一点被其辉煌的墓葬所证实,军事贵族入葬时带剑披盔,全副武装,还有酒器和战车等随葬品。

后来,当比尔盖人的王国强大到足以结束部落之间的征战时,英格兰南部的栅栏城就消失了。在比尔盖人的诸国王中,最强大的是莎士比亚戏剧中称为"辛俾林"的国王库诺比林努斯,其王国以埃塞克斯郡和赫特福德郡为中心,广及牛津、肯特和森林区。这时,不列颠基本的政治形式是"王"制,即以军事首领为中心,其周围有一批武士。部落民分为三个等级:祭司、武士和农民。人们信奉督伊德教,督伊德教认为人类灵魂不死并在逝者和活人间传承。督伊德教信奉万物有灵,以荒野的橡树林为其神殿,以槲寄生和月亮为崇拜物,并为防止战争和疾病而实行人祭。祭司起着与现代的教师、预言家、医生和法官相类似的作用,他们辅佐国王,教海居民。总之,在恺撒到达不列颠之前,不列颠克尔特人处于部落社会晚期的混合农业时期,他们使用铁制武器和工具,有自己的货币和细陶器,知晓人类生存的意义,有着原始的宗教意识,建立了自己的政治组织。

三、罗马统治下的不列颠

公元前55年8月的一个夜晚,卸任罗马共和国执政官而新任高卢总督的尤利乌斯·恺撒,带领两个军团1万人,乘坐80条快船从法国的布洛贡出发,一路向西方神秘的岛屿驶去。次日清晨就看到朦胧的多佛港峭壁上布满了守备的布列吞人,恺撒只得继续扬帆北上,进入一片开阔的海滩,然而,布列吞人也在陆上移动,并冲入岸边的浅滩迎击罗马人。此后,经过小规模的战斗,布列吞人在罗马的强大阵容下惊慌而逃,恺撒夺得了滩头堡,但由于后援船队遭遇大风暴无法抵达,处于危险中的罗马人只好带着布列吞人质匆忙返回大陆。

恺撒

第二年,恺撒带领800海船2.5万人,毫无困难地登上不列颠岛。他们迅速向内地进军,渡过泰晤士河,打败了不列颠南部最强大的国王卡西维拉努斯。但是,两个月后发生在高卢的起义又迫使恺撒率军回撤欧洲大陆,他从此再没有机会踏上这片土地,罗马人对不列颠的征服也因之推迟了一个世纪。

恺撒征战不列颠的初衷是:处罚为高卢起义者提供避难所的布列吞人,同时又垂涎这个海岛的珍珠、金银和谷物,他想为罗马夺得一片神秘的土地,以便建立新的行省来增加共和国的赋税收入,同时,用军事上的胜利来实现他自己的政治野心。总之,征服不列颠是罗马人开疆扩土的需要,但在客观上,罗马人给这片土地留下了最早的文字记载。从恺撒远征到公元43年克劳狄入侵这一个世纪中,布列吞人与罗马人的商业贸易

第一章 从远古到罗马占领

和文化交流扩大了,许多罗马侨民和商人在内战爆发后沿着恺撒的足迹从高卢移居不列颠,开始了拉丁文化对不列颠的潜移默化的影响。

公元43年,刚刚登基的皇帝克劳狄希望通过军事胜利提高自己在罗马军中的威望,同时,莱茵军团势力膨胀,又造成对其帝位的威胁。克劳狄下定决心,从其中抽调两个军团移师不列颠,同时罗马帝国政府还认为,要铲除高卢的督伊德教就得征服其发源地不列颠。出于上述种种理由,克劳狄命令阿鲁斯·普劳提乌斯率4万人向不列颠进发,普劳提乌斯扬帆启航,直驱肯特郡的里奇博雷夫港。登陆成功后,他们避开风暴,横扫肯特,直捣卡图维拉尼王国的首府科尔切斯特。到公元47年,罗马人已征服了不列颠低地区,建成从埃克塞特到林肯的壕坑大道。公元61年,罗马人抵达督伊德教的中心盎格利西岛,野蛮地屠杀督伊德祭司和女教徒。

罗马人带来了沉重的赋税和兵役,带来官吏的压榨和高利贷的盘剥,这迫使普拉苏塔古斯的王后波迪卡在公元60年联络南部埃塞克斯的特林诺瓦提斯一道起义,他们攻占科尔切斯特,扫荡了伦敦城,迫使正在盎格利西岛镇压督伊德教徒的普劳提乌斯急速回兵,才挽救了罗马人在不列颠的统治。这样,克劳狄历经18年才最终征服了不列颠。

拉迪亚德·基普林在1911年发表的《河之谣》中写道:"罗马人来了,飞扬跋扈,架桥又筑路,统治这片国土。"阿萨·布里格斯在1983年出版的《英国社会史》中写道:"无论罗马人出于何种经济和政治动机,他们在很大程度上是传播'文明'。或者如塔西陀所说,是'促使一个迄今因分散、野蛮而崇尚武力的民族突然间心甘情愿地变得平和、安闲起来。'"

波迪卡起义后,罗马人开始采用相对温和的统治政策。公元78年,罗马史学家塔西陀的岳父阿格里古拉出任不列颠总督,他利用修筑通向威尔士的罗马大道和沿途修建驻军城堡这一方略,完成了对威尔士的征服。他尝试着远征苏格兰而未获成功。公元83年,阿格里古拉完成了绕行不列颠诸岛的远航,并制定了征服不列颠全岛以确保罗马人统治的政策,但未及付诸实施便于公元84年被召回罗马。在他担任总督期间,一度实行诸如公平赋税、取缔垄断、革除贪官、鼓励建筑、维护教育、推广拉丁语等贤明措施,使英格兰土著居民渐渐抛弃原有的生活方式而效仿罗马人,以此巩固了罗马人在不列颠的统治。

后来,由于帝国需要更多的军队在多瑙河设防,罗马在不列颠的驻军

英国通史

从公元60年的4个军团6万人,减少到公元100年的3个军团4万人,分驻在南威尔士的卡那封,英格兰西北部的切斯特和北部的约克。而且,伦敦城作为对外贸易和岛内商业的中心而得到迅速的发展。罗马人占领不列颠后,在伦敦城和上述三个驻军中心地之间,修筑了宽20—24英尺、长5 000多英里的石块路。这就是可供四轮马车全年通行的"罗马大道",在罗马大道上,每隔8—15英里就设一个驿站,有的驿站还备有驿马和淋浴设施。修路的初衷是为了调兵运辎,但后来成了商业发展和信息传递的媒介,成为巩固罗马人在不列颠统治的工具和使不列颠拉丁化的第一个载体。

罗马皇帝哈德良于122年出访不列颠行省,又提出建筑"长城",以阻止北方不列根特斯人南下与南方不列根特斯人结盟的策略。122—128年,罗马人修筑了一道从泰恩河口到索尔韦湾横贯不列颠岛的石泥混合城墙,墙高15英尺,底宽10英尺,顶宽7英尺,长73英里。并在城墙上设有塔楼,每间隔1英里还建有城堡和兵营。这条长城被称为"哈德良长城"。公元143年,罗马人又在从福斯湾到克莱德河口的地方修筑了一条长37英里的土墙"安东尼长城"。公元210年,罗马皇帝苏维鲁斯加固了"哈德良长城",直到4世纪末罗马人仍用这个长城作防卫工事。

哈德良长城和阿格里古拉城堡为不列颠南部赢得了300年的安宁,使它分享到罗马帝国的和平时代。在这些年代里,罗马人通过利用克尔特部族首领进行地方自治,以及促进不列颠土著社会上层拉丁化的方法来维持他们在不列颠的统治。这样,城镇成为罗马人统治的工具,也成为使不列颠拉丁化的第二个载体,罗马人的生活方式,罗

哈德良长城遗迹

第一章 从远古到罗马占领

马帝国的文化正是通过城镇向不列颠乡村辐射的。

罗马人在不列颠建设的城镇大体分三类:退休老兵最先在科尔切斯特、林肯、格洛斯特和约克建成四个殖民城。同时,罗马不列颠的统治中心,即原来称为"维鲁伦"的克尔特人旧都逐渐发展成较大的城市,伦敦则在泰晤士河上架桥设栈,利用其宽阔的河口辟港纳船,变成了商业中心,从而可以与维鲁伦相匹敌,结果,两城都取得"都城"的地位。另外,帝国政府又将克尔特人的部落中心组建成行省下属的自治单位,使克尔特贵族迁居其中,给他们有限的罗马公民权,并把这些类似于后来的特许自治市的居民点称为"平民城"。这三类城镇都有富裕市民组成的议事会,议事会负责推举管理街道、水渠等公共建筑,以及行使司法权的地方长官。罗马统治时期不列颠有二三十个较大的城镇,其人口规模从伦敦的1.5万人到平民城的1 000人左右不等。文化教育、政治活动和闲暇中心都集中在城镇,周围的乡村则从属于城镇的管理。罗马时代不列颠城镇的基本格局是,城镇中心有一个广场,四周为店铺和公共建筑,较大的城镇以直线条和长方形规划为棋盘形。这些城镇从一开始就具有一种与土著不列颠文化完全不同的社会和文化风格:广场上分布着神庙、大会堂、公共浴池、戏院、圆形竞技场和角斗场等公共建筑,罗马人给不列颠带来了以城镇为中心的生活方式和文化习俗。

当然,由于这些城镇大多是罗马人强加给不列颠的,并非不列颠经济政治和社会生活自然发展的结果,所以,除了伦敦有自己的造币厂、码头、工场和向外辐射的罗马大道,从而成为不列颠的经济中心之外,其余城镇甚至连自我维持的经济力量都没有,它们实际上是寄生于乡村的。而且,由于乡村尚无力生产大量的余粮以维持城镇的工商业人口,所以,在漫长的罗马征服时代,尽管各城镇都有自己的发展史,但它们基本上是作为罗马帝国政府的行政管理中心而存在的,到公元5世纪帝国政府风雨飘摇时,这些城镇也就随之衰落了。

在罗马时代大多数不列颠人对乡村有着更深厚的感情,因为乡村与他们的生活更为相关,这样,称为"维拉"的庄园就成了不列颠拉丁化的第三个载体。"维拉"原指农村的一座房子,后包括主人所有的土地以及对这片土地的经营方式。在罗马时代的不列颠,维拉指一个以庄宅为主体的私有地产的管理中心,它既管理着那些出租给小农或役使奴隶耕种的私有地产,也因庄宅主人尽力模仿城镇生活方式而使之有别于土著克尔特人的农庄。在罗马时代,分散在东南部的620个大大小小的维拉,绝大多数属于富有的布列吞人。公元2世纪维拉最初出现之时,一般的建筑格局是四五个房间加上一个前廊,这种布局大大有别于克尔特人的棚屋组合圈,克尔特人的圆形建筑使众多家庭拥挤在一个狭小的空间内,而罗马人面向旷野的前廊则为居住者提供了私人的生活空间。维拉建设的高峰在4世纪。这时,某些富有的布列吞人甚至建筑有三四十个房间并带有数个庭院的大维拉,同时设置以地下暖炉和疏烟瓦道构成的中心取暖系统,沐浴设施也成了时尚。此外,大维拉还附设有粮库、畜圈和农业工人的住所。

在罗马不列颠,与维拉并存并与它有一定联系的是土著克尔特人的农庄。在这里,传统的克尔特方形耕地始终存在着。对这些克尔特农庄,罗马人能起的作用只是通过罗马大道、城镇和集市,通过引入葡萄藤、樱桃树、豆类、萝卜和欧洲防风麦等新的农作物而使其经济得到某种程度的发展。在这里,农民们仍然以种植谷物和饲养牛羊为生,其中养羊业获益最大。在3世纪,不列颠羊毛制品在整个罗马帝国都享有盛名。到4世纪,罗马化的维拉集中地出现在牧业中心科茨沃尔德丘陵地带,这不是巧合,我们可以说,罗马化的维拉是建筑在土著不列颠人的牧羊业基础上的。

罗马时代不列颠经济的特征是,存在着一种以农业为基础的、十分有限的商品经济。在这种初始型商品经济中,馈赠与赏赐之风相当盛行。当时,在不列颠本土设有一些铸币厂,但货币大多是从意大利和高卢输入的,货币主要用于购买当地生产的或进口的食品,如产自德罗威奇及莱茵河下游的食盐,不列颠生产的啤酒,以及进口的葡萄酒、陶器、家具、服饰与珠宝等。除了羊毛制品和谷物外,不列颠还出口金、银、铜、铁、锡、铝、木材和奴隶。尽管在罗马人到来之前康沃尔已大量出口锡,而且,罗马人在卡马森的德罗科西矿场进行了一个世纪的金矿开采,然而,不列颠金和锡的生产量和出口量都不大。自罗马人在奥古斯都时代占据了西班牙锡矿以后,不列颠锡在地中海市场的价格就大大下降了。公元250年西班牙矿场关闭后,康沃尔的矿业才再次兴旺。在金属矿产中,铅对罗马人有更大的吸引力。铅可用于制造浴池、水管和棺椁。从德比、门迪普斯和弗林特出产的铅矿砂还可提炼银。青铜业仍在发展,锡蜡业的兴起与不列颠人的饮酒习俗相关。在罗马人统治不列颠的最初两个世纪,由于进

第一章 ● 从远古到罗马占领

口大量的罗马陶器和莱茵河流域生产的葡萄酒,不列颠的进出口比例不平衡。此后,军队对陶器的需求导致本土制陶工场出现,杜洛布里瓦渐渐成为大规模制陶业的中心,在新福里斯特还有大量个体陶工制作简易的陶器。

公元197年,不列颠被划分为两个行省,284年又被划分为4个省,369年则分为5个省。在罗马帝国的行省中,不列颠始终是地域广阔的省份,罗马皇帝对它有个人支配权,但直接统治权属于总督。总督的职责是指挥罗马驻军,管理民众社会,负责道路的建设和养护、募兵、管理公共驿站。对涉及罗马公民的重大刑事案和征用矿场等法律事务,总督在起诉和初审时有一定司法权。行省的财政是由皇帝指派并直接对他个人负责的财务官管理的,财务官则要求各地富裕家族或部族首领代征土地税、人头税、消费税和谷物税等,总督无权插手。

罗马征服不列颠前,布列吞克尔特人主要的文化特征是崇尚武力和膜拜英雄,其宗教信仰尚处在祭献湖泊、山川等自然物的原始宗教阶段。随着罗马对不列颠的征服,罗马的官吏、士兵和商人把具有人形的奥林匹斯山诸神和罗马人的崇拜仪式都带到不列颠,比如管自然和丰产的色雷斯谷神,管森林的苏尔维那女神,人格化的命运女神和胜利女神,以及圆柱瓦顶的神庙、石祭坛、塑像和献祭物等。结果,不列颠社会各阶层的宗教崇拜对象就五花八门了:罗马官吏和上层社会的人们崇拜罗马皇帝的保护神,以便把罗马的统治神圣化。切斯特的土王泰比里瓦斯·克劳狄科吉达布纽斯则供奉海神尼普和智慧女神密涅瓦。种种宗教崇拜把罗马的神祇、罗马帝国的王朝和土著的统治者混合在一起,使不列颠行省的上层人士和罗马驻军保持着对罗马帝国的忠诚感。但是,在哈德良长城沿线的一些与土著农村居民联系密切的要塞中,人们主要崇拜诸如拜拉图卡杜鲁斯和科林迪乌斯等克尔特人的神祇。在不列颠南部的民间社会中,尽管人们吸收了罗马人的拜神仪式,但不列颠的自然神仍能征服人心。而且,罗马人对克尔特神祇采取一种宽容态度,并致力于使克尔特人的神祇与奥林匹斯诸神相互认同,给克尔特人的自然神加上罗马诸神的名字,例如,公元1世纪罗马人占领巴恩之后,这里成了罗马人的沐浴圣地,一个名叫卢休斯·马西斯·默姆的占卜者把克尔特人的健康温泉之神与罗马古典神密涅瓦融合,给巴恩女神取名为苏利斯·密涅瓦。这样,罗马帝国和不列颠之间在宗教和文化方面的相互影响,对土著不列颠人深层的心理意识起着潜移默化的作用。通过把罗马的古典形式加之于克尔特宗教,克尔特宗教与克尔特社会的联系在罗马统治下就被隐匿了起来,不过土著的文化虽有所改变,却并没有消失。

结果,在不列颠南部出现了处支配地位的"罗马—克尔特神庙"。土著的克尔特人没有神庙,产生于旷野的自然崇拜其对象最多不过是一些粗糙的木质雕像。罗马人为克尔特的木像建造了神庙,其建筑形式一般是一个箱形的主屋,由一圈有顶回廊包围着。这是以罗马的建筑方式去适应克尔特人的庆典仪式而形成的一种建筑风格,罗马—克尔特神庙是不列颠特有的,在高卢和日耳曼地区都未曾发现。

与此同时,像在罗马帝国的其他地方一样,一些具有东方起源的神祇,如埃及神话中司生育与繁殖的女神爱西斯、六翼天使苏拉皮斯、酒神狄俄尼索斯、小亚细亚原始宗教与波斯神话中的太阳神米斯拉斯也都在不列颠得到一定范围的崇拜。总之,罗马人的神祇、克尔特人的精灵崇拜和从东方传入的五花八门的宗教,使罗马时代的不列颠成了一个宗教大观园。其中,最有意义的是罗马古典神与克尔特精灵崇拜的融合。从时间上看,早在奥林匹斯诸神流行之前,精灵崇拜就已存在了。不列颠人是热衷于宗教崇拜的,罗马人所作的贡献,就是提供了新的工艺和建筑形式,使不列颠人更便于表达自己的宗教感情;提供了罗马文字,使不列颠人的宗教感情变得持久和清晰。

基督教是在公元 2 世纪传到不列颠的。在这里,第一个有确实记载的基督教殉道者是 3 世纪的圣·奥尔本。1975 年在切斯特发现了一个属于 3 世纪基督徒的窖藏,内有 18 块刻有十字架的还愿匾,它们是整个罗马帝国境内出土的最早的基督教还愿匾,成为在公元 3 世纪英国已有基督徒的有力证据。公元 313 年"米兰敕令"使基督教在罗马帝国取得合法地位,公元 314 年不列颠有数名主教参加了在法国阿尔举行的宗教会议,公元 359 年不列颠的主教又出席了在意大利里米尼举行的宗教会议。这些都说明,迟至公元 4 世纪,基督教显然已在不列颠的城镇和乡村得到了传播。5 世纪上半叶罗马帝国衰落时在不列颠出现了史称"皮拉久教"的基督教异端运动,皮拉久教否定早期基督教思想家奥古斯丁的原罪说,坚持每个人都有选择不犯罪的自由意志。在罗马主教英诺森和罗马政府公开迫害皮拉久教徒的时候,不列颠的本土宗教,尤其是乡村农民继续崇拜的原始自然神教则出现反弹的趋势。

四、罗马人撤离

公元1世纪,罗马帝国的活力和强大导致罗马人对不列颠的征服,而公元5世纪,罗马帝国的衰弱和枯竭又使罗马人撤出了不列颠。我们知道,西罗马帝国的经济发展主要靠奴隶劳动和被征服异族之贡赋。但是,罗马帝国的向外扩张到公元2世纪就停止了,地域受限制意味着帝国的财源也已经紧缩。同时,那些挥霍财富耗竭国库的军队和官吏却在膨胀,到公元4世纪罗马帝国已有4万官吏和50万军人,而帝国的总人口则因为战争、饥荒和时疫而下降,这又是罗马帝国衰落的原因之一。随着时间推移,罗马各军团越来越为一些谋求政治私利的军官所控制,他们用以争夺帝位。加之,基督教的兴起又使那些目睹世风日下而灰心丧气的有识之士,把希望寄托在死后而不是现世。这样,无论从经济、政治还是宗教信仰方面来看,3世纪末的罗马帝国已隐患重重。从外因看,蛮族的入侵又进一步导致了西罗马帝国的灭亡。3世纪末撒克逊人因搜寻战利品首次袭击了不列颠东海岸,为此,罗马人一度沿着从索伦特海峡到沃什湾的海岸建筑了堡垒和信号台。公元4世纪,罗马帝国政府特意委任驻不列颠的撒克逊基地防卫官负责指挥这些堡垒和信号台。但各种努力并不足以抵抗蛮族的入侵,在公元367年,苏格兰人从西部,皮克特人从北部,撒克逊人从东部,一起袭击和蹂躏了哈德良长城,杀死了撒克逊基地防卫官。公元383年,罗马大将马格纳斯·马克西纽斯在不列颠称帝,并率军到高卢争夺帝位。公元398年,为了抵抗善战的哥特国王阿拉里克,掌握罗马实权的军队统帅命令撤走在不列颠的驻军。公元407年,剩下的罗马军队在不列颠推举君士坦丁三世为帝,君士坦丁三世随即率军离开不列颠到高卢参加争夺帝位的战争。公元409年,所剩无几的罗马军人和官吏被不列颠人彻底地赶出这个岛屿,罗马人在不列颠的统治结束。

关于罗马征服对不列颠的影响,一向是众说纷纭的。就整个不列颠而言,在罗马帝国未涉足的地区,克尔特文化保持不变,在罗马帝国的疆域内,克尔特文明的基础也依然存在。但是,此时代与前罗马时期的主要区别在于,罗马不列颠是个有文化的社会,与这种文化水平相关的是,罗马不列颠是一个由法律条文主宰的社会,罗马时期是个转折点,它使不列颠从史前跨进了文明时代。然而,不列颠罗马化主要是在城镇和维拉中发生的,尽管制度、语言、文化、法律和生活方式都出现变化,但土著人有 2/3 生活在乡村,他们很少接触拉丁文化,他们自然说着克尔特语和崇拜克尔特神祇。对不列颠的广大人民而言,罗马的占领仅意味着沉重的赋税和谷物输出。罗马人撤离之后城镇和大维拉很快就衰落了,5 世纪中期盎格鲁-撒克逊人入侵时,不列颠仍是克尔特人的家园。从外观来看,罗马人留下的只是罗马大道和城市遗址,罗马占领虽长达 300 多年时间,但它在不列颠后来的历史上却没有留下什么痕迹。

作者点评:

  自然环境对历史的影响曾被大大地渲染过,但后来又被很多人完全否定了。事实上,环境对人类历史确实是有影响的,尤其在文明曙光初露时更是这样,不列颠的早期历史就是一例。不列颠是岛屿国家,它的历史就受到海洋的巨大影响,海洋使它屡遭侵犯,但同时又使它开放,不得不面对外来的世界。不列颠的文明都是外来的,外来的文明来了去,去了又来,最后积淀成一个岛国文明,积淀了不列颠民族的心态特征。不过,在我们第一章讲述的历史中这种积淀还没有形成,外来的文明仅仅是匆匆的过客。不列颠仍是洪荒之野,世界之边,文明的曙光只留下几道浅浅的亮痕,谁能够想得到它以后会出落得如此辉煌?

第二章 盎格鲁-撒克逊时期的不列颠

一、军事征服

除了土著克尔特人和罗马移民的后裔之外,现代英国人的先祖还有一部分是从西欧大陆渡海进入不列颠的盎格鲁-撒克逊人,他们是古代日耳曼人的一支。一般说来,在5世纪以前英国被称为"布列吞",自盎格鲁-撒克逊人到来以后,才称为"英格兰",其含义是"盎格鲁人的土地"。

盎格鲁-撒克逊人入侵不列颠的历史,前后至少持续了150年。他们最初是作为海盗,然后作为雇佣兵,最后作为拓殖者相继进入不列颠的。早在公元287年,盎格鲁-撒克逊海盗就首次掠夺了不列颠沿海地区。公元429年,他们深入不列颠腹地。然而,永久性地征服不列颠的不是盎格鲁-撒克逊海盗,而是那些被雇来保卫这块土地的雇佣兵。据英国最早的历史学家吉尔达斯和比德说,英格兰南部的沃提根国王在449年为了抵抗皮克特人和苏格兰人的侵扰,雇来了撒克逊人、罗马老兵亨吉斯特和霍萨两兄弟所率领的军队,六年后,来者在肯特和英格兰东部建立了自己的王国。此外,约克、林肯和安卡什特的墓葬出土文物也说明,在公元5世纪上半叶这里的确居住过日耳曼人雇佣兵。

与罗马军团不同的是,日耳曼雇佣兵不仅驻扎在英格兰,他们还拓殖了这块土地,并相继引来了更多的同类。盎格鲁-撒克逊人在各自的军事首领的带领下,一小批一小批地乘快速帆船沿泰晤士河、亨柏河和特伦特河,到达了英格兰腹地。其中,苏塞克斯王国的缔造者艾尔勒带来了人数最多的一支。比德把这些入侵者分为三支:来自丹麦半岛隘口安根地区的盎格鲁人、来自易北河下游的撒克逊人和来自日德兰半岛的朱特人。大致说来，盎格鲁人定居在英格兰北部，撒克逊人在南部，朱特人则住在怀特岛和汉普顿郡一带。他们基本上是从丹麦半岛顺北海沿岸南下，先进入莱茵地区，在那里汇合后又进入不列颠。此外，也有一些来自下莱茵佛里西安地区的军事部落。当然，日耳曼人这种集体迁入不列颠的行为纯属一种巧合，那时的日耳曼人只有部落的归属感，还没有共同的日耳曼民族起源意识。

这些正处在军事民主制末期，或称为"英雄时代"的部落民，没有技艺和文字，却对战争和社会管理具有高超的能力。英雄史诗《贝尔武甫》折射出那个时代的价值观念，在盎格鲁-撒克逊人的社会里，最有力的人际纽带是国王和亲兵间的主从关系。部落亲兵跟随部落首领即"王"四处征战，抢夺财宝和土地，国王又将战利品分给亲兵作回报。《贝尔武甫》中写道，当英雄贝尔武甫除妖归来后，"王"海格拉克回报给他的是土地、宅邸和官职。在这种社会里，"王"国的生存在于部族首领和亲兵们通过战争寻求战利品的能力，因此，对"王"的背叛意味着亲兵身份及其利益的永久丧失。在那个生活辗转不宁、命运反复无常的时代，为了生存的需要，人们崇尚英雄主义的道德标准：战场上的勇敢、宴会上的豪饮和武器的锋利。最受推崇的是因忠诚或献身于国王而英名留世，正如贝尔武甫所说："世上人人经生死，留取英名警后世。"

在军事贵族社会的英雄主义文化价值观和掠地劫物的现实生活需要的推动下，盎格鲁-撒克逊人继续在不列颠推进。公元449年后，撒克逊人向西挺进，公元500年前后，传说中的亚瑟王领导不列颠人在多塞特郡的巴顿山重创蛮族部落，使盎格鲁-撒克逊人的前进停顿了50年。公元550年后，盎格鲁-撒克逊人又继续向西进军。到公元650年，他们在英格兰已建立了许多个蛮族王国，其中重要的有7个：北部的诺森伯里亚，中部地区的麦西亚，东部沿海地带的东盎格利亚、肯特、埃塞克斯，南部的威塞克斯和苏塞克斯。当然，土著克尔特人并没有被盎格鲁-撒克逊人消灭殆尽，从约克郡到索尔兹伯里平原一线的西部地区仍居住着一些土著不列颠人。这个地区被称为斯特拉斯克莱德。但是，那些逃脱了屠杀、饥荒和疫病而幸存下来的克尔特人，大多数变成了盎格鲁-撒克逊人的奴隶。所以，在盎格鲁-撒克逊语中"布列吞"与"奴隶"可以互换使用，这一点绝非偶然。从这时起，不列颠进入"七国时期"。

二、基督教的传播

　　面临着来自盎格鲁-撒克逊人的接连不断的入侵,不列颠社会元气大伤。尽管田间的劳作并非全然荒弃,尽管人们把货币作为装饰品和古玩而加以珍藏,但是,罗马大道失去了养护,城市内部衰落混乱,维拉农作经济和商品货币经济不复存在。这是文明的断裂还是连续?这种间断性或连续性在广度和深度方面又如何?这一直是历史学家争论的焦点。对此,要做出全面的回答是很难的。但是,我们至少知道,不同于军事征战的是,文化的作用总有着一种"随风潜入夜,润物细无声"的特色。假如从宗教的角度看,基督教进入这个由亲兵和农民构成的蛮族社会,似乎也隐含着一种对罗马文化的延续。从这个角度看可以说,蛮族社会向基督教的皈依,在某种程度上说明了拉丁文化并未泯灭,就好像当初在罗马时代,不列颠克尔特土著文化保留下来并得到一定程度的发展一样。

　　据说,公元585年,贵族出身的罗马修士,后来位极教皇的格列高利,在罗马奴隶市场上看到几个待售奴隶是金发碧眼的盎格鲁青年,问知他们仍是异教徒后感慨万千。格列高利立即恳请教皇派他去不列颠传播基督教,教皇因其贤能而不忍放行。格列高利当上了教皇后,得知肯特国王埃塞伯特娶了一个信仰基督教的高卢公主,于是,旧念复萌,便于公元597年派密友奥古斯丁带领40个罗马教士,到肯特王国的首都坎特伯雷传教。公元598年,埃塞伯特皈依基督教,并建立了坎特伯雷大教堂。公元601年,奥古斯丁成为坎特伯雷第一任大主教。埃塞伯特的侄子埃塞克斯国王马上步叔父之后尘,盎格利亚国王雷德沃德、诺森伯里亚国王爱德温也随后效仿。国王的皈依带动了亲兵和百姓对基督教的接纳,基督教终于在公元663年前后永久性地征服了英格兰东南部。

　　然而,在英格兰传教最为成功的,还是那些原始而孤单的克尔特人的基督教会,尤其是从爱尔兰来的传教士,在北部英格兰人中间取得的巨大成就。爱尔兰人信奉的基督教是由威尔士人圣·帕特里克于5世纪初传授的。由于他的努力,到6世纪初,大部分爱尔兰人都已信奉基督教,修道院也成倍增加,以至于爱尔兰的教会都依修道院方式组织了起来。院长成了地方社会的管理者,结果,在爱尔兰,主教不但没有辖区,而且要受修道院院长的管理。6—7世纪,那些从属于故乡某个修道院而云游四方的爱尔兰传教士,逐渐向高卢、法兰克、苏格兰和英格兰渗透。

公元563年,爱尔兰教士哥伦布率领众徒把基督教传到苏格兰西部,他集教士和隐修士于一身,在离苏格兰西岸不远的艾欧讷岛建立许多茅舍修道院。诺森伯里亚的奥斯瓦尔德曾因避难而暂住艾欧讷岛修道院,公元633年,他成为诺森伯里亚国王(633—641)时,麦西亚的异教徒国王彭达已把罗马基督教使团从诺森伯里亚驱走,奥斯瓦尔德只好向艾欧讷岛的修道院求助,艾欧讷岛修道院派基督徒艾丹到诺森伯里亚的林第斯法恩岛,创建了英格兰北部的第一个基督教修道院。这里很快成为基督徒讲经布道与研习学术的中心,诺森伯里亚也成为北英格兰基督教的发源地。

这样,在英格兰南部的盎格鲁-撒克逊人皈依罗马基督教之时,克尔特人基督教连同其特有的修道院制度已在英格兰北部占主导地位了。这就造成了英格兰北部的基督教与东南部的基督教不同:第一,罗马基督教继承了罗马帝国的中央集权观、私有制和教阶制度,管理权集中于主教手里,划分组织严密的主教管辖区;克尔特基督教徒则由男修道院院长管理,所谓修道生活,实际上是在深山孤岛上集体隐居,他们没有私有土地,没有主教制和教阶制度,主持人是云游四方的传教士,他们对其他教士只有极小而又模糊的权力。第二,罗马基督教徒蓄圆顶短发;克尔特基督教徒模仿都伊德教徒蓄络腮长胡。第三,双方都同意把复活节定在春分后的第一个满月日,但克尔特基督教把它确定在3月25日,罗马基督教则定在3月21日。

麦西亚的异教国王彭达死后,艾丹的后继者用克尔特基督教征服了麦西亚。然而,在诺森伯里亚,奥斯威(641—671)继奥斯瓦尔德为王,他娶了倾心于罗马基督教的肯特公主,王后要遵守复活节的四旬斋,这样就带来了急需解决的实际问题,即究竟复活节为何日?为此,公元664年,奥斯威在惠特比召集两派要员开会,在会上,曾在罗马研习过基督教的诺森伯里亚人怀尔弗莱德,陈述了罗马基督徒确定复活节的情况,指出3月21日是整个基督教世界遵循的日子。国王奥斯威考虑到王国统一的需要,宣布支持罗马派,并把复活节定于3月21日。这就是著名的"惠特比裁决",它使英格兰避免了因南北基督教教会传统的不同而分裂的可能性,宗教的统一为以后几个世纪中英格兰走向政治统一创造了前提。这个宗教方面的初步统一完成于诺森伯里亚国王之手,这不仅使诺森伯里亚成为英格兰的政治中心,而且,很快成为当时西北欧的学术文化中心。

此后,英格兰教会在组织上的统一工作是由坎特伯雷大主教、小亚细亚人提奥多完成的。提奥多在669年被罗马教皇任命为英格兰大主教时,已经67岁,但是,他励精图治,老当益壮。公元672年,提奥多在赫特福德召开宗教会议,颁布了在英格兰进行主教制管理的教规,到他85岁过世时,已完成了英格兰教会组织上的统一工作,还为英格兰建立了宗教会议制度。到690年,14个主教区已遍布英格兰。

当然,除了上述一些人为的主观因素之外,基督教在英格兰的传播及其统一还有以下几个客观因素:第一,盎格鲁-撒克逊人信奉崇拜山水万物并混有巫术成分的泛灵论,这种原始宗教无法回答生老病死等人类宇宙的问题,也没有与农业社会的伦理道德相关的制度体系。基督教有关于天堂地狱和人之永生的说教,为走向定居农业社会的盎格鲁-撒克逊人提供了有用的价值信念。第二,基督教反对暴力,保护稳定的婚姻生活和遗产继承权,早已进入农业定居时代的英格兰也需要这样一种与王权政治相符的管理体系和秩序观念,这就不可避免地选择了罗马基督教。基督教是一种具有成文经典的宗教,随着这种宗教的传授,居民识文断字的能力在增长,居民在基督教文明的熏陶下,在语言、艺术、法律、教育等方面也在发展。而且,必须看到的是,在盎格鲁-撒克逊时代的初期,组织程度最高的社会共同体无疑是以大教堂和礼拜堂为中心的群众性宗教团体。几个世纪中,手工业者、商人、扈从和无业游民都因宗教的原因,蜂拥至建有大教堂的地方。所以,在罗马撤出不列颠后,盎格鲁-撒克逊人城市生活的最早复苏,无疑与大教堂的建立及基督教的传播密切相关,这些以大教堂为中心的聚居地成为中世纪英格兰城镇的起源地之一。

三、"七国"和威塞克斯统一的努力

公元7世纪,在宗教统一的同时,英格兰的7个王国中逐步出现3个较大的霸主——亨伯河以北的诺森伯里亚、亨伯河以南的麦西亚和南部的威塞克斯。7世纪,诺森伯里亚在国王埃德文(616—632)、奥斯瓦尔德(633—641)和奥斯威(641—670)在位的50多年间一度称雄,大有统一英格兰之趋势,所以,这3个国王被史学家比德称为"不列颠统治者"。在一

个很短的时间内,奥斯威甚至把王国扩大到北起福斯河口,南至威塞克斯边境的广大地域。但是,诺森伯里亚国王无法乘胜前进的原因,在于他们常处在腹背受敌的境地:北部的皮克特人、苏格兰人和南部的麦西亚人都经常对诺森伯里亚进行侵扰。

到公元8世纪,统一英格兰的可能性转移到麦西亚国王手中。716年,麦西亚王埃塞尔巴德(716—757)已控制了埃塞克斯和伦敦,其继承者奥发(757—796)是麦西亚最有成就的国王,也是艾尔弗雷德大帝之前最强大的英格兰王。奥发在位期间,他先后取得了肯特、苏塞克斯和黑斯廷斯,使麦西亚王国的势力伸展到亨柏河以南的整个英格兰。他还在威尔士与麦西亚的交界处修筑了"奥发土墙",用以防御威尔士人的入侵。他改革币制,铸造了制作精、成色足、流通广的银便士。这种银便士在奥发死后仍在海外流通达500年之久。他鼓励英格兰人与欧洲大陆通商。这些政绩使法兰克王国的查理曼大帝和罗马教皇阿德里安一世都很敬重奥发。可见,奥发获得"盎格鲁之王"的称号是名副其实的。然而,9世纪兴起的两股力量却摧毁了奥发统一英格兰的大业,这就是威塞克斯王朝的兴起和维金人的入侵。

维金人主要是指挪威人和丹麦人。他们引人注目的扩张是一种全欧现象,对英格兰和爱尔兰的侵略只是其中的一个组成部分。而且,维金人入侵似乎有两条战线:一条是绕苏格兰北岸进入该岛西部再南下,另一条是直接进入英格兰东南部沿海地带再前往高卢。维金人于8世纪左右进入了英格兰、爱尔兰,促进了不列颠封建农奴化和英格兰的统一。维金人是勇敢善战的民族,以贡品和战利品为生。其迁徙的动机既是为了掠夺土地,更主要的却是为了掠夺战利品。他们往往乘春季的第一阵东风,乘坐长75英尺、架设16对桨、右边有驾驶座的高速帆船,身着铠甲头盔,手操鸢形盾和铁战斧,从海上飞驰而来。公元786年,维金人首次攻击威塞克斯,但目的仅在于掠夺商人。维金人第一次较大规模地袭

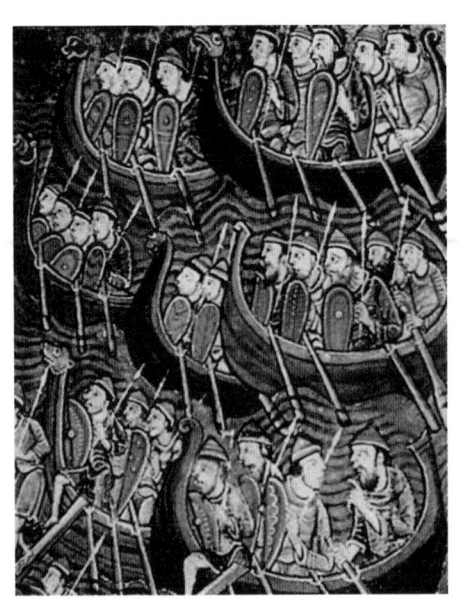

北欧海盗

第二章 盎格鲁-撒克逊时期的不列颠

击不列颠发生在8世纪90年代中期,他们在3年间连续摧毁了不列颠人最著名的3个圣地:793年,抢劫林第斯法恩修道院;794年,攻占耶罗修道院;795年,攻击艾欧讷岛的圣·哥伦布修道院。半个世纪以后,维金人又大举进击英格兰。841年,他们攻击肯特、东盎格利亚和林德塞,842年,袭击伦敦和罗彻斯特。851年,维金人第一次在泰晤士河口过冬。同时,维金人对爱尔兰的攻击也更频繁了。公元866年,一支强大的维金人在东盎格利亚登陆,5年内就征服了麦西亚和诺森伯里亚这两个曾经一度强盛的英格兰王国,并开始进攻威塞克斯王国。

当英格兰的财富被抢劫耗尽之后,维金海盗把眼光从金银财宝转向了英格兰肥沃的土地,开始尝试一种定居的生活方式。在这片地广人稀的沃土上,他们逐渐与原来的居民融合了。他们不仅带来了维金人自己的语言、法律和习俗,而且,使现代英国人种在克尔特人、盎格鲁-撒克逊人的基础上,又加入了维金人的血统。在英国历史上,维金人较为集中的居住区被称为"丹麦区"。

在维金人南下时,麦西亚王奥发于796年去世。这时,自6世纪以来就逐步发展起来的威塞克斯王国,在国王埃格伯特(803—839)领导下,于825年在埃兰丹尼打败了麦西亚王国。此后,苏塞克斯、肯特、埃塞克斯和东盎格利亚等地的"王"迅速向埃格伯特称臣,尊称他为"不列颠统治者"。威塞克斯王国发展的原因是它地处英格兰南部较安全的地理位置,以及它具有向人口稀少的西部扩张的可能性。倘若维金人没有继续侵入英格兰,威塞克斯王国很可能会乘埃兰丹尼之胜而大大发展起来,甚至有可能统一英格兰。

公元871年,埃格伯特之孙艾尔弗雷德继位,是为英国历史上著名的"艾尔弗雷德大帝"(871—899)。他6岁时被带到罗马朝圣,后来就一直留在那里受教育。公元871年正赶上丹麦人由东往西大举向威塞克斯王国进攻,艾尔弗雷德大帝继位首年就与维金人交战达19次之多。最后,艾尔弗雷德只好向丹麦人缴纳赎金使其退回,求得暂时的和平。878年冬,丹麦人再次突然进攻威塞克斯,占领了奇彭哈姆并大肆掠夺威尔特和萨默塞特。威塞克斯人逃的逃、降的降,艾尔弗雷德及一小队忠勇将士被迫避入南萨默塞特边远的阿瑟尔尼岛,这个有着茂密原始森林并由沼泽环绕的孤岛使英格兰国王得以生存。在艾尔弗雷德受到威尔士人和丹麦人的夹击之时,忠诚于艾尔弗雷德的撒克逊军事贵族"塞恩",偷袭了从威尔士南部开往德文的 23 艘丹麦船舰。此后,艾尔弗雷德又宣召在萨默塞特、威尔特和汉普顿的民军,在威尔特和萨默塞特交界处与撒克逊"塞恩"会合,然后在爱丁顿之役中大败丹麦王古斯伦。艾尔弗雷德获得这次决定性胜利的 3 周之后,丹麦王就欣然同意撤离威塞克斯,古斯伦还皈依了基督教,这样才使英格兰幸免于灭亡。公元 885 年,丹麦人在东盎格利亚撕毁和平协议,艾尔弗雷德趁势于次年收复伦敦城,并与古斯伦订立了一个对英格兰更有利的条约,即把英格兰两分天下。分界线沿泰晤士河口到伦敦,绕伦敦北部到贝德福特,然后呈弧形穿过英格兰到切斯特。线北为古斯伦的属地,称丹麦区,主要包括莱斯特郡、林肯郡、诺丁汉郡和约克郡,线南归艾尔弗雷德大帝。这样,麦西亚王国的西部、伦敦和英格兰南部均并入了威塞克斯王国的版图。

公元 892—896 年,丹麦人又一次在肯特登陆,深入腹地威尔特和切斯特,并在东盎格利亚长期逗留。这时,艾尔弗雷德看到由公社社员组成的民军作战不力,便着手建立新的防卫体系:他亲自设计了船舰,组建了海军;他把那些跟随他南征北战的军事贵族"塞恩"和民军都分为两部分,一半在家务农,一半驻外打仗。这种任何时候都只有一半军人在服役,另外一半在务农的亦农亦军的做法,是英国历史上的"民军"制度的兆始。艾尔弗雷德还在王国境内每隔 20 英里就修建一座拥有街道栅栏的城堡,既以它为设防中心,又是居民的避难所。在他所修建的 30 多座城堡中,较大的城堡不仅是军事要塞,而且很快在当地农业经济发展中发挥了重要的作用,商人与工匠随之迁移而来。这样,军事防卫与经济发展融合为一体,加上艾尔弗雷德建设的道路体系,使这些"防卫中心"逐渐成为中世纪英格兰城镇的起源地之一。

艾尔弗雷德大帝不仅在军事上战功卓著,在文化方面也为英格兰作出了巨大贡献。尽管他没能活着看到英格兰统一在威塞克斯王朝之下,但是,他的法典和翻译著作,以及他在位期间开始组织编撰的《盎格鲁-撒克逊编年史》,都加强了其臣民的英格兰民族意识,为英格兰的统一奠定了心理和文化的基础。比德早在 8 世纪上半叶,即统一的英格兰杳无踪影之时,就已经看到基督教的作用,看到他的同胞在统一的英格兰教会中分担着共同的命运,有着共同的组织,为此,比德设想出一个"英吉利民族"的术语,从而写下了命名为《英吉利民族的教会史》这样一本伟大的著作。一个多世纪以后,到了艾尔弗雷德大帝在位的时期,这位贤明的国王在综合威塞克斯法典、肯特法典和麦西亚法典的基础上,颁布了影响深远的、英国的第一部法典《艾尔弗雷德法典》。此外,他还组织力量把教皇格列高利的《牧师要职手册》和《对话》、比德的《英吉利民族的教会史》、奥罗修斯的《反世俗的历史》、博绪埃的《哲学的安慰》、圣·奥古斯丁的《自述》等神学、哲学和史学著作,从拉丁文翻译为古英文。

艾尔弗雷德大帝临终之时,把王位传给其子"长者爱德华"(899—924),爱德华沿用父亲的修道筑垒战术,稳固地向丹麦区推进,并得到其姊麦西亚女郡主埃塞尔弗列塔的帮助。埃塞尔弗列塔也逐年地在自己的领地上修建一些碉堡和防御工事。女郡主过世后,爱德华于918年彻底地把麦西亚和威塞克斯合并起来。这样,威塞克斯王国的疆域向北推进到了亨柏河。公元925年,长者爱德华的儿子埃塞斯坦(925—939)继位,他又把整个英格兰北部统一到威塞克斯王朝之内。他的策略是利用英格兰北部的老丹麦人对那些新近从爱尔兰东渡而侵占了约克城的"北方丹麦人"的仇恨,进行分离运动,使丹麦人的王国彼此之间不团结,从而夺取了约克城,建立了威塞克斯王国在北方的优势。公元939年,埃塞斯坦过世,新国王埃德蒙(939—946)一度丧失疆土,944年他又再次驱逐北方丹麦人而重建英格兰人的统治,以至于到埃德加(959—975)在位期间,英格兰出现了和平安宁的局面。总之,在上述几位君王统治的10世纪上半叶,他们继续追随艾尔弗雷德大帝的遗愿,为英格兰的统一打下了基础。这时也是英格兰君主制及王权建立的时期。

四、社会、文化和经济

对于英格兰君主国的建立,上述地理学上的开疆扩土只是一种外在的体现,它真正的内涵是建立一种适合英格兰人的王权制度。早期的盎格鲁-撒克逊诸王几乎都是氏族部落时代末期的军事首领。在军事首领向君王转变的过程中,基督教起了重要的作用。基督教的加冕仪式提高了王的地位,使之成为有别于其他军事首领的上帝的代表,基督教提倡的公开的吻剑仪式又增强了臣民对君主的效忠感。带领亲兵住在自己领地上的军事首领,开始成为对其忠诚的官吏,即乡村的郡长和市镇的长官的君王。紧接着,王位长子继承制的逐渐稳定、国王对土地征收的实物税及其对臣民的司法管理权等,都使君王的权力和职能在不断增长。尤其重要的是,君主有权征收"丹麦金",这种为抵御丹麦入侵者的蹂躏,或为抵抗丹麦军队筹备军费而课征的赋税,是西欧最早的"国税"。丹麦金后来作为土地税延续下来,一般为每120英亩土地征收2先令。除了这些职权外,随着征战的频繁,君王在外交方面的权力也远远地超越了军事首领。他们可以用发布特许证的形式授给军功卓著的臣民土地,他们能在王国之间交换使节。

每当做出重大决策之时,国王都召集"贤人会议",应召者为军事贵族、男修道院院长、宫廷侍从等。贤人会议的地点、时间和应召出席者并不固定,但会议的权力却很大。贤人会议不仅讨论王国内外事务、发布法令和签订契约,还批准公共事务和王国宗教活动。贤人会议甚至有权在国王遗嘱不清的情况下推举王位继承人,艾尔弗雷德大帝就是由贤人会议绕开先王的儿子而拥立的。公元931年3月23日,威塞克斯国王埃塞斯坦在科尔切斯特召开了一次贤人会议,参加者有威尔士王、37名"塞恩"、13个郡长、3名修道院院长和15名主教。贤人会议自此成为一个较为固定的设置,成为国家政治生活中的重要力量,但它与英国议会的起源并没有内在联系。

使英格兰王权得到加强的还有国王的内廷。在盎格鲁-撒克逊时代国王有许多内侍:膳食管家、执事、典礼司仪官、财务管家和由教士担任的书记等,但只有财务管家和书记占有重要位置。财务管家管理王的衣服、武器、珠宝、金钱等,后来发展成度支部(国库);书记负责替国王起草拉丁文的赐地文书,并用简洁的英文替国王撰写各种文告,实为国王的收发处,后来发展为秘书处。

与此同时,郡和百户区的出现,也标志着一种以血缘和家臣关系为基础的部落"王权",过渡到一种以占有领土为基础的地域性君权。"郡"的建制最早在威塞克斯和东盎格利亚出现,它的起源十分复杂。有时郡本身就是统一前的小王国,如肯特郡就是肯特王的领地;有时也因部落领地的分割而形成郡,如诺福克郡就是这样出现的。有时,一个城镇及其周围的区域自然发展成了一个郡,如多塞特郡的形成。到10世纪时,威塞克斯的几代国王把这种建制推广到英格兰中部。而且,各郡都设有每年召集两次的郡法庭,郡法庭实为一种履行国王行政命令、制定和颁布地方法案,对民间案事和宗教诉讼进行判决的自由民集会。郡长由国王指定,由那些自愿承担某些义务的并有权势的地方贵族担任,其任务主要是阅兵

第二章 盎格鲁-撒克逊时期的不列颠

和征税。大约到埃德加统治时期,英格兰的郡制区域划分才稳固地确立,基本上一直沿用到 1974 年。到了 11 世纪,一个郡长往往同时管理几个郡,郡法庭就由郡守即郡长的行政代理人统辖,这样,郡守成了国王和地方法庭之间的关键人物。郡守之下的监守执行官统辖着郡的下属单位"百户区",百户区法庭是英格兰基层的司法和管理机构,它每四周在露天场合召开一次会议,主要处理诸如偷盗牲口和买卖土地等事宜。百户区法庭也负责摊派一些公共义务,如为军队提供给养和划桨手等。然而,百户区不是地方行政体系的最底层,为了加强法制,居民组成十家相互负责的团体"十户区"。在英格兰的历史上,"郡"、"百户区"和"十户区"的起源都缺乏明晰的线索可寻,或许可以说,在英格兰历史上地方行政区的设置与司法制度的形成密切相关,而他们都是在日常生活中逐渐约定俗成的,国王个人只是将这些自然形成的建制和司法习俗规范化而已。这样,王国、郡、百户区和十户区就构成了一套自上而下的行政体系。这种四级建制体系的形成是英格兰走向统一以及君主制运作的基础。

那些在百户区法庭和郡法庭担任法官的郡守、主教和塞恩都遵循一种古老的不成文的"习惯法"。这种法律体系与罗马法相去甚远,因为罗马人视法律为统治者意志行为的结果,日耳曼人则视法律为民间不可改变的习俗。在盎格鲁-撒克逊时代的英格兰,贤人会议和君王都可以修改法律,甚至实施新法,但这些法律从来就不像罗马法那样作为统治者的意志而具备包罗万象的含义。反之,大量的习惯法是由地方法庭会议的执法人通过宣讲而一代代传下来的。在盎格鲁-撒克逊时代的英格兰,国王们解释法律而不是创造法律,而且,人们认为法律越古老越美好。这一点恰恰反映了王权力量微小时代的风貌。这种法律体系是由盛行亲族庇护和血亲复仇的氏族部落社会,向强调公共秩序以保护和平与稳定的社会过渡时代的产物,标志是从血亲复仇让位于赔偿金和罚金制度。按习俗,赔偿金的数量因受害者的社会等级地位和被损坏部位而有差异:杀死普通人赔偿 200 先令,贵族则为 1 200 先令;打坏人的鼻子赔 60 先令,敲掉一颗牙为 8 先令。然而,不论是进行血亲复仇还是索取赔偿金,都得在郡法庭或百户区法庭通过与现代法庭相似的诉讼程序而决定。可见,英格兰习惯法的最主要特点是它的大众性,即法律主要由那些在法庭上起作用的一代一代相传的民众习俗构成。国王尽管参与创建了郡法庭和百户区法庭这些建制,自己则很少司职于法律,其责任主要是监督这类以会议形式存在的法律设置来实施法律。

由于史料缺乏,对于该时代的社会结构的了解,在很大程度上只得依靠留存至今的6世纪晚期开始起草的威塞克斯《伊尼法典》以及史诗《贝尔武甫》、《开德蒙宗教诗歌》和艾尔弗雷克的散文等,尤其要依靠9世纪的《艾尔弗雷德法典》。尽管法典所透析出来的多是"社会应该是什么样",而不完全是"社会实际是什么",但在缺乏其他史料的情况下,法典、诗歌和散文也是一个有力的佐证。就整个英格兰社会而言,所能利用的法典有肯特国王埃塞伯特在602—603年颁布的法典、11世纪克努特(1018—1023)的法典等。但是,对该时代的克尔特人社会而言,此类历史证据无法寻到,北方的皮克特人完全无法典可言,苏格兰人只有一篇关于其习俗的文章。另外,威尔士王海威尔·得达在10世纪中叶颁布过一部法典,但至今尚存的版本是否是原始法案还是个问题。至于爱尔兰,8世纪早期就有过法典大全,后来编入《大传统》中,但后世的专业法学家对其进行人为加工,从而使它失却了真实性。尽管如此,从中演绎出一个普遍的模式仍是可能的。

这个模式就是在盎格鲁-撒克逊时代,整个不列颠社会基本都处在军事贵族的统治下,但是,从法典中规定的杀死不同社会地位的人需支付不同的赔偿金来看,它在某种程度上已存在社会的等级区分。在该社会,人数最多的是在英格兰被称为"刻尔",在爱尔兰被称为"波爱尔"的"自由民"。在威塞克斯,杀死自由民的赔偿金为200先令,在爱尔兰为5头奶牛。历史学家大多认为,自由民是占有1海得土地能养家活口的农民,他们除了对教堂提供实物和为国王提供军事服役以外,没有其他义务。现在的研究表明,这种说法过于简单化,事实上刻尔内部的差别很大。另外,尽管自由民的租佃依附性和他们与主人的关系是日耳曼社会本来就固有的。但是,自10世纪起,自由民的义务具有相当大的强制性,小土地所有者变成了"半自由民",他们在军事上的作用也相对减小。

身份在自由民以下并为自由民占有的人是"奴隶",法律规定杀死此类人无需支付赔偿金。身份高于自由民的是"贵族",这类人本身就拥有许多自由民没有的权利。在盎格鲁-撒克逊时代的初期,"盖西斯"一词是指国王的随从,后来指在各自的地产上定居的贵族,而不再是《贝尔武甫》中所描写的直接由王供养的武士。9世纪时用"塞恩"一词取代"盖西斯",指对王有军事义务和依附关系的贵族,王以授予土地的方式回报其

第二章 盎格鲁-撒克逊时期的不列颠

服务。"塞恩"对其租佃依附农具有司法权,他们在郡法庭和百户区法庭担任公职。塞恩内部有着身份地位的差异,它们由赔偿金的多少决定。这种身份地位可通过向国王交纳继承捐后得以继承。在威塞克斯,塞恩的赔偿金有从600到1 200先令的不同等级。当时,在克尔特人社会和盎格鲁-撒克逊人社会,身份都是可以继承的,但不是不可改变的,例如,那些无力支付赔偿金的自由民就可能沦为奴隶。在爱尔兰,自由民一般也是有1海得土地便足以维持家庭生计的农民,但有5个以上扈从的自由民就成为贵族。在这个等级制社会中,宗教人士有相应的身份地位之分,主教的社会地位类似于郡长,而教士的地位相当于塞恩。那些渡海从事3次以上商业贸易,并获得成功的人,也可获得与塞恩相同的身份地位。

总之,经过数世纪的演变,到了10世纪时,英国社会已存在有明显区分的等级层次,只是社会等级不是由法律界定的,而是由习俗和名分确定的。最上层是那些与王有血缘关系的人士、宗教首领、各郡的郡长以及随王出征并拥有地产和宅邸的塞恩;在此之下是处于社会中层的数量庞大的自由人和半自由人,包括租种土地并为主人服兵役的"格尼特"和通过劳役地租换得30英亩土地租种的"格布尔";再往下还有只种5英亩土地处于社会最底层且完全没有自由的奴隶,他们有些是前撒克逊时代土著居民和克尔特人的后裔,有些则是因个人或家庭蒙难而降为奴隶的盎格鲁-撒克逊人。在这样的社会里,主仆关系仍然是至关重要的,一个人如果没有主人就意味着处在社会基本结构之外,除非他本人就是主人。由于下层人对主人的依赖逐渐超出了对亲族的依赖,实际生活中存在的各种各样的主从关系也就逐渐地超出了亲族关系的范畴。《艾尔弗雷德法典》言明:"如果某人的主人受到攻击后其亲属未能为其复仇,这个人可以为主人作战","如果某人的亲属受到不公正的攻击,这个人可以为亲属作战,但不得对主人作战,这是不允许的"。

关于盎格鲁-撒克逊时代的社会职业结构,公元10世纪的恩舍姆修道院院长、英格兰最早的散文家艾尔弗雷克简单地概括为:王权依靠三个支柱——劳作者、说教者与作战者。他说:"劳作者系为我等提供衣食之人,唯犁耕播种者专事之;说教者为我等求助上帝,并在基督的臣民中弘扬福音之僧侣,唯此专事圣职者方使我等蒙恩受惠;作战者系以武器防范临近之敌,为我等护卫城市及家园之人。"无论从社会职业结构和等级结构来看,如简单地把该时代的社会分为有权势的贵族和卑微的农民两类,很可能就会忽视贵族之间彼此的差异,也会忽视农民之间彼此的差异,也会忽视在长达数世纪中的社会流动和社会变化。

到了11世纪,盎格鲁-撒克逊人统治下的英格兰显然较不列颠的其他地区富裕,因为其他地区未受到发生在北海流域以及英格兰与欧洲之间的商业贸易的影响。但是,盎格鲁-撒克逊时代的英格兰与不列颠的其他地区一样,基本上仍是一个农业社会,直到11世纪,英格兰仍有9/10的人口居住在农村,农产品占绝对优势。其实,在罗马人撤出不列颠之后的几个世纪中,英格兰的农业生态环境和耕地面积没有发生大的变化。也就是说,盎格鲁-撒克逊人到达不列颠之后是在原有的土地结构上进行开发利用的,而不是在已被荒芜的土地上进行再拓殖和重新构建农业生产结构。

在盎格鲁-撒克逊时代,克尔特人使用一种两牛牵引的单把铁铧的轻型犁,它在英格兰南部的白垩浅土地带是适用的。对于强调种植谷物而需深耕深耙的盎格鲁-撒克逊人,以及对泰晤士河流域和中部米德兰地区的黏土地带而言,这种轻型犁就不适用了,需要一种既带有一柄能切断草根的犁刀,又带有一柄能深翻土地的犁铧的轮式重型犁。在轻型犁变重型犁的过程中,罗马人发明了犁刀,而丹麦人贡献了犁轮。这种轮式重型犁特别适用于在黏土地带和低地林区垦荒,而且,在黏土地带使用这种犁往往要用8牛双轭并驾拉牵,这种重型犁大概出现在盎格鲁-撒克逊人统治的后期。

由于8牛一起拖曳重犁耕地时不便掉头,这种技术在克尔特人传统的小型方地上便无用武之地,所以,盎格鲁-撒克逊人的犁沟一般长达220码。同时,农民中一家一户就有8头耕牛的也很少。这样,在盎格鲁-撒克逊时期,犁地成为一种合作性劳动,在犁好大块长形土地之后,每家每户再从犁好的敞地上分得条田耕地。条田式敞地的面积一般在16—30英亩不等,农庄往往置于敞地的中心,这就是盎格鲁-撒克逊时代的"敞田制"。在农业种植技术方面,盎格鲁-撒克逊时期的英格兰人主要实行二圃制,即把所分得的条田又分为二圃,一圃休荒,另一圃又分成两半,一半种上冬小麦和黑麦,另一半在春季播种黑麦和裸麦,次年轮换。这种集体占有分户使用的形式还推广到对草地、公地和林地的使用方面。生产干草的地带也划分为块,公用草地和林地则是人人都可以在那里放羊牧牛和砍柴拾薪的地方。在农业经济生活中,庄园成了最主要的组织结构,其基本结构为:属于庄园主的地产,居住在这片田庄上的处于依附地位的农民。

盎格鲁-撒克逊时代的农业经济并非全是自给自足的性质,其产品还要供养修道院、教会和那些迁入自治市和城镇的商人。在6世纪时,自治特许市尚不存在,到1086年已有71个王家特许自治市。此类城镇中有市场、铸币厂、行会、市镇法庭和市镇租借地。自治市镇对国王是十分忠诚的,因为是国王设立了铸币厂,允许举行集市,指定市法院的监管,划拨可以出租和自由买卖的土地。这时的自治市镇规模很小,伦敦只有1.2万居民,约克镇有8 000人,林肯和诺威奇有5 000人,剑桥有1 300人。这类自治市镇兴起的途径多种多样:有的围绕一片王家地产而形成;有的因大主教教堂或大修道院的存在而形成;有的则由艾尔弗雷德大帝及其后继者兴建的防卫中心发展而成。无论其形成途径如何,自治市镇的兴起总带动着商贸的发展和商人阶层的形成。

罗马时代的结束一度带来了英格兰货币经济的衰亡,所以,罗马铸币在不列颠的流通到公元5世纪停止了。7世纪时随着社会秩序的稳定,商业的复兴,铸币又开始流通。随着彭达的铸币和奥发的高品位银便士的使用,英国开始向欧洲大陆出口羊毛、奶酪和奴隶,并从欧洲大陆进口玻璃制品、精巧陶器、银质器皿和葡萄酒类。在艾尔弗雷德大帝在位时,英制斗篷成为远销地中海的时装。维金人的入侵一度使不列颠与欧洲大陆的贸易中断了,同时却又促进了不列颠与波罗的海区域的贸易。自7世纪中叶以来,重要的商业城镇一般分布在沿海地区和沿河地区,如威塞克斯王国的南汉普顿,肯特王国的福德威奇、萨尔、多佛、桑德维奇。伦敦城对肯特、苏塞克斯和麦西亚都有十分重要的经济意义,人们经海路和陆路来到这里,比德形容它"商旅辐辏"。另外,还有东盎格里亚的伊普斯维奇和诺森伯里亚的约克镇,也是盎格鲁-撒克逊时代的商业中心。在盎格鲁-撒克逊时代,南汉普顿城已占地72英亩,人口稠密,街道规整,生产金属制品和木制品,另外这里还有铸币厂,并有较为发达的制陶业和纺织工业。此外,在内地还有大量的初具规模的商业中心存在,如中部地区的班伯里和梅尔顿莫布里,肯特的梅德斯。这些地区与罗马或前罗马时代的移民有商业上的联系,伦敦和南汉普顿因国际贸易而发达,但大多数自治市镇的富源主要来自不列颠本土的贸易。那些在大街小道上穿梭行走的商人主要贩卖铁器、盐类。德比郡的铅、怀特霍斯的奶酪、芬兰德的酒、威塞克斯的美服以及各地铁匠打制的头盔和剑,都在英格兰各地行销。但是,在12世纪之前,在苏格兰、爱尔兰和威尔士则没有此类自治市镇和如此发达的商业。

在盎格鲁-撒克逊时代,文化教育的发展与基督教的传播及修道院的建立息息相关。公元599年,圣·奥古斯丁到达肯特王国首都坎特伯雷之后,立即建立了圣彼得和圣保罗修道院。一个世纪后在梅尔梅斯堡、伊利、韦尔矛斯,甚至于整个英格兰都出现了此类修道院。那时,从国王到普通农民都热衷于进院修道,这种宗教的热情反映了人们的价值观从英雄时代的异教观念向基督教世界观的转变。最有代表性的是年轻的圣·肯思伯特从骑士向修道士的转变,他脱下令人厌倦的戎装,步入了梅尔罗德修道院,成为修道院院长,后来又成为著名的林第斯法恩修道院的院长。公元676年,他在林第斯法恩修道院建起了一座四周有草石混泥土墙的棚屋,以大麦、洋葱为生,开始在一种完全隐修的状态下创作赞美词。

在盎格鲁-撒克逊时代还有一座位于怀特拜的著名的女修道院,由女院长圣·赫尔塔管理。这里后来发展成为培养主教的集训中心。到公元8世纪,英格兰的基督教使团甚至在西撒克逊人温弗雷斯(化名博尼费斯)的带领下,跨过英吉利海峡去大陆传教,成功地使图林根、黑森和巴伐利亚人皈依了基督教,对德意志的历史产生了影响。

基督教的传播和异教徒的皈依推动了不列颠教育和艺术的发展。基督教是一种以经文传播的宗教,只有那些能读解《圣经》的人才能对它有深刻的理解。因此,自圣·奥古斯丁时代英格兰就有了学校,但是,直到669年,小亚细亚的提奥多担任英格兰大主教后,才开始在坎特伯雷大教堂系统地教授拉丁文、希腊文和罗马法,同时也教授教会音乐和宗教历法的计算,以及宗教韵文诗的创作方法。公元682年,提奥多的朋友、收藏家本尼狄克·毕斯科普在诺森伯里亚的耶罗和韦尔矛斯建立修道院,并在修道院中收藏了一些欧洲最好版本的希腊文和拉丁文书籍。

同时,欧洲学术界的泰斗、英国第一位神学家和史学家比德(673—735)于7岁时进入韦尔矛斯修道院,在这里度过了一生,并不时地到耶罗修道院研习经史。到735年比德63岁过世时,他已撰写了科学、史学和神学方面的著作共37部,他的关于《圣经》的阐释及其他神学著作,对中世纪欧洲文化的发展产生了巨大影响。在其最伟大的科学著作《时间之性质》中,他发展了基督教史学的奠基者、巴勒斯坦凯撒里亚地区的主教攸西比厄斯(260—360)的纪年方法,提出以传说中的耶稣基督诞生之年为基准,其前为"B.C."("基督诞生之前"),其后为"A.D."("我主纪年")的纪年方法,被后人采用至今。他写出了一本英国最早和最详尽的历史书《英吉利民族的教会史》。后来,比德的学生阿卢因跨过英吉利海峡,把英国教会办学的经验带到大陆,在查理曼大帝宫廷中办起了学校。

公元8—9世纪诺森伯里亚艺术和教育的繁荣,得力于诺森伯里亚国王所创造的安定的政治环境。维金人的入侵一度扰乱了这种安定,诺森伯里亚等地的大修道院均被焚毁,艺术和文化教育一度随着修道院体系的毁坏而衰落。艾尔弗雷德大帝力图恢复修道院教育制度,但未成功。直到10世纪,艾尔弗雷德大帝的后继者又通过努力,使整个英格兰布满了修道院。这一复兴运动是在克吕尼派的影响下发生的,国王埃德加甚至自命为"全体教士之父"来支持这个复兴运动。经过克吕尼派的基督教复兴运动,在960—1066年间,英格兰又新建了约60座修道院,在这个过程中从国王到塞恩都积极地划出土地让与修道院,结果,教界几乎占去了英格兰1/3的土地。修道院的重建意味着英格兰教育的复兴,但是,这次教育的复兴不再依赖于拉丁文,而是促进了一种用古英语写作的本土文学的兴起。这种本土文学的根基是7世纪的《开德蒙宗教诗歌》。据比德记载,开德蒙是一个不识拉丁文的诺森伯里亚农民,他把教士所讲的《圣经》故事,用盎格鲁-撒克逊语编为押韵的诗歌。后来人们把许多不一定是他编的英语宗教诗歌也统统称为"开德蒙组歌"。这些诗歌包括《但以理书》、《出埃及记》、《创世纪》等。到10—11世纪时,具有开德蒙传统的英语诗歌得到了进一步的发展。同时,恩斯哈姆修道院的院长艾尔弗雷克把《旧约圣经》的一部分翻译为英语,并用英语写了不少训诫、牧师通讯、圣徒传之类的书籍。通过他的传教和写作,创立了一种新型的英语散文。

五、盎格鲁-撒克逊时代的结束

在公元976—1016年间,英格兰的君主制受到了来自内部和外部的挑战。从内部来说,年仅13岁的埃塞列德(978—1016)是在猜疑和不信任的气氛中继位的,本人又软弱无能。从外部来说,在沉寂了半个世纪之后,维金人再次大举入侵。公元980年,有英格兰王室血统的挪威人奥拉夫·特里格瓦森,带领93条船舰在福克斯通登陆,掠夺了肯特和东盎格里亚沿海地区。在991—994年间,英格兰人曾以赔偿2万镑银子换得了暂时的和平。994年特里格瓦森又与丹麦人斯韦恩一起带94条船舰来犯,大肆掠夺了英格兰南部的乡村。1002年,埃塞列德与诺曼底公爵的妹妹埃玛结婚。这就为半个世纪后诺曼人征服英格兰留下了借口。而且,到1002年赎买和平的丹麦金已增加到2.4万镑银子,1007年为3万镑、1012年为4.8万镑。交纳丹麦金并没有阻止丹麦人的骚扰,1012年,丹麦人抢劫了坎特伯雷大教堂并杀死了大主教。1013年夏,斯韦恩决定征服整个英格兰,丹麦船舰大举开进英格兰,秋天斯韦恩被丹法区的老丹麦人接纳为王,1013年底,整个英格兰都被迫承认了斯韦恩的王权。1014年2月,斯韦恩暴死,英格兰贵族又把逃到诺曼底避难的埃塞列德国王接回英格兰。1016年4月,埃塞列德死于伦敦,伦敦城的贵族和市民推举埃塞列德之子埃德蒙为王,但7个月之后埃德蒙也死去。

这时,混乱不已的英格兰需要一个强有力的国王,于是,斯韦恩之子克努特就轻而易举地成为第一个真正统一了英格兰的国王。克努特力主调和征服者和被征服者之间的感情,他既得到了丹麦人又得到了英格兰人的效忠,并向北攻下了处于斯特拉斯克莱德国王统治下的坎北兰。为了与诺曼底公爵结盟以保持一个稳定的局面,克努特于1017年与埃塞列德的未亡人、诺曼底公爵之妹埃玛结婚。克努特还以英格兰诸国王的法典为基础制定了新法典,1018年,他在牛津宣召有名望的丹麦人和英格兰人,发誓遵从埃德加的法典并给人民带来和平。他建立了一支亲兵卫队和海军以维护国内外的安宁与和平。1019年克努特继承丹麦王位,1028年又继承了挪威王位。这样,他身兼北欧两王国的国王和欧洲重要君主国英格兰的君主,组成了一个庞大的克努特帝国。1027年,克努特到罗马参加神圣罗马帝国皇帝的加冕礼,他力请皇帝减轻英格兰香客和商人在其境内出入的通行税,并请求罗马教皇减轻英国大主教在接受圣职取回教皇颁发的白羊皮披肩时所负担的费用。克努特死于1035年,时为40岁。但是,在19年的任期内他已经使英国传统的管理制度得到了恢复。

克努特留下了两个儿子,一个是克努特与诺森伯里亚公主埃尔吉弗所生之子哈罗德,他于1035—1040年统治英格兰。克努特和前妻所生长子哈萨·克努特则在1035年克努特过世时被封为丹麦国王。1040年,哈罗德病死后哈萨·克努特又入主英格兰,挪威则在1035年克努特死后独立了出去。1042年哈萨·克努特死去。这样,丹麦世系的国王对英格兰的统治到此结束。1043年复活节,英格兰臣民迎回了先王埃塞列德与埃玛所生的、寄养在诺曼底公爵宫廷内的、有一半英格兰血统和一半诺曼底血统的"虔信者爱德华"(1042—1066)。

作者点评:

这是一个混乱的时期,罗马时代突然结束,不列颠岛退回到没有文明的"黑暗"中去,在世界历史上,这几乎是绝无仅有的事例。在后来的几百年时间里,不列颠必须重新编织文明,从"野蛮"中再一次走出来,文明可说是从头开始。盎格鲁-撒克逊人进入不列颠时还处在"英雄时代",即我们通常所说的部落时代,国家消失了,它必须重新建立一次,因此我们就看到一个盎格鲁-撒克逊人的国家形成期,混乱于是就不可避免。历史周而复始,文明死灰复燃,这真是一个独特的现象,但几百年时间荒废了,历史如何经得起此等"浪费"?不过盎格鲁-撒克逊时期却给英国民族留下了永恒的印记,现在的英国是盎格鲁-撒克逊时代的后裔,在此之前历史只是片断,在此之后它连成了一条线。

第三章 诺曼底征服和封建制度的发展

一、诺曼底征服和封建制度的确立

诺曼底位于法国塞纳河下游,它是个由丹麦人建立的公国,直到1066年还是相当原始落后:该地没有成文法,只有习惯法;没有盎格鲁-撒克逊人已分为三部分的王室宫廷,只有公爵府邸。然而,虔诚的基督徒、征服者威廉却是一个在战场上骁勇顽强,在宫廷中威严擅权的人。

威廉是罗伯特公爵和农女阿利特的私生子,父亲英年早逝,亡故于赴耶路撒冷朝圣的途中。7岁的威廉便即位为公爵。艰辛的生存环境培养了他不屈不挠的意志,养成一种目标与坚韧同在,残忍与宽厚结合的能力。正是这样一个人,在1066年带领诺曼底军队渡过海峡,与英王哈罗德交战,并成为胜利者。

当然,威廉从海峡对岸来英格兰称王并非完全事出无因:1066年1月,虔信者爱德华死后无嗣,这就给威廉提供了要求英格兰王位的借口。诺曼底公爵声称,爱德华曾在1051年邀他访问英国时,许诺他为英格兰王位的继承人,但贤人会议又推举爱德华临终时指定的哈罗德为英王。

从欧洲大陆的情况来看,威廉也是幸运的:他的两个仇敌法王和安茹伯爵都死于1060年。此后,安茹伯爵领地陷入内乱;新登基的法兰西幼王的摄政又在暗中对威廉表示了同情;罗马教皇一方面不满意哈罗德任命斯替冈德为坎特伯雷大主教,同时又认为诺曼底人远征英格兰有助于稳定他在南意大利的统治,从而用祝福的方式使诺曼底公爵的征战和抢

第三章 ● 诺曼底征服和封建制度的发展

劫具有宗教上的合法性。

然而,威廉面对的并不是一个弱小而分裂的国家,而是一个富裕而和平的王国:它有良好的管理系统和防御力量,商业发达,人口众多,并与丹麦王国和睦亲善。但是,在爱德华统治期间却出现了两个重要的问题。一是伯爵领地的兴起及其势力的壮大:早在11世纪初丹麦人克努特统治英格兰时期,他就在郡制之上设立了管辖范围更大的伯爵领,经过一段时间的发展,伯爵势力壮大。到爱德华时代英格兰几个最大的伯爵领地威塞克斯、麦西亚和诺森伯里亚成为高德温、利奥弗里克和西沃克三大家族的世袭财产。其中势力最大的是高德温家族,1053年高德温伯爵去世时,他的三个儿子哈罗德、托斯提格和盖尔斯分别控制了英格兰最大的四个伯爵领地中的三个:威塞克斯、诺森伯里亚和东盎格利亚。假若高德温家族始终团结友善,或许英格兰能幸免于1066年的诺曼底人征服。但是,这个家族在1065年分裂了:在诺森伯里亚爆发了反托斯提格暴政的起义,得到哈罗德的支持,托斯提格发誓要向挪威国王哈德拉求援,向其兄弟复仇和收回其伯爵领地。另一个更为严重的问题是缺乏王位继承人,这在由军事民主制走向王权政治的时代是个至关重要的问题,在爱德华弥留之际,艾尔弗雷德大帝的男性后裔只剩下孱弱的小孩埃德加·艾瑟林。因此,濒死的国王和贤人会议推举高德温长子哈罗德为王。由于哈罗德离王室血统较远,给威廉公爵和挪威国王哈德拉进犯英格兰找到了借口。

在征战不列颠时,威廉公爵又获得了在天时和地利方面的好机会:当诺曼底公爵扬帆启航之时,9月的北风使其舰队只得暂时停靠在诺曼底沿岸而无法尽早渡过海峡。同时,挪威国王哈德拉则乘风率队从奥克灵群岛向南驶达亨柏河口登陆,与托斯提格汇合。结果是挪威王而不是诺曼底公爵遭遇了怒火中烧的英格兰人的大反击。哈罗德率领亲兵北上,于1066年9月25日在约克北部的斯坦福桥歼灭挪威入侵者和托斯提格。3天后,幸运的威廉公爵在英格兰南部登陆。早已被家族内讧、王位继承问题和北上抵御挪威人弄得筋疲力尽的哈罗德,只得匆忙穿越整个英格兰而回师伦敦,很多弓箭手和步兵都未及时跟上。到达伦敦后,哈罗德错误地决定立即与威廉交战于苏塞克斯南端临海的黑斯廷斯山。这时,威廉只有5 000精兵,哈罗德有7 000兵马,但大多是匆忙征集未经训练的士兵。双方士兵身着锁子甲,头带锥形盔,一手持盾,一手握着长矛或利剑,对峙在黑斯廷斯山上。但是,哈罗德没有骑兵,无论是弓箭手、盾牌墙,还是挥动巨斧的英格兰步兵,都不足以迎击威廉的精锐骑兵。经过一天的激战,哈罗德及其亲兵卫队全部死在黑斯廷斯。在战略上,这是西欧大陆结构紧密的封建主义军事制度,对不列颠岛从军事民主制向君主制过渡时期相对分散落后的军事制度的胜利。在战术上,这是由弓箭手殿后的灵活机动的新式骑兵对仅依靠长矛战斧的旧式步兵的胜利。

诺曼底征服英国时的黑斯廷斯战役

此后,威廉公爵向东征服了德文、坎特伯雷,沿泰晤士河南岸向西挺进,火烧了南沃克,穿过了汉普顿。然后渡过泰晤士河,包抄伦敦西北各地,使伦敦完全处于孤立无援的境地。另一方面,他颁布文告允诺作为爱德华的继承人,将保留盎格鲁-撒克逊人的习惯权利。这样,贤人会议只得于1066年圣诞节在威斯敏斯特给他加冕为威廉一世(1066—1087)。1068—1069年威廉一世继续率兵北上,实行焦土政策,打败了顽固抵抗的麦西亚和诺森伯里亚,最后于1070年结束了军事征服。

在黑斯廷斯战役中跟随诺曼底公爵作战的不可一世的骑士,最早在8世纪卡洛林王朝时期出现于法兰西。当时,骑士要拥有备齐了马鞍、马镫和马衔的数匹战马,以及利剑长矛、鸢形盾牌、马刺长靴和铁盔胄等新式装备。对这种职业武士进行的训练,要从孩提时代一直延续到21岁。其武器装备和培养训练的花费是相当昂贵的。于是,查理·马特使用罗马时代出现过的,国王向跟随作战的武士授予土地的方式来解决这个问题,这种"回报"的地产就变成了封建财产。这显然是一种契约制度,但并不是现代社会的非人格化的商业契约,因为土地的受封者在人格上变成了封主的臣属,他必须效忠、服务,甚至为主人而献身。在接受封土时举行的"臣服礼"不仅具有宗教道德方面的约束力,它还表明因封主把作为封建财产的土地分给封臣,封臣就对封主有服从、效忠和尊重的义务。反之,因封臣对封主的效忠,封主对封臣就有保护其司法权益的义务。在这种财产分配与人际关系的双重因素下,在这种封建财产与人身依附关系结合的过程中,封建主义得以产生。英国社会史学家阿萨·布里格斯说,狭义封建制度指作为领受土地的条件的军役——骑兵兵役,广义封建制度指带有义务和隶属关系的土地本身,亦即采邑制。狭义封建制的着眼点是动乱年代中的战争,广义封建制的着眼点是对土地的保有和使用。而封建制度最外在的社会表现形式,则是由军役和采邑构成的封君封臣的等级身份制。

威廉完成了对北方的征服后,一改盎格鲁-撒克逊末期把英格兰划分为六个伯爵领的局面,他加强了对王国的直接管理,取消了私人军队和城堡,保留了百户区法庭、郡法庭以及民军制度。最主要的是,他在英格兰推行法兰克的骑士占有制,以服兵役为条件给骑士分配土地,骑士对封地拥有占有权、使用权而没有所有权,威廉靠此组建了一支4 000多人的军队。起初,骑士封地只享用终身,以后逐渐变为世袭。这样,一种以土地分封为媒介,把维护封建政权的义务在各级土地所有者之间层层分割,以造成政治统治权与土地使用权密切结合的政治体制,随着征服者威廉的到来,从欧洲大陆移植到了英国。不同的是,法兰克的骑士封地制只要求封臣对直接封主效忠,而英格兰的诺曼底分封制则要求附庸的附庸也要宣誓效忠,英王的直属封臣在再次分封时,受封人除了宣誓"因为领有您的土地我将效忠于您",还必须加上:"除了效忠国王之外"这一句话,这就是威廉强迫全英格兰所有领主接受的"索耳兹伯里盟"的内容。据此,英国的各级封建主,不管是否是国王的直属封臣,都首先是国王的附庸。

这种制度改变了英格兰的社会,它之所以能够实施,前提是在1068—1069年间威廉用战争使4 000—5 000个盎格鲁-撒克逊时代的塞恩失去了土地。威廉宣称所有的土地和森林尽为王有,他留下1/7作为王室直辖领地,其他都用来分封给跟随他南征北战的170多个诺曼底人。这些威廉的直属封臣,除宣誓效忠,必须每年为他提供一定数量的骑士,为他服40天的骑士役。直属封臣留下部分土地直接经营,把其余部分再次分封出去,形成新的次一级的封君封臣关系,如此层层封授,形成了以封建土地为基础的等级制人身依附关系。随着土地的分封,封君封臣都享有一些权利,相互之间也有应尽的义务,如:土地的占有权和使用权是半军事化的,占有者要负责保卫城堡,参加警卫队和为军队提供给养等,总称为服骑士兵役,此其一;受封者在领主长子受封骑士、长女结婚,或个人需要赎金时有义务向封主提供一定数量的金钱,总称为献纳协助金,此其二;封臣还要出席封君的各种法庭会议,以解决与封君之间的纠纷,和对不尽义务的封臣进行审判,在那个行政和司法无法区分的时代,这意味着向封君提供法律和政务上的协助,此其三。对封臣而言,以上三点是义务,对封君而言,这些要求就变成了权利。当然,封臣也有自己的权利,主要体现为他们有权获得封土上的经济收益,以及在其封土内实行以司法形式体现出来的政治统治。于是,承认这两种权利并保护封臣的受封地不受侵犯也就成了封君的义务。实质上,这是一种不平等的、权利和义务都具有双向性的契约关系。这种契约的关系使封建主义体现为一种以军事服役为交换条件的土地分封的经济制度,也体现为一种包含着政务的等级司法制度,而它在文化上的最外在的表现,则是多层次的等级身份制社会结构。这种社会所含有的契约关系尽管是人格化的和不平等的,却形成了后来的《大宪章》、议会政治和习惯法体系的起源基础。

1086年,征服者威廉进行土地赋役调查,他向各郡派出调查员,由各郡的郡守、贵族、百户区监守、教士和6个维兰出席调查会,主要调查王室庄园和领主庄园的地产及其经营情况,庄园内各等级的户籍情况等。调查目的是为了掌握全国的土地占有情况,人口分布及动产情况,以便确定个人在法庭上能否有做誓证的资格,同时了解直接封臣的人数、土地和牲畜总数,以便核定税金数额。调查的深度和广度使《盎格鲁-撒克逊编年史》的作者都叹喟道:"不仅一海得一弗吉脱(=1/4海得)的土地不能漏掉,连一头猪一头牛也逃不脱调查者的眼睛。"所以,英格兰人把用拉丁文写成,存放在温切斯特,册为两卷的调查结果谑称为《末日审判书》。这是英国中世纪最早的经济档案,是中世纪早期英国政府行政管理技术的辉煌成就,也是封建制度引入英格兰的见证。

调查结果表明,1086年全国地租总收入为73 000英镑,其中约有1/2即30 000英镑归属于170家诺曼底贵族,另有1/4归威廉家族,剩下的1/4属于50个高级教士。可见,这250来人就控制了英格兰的绝大部分土地。这些王公贵族、教会上层及其封臣和附庸,其人数不过1万人,却高居于100万—200万英格兰人之上。诺曼底征服后不仅塞恩无法生存,许多在盎格鲁-撒克逊时代拥有自己的土地,并可随意选择庇护者的自由民,也沦落为"梭克曼"或"维兰"。梭克曼是拥有自己的土地并可买卖的

第三章 ● 诺曼底征服和封建制度的发展

自由农民,但其土地不能随自己一起转给新的庇护人,因为土地的所有权是庄园主的。也就是说,梭克曼是附着在庄园上的自由农民,但他仅仅是在必须向庄园主交付地租和受庄园法庭管理这一方面从属于主人。梭克曼主要分布在盎格鲁-撒克逊时代的丹麦区。《末日审判书》表明,在1066—1086年间丹麦区梭克曼的数目在急剧下降。诺曼底征服几乎使各等级的盎格鲁-撒克逊人都变成了维兰,这是一种占有领主份地而不能出卖的租佃农。他们被束缚在所出生的庄园之上,要为领主出周工和服散役,要依主人愿望交纳租佃税,必须使用庄园主的碾房和面包房加工自己的食品,在庄园主的女儿出嫁时要捐款等。在诺曼底征服后地位有所提高的只有奴隶:他们在盎格鲁-撒克逊时期占人口总数的10%,在《末日审判书》制订期间比例已经缩小,到12世纪末几乎不存在了。在12世纪末的拉丁文中,"奴隶"与"维兰"两个词汇是可以互换使用的,它说明了奴隶阶层的消失,也说明了自由租佃农的农奴化趋向。

据《末日审判书》统计,诺曼底征服使盎格鲁-撒克逊贵族"塞恩"消失殆尽,到1086年只剩2户仍属威廉册封的170家贵族之列。取而代之的是诺曼底新贵,由于这些新贵仍保留着他们在欧洲大陆的领地,英格兰和诺曼底这两个过去各自独立的实体,如今变成了跨海峡的单一的政治单位,不仅共拥一个王朝,而且共有一个诺曼底-盎格鲁贵族阶层,结果,直到1204年为止,英格兰与诺曼底的历史都不可分割地交汇在一起。在征服者威廉的晚年,人们依稀见到支配下一个世纪政治风云变幻的家族不和与领土争端。在12世纪,每当跨海峡的英格兰和诺曼底分裂为两个独立体时,往往就会出现一个纷争的时期。

威廉一世于《末日审判书》完成的第二年病故。这时,反叛威廉的长子罗伯特正待在法王菲利普的宫中,他的第二个儿子威廉·鲁夫斯即位,称威廉二世(1087—1100)。此后,罗伯特一直留在海峡对岸的诺曼底为公爵。但是,按照诺曼底的习俗,王位应由长子继承,很多对鲁夫斯不满的诺曼底贵族便鼓动罗伯特把诺曼底从英格兰王国中分离出去,这就引起了贵族的反叛和教会的分裂。鲁夫斯为了征服诺曼底就残酷地向臣民征税,并疯狂地抢劫教堂。1100年8月2日这个不受欢迎的国王在布鲁肯豪斯附近狩猎,被不明来源的飞箭射中而亡。当天,其弟就控制了威斯敏斯特的国库,第二天就促使一小撮贵族"选举"他为亨利一世(1100—1135)。

亨利一世于1068年出生在英格兰,是一个受到较好教育且精明能干的国王。上台伊始,他便在加冕典礼上颁布《特权令》,允诺结束鲁夫斯的勒索和压榨政策,并把在位时的目标定为:一,征服诺曼底;二,使王位得以和平继承以保持英格兰王国的稳定。在第一个方面,亨利一世是成功的,到1106年,他已经把罗伯特在鲁夫斯过世时分离出去的诺曼底收复了。在第二方面则因客观原因未达目的:他的法定继承人、儿子威廉于1120年乘船失事而淹毙,只剩下女儿玛蒂尔达。亨利一世曾试图使大贵族承认玛蒂尔达为合法继承人,但未获成功。后来,玛蒂尔达嫁给了安茹和曼恩公爵杰弗里。由于安茹公爵和诺曼底公爵是世仇,大贵族们更不可能接受玛蒂尔达继承王位了。1135年,亨利一世辞世,王位被其外甥、征服者威廉的外孙、法兰西布卢瓦的史蒂芬(1135—1154)夺取。此后,尽管教会和贵族都承认了史蒂芬继承王位的合法性,但是,1138年,玛蒂尔达在安茹伯爵和苏格兰王的支持下开始争夺王位。这样,亨利一世维持了35年的和平又中断了,内战烽烟再起,英格兰一片混乱,大贵族们分别投到史蒂芬或玛蒂尔达的麾下,他们各自建垒铸币,相互缔结盟约,全然一片无政府的封建混战状态。直到1154年12月才达成协议,由玛蒂尔达和安茹伯爵之子继承王位,史称"安茹王朝的亨利二世"(1154—1189)。

二、安 茹 诸 王

史蒂芬统治的20年间内乱不已的原因之一,是他本人缺乏先王的雄才大略,很难支配宫廷和控制王国。此外,与不停地在诺曼底和英格兰之间奔波的亨利一世相比,史蒂芬不大去诺曼底,在位21年间只于1137年到过诺曼底一次,就诺曼底-盎格鲁贵族的跨海峡性来说,这的确是个大错误,从这一点看,他没有充分认识到英格兰只是诺曼底王朝的一部分。同时,在亨利二世继承王位的问题上教会起了决定性的支持作用,这也是事出有因的。早在1139年史蒂芬曾抢劫索尔兹伯里的洛格家族,使教会背离了史蒂芬。几年之后,大主教西奥博尔德拒绝承认史蒂芬之子尤斯塔斯为王位继承人,并逃往安茹伯爵领地。到1153年,安茹小伯爵已是一个19岁的武士,他从母亲一边继承了诺曼底公国,从父亲一边继承了安茹、曼恩、布列塔尼,从妻子爱琳娜处继承了阿圭丹、波瓦图和加斯科尼。这样,整个法兰西有一半处在他的统治之下。他于1153年以诺曼底

第三章 诺曼底征服和封建制度的发展

为跳板进攻英格兰时,史蒂芬正因常年内乱和新近丧子而伤心绝望,很快就答应了教会起草的《威斯敏斯特协议》,即死后将王位转归安茹小伯爵。1154年12月19日安茹王朝正式成立,因亨利二世的父亲杰弗里喜在帽上插戴金雀花,故安茹王朝也称"金雀花王朝"。

亨利二世就这样成为盎格鲁-撒克逊时代之后第一个毫无争议地继承了王位的君主;作为从英格兰延伸到比利牛斯山脉这一广阔帝国的国王,他比德意志皇帝富有,使法兰西国王相形见绌。但是,尽管英格兰为他提供了巨大的财富和君王的头衔,但其王国的中心仍在故土——安茹伯爵领地。因为与他的出生地安茹相比,英格兰在社会生活和文化方面还多少有点穷乡僻壤的味道,这样,文化的因素及其大陆领地的庞大使他在位的34年中有21年在大陆度过。而且,在内心深处亨利二世始终是一个法兰西伯爵,出生在法兰西也归葬在法兰西。当然,作为英格兰和半个法兰西的国君,亨利二世无疑是欧洲最大的君主,但是这些分散的领地并没有一个中央政府在管理,他在英格兰的身份尽管是国王,但在欧洲大陆各领地的身份只是法兰西国王的封臣。这样,大帝国的存在依赖于他个人的政治能力,只有他个人迅速往返于英格兰和大陆间的奔波才能维持帝国的统一,所以传说亨利二世只有在吃饭、睡觉和开会时才坐下来,而且他在南汉普顿总有一艘随时待发的大帆船。

这种带着御前会议、王室法庭、重要军人和家属一起游巡的统治方式,从客观上看不可避免地促进了分驻各地的行政机构的发展。像历代诺曼底先王一样,在国王不在时,代表王权的委员会和税务法庭就要处理英格兰的日常司法和财务工作,英格兰"政府"因之得到了发展。

亨利二世的确是自威廉征服以来第一个受过良好教育的大陆来的国王,他虽然不懂英文,但谙熟拉丁文、普罗旺斯文。他是当时欧洲一流的外交家、政治家和实干家。他终身痛恨懒惰但从不急躁,他和他的工作班子"王堂"总是在马背上,不停地从帝国的一角驰往另一角,几乎给人留下他同时出现于各处的印象,在一个大帝国中这一印象有助于维系臣民的忠诚感。他还是个法学家,对司法事务能明断速决。加冕后六个月他就驱逐了史蒂芬的佛莱芒雇佣兵,摧毁了非法的割据城堡,更换了大批受贵族支配的郡长,在英格兰重建了君王的权威,使满目疮痍的英格兰平静了下来。然而,在亨利二世统治的后半期他也面临着诺曼底先王们遇到的问题。他有四个儿子:亨利、理查德、杰弗里和约翰。在母亲阿奎丹女公爵爱琳娜的教唆下,在法王路易七世的支持下,亨利二世的儿子们在1173年于诺曼底起兵反叛并波及布列塔尼,紧接着英格兰的莱斯特伯爵领导佛莱芒人起义,1174年春苏格兰王又侵入英格兰。但是,四面受敌的亨利二世得到教会、忠勇官兵、城乡富人的支持,以一种令人震惊的速度——歼灭了反叛和入侵的军队。此后,从1175—1182年是安茹帝国极盛时期,但维持帝国统一的工作永无止境。1180年法王路易七世去世,残忍而狡猾的菲利普·奥古斯塔斯继位为新王。后来,亨利二世的长子小亨利死去,次子理查德成为实际上的长子,亨利二世计划把王位继承权给小儿子约翰,理查德盛怒之下与法王菲利普·奥古斯塔斯结盟。1188年11月法王要求亨利二世把继承权给予二儿子理查德,遭到拒绝后,理查德允诺把安茹王朝在法兰西的全部土地交给法王,并向法王行了效忠礼。战火再起,亨利二世在家族不和、王位相争和海峡两岸分离的苦难中挣扎,直到1189年死去。理查德获得了安茹王朝的全部领土,保住了这个跨海峡的大帝国。

狮心王理查德(1189—1199)出生在英国,但少年时代是在阿奎丹度过的,由于生长在法兰西并积极参加十字军活动,他在位的10年间住在英国不过几个月而已。加上他缺少政治头脑和法律知识,就需要一个摄政。理查德也知人善任,特别善于遴选大臣,著名的法学家兼大法官格兰维尔及著名学者兼国务活动家华尔特主教,先后成为英格兰的实际统治者——首席政法官。他们精明得体地处理着英格兰的政务和司法事务,使狮心王能腾出手来率军东征。

1190年夏,狮心王与法王菲利普·奥古斯塔斯一起出发,参加了第三次十字军东征。冬天到达了西西里,第二年5月攻克塞浦路斯,7月攻克了巴勒斯坦的阿卡海港,9月在耶路撒冷城外12英里的地方,与穆斯林首领萨拉丁签订了允许基督徒进入圣地并停战三年的协定,从而取得了惊人的胜利。这时,其弟约翰在国内叛乱,这个消息使他迅速回师。为了快速抵达英格兰,他取道中欧,不幸落入奥地利大公利奥波德手里,被引渡给德意志国王亨利六世,监禁了一年多(1192年12月到1194年2月)。要赎回理查德必须准备15万银马克,理查德派部下回到安茹帝国,在英格兰开征各种税金:对每份骑士封地征收免除兵役税20先令;对全体英格兰人征收25%的动产税;对每100英亩的土地或每副犁具征收2先令,以此取代991年开征的"丹麦金"。在理查德在押期间,英格兰行政

第三章 ● 诺曼底征服和封建制度的发展

机构运行完好,并征集到大量的赎金,这与亨利二世时代行政管理制度的发展是分不开的。

当理查德被囚禁时,早已返回故土的法王趁机占领了金雀花王朝在大陆的一些领地,包括诺曼底。1194 年狮心王被赎回,再次开征税收,以从法兰西国王手中挽救安茹帝国。为了与法王作战,他改变了有关每个封臣年服役 40 天的诏令,组建了一支付发军饷的军队,规定备有战马的骑士服役一天支付 4 便士,不备战马的每天支付 2 便士,并雇佣了专事征战的外国雇佣兵。这样做虽然花费昂贵,但理查德依靠这支军队在战斗中连连胜利,经过五年的励精图治,收复了在他被监禁期间被法王占去的领土。1199 年 4 月 6 日狮心王在一次战斗中被飞箭射中身亡。

理查德没有留下合法的子女,按照诺曼底的长子继承制,狮心王的全部领土应归其大弟弟杰弗里的儿子——12 岁的布列塔尼公爵亚瑟。然而,英格兰和诺曼底的贵族和亨利二世的遗孀爱琳娜公爵,都更倾向于理查德的幼弟、阿奎丹和爱尔兰的领主约翰公爵,卢瓦尔的男爵和法兰西国王菲利普·奥古斯塔斯则支持亚瑟。王位之争带来安茹王朝时代英格兰与大陆领地的又一次分裂。亚瑟率安茹帝国在西欧大陆的全部领土向法王行臣服礼,亚瑟的叔叔约翰则迅速行动,于 4 月在诺曼底首都鲁昂自封为诺曼底公爵,并于 1199 年 5 月在伦敦加冕为英格兰国王。然后,双方都以战争相威胁,法王只好交给约翰两万银马克的赎金,抵偿了理查德在法兰西的遗产。8 月,约翰与昂古莱姆的女继承人伊莎贝尔结婚,他以伊莎贝尔的名义要求获得在大陆的新领土,这样导致了约翰与法王之间的战争。战争中亚瑟被残杀,约翰也失去了布列塔尼和卢瓦尔贵族的信任。1204 年,法王菲利普占领诺曼底、安茹、曼恩、都兰、普瓦图,约翰慌忙逃往英格兰,他在欧洲大陆的领地就只剩下阿奎丹。这样,"失地者约翰"变成了名副其实的"英格兰王"。

三、早期的威尔士、爱尔兰和苏格兰问题

在一个半世纪的诺曼底征服时代(1066—1205),只有亨利二世在位的 35 年保持了相对持久的和平。有的历史学家认为,倘若亨利二世不因儿子的问题耗费巨大精力,以他的才干,在 12 世纪时已经解决威尔士、爱尔兰和苏格兰问题了,不列颠已是一个统一的国家。事实并非这样简单,

爱尔兰、威尔士和苏格兰问题一直是中世纪诸王必须面对的问题。

11世纪的威尔士,因层峦叠嶂的阻隔而分散为许多小王国。这些王国边界的变动,依威尔士王诸子之间分割遗产的继承法,以及各统治者军事力量的消长而定。而且,威尔士的山脉使诺曼底的征服者们感到困难,在威廉一世的晚期,诺曼底人曾一度征服北威尔士,但是,在1094年又被土著克尔特人夺了回去。此后,一些诺曼底大地主零敲碎打地蚕食威尔士,得到的领地实际上为个人所有,不包括在英格兰王国之内,从而形成了"边疆贵族"。他们一边占领肥沃的土地,一边修垒建城。这样,到亨利一世末年,南威尔士实际上已成为盎格鲁-诺曼底人的一个行省了。后来,在史蒂芬政治动乱的时代,威尔士人在北部领袖欧文因和南部领袖莱斯·阿普·格里非德的领导下举行起义。亨利二世继位后一度率大军征服威尔士也未获成功。欧文因在北方把其领土推进到迪河,格里非德在南方则推进到卡迪根湾。

在爱尔兰,1001年南部克尔特人的首领布利安·伯罗几乎统一了爱尔兰,1014年布里安被斯堪的纳维亚人打败,又使几近完成的统一大业付之东流。后来,亨利二世利用罗马教皇整顿爱尔兰僧界和爱尔兰部落首领德莫特占领都柏林之机,于1171年10月带大兵压境,迫使爱尔兰诸王纷纷称臣效忠。1171—1172年亨利二世在都柏林建造王宫,把都柏林定为盎格鲁爱尔兰首府,并颁布教会法,使爱尔兰教会处于英格兰教会和罗马教会的控制之下,此后又把爱尔兰交给约翰·德·考西管理,这样就形成了英格兰在爱尔兰东南部的设防地带"界内"。但是,直到都铎王朝时期英格兰人才最后征服了北爱尔兰。

苏格兰的情况与威尔士、爱尔兰不一样。苏格兰是一个多山地带,低地对其经济政治发展起支配作用,但是,因高山和沼泽的阻碍,分散的低地又各自为政,因此,苏格兰从氏族部落向王国的过渡较其他西欧地区慢得多。而且,长期以来,皮克特人、苏格兰人、斯特拉斯克莱德与洛锡安的英格兰王、北部和西部的斯堪的纳维亚领主,在苏格兰这块土地上时而结盟,时而敌对,使苏格兰的问题更趋复杂化。加之,与威尔士相比,苏格兰离英格兰更为遥远,与爱尔兰相比又较为统一,故它在抵抗诺曼底征服和安茹帝国的渗透时,更容易保持独立性。1081年,苏格兰出现了第一个国王,即坎莫尔王朝的马尔科姆二世(1081—1124)。同年,他从英格兰人手里夺得了从福斯河到特文特河之间的地带,即洛锡安。盎格鲁-撒克逊

第三章 ● 诺曼底征服和封建制度的发展

王埃德加的妹妹玛格丽特因威廉的征战而逃往洛锡安,嫁给马尔科姆二世,带来了英格兰的语言、文化和基督教,加速了苏格兰的英格兰化。后来,马尔科姆二世与玛格丽特之子大卫一世(1124—1153),趁史蒂芬朝英格兰国力衰微之时向南扩张,并延揽英格兰人才,使苏格兰也成为一个诺曼底式的封建王国,使基督教得到了发展,并与罗马教廷建立了密切的关系。1153 年,大卫长孙 11 岁的马尔科姆四世继承苏格兰王位,正值中兴的安茹王朝迫使他向亨利二世行效忠礼。1165 年,马尔科姆四世被其弟狮王威廉(1165—1214)打败。威廉当上国王后不再向亨利二世称臣,1173 年,威廉支持亨利二世的长子反叛并乘机攻入英格兰,战败后遭囚。苏格兰人用爱丁堡等五个大城堡及一批大侯爵作抵押才赎回了其国王,苏格兰彻底地依附于英格兰,直到 1189 年,狮心王理查德为了组织十字军需要大量钱财时,苏格兰才得以赎回其独立地位。此后,两王国关系又渐趋紧张,1209 年,英王约翰的大军又出现在苏格兰,狮王威廉被捕投降,后支付了 15 万马克,并以两个女儿为人质后才获释放。1214 年,威廉死去,其子继承苏格兰王位为亚历山大二世(1214—1249)。若从欧洲政治舞台的角度看,在 12—13 世纪,苏格兰已通过与大陆王室的联姻,日益成为欧洲政治舞台的一员,这一点有利于苏格兰保持对英格兰的相对独立性。

四、教会、行政、司法

诺曼底征服对英格兰教会产生了深刻的影响,而且,在整个诺曼底征服时期王权与教权的斗争,就像黑斯廷斯战役中盎格鲁-撒克逊人与诺曼底人的殊死搏斗一样激烈,只是前者是战场上血的洗礼,后者是权势间的智力拼搏。

在军事上征服了英格兰之后,征服者威廉马上对教会进行改组。首先,他以北意大利人、罗马派教士兰弗朗克取代斯替冈德为坎特伯雷大主教。这个娴熟教会法的学者和威廉一起从诺曼底选拔了一批受过良好教育的教士,到英格兰担任主教或修道院院长。到 1087 年,英格兰的主教中只剩下一个盎格鲁-撒克逊人了。其次,兰弗朗克改变盎格鲁-撒克逊时代的习俗,强令英格兰的教士执行罗马教廷独居生活的规定。第三,威廉和兰弗朗克规定主教和副主教不再干涉百户区法庭和郡法庭事务,另立专门受理教士案件和兼管俗界道德问题的宗教法庭,这样英格兰的司法就有了宗教法庭和世俗法庭两个体系。第四,兰弗朗克支持诺曼底新贵在乡村和城镇到处修筑小教堂,这些小教堂属于领主的私有财产,由领主指定教士加以管理,以满足辖地内基督徒举行洗礼、婚礼、葬礼和涂油礼之需。兰弗朗克使这些小教堂附属于各主教的大教堂。从这个角度上说,是诺曼底贵族和骑士完成了盎格鲁-撒克逊人开始的教区制度的建设。在改革教会的同时,征服者威廉把封建义务也强加给领有王国土地的主教和修道院院长,坚称教界封建主也是国王的封臣,有为国王出兵服役、祈祷祝福和充当司法顾问的义务。

与此同时,罗马教皇格列高利七世于1075年颁布敕令,宣布教皇高于世俗统治者,有权废立国王,认为罗马教廷有权审理一切教界诉案,主教应效忠于罗马教廷而不是国王。格列高利甚至宣称整个英格兰都是罗马教廷的属地。但是,威廉一世始终坚持,不经国王同意主教会议的决定和教皇命令在英格兰都不生效。罗马教廷和威廉一世对英格兰教会的权力之争,就演变成在任命主教时是国王还是大主教主持授职仪式的问题。威廉一世在位时,他始终坚持新任命的主教或修道院院长,必须先向他行臣服礼,然后才由他本人亲手把象征权力的指环和权杖授予他们。

但是,到威廉二世统治时期,他抢劫了教会,没收了11座富有的修道院和3个主教区的财产,甚至有意使坎特伯雷大主教的职位在1089年兰弗朗克死后一直空缺5年,以收取坎特伯雷大教堂所辖地产的税金。1093年,病重的威廉二世准备任命安瑟姆为坎特伯雷大主教,但是,安瑟姆提出三个要求,即归还坎特伯雷教区的地产,任命他为道德领域的辩护人,以及承认罗马教皇乌尔班二世的权威。威廉二世只同意其中第一条。1093年底安瑟姆出任约克大主教,坎特伯雷大主教职位仍然空缺。这时,威廉二世承认德意志皇帝册封的,代表世俗王权利益的教皇克列门特三世,而英国教士则普遍承认教皇乌尔班。所以,威廉二世至死也未能解决因格列高利改革运动引起的,威胁王权驾驭英格兰教会的问题。

亨利一世较威廉二世鲁夫斯更容易妥协也更有理智,继位后他继续与安瑟姆争夺授职权。1105年,罗马教皇先开除了国王首席顾问缪兰公爵的教籍,亨利一世以不给安瑟姆主教授职权相威胁。但是,迫于威尔士边界的叛乱和诺曼底分裂势力的抬头,亨利只好暂时退让,他于1105年6月到诺曼底与流亡在外的安瑟姆大主教谈判,答应归还坎特伯雷教区

第三章 ● 诺曼底征服和封建制度的发展

的收入,请求安瑟姆从罗马回英格兰,只要他承认国王有主教授职权即可。安瑟姆不让步。后在王妹布劳依斯女伯爵阿迪拉和著名宗教法学家伊沃的帮助下,两人于同年8月在伦敦达成妥协:国王将授职权让与教皇,但主教在行授职仪式后必须再向国王行臣服礼;主教由国王提出候补人后,由教会代表共同推举。这样,亨利放弃了世俗授职礼,但是,教士为了自己的采邑必须继续效忠于他,而且,实际上国王的意见仍然是主教获得职位的决定性因素。在某种程度上,亨利在形式上放弃了授职权而实质上保留了它。1109年,安瑟姆一死,诺曼底分裂局面结束,亨利一世地位稳固后,他干脆以拖延的方式让大主教席位空缺。但是,从长远看,亨利放弃世俗授职礼无异于承认君主的世俗性,这在王权尚需加强的中世纪早期,对民族国家的形成显然是个不利因素。

亨利二世身处王权与教权之争重重迭起的十二世纪中期,王权与教权之争最后以坎特伯雷大主教托马斯·贝克特被杀而告终。这个震惊整个基督教世界的事件,从表面上看是两个骄傲而忿怒人之间争吵的结果。实质上是君王和教会在争夺司法权。在史蒂芬统治的19年间,内乱使国王对教士的司法权,对主教和修道院院长的任命权都丧失殆尽,宗教法庭甚至有权处理俗界的契约和债务问题。而且,教皇格列高利七世的后继者建立了一个强有力的罗马天主教制度,这对英国教会摆脱王权的控制起了推波助澜的作用。亨利二世上台后,他为了恢复在史蒂芬时代失去的权力,于1162年任命其好友大法官托马斯·贝克特为坎特伯雷大主教。

贝克特出身在一个定居于伦敦的鲁昂商人世家,受过高深的宗教教育,是一个精力充沛的政治家,锦衣美食,容易相处,有强烈的权力欲和功名心。1154年贝克特被亨利二世指定为大法官,成为国王在军事、外交和司法方面的重要顾问。但是,在成为坎特伯雷大主教后,他扮演了教会利益的捍卫者。在1162年举行的教俗贵族大会上,亨利二世坚持通过了《克拉伦敦约章》,划分国家及教会的权限,规定教士犯重罪应先在世俗法庭检举,再到宗教法庭审理,如判为有罪而开除教籍,则需再次提交世俗法庭作最后的宣判。这个约章目的在于限制宗教法庭的权限。对此,贝克特在默认后又反悔并进而追随教皇持反对态度。于是,亨利二世在北汉普顿开庭指控贝克特,贝克特逃往法兰西过了6年的流亡生活。此间,亨利二世只好请约克大主教为亨利王子举行了王位继承加冕礼。1170年贝克特回到英格兰,他认为这一行为侵犯了坎特伯雷大主教独有的加冕权,便利用教皇把参加加冕礼的人全部开除教籍。亨利二世为了防止教皇把英格兰革除教籍去大陆会见贝克特,贝克特于1170年12月回到坎特伯雷大教堂。这时,有3个被贝克特开除教籍的主教伴随亨利二世仍留在诺曼底,他们的小报告使亨利二世盛怒不已,国王的4个亲兵骑士错误理解国王在盛怒下的言词,擅自赶回英格兰,把贝克特杀死在坎特伯雷大教堂。

这一强闯圣堂砍杀大主教的事件震惊了基督教世界,贝克特因之成为圣徒,教皇对亨利二世进行了处罚:亨利必须提供200个骑士去保卫耶路撒冷,并新建3所修道院。重要的是,亨利二世不得不废除了《克拉伦敦约章》,并在许多重大问题上做出让步:不再阻止英格兰人向罗马教廷上诉;教士没有国王的允许可以擅自离开王国;教皇未经国王的同意可在英格兰行令;对教士犯罪的审讯权和判决权都归宗教法庭,世俗法庭只有事先确定犯罪者归属教界与否的权力;这些丧失的权利直到宗教改革时才一一收回。当然,亨利二世保留了对主教和修道院院长的挑选权,保留了主教对国王直属封臣实行开除教籍时的商议权。

在行政管理方面,诺曼底人基本上保存和发展了盎格鲁-撒克逊时代的主要成就:设置秘书处、国库、郡长、郡法庭、百户区法庭和民军,连在虔信者爱德华时代才出现的国王颁布书面令状的方法也保留了下来。

当然,政府最重要的组成部分仍然是国王,对于王国的政治发展,国王个人的因素仍然比其他任何因素都重要。而且,出于政治上的原因和经济上的原因,诺曼底时期的国王经常旅行。这种马背上的管理并不是单独进行的,他无论走到哪里,总跟着一大群人:朝臣、官吏、仆役、商人、上诉者和食客。在跟随他的一群人中,占中心位置的仍是国王的家仆。他们提供家庭服务,有些人还兼管王国的政治和行政。他们的司职范围已十分明确:司法仆臣掌管国王的玉玺和大法院的文书;财务仆臣照看国王的金钱和贵重物品;监军负责王室骑兵,他们都属于王室成员,其中一些人随时可能被国王委以政治或军事重任。而且,王室成员包括一些权贵,而王室仆役也是大业主和家族首领,国王的权威得以通过他们的影响在地方上扩展。从这一点看,无论在王国的中心或地方,政治的主动权都在王室,这一点与盎格鲁-撒克逊时代没有本质区别。

总而言之,在整个中世纪早期,王国重大决策主要是由随身带着玉玺、秘书处和财政官的国王,及其流动的集体在马鞍上而不是在威斯敏斯

第三章 ● 诺曼底征服和封建制度的发展

特作出的,那时只有国王的大道而没有王国的首都。金雀花王朝的国君由于领地辽阔而倍受鞍马劳顿,约翰的失地则使王室的旅行局限于英格兰。英格兰政治的游动性特征直到14世纪才告结束。

即使在王室旅行执政的中世纪早期,官僚行政机构的发展及其规范化也是不可抗拒的,它体现为某些机构的固定化和地方行政设施的发展。

在地方行政设施方面,诺曼底诸王沿用了盎格鲁-撒克逊人的郡长、郡法庭和百户法庭制度。郡长的职责主要是征收王家庄园的税收和助捐税,然后上缴度支部。征服者威廉还把原来从属于伯爵的召集和领导民军的任务也转交给郡长,郡长还有权管理郡法庭和在法庭上宣读国王的令状,郡长成为威廉一世时期最重要的地方官职,自此后的四个世纪中郡长在地方政府中的地位一直在上升。同时,诺曼底诸王都致力于保存盎格鲁-撒克逊时代的郡法庭,把它作为国王和臣民间联系的桥梁,并继续使用百户区法庭作为征收捐税、维持社会秩序和处理较小的司法案件的设施。

诺曼底诸王在继承盎格鲁-撒克逊人国家体制的基础上,又把诺曼底传统的管理方式移植到英格兰,其中最重要的是"王堂"(御前会议),这是一种不同于盎格鲁-撒克逊人"贤人会议"的封建建制。在行政、立法和司法不像后来那样界限分明的诺曼底时代,"王堂"的组成和职能不时地发生很大变化。这个无定形的设置实际上是后来产生的高等法院、枢密院和内阁的发源地。起初,它是诺曼底国王召集的封建领主大会,尤其是直属封臣必须出席。在亨利一世统治期间(1100—1135)它有了比较固定的职能,成员也相对减少了,由宫廷官员、王室仆役、少数主教、男爵等组成,这些人都被称为"法官",实际上成了封建领主大会中的一个小委员会。小委员会的主要任务是协助国王管理财政,指挥地方政府,处理重大案件,受理郡法庭和百户区法庭的上诉,在国王不在的情况下它由首席法官主持工作。后来,亨利二世任命其中的5个成员组成一个驻在固定地点的法院,从而逐渐演变出"王座法庭"。总之,"御前会议"只是一种为了使封建主能在政法问题上,尤其是在征税问题上达成一致的设置。

御前会议中工作量最大的是王座法庭,它实际上可审讯一切案件。而且,国王随时都能找得到理由增加罪犯的数量,国王的直属封臣一旦被判为重罪犯,就得将封土转归国王。这个机构的存在使司法权集中在国王手里。威廉一世要求郡长到郡法庭听候王座法庭的判决,威廉二世则在各郡指派定居的王家司法官,以加强王座法庭与地方的联系。到亨利一世时期,其重臣索尔兹伯里主教罗杰·波尔找到了一个永久性的解决办法——把王座法庭的法官派往各郡去审理向王座法庭投诉的案件。这是巡回法庭制度的先驱,派往各郡巡游的王座法庭成为联系地方行政和中央管理的重要纽带,他们承担的司法工作具有流动性且十分繁重。罗杰还创建了度支部。这是一个坐落在伦敦的,具有财务管理和财政法庭性质的专门机构。各郡长必须一年两度地来到这个公署,坐在铺有方格桌布的桌旁,向度支部的男爵汇报其税收状况,并受到核算审理。他们将收缴的税款按硬币面值分别放入桌布上相应的方格内,通过移动硬币进行计算,以上栏的应缴数与下栏的实缴数相抵,算出拖欠数或超额数,然后将结果记在羊皮纸正本和由郡长和度支部各存一半的副本上。但是度支部更多的工作是判决各项税收是否归王室。这是英国最早的专业性政府职能部门,这样,通过郡长定期到伦敦度支部汇报工作,以及王座法庭大法官到各郡巡游执法,形成了从下到上和从上到下的两条相互配合的重要的联系纽带。12世纪英格兰政府的能量就在于这种紧密联系。

12世纪的英格兰还是一个法制大发展的时代。亨利二世本人就是一个伟大的法学家,是英国习惯法的奠基者。在安茹时代英格兰的犯罪率很高,但是,侦破、追捕、量刑和处罚的机制都不完善,只有一种称为"十户联保制"的制度。而且,在盎格鲁-撒克逊时期,审判采用"立誓免罪法"和"神命裁判法"。"立誓免罪法"是被告召来亲友发誓证明其自辩无罪的誓言是可信的,此后,无须列举证据即可判决被告无罪。在被告无法宣召亲友作证时,则采用残酷的"神判法",使被告接受据信有神灵控制的考验——探水神判法和探火神判法,如果被告能忍受热铁煨烤或短暂溺水则判决无罪。诺曼底人初到英格兰时推行一种"司法格斗"即"战斗神判法",起诉者和被告各执一武器格斗,直到一方叫"怕"为止,且喊"怕"者为有罪一方。为了寻求一种相对公正的司法方式,亨利二世在1166年颁布了著名的《克拉伦敦诏令》,规定每个百户区出12人,每个城镇出4人组成一个团体,经宣誓后可集体向郡长或巡游法官检举罪犯,但这些人只有起诉权,判决程序仍依旧法。

在史蒂芬和亨利一世时期不少有势力的人侵占了邻人的土地,这就需要经过一些司法审理使土地归还原主。为此,亨利二世及其法官设计了一系列的令状,任何一个自由人都可以从法官那里购买这种令状。令

第三章 ● 诺曼底征服和封建制度的发展

状之一要求郡长调查被告的土地是否被错误处置;令状之二要求查明原告是否为其父土地的合法继承人;令状之三要求列出教区长和教区牧师的名字;令状之四要求确定土地是通过自由施舍还是通过封建租佃而占有的。以上四条令状都要根据郡长所列陪审员的答复而作出判断,从而决定土地的归属。这样的陪审员就不仅具有起诉者和誓证者的作用,而且他们是一群需要阐明事实的人。这是诺曼底人带到英格兰的一种司法制度。后来,诺曼底人所创造的司法令状与陪审制度被稳定而长期地使用下去,到 1200 年,真正的小型陪审团在此基础上出现了,法官开始向支付小额金钱的诉讼人提供为其案件专门组织陪审团的机会。教皇英诺森二世于 1215 年在拉特兰宗教会议上禁止教士参加俗界司法活动,这样,必须经牧师祈祷才能成立的神判探水法和探火法就无法存在了。到 13—14 世纪,司法令状和小型陪审团已成了现代陪审制度的前身而固定下来。

亨利二世时期的"司法令状制度"最初被采用时,并没有用王室法庭取代封建领主法庭之目的,仅仅是通过王室法庭提供的一种复审机会来监督领主法庭,也是为了尽力招徕司法诉讼以增加王室收入。但是,事实上,令状制度一出现,王室法庭便逐渐取代了封建领主法庭,因为陪审团和令状的存在使自由民很容易越过领主法庭直接向王室法庭投诉,实际上就出现了一种由御前会议议定和执行的英格兰统一的法权,只是呈现为不同形式而已:例如,对大主教贝克特的审讯是由国王及其男爵组成的"大议会"进行的,大多数申诉则由跟随国王走遍英格兰的"小议会"受理。而且亨利二世把亨利一世不时派出国王大法官巡游各郡的做法制度化了。这样,除了宗教法之外,在一系列的司法活动中,以案例为基础而演绎出来的"习惯法",或称"不成文法"就逐渐形成了,即司法官所实行的法律都是源于民间的判例和习惯。自 1194 年始王室法庭书记员开始把各种案例都记入诉讼档案,13 世纪中叶王室法庭兼巡回法庭的大法官格兰维尔写了一本《英格兰法律与习惯》,它标志着英格兰习惯法时代的到来。

有的学者认为,大陆各国形成了以罗马法为基础的,以成文法典为基本形式的成文法体系,英国却以不成文的习惯法而自成体系,独立于罗马法体系之外。当然,必须看到的是,这时的英格兰,除了度支部外,基本上没有中央统一指挥的地点固定的审判机构,以国王为主的司法活动仍然是间歇性的。

总之,威廉的征服改变了英国历史的发展道路,它把一个异族的贵族集团强加给英格兰,它在商业、宗教和文化方面把英格兰和欧洲大陆联系在一起。最重要的是,它引进并加速了英国封建制度。当然,就某些方面来说,1066年造成了很大的变化,就另一方面说,变化和延续很难归之于诺曼底征服,尤其是在教区制度、郡制等地方行政区划方面。同时,显而易见的是,到金雀花王朝的亨利二世时代,其地域的广大,政务国务的游动性特征,以及法制的大发展都是令人惊叹不已的。

作者点评:

请读者注意"封建"(feudalism)这个词,它后来显然被滥用了,在有些中文语汇中,一切坏东西都冠以"封建"两字,从包办婚姻、裹小脚、烧香拜佛、爱占小便宜,到以前存在过的政治经济制度等都无不属于"封建"。但"feudalism"在欧洲是有确定性的,它指以土地分封为基础的权利与义务关系,是一种经济和社会的制度。"封建"社会结构建立在土地封授的基础上,政治权、司法权乃至社会特权都随土地分割而被分割,相应地分散在社会的各个层面上。因此,"feudalism"意味着分权,而不是集权,集权的制度是不好用"封建"两字来修饰的。早就有人指出中国人的早期翻译中误用了柳宗元的"封建论",其实柳宗元的"封建"含义,确实与"feudalism"大不相同。中国自秦始皇统一之后就再也没有出现过欧洲中世纪的分权结构,这既是大一统的好处,也是它的坏处。在英国的封建时期,我们看到明显的分权特征:国王与贵族分权,君主与教会分权,司法权层层分割,庄园则自成一统,等等。欧洲的各色人等都很清楚自己的地位,也知道由此而应该有什么,不应该有什么。这就潜藏着一种独特的价值取向:既然权力是分割的,那么社会权利和社会义务也就各人有份——好事和坏事都不可独占。在下一章中我们会看到,英国贵族如何出于这样一种强烈的意识而与国王抗争,由此开创了英国的"自由"。

第四章 《大宪章》和议会的起源

一、男爵叛乱和《大宪章》

由于安茹家族的内乱和法国国王菲利普的插足,1199 年继位的约翰在短短的几年中就使安茹帝国失去了在法兰西的大部分领土,这就是"失地王"称号的来源。史学家对约翰评论不一,有的人说他身上集中了安茹家族的一切毛病:虚伪、自私、残暴和偏执;有的人说他并不缺乏智慧和进取心,只是他有一种疏远重要人物(包括教皇)及其面对阴谋犹豫不决的致命弱点。但是,他做的事成少败多,这一点是有所公论的。再有,在约翰统治期间,由于他与贵族交往时不顾封建关系的规范,视贵族的领地财产为己有,最后导致了《大宪章》的产生。

在失地王上台的最初几年中,他依靠著名的国务活动家和坎特伯雷大主教、国王首席法官休伯特·华尔特的鼎力相助而维持了英格兰的秩序与和平。但是,大陆的损失使他在臣民中威信大降,许多男爵因他在大陆的"失职"而失去了在法国的大片地产。1205 年,华尔特去世,引发了坎特伯雷大主教的继任人选问题,使英格兰又陷入 7 年的内乱。约翰要求坎特伯雷的教士们选举诺威奇的主教,这些教士坚持推选坎特伯雷修道院的副院长,并把这一争执提交罗马教皇英诺森三世。教皇把两个候选人都搁置一旁,自己力荐曾在巴黎受过教育的英国人、红衣主教史蒂芬·兰顿。约翰王对教皇的命令加以拒绝并阻止兰顿进入英格兰。英诺森三世于 1208 年发布剥夺英格兰教会的权利的禁令,并责令英国教会停止一切宗教活动;1209 年,教皇又进一步宣布开除约翰王的教籍。作为王权对教权的反击,约翰王下令没收那些对国王不忠心的教堂的财产,在五年之中伦敦、伊利、伍斯特、赫勒福特等教堂的主教纷纷逃离英国,林肯、切斯特、埃克塞特等教堂的主教席位也空缺无人。这样的做法虽然有利于约翰掠夺教会财产,以缓解王室的财政危机;但是,在当时的欧洲,教皇的影响很大,被革出教门的国王特别容易导致内乱和外扰。1213年,约翰迫于法国国王入侵英格兰的威胁不得不向教皇屈服,接受了史蒂芬·兰顿为坎特伯雷大主教,恢复了被逐教士的职位,赔偿了教会的损失,并承认自己为罗马教皇的臣属。

自1204年失去诺曼底等地后,约翰王就随时准备抵抗来自海峡对岸的入侵。为此,他建立了一支拥有51艘军舰的王家舰队,组织了地方武装力量。后因法王菲利普把注意力转向法兰西南部,英格兰遭遇入侵的危险才不复存在。但是,约翰王扩军备战的策略并未中止,因为他一心想收复在法兰西的失地。1206年,约翰王远征法国西南部的加斯科尼。1209年,约翰王与神圣罗马帝国皇帝结盟,1213年林堡大公、布拉邦特大公、佛兰德尔伯爵、荷兰伯爵和布洛涅伯爵加入这一联盟。为政治和军事上网罗盟友共同对付法兰西,英王向这些入盟者敞开了王家财库的大门。但是,约翰王的计划得不到英格兰北部贵族的支持,在1214年7月27日的布韦恩战役中,联盟被法王菲利普打败,这一失败不仅使约翰王收复失地的希望化为泡影,而且使1215年的贵族反叛和《大宪章》的签订不可避免。

1215年贵族反叛起因于约翰为收复失地和扩军备战所进行的无休止的财政榨取。他一方面大规模掠夺教会的财产,另一方面,他随意寻找借口征收"兵役免除税",从过去的1个骑士1马克,增加到1204年的2.5马克和1213年的3马克。为了搜刮金钱,约翰对市民同样不择手段,他规定对出入英格兰任一港口的商品都征收1/15的关税,并使英国人的动产税增加了一倍。同时,在封臣后裔继承领地时他过分榨取继承税,又高价出售封臣后代的财产监护权。那种个人无视法律的行为终究导致了贵族的反叛。

除了这些表面现象外,1215年的贵族反叛还有着更深层次的因素。如上文所述,封建主义是一种君主和贵族作为封君和封臣而建立在相互依存关系上的双向契约关系,其相互的权利和义务虽然不见于成文法律,只存在于习俗之中,但为双方熟知,具有法律效力。其中一方要求习俗之

第四章 《大宪章》和议会的起源

外的权利,或不履行自己的义务,就会被视为违法行为。这时,双方就有权解除契约关系,甚至诉诸武力。这是英格兰封建制度运作机制中的基本因素,所以,在英国历史上,贵族以各种方式与君主抗衡的事例绝非一二,只是1215年贵族反叛因其具有武装反抗的性质,并联合市民阶层促成了《大宪章》的形成而具有典型性。

1213年8月25日,在圣保罗大教堂的男爵会议上,贵族反叛联盟的主要领导人史蒂芬·兰顿大主教,宣读了先王亨利一世在1100年加冕礼上的《特权令》,其中有"上帝的教堂在其大主教、主教或修道院院长故去而在下一任到来之前,我将既不卖掉也不转移其地租,也将不取教堂的领地或教堂的人"。"对市镇和乡村征收的普通货币税……我现在命令从此之后禁止征收……"等保证。这样,他们从先例里理直气壮地找到了反叛约翰王的理论根据。一年以后,北部的骑士率先拒纳兵役免除税。在1215年主显节(1月6日)伦敦会议上,男爵们再次要求恢复"古代习惯的自由"。1215年初春,男爵们武装起来,聚集在斯坦福。他们主要是从北方各郡来的,以后才扩展到行会巨头和南方的贵族。起义的领导人是阿恩威克、德·威尔、斯丹诺夫及罗伯特·菲茨·华尔特。1215年4—5月,事态迅速扩大,从斯坦福推进到北安普顿,大贵族在伯拉克利公开拒绝向国王行效忠礼,战争就这样开始了。5月17日,反叛的贵族秘密进入伦敦城,并取得了法王菲利普的支持。约翰只好雇佣佛兰德和波瓦图的军队守卫王宫。外国军

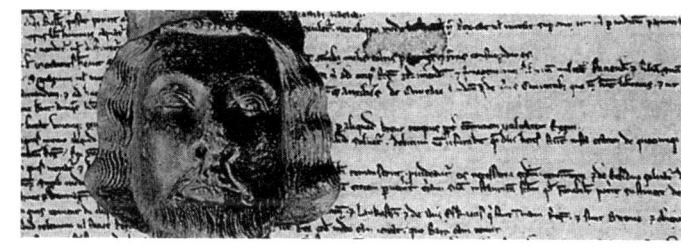

约翰王和《大宪章》

队的到来,更增加了英国社会各阶层的不满。从5月中旬到6月中旬,反叛者迅速从大贵族扩大到中小贵族、教会人士和城镇居民。6月15日,双方在起义军驻营地斯泰恩斯到国王驻地温莎城堡的半道上,即泰晤士河畔的兰尼米德草地举行谈判。6月19日,国王和25名男爵代表在兰顿、威廉·马歇尔等人起草的《大宪章》上签字。

《大宪章》共63款,数千言,它是当时仓促草拟的文件,不是议会政治的产物,因为当时没有正式的议会。然而,尽管它是一个集封建权利和义务之大全的彻头彻尾的封建文件,尽管它在约翰时代的作用不如以后的

作用大,但是,它作为一个成文法典在亨利三世(1216—1272)在位的半个世纪中被奉为法律基础,这样便使它成为此后英国宪法政治发展的一个起点。由于作为其精髓的两条原则:臣民具有对其财产和人身安全的保障权,以及在臣民与君王的契约关系中臣民具有对暴君的反抗权,它便具有相当深远的意义。所以,尽管它作为一份表现封建贵族意志和自由的正式宣言书,在以后几个世纪的大多数时间中曾被湮没未闻,但是,到17世纪的英国革命时,《大宪章》又被人们发掘出来,作为议会权利的一个法律方面的传统依据而为反抗暴政者所利用。这个在封建制度顶峰时期的斗争产物,在英国人手里又变成了摧毁封建制度的武器,原因之一就在于它所包含的自由主义精神。

从具体内容来说,《大宪章》对国王在封建规范下能做什么和不能做什么,作了非常详尽的规定,也就是对封臣的权利作了全面的承认。比如说,它对贵族每年应向国王交多少贡赋,继承遗产时应纳多少遗产税,子女未成年时领地遗产应如何处置,领主死后寡妇的嫁妆如何处理等做了具体的规定,并且不允许国王随意破坏。在当时,它是一个典型的封建法和习惯法的文献,它体现了国王的让步,调整了封君与封臣的关系,使国王的征税和兵役要求建立在更合理的基础上,实质上是有助于封建主的统治的。如第1条要求保证教会选举的自由;第2—8条、37条和43条具体地规定了封建的继承、监护和婚姻规则;第13条保证自治市镇的自由;第9—11条规定对那些负有巨额或长期债务的中上等阶层的债务人,不得过分地扣押其财产和增加利息;第20条规定自由人、商人、包括维兰在内的自由农人的犯罪者,应同样课以罚金;第61条规定,执行委员会在国王破坏宪章的时候,可以发动战争反对国王。另外,还作出了有关统一全国度量衡,地方官不得越权,非战争状态下商人自由进出,限制王室森林范围和森林法官权力等规定。可见,《大宪章》是大贵族为保护其财产和生命而制定的,从其具体内容看,《大宪章》"陈述了旧法律,并未制定新法律"。

但如果跳出具体内容的圈子,就其精神实质而言,将呈现另一种面貌。《大宪章》中最为精髓的条款是:一、除封建义务所规定的贡款赋税外,"王国内不可征收任何兵役免除税或捐助,除非得到本王国一致的同意";"为了对某一捐助或兵役免除税的额度进行讨论并取得全国的同意,国王应发起召集大主教、主教、寺院长老、伯爵和大男爵等开会,讨论研究征款

第四章 《大宪章》和议会的起源

事宜"。二、"若不经同等人的合法裁决和本国法律之审判,不得将任何自由人逮捕囚禁、不得剥夺其财产、不得宣布其不受法律保护、不得处死、不得施加任何折磨、也不得令我等群起攻之、肆行讨伐"。国王若对以上规定或基本原则蓄意违反,则贵族可随时造反,国内任何人亦可随贵族造反。

这样,《大宪章》在原则上和实质上已包含了后来发展起来的议会所具有的征税权,对王国政务的国民参与权、监督权等因素,以及"国民自由"的观念。后来,随着历史的发展,"国民"的包容度在不断地扩大,但上述隐含的几种权利则被逐渐制度化了。第一,《大宪章》中非经"大委员会"的同意不得征税的条款,成了后世人"无代表权不纳税"这一原则的基础。第二,征税要得到本王国一致的同意,就隐含了"国民"有被咨询的权利。《大宪章》还进一步粗略地规定了未来议会的召集办法:召集令应以国王对教俗贵族的私人信函,以及对郡长等地方官使用的文告这两种方式,于40天前发出,并需在函告中阐明召集会议的理由。尽管当时的"国民"是以教俗贵族为代表的,尽管当时议会并未产生,但《大宪章》为未来的议会和议会制度奠定了基础。第三,即便从当时的角度上看,《大宪章》使贵族之外的一些社会等级也分享到了利益。如前述它含有保护教会权利、城市自由人和商人利益的条款;它认可和确立亨利二世时代的司法改革:国王不能出卖、否定贵族的司法权或对不同的人采用不同的司法制度;普通法法庭设置在固定之地,有关财产占有的律令要反复重审等。这些都为半个世纪后平民代表进入议会奠定了基础,也为近代的公民意识和公民法权观念的产生奠定了基础。

《大宪章》的影响在于未来。它的生命在于:后世人在当时的历史环境中,把它作为一种约定俗成的习惯法加以应用,从而在传统的外壳下对它进行了发展和延伸。所以,在它的大部分具体规则随时间的流逝而失去光泽后,《大宪章》一直作为国王应该遵守法律的象征而矗立着,成为英国有限君主制传统的永久的历史见证。这种深远影响是制定《大宪章》的男爵们始料不及的,而且,在当时即便作为一种和平的停战宣言,也没有发生多大的作用。《大宪章》签订后,约翰王与那些力图使已分离的英格兰和诺曼底再次统一起来,并将之置于法国国王统治之下的大贵族又发生了战争。1215年9月,教皇宣布《大宪章》是非法的,约翰王开始在坎特伯雷组织防卫和征集外国雇佣兵,男爵们也重新拿起武器,并向法王之子路易请求援助,内战重新爆发。直到 1216 年 10 月 18 日约翰王病死,其 9 岁的儿子继位为亨利三世(1216—1272),战争才停止。

二、《牛津条例》和《威斯敏斯特条例》

亨利三世在位的 56 年间,英格兰仍然充满着国王和封建贵族的斗争。亨利三世力图恢复因《大宪章》的签订而使安茹王朝丧失的权力,封建贵族却要迫使亨利三世听从他们的劝告。亨利三世即位之前,他先向教皇的代表兰顿行了效忠礼,然后,大贵族们才向亨利三世行效忠礼。威廉·马歇尔被大贵族推为摄政,同时还设立了一个类似于摄政委员会的机构。亨利三世直到 1227 年才得以亲政,这时大贵族已经习惯于对王国政治进行审议了。亨利三世亲政后他不再向摄政委员会寻求帮助,转向利用宫廷来进行统治,并开始使用国王自己的私玺代替摄政大法官的官印,这种变化使大贵族深感不安。而且,亨利三世紧接着又在法兰西发动了几次大贵族不赞成的战争。更重要的是,从观念上说,经过 1215 年的贵族反叛和《自由大宪章》的签订,封建贵族已不再仅仅把自己看作国王的"直属封臣",而是看作对处于统治地位的国王有天然发言权的国民的代言人了。

结果,在亨利三世统治初期,君主与贵族的斗争连绵不断。1234—1236 年,亨利三世在各郡设置管理土地没收事宜的官员,并要求国王对私人猎场和渔场藏匿的罪犯有司法权,引起了贵族的不满,于是,关于亨利三世试图否定《大宪章》的流言就比比皆是。1237 年,亨利三世为自己和妹妹的结婚费用开征新税,又受到市民阶层的反对,他被迫召开威斯敏斯特大会议,重申确认《大宪章》给予男爵们的特许权,即开征新税必须得到男爵们的同意。1238 年,对王妹违背宗教誓约而再婚一事亨利三世予以批准,这又激怒了教俗两界的贵族。面对着怒火中烧的贵族群体,国王一度被迫逃进伦敦塔避难。

当然,在 13 世纪 30—40 年代,亨利三世与贵族斗争的中心,主要是围绕着国王应该选择什么人为朋友和顾问的问题而展开的。亨利三世本人有法国血统,又是一位看重家庭生活的好丈夫。他自 1236 年与普罗旺斯的埃莉诺结婚后,便宠信母后和王后的法国亲友,使御前会议常常处在"外国人"的控制下。然而,到 1224 年,亨利三世的祖先们曾在法国领有

第四章 《大宪章》和议会的起源

的广大领地中只有加斯科尼一地尚存了,也就是说,在亨利二世时代英格兰一度只是庞大的安茹帝国势力范围中一个部分的情况早已不复存在,如今英格兰已成为金雀花王朝的无可争议的中心,英格兰王国政治的岛国特性越来越明显了。所以,那些在法国没有地产,又自认为是亨利三世"天然顾问"的大贵族就常常与亨利三世发生冲突。较1215年贵族反叛更大的危机终于在1258年爆发了,它导致1258年《牛津条例》的产生和1264年"西门议会"的召开。

1258年,在教皇的劝说下,亨利三世为其次子埃德蒙领受西西里,即要率兵出征去征服这块遥远的领地,为此,他不顾英格兰已发生三年的连续饥荒而要求宫廷会议为这个不切实际的远征举债纳税。在这一关键时刻,那些利益在威尔士的男爵,其中包括亨利的妹婿西门·蒙特福特,联合起来于1258年4月武装会见国王,国王被迫让步,答应于6月12日在牛津举行由廷臣12人和男爵12人共同组成的改革联席会议。在这个史称为"狂暴议会"的会议上,男爵们以全英格兰的名誉迫使亨利三世接受了一个比《大宪章》更进一步的条例,即《牛津条例》。

《牛津条例》的主要内容有四点:(一)成立主要由男爵组成的永久性的15人会议参与王国的管理,国王处理国务时必须遵从其劝导,15人会议还有权指定王国的首席政法官、秘书长和财政大臣;(二)国家的一切税收均交付度支部而不是王家金库;(三)郡法庭须设置4个骑士组成的陪审小组听取对王室官员和郡守的指控;(四)每年举行三次大议事会,没有大议事会的同意,国王不能任意没收地产、分配土地和监护土地,也不能出征。此外,关于法官、郡吏和土地没收官的权力,以及伦敦城的税收,《牛津条例》都有所规定。其中最为重要的是,对于国王和贵族权力的平衡,《牛津条例》似乎暗示了一种新的解决办法,即每年分别在米迦勒节后第8天(10月6日)、圣烛节后第2天(2月3日)和6月的第一天召开大议会,以"审查国务并考虑国家的共同需要及国王的需要"。届时,除国王指定的12个成员外,"也不可忘记公众(指男爵)应选举12个优秀人物,他们也应参加这三次议事会……公众还应把这12个人的所作所为看作是议定之事——这样做是为了减省公众的费用"。这样,《牛津条例》不仅承认了自诺曼底征服以来逐渐发展起来的大委员会,即由贵族组成的议事会的议政权及其所拥有的一定的决策权,而且强调了这个设置的议政作用及其部分成员的"公众选举"性。它表明,大议事会已从亨利二世时期主要起司法作用且不定期召开的"御前会议"性质,向亨利三世时代主要起议政作用并定期举行的"议会"转变。

《牛津条例》签订后,在1258年底和1259年初,男爵们提名休·比各特到各郡听取人们对郡守和王室官员的控诉,在男爵们申诉的基础上,1259年春的讨论引起一系列立法改革,形成了1259年10月13日公布的《威斯敏斯特条例》。它的主要内容是一些有利于普通自由民的习惯法改革。

从1258年秋到1262年春,《牛津条例》断断续续地推行了4年,此间以西门·蒙特福特为首的大贵族联合市民、骑士,同国王发生了武装冲突。西门·蒙特福特原是亨利三世最亲密的男爵,这个连一句英语都不会说的年轻的法国人通过继承成为兰开斯特伯爵,在1238年与王妹、寡妇爱琳娜结婚后又很快发迹,但由于他对金雀花王朝在大陆的唯一领地加斯科尼管理不善,使他失去了亨利三世的信任。蒙特福特是一个头脑清楚、公正而有理想的政治家,同时也是一个傲慢而专断的人。他作为牛津改革运动的首领更进一步疏远了国王,于是亨利三世下令驱逐西门·蒙特福特。后来,教皇亚历山大四世于1262年允许亨利三世不服从《牛津条例》和《威斯敏斯特条例》。这时,亨利三世没有乘胜消除分裂、恢复秩序和巩固统治,反而远走法兰西,一些年轻的男爵乘机于1263年4月把被放逐的蒙特福特迎回英格兰。

内战再次迫在眉睫,双方只好请求法兰西国王路易四世给予仲裁。路易四世的判决对亨利三世十分有利,蒙特福特只好诉诸武力,他调集军队于1264年在苏塞克斯的刘易斯打败了亨利三世。战后,蒙特福特建立9人委员会为最高权力机构,并希望通过大议事会来统治英格兰,因此他在1264年和1265年两次召开会议,史称"西门议会"。

蒙特福特以国王名义发布诏书言:这些国事"若得不到你们的忠告和其他教俗显贵的忠告,朕即不予以处理"。蒙特福特这样做的用意显然在于使9人委员会的行为获得全国的承认,这也就意味着"议会"似乎成了解决国事的必要设置。而且,1265年1月20日在伦敦召开的会议,参加者除了男爵、高级教士和每郡两名骑士外,还增加了各自由市分别派遣的两名市民代表,这表明大贵族开始向英格兰的中等阶层寻求支持。但是,有一部分贵族相信反对国王的意志及其统治是不忠行为,同时也害怕牛津改革运动的发展会引起对自己封地的调查,因而与蒙特福特离心离德。

结果,在 1265 年 8 月 4 日的埃富萨姆战役中蒙特福特兵败身亡,《牛津条例》被废除,亨利三世的王权又得到全面的恢复。

尽管如此,蒙特福特的死亡和《牛津条例》的流产,并不意味着 13 世纪中叶的牛津改革运动完全失败。因为,经过《大宪章》和《牛津条例》的签订,凡国事应该交大议事会讨论,国王和贵族间应该有一种有效的合作方式,这两点已在英格兰人的心中生了根。而且蒙特福特领导的贵族反叛虽说没有成功,但它在英国宪政史上留下了永久的印记。议会似乎是一种好形式,全国性的问题可以在这里协商解决。在亨利三世统治的最后 7 年里,实际上是爱德华王子在解决王国的政务问题。

三、对威尔士和苏格兰的征服

爱德华一世(1272—1307)继位时已是 35 岁的成年人了,他是在贵族反叛的战火中成长起来的优秀军事指挥家,也是个聪慧而意志坚强的国王。他知人善任,注重立法,并因战功和政绩而获得了"苏格兰的锤子"、"威尔士的征服者"、"英格兰的查士丁尼"等称号。

对于现代英国的形成,爱德华一世作出的贡献之一就是对威尔士的征服。威尔士大学教授 R.R. 戴维说:"诺曼底人只用了一年就在黑斯廷斯征服了英格兰,却用了两个世纪完成对威尔士的征服。"其原因在于:首先,威尔士多山的地貌和形形色色的土著政治使它很难走向统一,从而加大了英格兰人征服威尔士的困难;其次,诺曼底—英格兰人对威尔士的蚕食与渗透活动,基本上是各自为政且缺乏合作;再次,诺曼底诸王对威尔士的征服是间歇性的,如 1114 年、1121 年、1157 年、1165 年的出征多为一些惩罚性的蹂躏,并未在英格兰王国地域的扩大和威尔士的稳定方面取得大的成果;然后,英格兰本土的政治动乱也影响了对威尔士的征服;最后,对诺曼底—英格兰诸王和英格兰贵族而言,威尔士的利益毕竟具有一种边缘性。

在 12 世纪下半叶亨利二世和理查德一世在位时期,诺曼底人对威尔士的征服基本上陷入一种僵局:在南威尔士低地以诺曼底—英格兰人的村落、城镇和修道院为基础,基本上建立了诺曼底—英格兰人的军事控制;在其他地区诺曼底—英格兰人只获得偶尔对土著居民征收贡赋的权力。到 12 世纪末,在尚未被征服的威尔士地区出现了 3 个由大家族统治的土著王国:北部的圭尼德、东部的波伊斯、南部的代休巴斯。这时,威尔士虽在政治上不统一,但威尔士人已经认为自己是一个有统一语言、法律和文化习俗的共同体。到13世纪,三王国的政治霸权牢固地掌握在圭尼德王小卢埃林(1224—1283)的手里。圭尼德国王逐渐地控制了威尔士的大小土王,并在约翰王统治末年和1258—1267年的动乱时期开展政治分离运动,阻挡诺曼底—英格兰人在威尔士的蚕食运动,并试图把各个土著威尔士王国合并为一个统一的政治单位。这次分离运动以1267年签订的《蒙哥马利条约》达到顶峰:亨利三世被迫承认小卢埃林的领土和新近自封的"威尔士亲王"之称号。

爱德华继位后并没有对威尔士发动战争的计划,只是在小卢埃林拒绝行臣服礼,并拒不交纳《蒙哥马利条约》所规定的3 000银马克岁纳的情况下,才决定施行其威尔士最高统治者的权力。1277年1月,爱德华征集15 640名步兵以及各种民工,采用罗马人的战术,即在优势地点建造城堡,并用交通网连起来的办法,在威尔士层层推进,到4月已征服了卢埃林占领的诺曼底—英格兰边疆贵族的土地,年中推进到威尔士中部,与卢埃林签订了《康韦条约》。根据条约卢埃林要向爱德华行臣服礼并效忠于英王,承认被爱德华征服的领土为英王领地,归还所欠英王之债务;爱德华则承认卢埃林"威尔士亲王"之称号,并允许他在北部地区实行威尔士的法律和习俗。1278年卢埃林在威斯敏斯特向爱德华行了效忠礼。

1282年,边疆贵族与卢埃林之间的财产纠纷,以及威尔士土王之间的争端应由爱德华还是卢埃林裁决这一问题使战端又起。1282年,卢埃林之弟大卫占领了霍华德城堡,并号召威尔士土王反叛英格兰。爱德华从苏格兰事务中迅速脱身,立即集结700名重装骑兵、8 000名步兵和10 000名弓箭手。他先用英格兰弓箭手对付威尔士的骑兵,又用英格兰骑兵追击其溃退之师;他还鼓励在威尔士的英格兰边疆贵族参战,并控制了海洋以保证军需供应。1283年,卢埃林战死,次年大卫被处极刑。

威尔士于是被永久占领:根据1284年3月19日《威尔士条例》(也称《鹿德兰条约》)北威尔士被划分为几个郡,由王室官员直接管辖,边疆贵族在威尔士地区的权力不变;在某种程度上保留了威尔士的法律和习俗,如刑法英格兰化,而民法则使用威尔士土著民法;威尔士的地方司法和行政区划仍沿用威尔士早期的行政单位"康莫特",而不是英格兰制的百户

第四章 《大宪章》和议会的起源

区,新设置的全威尔士行政中心在卡那封和卡马森。此后,爱德华继续大量征税。用以加强康韦、卡那封等威尔士北部城堡和弗林特、鹿德兰等重镇的建设。据传爱德华一世曾许以威尔士人一个"土生的亲王",1284年王太子爱德华二世诞生在卡那封,爱德华一世高兴地向威尔士人打趣道:"这是我允以的土生的亲王。"此后,凡英王太子都有"威尔士亲王"之称号,即源于此。

13世纪20—80年代,即苏格兰王亚历山大二世(1198—1249)与亚历山大三世(1249—1286)在位的时期,是苏格兰历史上的黄金时代。亚历山大二世曾经趁英王亨利三世处于西门·蒙特福特反叛的困境时,索要了英格兰北部诺森伯里亚和坎北兰两郡的土地。1238年,亨利之姐、亚历山大二世的妻子死后无嗣,使苏格兰王位继承成了问题。亚历山大第二年与法国贵族之女结婚,1241年生子。鉴于苏格兰王对法国的亲近和苏格兰海盗对爱尔兰的侵扰,亨利三世关闭了苏格兰与英格兰的陆上贸易通道,并封闭了英格兰临爱尔兰海的港口。1244年,亚历山大归顺英王,并安排了儿子与亨利三世之女的婚约。1249年,亚历山大二世死去,9岁的亚历山大三世继位,向英王行了效忠礼,签订了划界协定。亚历山大三世与亨利三世之女完婚后,出现了13世纪两个王国最长的和平时期。1286年,亚历山大三世逝世,其王位继承人玛格丽特又于1290年死去,苏格兰的坎莫尔王朝终止。这个机会让英王爱德华一世得以用苏格兰最高宗主之身份,支持巴里奥于1292年继位。但他很快发现,想通过巴里奥完成两个王国的合并是不可能的。

1294年,英法战争开始。1295年,苏格兰与法国结盟,从而把自己绑在法国战车上。为此,爱德华于1296年派兵包围并攻占了特文特河畔的贝里克,并深入苏格兰腹地,迫使巴里奥退位,结果引起了1296—1357年的长达半个多世纪的"苏格兰独立战争"。起初,苏格兰乡绅威廉·华莱士领导起义军于1298年在斯特林桥打败英军,此后爱德华一世又于1300年、1301年、1303年、1305年多次出兵镇压华莱士起义,并迫使许多苏格兰贵族臣服。1306年,曾在亨利三世宫廷任法官近20年的苏格兰贵族罗伯特·布鲁斯的孙子,小布鲁斯又揭竿而起,自称苏格兰国王,继续领导苏格兰独立战争。1307年,爱德华再次出征苏格兰但病死于途中。可见,苏格兰问题一直是爱德华一世最大的负担,当他继位时两个王国已争吵了近百年,在他死去时又开启了两个王国处于敌对状态的两个半世纪。

四、爱德华一世的法制和议会的起源

除了解决威尔士问题外,爱德华一世的另一重大成就是,他使过去的法律传统制度化。在他统治的35年里,召开过50多次会议,所颁布法规的数量高于16世纪以前任何一个君主统治的时期。我们知道,英格兰的习惯法产生于一辈辈人解决无数的司法纠纷的过程中,而且,国王及其御前会议是最高司法者,他们还可以通过发布新的律令对法律加以修改。到爱德华一世时期,爱德华采用了不同的方式即成文律的形式,来对习惯法加以修订。成文律是指国王在御前会议上宣读的一条条具体的法令,从13世纪70年代到90年代末,爱德华一世通过调查而制定的新条例都一条条地下达到每个百户区、城镇和自治市,甚至在每个集市上宣读,使尽可能多的人知晓,并使每郡都有由骑士选出的代表保存法令抄本,故相比之下爱德华的律令较先王的律令更具有成文律的性质。这样,凡国王颁布的律令,也就成了习惯法的一部分而进入英格兰法律系统。

爱德华用新的成文法服务于下列3个主要目的:检查私人特权法庭;界定封建关系;促进地方政府改良。在中世纪英格兰有多种法庭存在:王室法庭、宗教法庭、庄园法庭、自治市镇法庭和特许法庭。国王对那种由封建主私人设立的行使五花八门的法权的特许法庭持疑最大,这种私刑法庭的存在,与13世纪中叶的王室法庭大法官布雷克顿在《英格兰的法律和习俗》中所宣称的,"王国的一切司法权均发源于国王"这一理论是相佐的。为加强王权和法制,爱德华发动了一个对私立法庭进行调查的运动,他在1278年的《格洛斯特律令》中规定,特许私立法庭必须在王家法官在场的情况下才能进行司法活动,这样对私立法庭进行了限制。在1290年的《保证律令》中,爱德华又规定凡私人特权法庭只有在能证明自己在理查德一世继位以前就已建立,并由王国政府颁给可以进行司法活动的王家特许证,才能继续进行司法活动,这样就把私人法庭置于国王的司法体系之中了。

爱德华还通过颁布一系列的土地法令,规范了正在松弛和出现混乱的封建关系。事实上,自诺曼底征服以来经过两个多世纪的封建化过程,英格兰的大多数臣民都已处于封建租佃关系之下。但是,武器之昂贵及骑士封地一层层分封,使封建主对国王的封建义务很难兑现,到爱德华一

第四章 《大宪章》和议会的起源

世时期就连兵役免除税也难于征收。1274年爱德华率十字军东征后返回,部分男爵控诉教俗领主侵占土地(包括王室土地),滥收税金,爱德华便组织了1274年调查,形成称为《拉格曼案件》的调查报告。调查结果表明,王室对封地的权利已经丧失很多,其中许多王室地产已转到教会或类似教会的团体或教士个人手中,成为免于封建义务的"死手地"。

因此,爱德华便于1279年颁布《永久管业法》,规定"宗教界人士不经特许不得插手各种封地,不能取得这些封地成为直属领主,从而致使本应随这些封地提供的军役被违法地取消"。后来,爱德华干脆用一种完全附着于土地的封建义务,取代那种源于封君封臣的主从关系的义务,以适应社会经济方面已经发生的变化。他在1285年颁布的《温切斯特法案》中规定,凡占有价值15英镑以上土地者,不论其地产来源如何,均须为国家提供一个骑士所需的马匹和装备。在1290年的《第三号威斯敏斯特法令》(又称《买地法》)中,又禁止了复杂的再次分封,其中规定B若从大领主A处持有封地而全部赠与或卖给了C,就应该由C直接向A履行义务,B则必须脱离中间环节。这个律令实施的结果是直接从国王手里持有封地的人数迅速增多,持有土地数量不大的自由持有农也在数量上迅速增长。这样既有利于自由持有农,又增加了王室的收入并保证了对外战争的兵源。

爱德华还利用实地调查与颁布律令结合的方式,解决了地方政府的改革问题。他在1274年的调查中弄清了当时社会的经济和法律问题,1275年颁布《第一号威斯敏斯特法令》,指出"现在滥征一些不合理的税,因此,民众抱怨极甚,此后对整份骑士封地一律只能征收20先令;对那些持有价值20英镑地产的梭克曼,也征收20先令"。1285年又由财政大臣约翰·克尔克比带头进行了"克尔克比调查",发现了地方官吏贪污税款或拖欠债务的问题。1289年处理了一些贪污侵夺的坏人坏事,并从地方乡绅中起用了一批小贵族。

爱德华统治时期议会终于定型。议会的英文形式是Parliament,其词根是法语Parler,意为"谈话"。自13世纪中叶起这个词开始在英格兰被广泛地使用,但是,当时该词的含义并非完全指一种固定的机构,而是一种机会,指国王和贵族在大议事会上交谈或谈判。这时的御前大议事会在组成上与诺曼底征服初期的"王堂"差不多:国王、主教、修道院院长、伯爵、大男爵。所不同的是,13世纪的大议事会增加了官僚的成分,即那些既不是男爵也不是直属封臣的国王的宫廷会议成员,男爵们在《牛津条例》中要求每年召开三次的就是这样的大议事会,而且,经过漫长的发展和演变,13世纪称之为Parliament的会议,其作用已是多方面的:政治的、司法的、立法的和财政的。爱德华在写给教皇的信中甚至说,议会向国王提供法律劝导,没有这样的劝导国王无法做出影响王国发展的事。在法律方面,议会的重要性在于它是英格兰的最高法庭,可处理一切重要的或困难的案事,一般的诉讼也能通过申请而交付议会处理。这是13世纪前的议会最重要的活动内容。但是,在爱德华一世时期,因爱德华常常寻求议会的同意以实施其成文律,议会在立法方面开始变得更有意义。

正是由于议会所具有的财政职责,才使它从过去的具有贵族议政性质的设置转变为一个具有代议性质的机构。在国家政治的发展过程中,王室税收的变化,战争规模的扩大,行政和军费开支的增加,都加强了御前大会议在财政方面所担负的职责。在12世纪,英格兰诸王收入的1/2来自司法、大领主的捐助和封建赋税,以及在教会职位空缺时国王代征的收入,只有13%来自以丹麦金为主的对一般公民的征税。这种来自土地、封建领主、司法活动的收入保证了国王在政治上和经济上的独立性,因为这类征收无需举行重大会议以请求批准,基本上是随诺曼底征服开始的封建分封,以及国王在全英格兰的最高司法权而自然存在的。

然而,到13世纪末,情况发生了很大的变化。一方面,在民族国家逐步形成而走向统一的过程中,对威尔士、苏格兰和爱尔兰的征战活动不断增加;另一方面,在民族逐步形成的过程中,解决英格兰与大陆国家或英王及其大陆领地之间的矛盾,也使对外战争更加频繁和不断升级。战争开支在不断扩大,亨利一世年收入为2.2万英镑,这不足以支付国内外战争的费用,因为该时对法兰西发动一次远征大约耗资5万英镑。于是,亨利三世和爱德华一世不得不向其臣民加征"非常税",在12世纪初,亨利一世收入的85%来自领地、封建领主和司法活动,到13世纪末14世纪初,爱德华进行国务活动和维持王室活动的绝大多数收入则来自税收,这种税收不仅是与分封土地相关的封建赋税,而且是一种全民税,主要由全英格兰的自由民而不仅由各类封臣承担,其中最重要的是对全体自由民按其收入和动产征收的"非常税补助金"。1207年,亨利一世在英格兰历史上首次开征此类补助金,即依每个自由民的收入和动产征收1/13的所得税。到13世纪中期,在亨利三世统治的半个世纪中就征收了6次这样的"非常税补助金"。

这类税收必须由英王召集会议,充分陈述征收缘由才能开征。到13世纪上半叶,亨利三世已通过寻求大议会的同意来开征非常税。在亨利三世时代征收非常税是偶然的,人们可以接受。到了爱德华一世时期,征收非常税变成经常性的,因此人们视之为负担。例如,他为了收复位于大陆的加斯科尼,曾于1294年、1295年、1296年连续征收了三次非常税,爱德华一世还对教界征收由亨利一世在12世纪中叶开征的什一税。1294年,爱德华一世开始对羊毛征收出口税,每袋6先令8便士。上述三种税收都有一种对全国臣民开征的性质,都必须经过纳税者的同意。

1296—1297年,教界首先起来抵制爱德华的要求。1297年爱德华因对佛兰德尔征战而把服军役的义务扩大到每年土地收入达20英镑的每一个英国人,大工商业者也起来加入教士的反抗行列,他们以抗议书的形式表达了对扩大战争、控制羊毛业和征收教俗两界税收的不满,抗议书还指出佛兰德尔战争与保卫英国无关,是非正义的战争。

1297年,爱德华启航去佛兰德尔,反对派力量加强,他们进一步为重申《大宪章》和《森林法》而斗争,经过对这两个宪章的重申爱德华被迫同意"除了全王国的一致同意"之外,不再征收非常税和新关税。但是,在爱德华统治的最后10年中,他反复地违反两个宪章重申的内容,尤其是当他陷入破产时就变得越来越贪婪。

总之,国王岁入得自税收的比例愈高,愈是需要通过政治途径来获得同意,由此就产生了代议制成长的过程;伴随着动产税而来的是议会的成长。在整个13世纪,大议会实际上反复重申着"无代表权不纳税"这样一个原则。那些坐在御前会议中的名门贵族早已对王国的一切事务都有了议政权。只是到1295年,这种情况发生了显著的变化,这就是经过近半个世纪的演变,平民或者说地方代表正式加入议会,形成了不可改变的先例。前述1265年的"西门议会"已开创了骑士与市民作为地方代表参加议会的先例,这对日后议会的构成产生了一定的影响。对于1295年的议会,有的史书称它为"模范议会",有的史家则反对这种提法,如克莱顿·罗伯茨认为:到1295年,各郡骑士和自治市代表出席会议已得到普遍的认可,这是向地方征收非常性动产税必不可少的,结果引起了四个变化:一是一切自由土地持有者都需承担军事义务,这种做法使"王国骑士"逐渐形成保卫王国的公民意识;二是对一切自由英国人征收的财产税成为一种必须经过其代表同意的国税;三是地方代表的同意对征税工作有行政意义;四是国王的对立派即男爵们开始正式并经常性地寻求骑士和市民的支持,"国民"的范畴扩大了。这次模范议会已正式包括贵族、主教、大法官、各郡骑士、市民、下级教士的代表,但是,起中心作用的仍然是贵族,而不是市民和骑士。但他们开始作为正式代表规范性地出席议会,从而为后来"下院"的出现奠定了基础。如果说1295年议会具有模范性,大概就是指的这一点。

总之,在13世纪的100年间,英国宪政史上的两个重要基础——《大宪章》与议会都产生了。《大宪章》是贵族们通过斗争而得来的,它将国王置于法律的约束之下,从这个意义上说,是英国的贵族开创了"自由"的传统。同时,《大宪章》的签订体现了英国政治的契约倾向,这不能不说是17世纪洛克的妥协型政治理论的一个传统渊源。这个在1215年仓促草拟的契约文件,主要论述诺曼贵族所要求的种种权利。但由于其中"王在法下"和"无代表权不纳税"的原则,它就成为英国宪法政治的基础和宝贵遗产,因为对广大的国民而言,条款所声明的种种权利始终可以转换为要求自由的通用语言。13世纪是英格兰政治大发展的世纪。在这个世纪中,君主制的发展与议会的起源是互逆和共生的,然而,又不完全是对立的事物。这一百年中,中世纪英格兰君主制尽管在亨利三世时代一度踉跄,但到爱德华一世时代则达到了顶峰。同样,在爱德华时代议会制度形成了。这个在政治上通过斗争而寻求平衡的世纪,留下了辉煌而成功的业绩——《大宪章》和议会制度。

作者点评:

这一章所谈的两件事:《大宪章》和议会起源,在英国宪政史上有特别重要的意义,没有这两件事,后来的英国就不会是现在这个样,也不会在世界范围内变得那么突出。这两件事的意义在于:它们被后来的人视为国民自由的起源,而自由作为一个原则,则是现代世界所最珍视的原则之一。英国的自由植根于深厚的传统之中,这些传统是其他国家所没有的。英国之所以在后来成为现代世界的开拓者,从它的传统中可以窥见原因。在这里我们要再一次提醒读者:"自由"的传统是由贵族开创的,他们为维护封建权利而与国王进行的斗争,成为后人争取"自由"的先声。

第五章 英法百年战争和红白玫瑰战争

一、百年战争

在 14世纪的英格兰,人们继续目睹贵族势力的增强和王权的缩小。爱德华二世(1307—1327)从其父手中接下了一个因战争而负债累累,并在苏格兰问题上又陷入僵局的王国。最困难的是,早在爱德华一世时期,英格兰的贵族们就企图利用一切机会恢复特权。这些问题即便是有突出治国才干、行政效率高和富有建设性的爱德华一世也无法彻底解决,对于缺乏政治头脑和习惯感情用事的爱德华二世就更加勉为其难。因此,在爱德华二世统治的20年间,政治上的混乱伴随着经济上的衰败,直到最后爱德华二世于1327年被大贵族控制的议会废黜,3年后又遇害身亡。这些事实表明,14世纪初英格兰的混乱和残暴与12世纪史蒂芬统治时期相比,或者与13世纪中叶西门反叛时期相比,都有过之而无不及。

其实,自爱德华一世统治以后几乎每10年就有战争风云。爱德华一世征战不已,此后的近两个世纪中持续不断的战争仍使英国国王始终负担着沉重的义务。从某种角度上说,这是英国与大陆分离,不列颠形成民族融合,近代民族国家开始形成过程中出现的不可避免的暴力行为。

自爱德华一世以来,加斯科尼问题一直在英法关系中居中心地位,即加斯科尼取代诺曼底和安茹成为英法两国争夺的焦点,这个问题甚至成为"百年战争"的起因之一。加斯科尼位于现代法国的西南部,西濒比斯开湾,南接比利牛斯山。该地区于1058年为阿奎丹公爵威廉八世所得,12世纪时,阿奎丹公爵的称号连同加斯科尼都因亨利二世享有的继承权而转移到英格兰的金雀花王朝手中。此后,一直到百年战争结束时法国最后得该地为止,加斯科尼始终是英格兰势力在法国西南部的中心地带。爱德华一世坚持维护自己在不列颠群岛和海外的至高无上的地位,加斯科尼问题便成了一个不可回避的问题。而且,加斯科尼的重要性不仅在于它是爱德华一世继位后英格兰国王在法兰西仅存的一块领地。而且还在于,这是一个工商业相当繁荣且盛产酒类的地方。英格兰要大量进口加斯科尼的酒,英国的纺织品和谷物必须经由加斯科尼运到波尔多和巴约纳两大港口,再输往世界其他地区。例如,仅1306—1307年,英王在加斯科尼领地的收入就是1.7万英镑。

在历史上,爱德华一世是作为法王菲利普四世的封臣而据有加斯科尼的。然而,对于民族独立意识正在成长的英王爱德华一世及其继承人来说,他们不愿见到法国王权在加斯科尼的影响。对于法国国王而言,加强对其行省加斯科尼的控制又是其利益所在和王权的象征。因此,围绕着加斯科尼问题引起了正在形成中的两个民族国家之间的主权争端:1293年,法王借口盎格鲁-加斯科尼人的船只与诺曼底船只之间的冲突而出兵占领了加斯科尼,爱德华一世立即向教俗两界大举纳税,并联合佛兰德尔、布拉邦特(在今比利时)和拿骚等公国,于1297年亲自带兵远征加斯科尼,1302年通过谈判又以法王封臣的身份收复了加斯科尼。然而,爱德华一世不幸于1307年夏季病死,苏格兰问题和加斯科尼问题都因之悬而未决。反之,常年征战带来的负担影响着臣民与君王间的关系,对英格兰的政治稳定、社会内聚力和经济繁荣都产生了不良影响。

在这种情况下,爱德华二世登上王位前就处于贵族对君主充满猜忌的气氛中。1308年即位时他不得不做了一个相当具体的加冕誓约,保证严格遵守英国的传统、法律和习俗。然而,童年时代缺乏疼爱,少年时代受父冷落的爱德华二世本身就软弱无能。在这种相互疏远的气氛中,他更没有能力依靠英格兰贵族共同解决王国面临的种种问题,只得相继依靠宠臣皮尔斯·加瓦斯顿和休·德斯潘塞来维持统治。他从两个宠臣那里不仅寻求友谊、感情,甚至治国方略。这一点使那些在13世纪已清楚地意识到只有自己才配做国王议政伙伴的英格兰大贵族十分愤怒。

以兰开斯特伯爵托马斯为首的大贵族决心从爱德华二世手中取得爱德华一世不肯做出的让步。这种局面使一个必须同时治理英格兰、爱尔兰、威尔士三国,在苏格兰和法兰西又面临种种困境的国王感到手足

第五章 ● 英法百年战争和红白玫瑰战争

无措。

1310年,大贵族们强迫爱德华二世成立了21人委员会,这年又将委员会草拟的41条律令呈交议会和国王批准。1312年,男爵们处死了爱德华二世的宠臣加瓦斯顿。两年后,爱德华二世出征苏格兰又在班诺克本战败。1315—1322年连年的歉收和畜疫引起了严重的社会骚乱,1321年,议会作出驱逐爱德华二世的新宠德斯潘塞的决定。第二年,德斯潘塞和爱德华二世一起举兵反对男爵们,并在伯德布里奇打败了男爵并处死了兰开斯特伯爵。1320年的约克会议使王权得到了一定程度的恢复。但是,王国的统治权又落到德斯潘塞及其宫廷小集团手中。这时,英格兰与法国、与苏格兰的关系都在恶化,内忧外患,尤其是国王与大贵族之间不能合作终于导致了王权的崩溃。1327年,在王后伊莎贝尔的默许和王子的同意之下,爱德华二世在议会的胁迫下逊位于自己的儿子。从理论上说,爱德华三世的即位虽然确保了王位世袭的原则,却强烈地冲击了神圣王权的不可侵犯性,因为倘若按照法学家布莱克顿的理论,那么,只有上帝才能处罚国王。在英格兰的现实政治生活中和议会发展史上,爱德华二世被废黜是史无前例的,因为自诺曼底征服以来这是第一位被废黜的国王,并且是以议会的名义废黜的,表明议会可以引导法律的变化。

新登基的爱德华三世只有15岁,但他远比爱德华二世能干,他敏于觉察权贵诸公的态度和要求,并在治理国家和对外战争方面与他们分享着权利和义务。他谨慎地对待议会,与臣民保持一种明显的和谐关系,并以这种关系为基础支撑着他在英格兰的统治和对法兰西的战争。他虽然不是一个有远见卓识的伟大国王,却是一个身先士卒、勇敢善战的骑士。他的战争野心适合民族国家兴起时代的氛围,因为爱德华一世时期留下的英法关系和英苏关系问题已把英格兰人推向了战争的边缘,而民族国家的排他性又不可避免地呈现为一种暴力形式。经过数年的磨炼,爱德华三世摆脱了母后伊莎贝尔及其情夫、边疆贵族罗杰·莫蒂默的控制,成长为决心使不列颠统一,并渴望在战争中取胜的君主。1332—1333年,爱德华三世在苏格兰取得了一些胜利,但是法国对苏格兰的公开支持仍然是爱德华三世解决苏格兰问题的最大芥蒂。于是,爱德华三世像历史学家马考莱所说那样,"与其铲除顽固的蓟草,不如采摘光荣的百合",把矛头指向了法兰西。这样,苏格兰和法国结盟就成了触发英法百年战争的另一个原因。

英法百年战争的直接导火线是法国加佩王朝查理四世1328年死后无男嗣所引起的王位继承问题。按照法国的法律,爱德华三世的母亲伊莎贝尔作为女性不能继承王位,更不能将王位传给她儿子。于是法兰西贵族拥立了瓦卢瓦伯爵之子为法王菲利普六世(1328—1350)。按照英格兰的习俗王位继承不分男女,只是新登基的英王年仅16岁,尚无力根据他与法国母亲伊莎贝尔的血缘关系提出对法兰西王位的要求,1329年,爱德华三世为保有他在法国的领地而向菲利普六世行了臣服礼。此后,随着爱德华三世在英格兰统治的稳定,以及西欧外交事务中一系列紧迫问题的出现,例如,如何维护英国在加斯科尼的利益和防止法苏结盟等,爱德华三世终于在1337年提出了对法国王位的要求。

另外,英法两国在佛兰德尔的利益冲突同英法百年战争的爆发有密切联系。当时,佛兰德尔伯爵是法兰西国王的附庸,但是,有不同程度自治权的佛兰德尔城市和英国在经济上联系十分密切,英国羊毛输往这些城市,佛兰德尔城镇生产的呢绒又返销英国。法王作为封建宗主一直想直接占领佛兰德尔,百年战争前夕佛兰德尔伯爵也公开倒向法王,以根特为首的自由市则寻求英王的支持。英法在佛兰德尔的对立使英法百年战争延伸到低地国家、卡斯提尔、葡萄牙、苏格兰、爱尔兰和威尔士。

然而,从实质上说,百年战争的根本原因是民族之间的领土与主权之争——法国政治统一的最大障碍是英王在法国境内拥有吉约那和加斯科尼,这是正在形成中的法兰西民族不能容忍的;另一方面,英国人认为保住加斯科尼和反对法国插足苏格兰—英格兰关系,是维护民族的经济利益、政治利益、领土主权和国家统一的主要任务。在这种情况下,一系列灾难深重、旷日持久的"王朝之战"就开始了。当然,对爱德华三世及其追随者而言,出征法兰西也是贵族和骑士劫掠财富的机会,胜利可以激发民族情绪,兵临沙场还能弘扬忠诚勇武骑士精神,并有助于挽救和弥补14世纪正在断裂的封君封臣之间的关系。

1337年5月,法王菲利普六世宣布没收英王领地吉约那,10月,英王爱德华三世则公开宣布他应该拥有法兰西王位,海战遂开始。1338年,英王率军至尼德兰与佛兰德尔同盟者会合,次年联合侵入法国。1340年6月英国海军在埃克吕斯大败法国海军,从此掌握制海权达数十年之久,并获得顺利地把军队和给养运往大陆的保障。1341年,百年战争的战场向南转移到布列塔尼。1342年,经教皇调停双方一度短期停战。1346年

第五章 英法百年战争和红白玫瑰战争

7月,爱德华三世又亲率装备良好的混合军队在法国北部登陆,其中一部分兵源是大贵族率领的家臣队伍,另一部分是由训练有素的自由农民组成的军队。登陆后,英军迅速进攻鲁昂和巴黎郊区,法王菲利普率军紧追不舍,英军涉过索姆河,在克雷西附近山岗上占据有利地势掘壕防守,迫使法军仰攻。8月26日,菲利普命令雇佣军热那亚弩手在第一线射击。这时,雷阵雨大作,弓弦被淋湿,每发一箭都必将弩背竖立地上安放箭支,每分钟只能发射4箭。英国的长弓手使用一种5英尺长的紫杉木弓,每分钟能连发10—12枚长1码、射程200码的箭支。而且,仰攻的法军面对着雷阵雨后的傍晚斜阳,视力一片模糊,英军则背向阳光视野清晰。一时间从山上发射的长箭如雨点穿梭,

英法百年战争中的克雷西战役

法军弩手只得逃之夭夭,精锐的重装骑兵在残阳、泥泞和箭雨中也甘拜下风。菲利普只得弃甲丢兵,率残部60人连夜逃到亚眠。这就是著名的"克雷西之战"。

克雷西取胜后,爱德华三世继续北上,围攻加莱港达11个月之久。1347年8月4日,加莱城的6个显贵赤头铣足,颈系绳索,手捧城门钥匙向爱德华三世跪地求饶。此后,自1347年到1558年的211年间,加莱一直在英军占领之下,成为英国在大陆进行羊毛业贸易的中心站,英王则在此抽取出口关税,对英国发展商业和增加王室收入都十分有利。另一方面,占领了加莱港,英国人很容易在法国登陆,这对法国的政治统一是不利因素。1347年加莱投降之后,法国内部政局混乱,加之黑死病在欧洲的流行以及两国的财政困难使战争双方不约而同地偃旗息鼓,百年战争进入了短暂的间歇时期。

菲利普六世死后,其子"和善者约翰二世"继承法国王位(1350—

1364)。1356年,百年战争又起,英格兰黑太子爱德华于9月率军在法国南部的波尔多登陆,穿过中部的布尔热转向西北,当得知法王约翰二世率军截其后路之时黑太子立即南撤。约翰二世率军在普瓦提埃附近的高地以逸待劳。爱德华王子因英军人数太少且缺少充足的供应而提出休战7年的建议,以此换取让英军南下波尔多回撤英格兰的要求。约翰二世不予答理,并于9月19日发起进攻。但是,黑太子机智地选择了密布着葡萄园和树篱的地方为英军隐蔽待战之地,法国骑兵因之无法冲锋,身着甲胄转动不灵的重装骑兵只得下马作战,反而成为藏身于树篱之后的英国长弓手点射的靶子。结果,法王约翰二世及其14岁的幼子菲利普被俘。

14世纪英国士兵在练射长弓

在这个著名的以少胜多的"普瓦提埃战役"中,英格兰新兴的长弓手战术就这样使那种仍指望通过重装骑士个人应战取胜的旧战术以及在欧洲大陆历经了近500年的封建骑士军事制度以彻底失败而告终。1360年5月8日,两王缔结《布勒丁尼和约》,其主要内容为扩大英王在法国西南部的领地。结果,爱德华三世无须行臣服礼而拥有加斯科尼和吉约那,还新增了北部的普瓦图和利茅辛,这些领地构成了一片较原阿奎丹公国大得多的地域;爱德华三世在北方还获得了加莱和包括克雷西在内的庞蒂厄;法王必须交出50万镑巨额赎金,这笔钱相当于英王5年的收入。

百年战争前期英国取胜的原因是多方面的,除了上文述及的英格兰在战术上的领先地位之外,还有法国内部因布列塔尼公国继承问题而引起的内讧,法国南部那瓦尔的恶人查理对瓦卢瓦朝诸王的背叛,英国社会各阶层尤其是贵族对爱德华三世的鼎力相助;当然,其中相当重要的一个原因是爱德华三世不再使用传统的封建骑士制来征集兵源,而是代之以契约制,这种新型军队较之该时代已十分陈旧的封建骑兵来说纪律严明,灵活善战,且适合长期战争。

1360年10月,约翰王获释,但正在兴起的民族意识使法国公众不愿

第五章 ● 英法百年战争和红白玫瑰战争

接受国家长期分裂的状况,约翰也未彻底履行割地赔款条约。于是,战争烽烟又起,1369 年和 1373 年英军分别在加莱和波尔多两次登陆。但是,百年战争前期英军靠劫掠来以战养战的方法已不能支持大规模和长期的战争,因此,两次登陆皆因缺乏足够的资源而未获战果。同时,法王则通过外交途径和向法兰西各地的领主行贿的方式,一点点地收复了丧失的土地,并使之统一于法兰西王国之下。

长期的鞍马劳顿使黑太子于 1376 年病卧至死。1377 年,年老昏聩的爱德华三世也辞逝人寰,黑太子 11 岁的长子继位为理查德二世(1377—1399)。这时,英王在大陆的占领地已基本上丧失殆尽,只剩下加莱、波尔多、巴约那和瑟堡这几个港口城市。而且,英国已无力支持长期的海外战争,法国新王查理五世则极具统帅才能,法国人民也纷纷在本土开展游击战,新王于 1369 年与卡斯提尔结盟,并向卡斯提尔人学习海战及造坞技术,从而获得了海军方面的优势。同时,随着民族意识的增长,一种决心把英国人赶出大陆的民众心理在法国悄然兴起,这一切都使英国人在百年战争中以胜利者自居的日子不多了。1380 年,法王查理五世去世,其子查理六世继位。此后,两国都迫于内部战争而开始议和。但是英王理查德二世的臣民看不到隐隐转变的局势,不大有人赞成他的和平愿望。1399 年,当理查德二世在爱尔兰征战时,其堂兄兰开斯特的亨利(冈特的约翰之子)组织军队,并在贵族和议会的支持下废黜理查德,自立为王,史称亨利四世(1399—1413)。长达两个半世纪的金雀花王朝结束了,自此开始了兰开斯特王朝的统治。

在为兰开斯特王朝建立牢固的基础方面,亨利四世获得了相当大的成功。他数次镇压了国内大贵族的反叛运动,通过与德意志、斯堪的纳维亚、布列塔尼和佛兰德尔等邦国结盟而赢得了国际上的承认。所以,在他于 1413 年亡故后,其子继位为亨利五世(1413—1422)时,王国已安宁统一。

这时,法兰西国内的政治一片混乱,为英国重衅战端提供了条件。老迈的查理六世已精神失常,政权落入北部勃艮第公爵和南部奥尔良公爵等人手中。1407 年,勃艮第公爵纵容对法王查理六世的弟弟奥尔良公爵路易的谋杀活动,此后,两大家族的仇恨把法兰西分为了勃艮第派和奥尔良派。1413 年,勃艮第公爵离开巴黎到其尼德兰领地,使巴黎落入奥尔良派手中。这样就为英王亨利五世索回根据《布勒丁尼和约》所应获得的法兰西领地,以及进一步觊觎法国王位提供了机会。

在这种情况下,后期百年战争(1415—1453)开始了。1414年8月,亨利五世派外交使团到巴黎,提出将法国公主凯塞琳嫁给亨利五世和将庞蒂厄和吉约那交还英王的要求。遭到拒绝后,亨利五世亲率6 000骑兵、3万—4万弓箭手,并携带火炮、石炮等在塞纳河口的阿弗勒登陆,打响了后期百年战争的第一炮。

阿弗勒陷落后,亨利五世又领8 000人穿过密林,奔袭北方的加莱。法国人则在离克雷西30英里之外的阿让库尔结集了5倍于英军的大部队,准备一举阻击英王。10月25日,经过长途行军后饥疲交加的英军与法军相遇。但是法军犯了战术上的大错,他们把战场选择在阿让库尔森林和泰恩科特森林间的隘道上,由于隘道呈狭长易堵之势,其强大兵力反而不能发挥作用。法军尽管出动了骑兵对付英国长弓手,但英军事先就埋下的树桩使骑兵无法前进。然后,法军重装骑兵只好步行穿过泥泞之地,又遭到轻装灵便的英国步兵的袭击,法军殿后的弩手全然不知所措。这时,英国长弓手则沿两翼展开,法军随之全军溃败。在这著名的"阿让库尔战役"中,法国失去了3个公爵、5个伯爵,4 069名骑兵及其随从,而英军死亡人数仅为300人。

1417—1419年,亨利五世再次率军连续攻占诺曼底的卡昂、法莱西、瑟堡和鲁昂等城镇,1418年勃艮第公爵从奥尔良派手中收复了巴黎。直到这时,为英王的节节胜利所震骇的勃艮第公爵和奥尔良公爵才如梦初醒,开始寻求妥协与和解。但是,1419年法王查理六世之子又谋杀了勃艮第公爵,新的勃艮第公爵"和善者菲利普"为父复仇又与英王结盟,迫使法王接受了他们在特鲁瓦签订的和约。《特鲁瓦和约》规定:废除法国太子的继承权,英法联合为共戴一王的国家,查理六世死后由亨利五世继承法国王位;将吉约那及波尔多划归英格兰,将法国公主凯塞琳嫁给亨利五世。这次协议实际上使法国进一步分裂为由亨利五世、勃艮第公爵和法国王太子分治的三个部分。根据和约,亨利五世与凯塞琳结婚。1422年,亨利五世病故,留下一个年仅10个月的儿子亨利六世(1422—1461)。数月后查理六世也死去,英格兰王亨利六世根据特鲁瓦条约继承了法国王位,成为拥有两个王国的婴儿国王。法兰西太子拒不屈服,在布尔热宣布继承法国王位,称查理七世。

英王的叔叔贝德福特公爵继续在法国进行战争,把占领区推进到卢

第五章 ● 英法百年战争和红白玫瑰战争

瓦尔河一带,自1428年10月起又率大军长期围困法兰西中部重镇奥尔良。"奥尔良之围"是百年战争的转折点,在奥尔良危机的七个月中,自发的人民游击战在诺曼底各地蓬勃展开。"奥尔良之围"促使圣女贞德完成了以宗教力量唤醒法兰西民族共同心理意识和抗战的热情,进而,人民的力量拯救了法兰西。贞德率军驰援奥尔良守军后,法军士气大振,英军随即撤围。1429年6月,法军在奥尔良西北部的帕泰取胜,俘虏英军统帅塔尔博特勋爵。新法王查理七世于次年2月17日在兰斯大教堂加冕,使特瓦鲁和约失去意义。贞德于1431年5月30日被俘焚死,这并未妨碍法军乘胜继续收复失地。法国各地纷纷组织军队驰援查理七世。除此之外,贝德福特公爵于1435年去世,英国则因财政枯竭而无力继续进行战争。

法国民族女英雄贞德

战争发生转折的另一个要素是勃艮第公爵反正。1435年,英王在阿拉斯和平会议上拒绝放弃巴黎,并继续要求法兰西王位。与此同时,法王查理七世则答应勃艮第公爵严惩刺杀其父的奥尔良派分子并赐予他大片土地,使勃艮第公爵背离原盟友英王而倒向法王一边。由于有勃艮第公爵的联盟关系英格兰王才能使法国一分为三,失去了勃艮第公爵的支持英王的失败便注定无疑。1436年,法国军队把英国人逐出巴黎;1450年,英国人又被赶出了诺曼底;1453年,英国军队撤离加斯科尼。至此,除了加莱以外,英王在法兰西已无立足之地,百年战争至此结束。

长期的战争哺育了强烈的民族意识,自此任何使两国联合共戴一王或在他国版图上占有领地的企图都注定要失败,从这个角度上说,英格兰在百年战争中"退出了欧洲",法兰西则在百年战争中走向了统一。所以,尽管从根本上说,百年战争是英法之间的国际战争,但它也是法兰西的国内战争,是法兰西大贵族反抗王权和相互攻击的内战,但无论是外战还是内战，最终都以法兰西民族的统一和王权的加强而告终。法王查理七世在战争最后阶段使英王失去在大陆的领地，战争的结果使英国人和法国人更深刻地意识到他们之间的民族差异。

二、红白玫瑰战争

1453年，英法百年战争以英国失败而告终，它对英国的影响不仅限于国际方面，也影响到国内本来就不稳定的政治形势。一方面，百年战争中一些英国贵族趁机扩大私人武装，为贵族间的局部冲突发展为内战准备了条件。另一方面，在百年战争的后期，英格兰出现了软弱国王面对派别纷争的强大贵族的局面，年仅10个月就继位的亨利六世经过了一个相当长的幼主时期(1422—1436)，不仅有严重的依赖性，而且政治经验不足。亨利五世缔造的英法双重帝国在西欧走向民族国家的时代，又是一个沉重的负担，维持英法双重帝国的亨利六世远比戴着胜利者光环的爱德华三世和亨利五世活得艰辛。更何况，在亨利六世的幼主时期，贵族和议会的权力上升到了相当的高度，形成了贵族既得利益集团，他们在国王主政后不会轻易退出舞台。结果，在百年战争的最后一战，即1453年的卡斯蒂永之战中，英国的惨败使亨利六世在精神和身体上都垮了。此后，在1454—1456年亨利六世不能亲政期间，有两次摄政时期，引起了王后玛格丽特对约克公爵的敌意。约克公爵认为亨利六世与玛格丽特所生的幼儿是外国女人之子，而且，约克公爵认为他本人是爱德华三世第五子的后代，母亲又是爱德华三世第三子的后代，更适合于继承英格兰的王位。这样，尽管约克公爵一开始没有公开提出继承王位的要求，但是，约克公爵集团与玛格丽特集团由来已久的矛盾终于酿成了历时30年的内战。历史学家根据约克家族的白玫瑰徽章和兰开斯特家族的红玫瑰徽章而把这场战争称为"红白玫瑰战争"。

"红白玫瑰战争"始于1455年的圣阿尔班战役，约克家族取胜。休战4年后，1459年10月，约克家族在卢德福桥大败兰开斯特家族，沃里克伯爵率军回国在北安普顿战役中也打败兰开斯特家族。连连胜利的约克公爵明确地提出王位要求，并取得在亨利六世去世后继承王位的许可。然而，以玛格丽特王后为首的兰开斯特家族并不甘心失败，他们到英格兰北部重整旗鼓，1460年出其不意地袭击了奥克菲尔德，杀死约克公爵理查

第五章 英法百年战争和红白玫瑰战争

德,随后南下伦敦,1461年2月17日又在圣阿尔班战役中大败约克家族的沃里克伯爵。与此同时,已故约克公爵的长子爱德华于2月2日在莫蒂默斯克罗斯打败兰开斯特军队,于2月26日先于玛格丽特到达伦敦,3月4日从速举行加冕礼,立为爱德华四世(1461—1483),开始了约克家族在英格兰的统治。此后,爱德华四世率军继续向北追赶玛格丽特至陶顿。在陶顿激战中,约克家族大获全胜,玛格丽特逃往苏格兰,玫瑰战争第一阶段随之告终。

从表面上看玫瑰战争的第二阶段是由约克家族的内讧引起的,实际上玫瑰战争的再起有着更复杂的国际国内原因。玫瑰战争的第二阶段也可看作是约克家族的爱德华四世巩固王权的时期。爱德华当政的前4年中,被废黜的国王亨利六世、王后玛格丽特及其幼子仍逍遥自在,他们成为兰开斯特家族及其在苏格兰和法国的同情者的希望所在。1461年,亨利六世被俘并囚入伦敦塔,先后在苏格兰和法国避难的王后和王子仍伺机东山再起。同时,随着爱德华四世独立自主精神的成长,他逐渐地疏远了约克家族内实力雄厚的"国王缔造者"沃里克伯爵。失宠的沃里克伯爵与王弟克拉伦斯公爵乔治联手在北方起事。在法王路易十一的怂恿下,两人又与流亡中的玛格丽特王后达成协议,废黜爱德华四世,使亨利六世于1470—1471年复位,亨利六世因此成为英国历史上唯一两度执政的国王。爱德华四世被废黜后逃往尼德兰,借勃艮第公爵之助重新结集军队。1471年3月,爱德华四世率军回到英格兰,在巴尼特击败并杀死了沃里克,5月4日在图克斯伯里生擒王后,玛格丽特之子也战死疆场。在爱德华四世胜利返回伦敦的当夜,被囚的亨利六世也无端地死于伦敦塔中,兰开斯特王朝的主要世系至此断绝,约克家族的爱德华四世也得以安居王位。

在玫瑰战争期间尽管两大家族王位之争延续了数十年,但真正开战的时间加起来不过一年多。而且,除直接受到战争蹂躏的地区外,红白玫瑰战争对国内的经济发展和社会生活影响不大。玫瑰战争没有使居民人口的大多数受到直接影响,城市基本上没有受到劫掠,教堂没有遭到亵渎。然而,玫瑰战争却反映了英格兰封建军事制度的变异:分期领取报酬并订有终身契约关系的家丁私臣取代了因领受封土而与封主结成权利和义务关系的封臣和骑士。这些家丁私臣通常是那些在百年战争中身经百战,并愿意自己择定主人为其终身服役的职业兵。他们身穿家族制服,视主人为庇护人,由主人供养,是与主人荣辱与共的随从。同时,家丁随从的存在也是大贵族身份的象征。正因为这种"变异封建制"取代了层层分封的正统封建制,所以国内战争已成为少数人的事。但这个变异过程是一个相当长的过程,只是到了红白玫瑰战争时才表现为一个明显的结果:封建骑士军事制度已经到了尽头,战场的主力是按照契约发放军饷的职业家臣队伍。

三、统一与民族意识的增长

1337—1453年间进行的一系列战争是英格兰宪政发展、社会变化和民族意识成长的催化剂。首先,战争带来的额外开支使英王不得不常常召开议会,这就导致了议会权力的上升及其构成的变化。在结构变化方面,到1307年,人们仅视议会为贵族和官吏与国王共商国事的场所,骑士和市民只是被邀参加议会,作为请愿者而非参政者出席议会。然而,到14世纪末议会则已完全分为世袭的上院和选举的下院,这是一个很大的变化。在13世纪,尽管骑士常常尾随贵族并采取共同行动,但贵族和骑士仍有所差别,这种差别最明显地表现为国王召开议会时所发出的宣召令状。对有爵位的大贵族(那时只有伯爵和男爵),国王把召集议会的亲笔信直接发给他们,对骑士的令状只发至郡守,再由郡守负责选举两名骑士出席议会。这样,不同的召唤方式表明贵族和骑士在参加同一个议会时身份上有差别:前者有更多的自愿性,后者有更多的代议性。但到爱德华三世时代,有爵位的贵族视国王的宣召令状为一种权利,被召唤参加会议就具有必然和永久的性质,并认为只有他们有权与国王一道对国事做出决策,那些不得分享同等权利的小封建主在议会中无足轻重,小男爵和各郡骑士就自然与市民代表一起促成了下院的产生。1307年尚不存在下院独立的必要性,因为国王只是偶尔宣召骑士和市民,以便国王在处理某些具体问题时以他们为咨询对象。到1399年,骑士和市民成为议会的永久成分了,而且在自己单独的会议室讨论问题并对税收进行投票。对于上下两院是何时分开的,并没有明确一致的说法。但是有的史学家指出,1343年在伦敦举行复活节议会时,高级教士和世俗显贵被指派在白色厅堂集会,骑士和市民则在彩色厅堂集会,这是两院出现的端倪。14世纪下半叶,百年战争导致平民力量上升和议会两院形成,因为那时议会

第五章 英法百年战争和红白玫瑰战争

所讨论的问题,诸如批准赋税和支持战争等已是涉及全民利益的问题。

14—15世纪议会权力的发展首先体现为其控制财政税收权力的增长,由于只有经下院同意的征税案才对全社会具有法律效力,因而下院在批准税收和取得财政监督权方面必然居于优势地位,它为几个世纪后下院控制政府财政部门和实行责任内阁制奠定了基础。14—15世纪议会取得的另一个成就是获得立法权,到爱德华三世时期,根据上、下两院的请愿书制定法规已成为一种正常的立法方式,但在实际操作中,14世纪时平民在立法方面只享有口头的"请愿"权,贵族则享有"同意"权,而国王和咨议会才享有"制定"权。到15世纪,下院的口头请愿形式被呈交书面立法议案的形式取代了,这样,下院的立法动议权就得到保障。14—15世纪,议会取得的第三项权力是弹劾权,这是一种由下院充当原告对大臣提起公诉,然后由上院贵族担任法官进行审判的特殊司法方法。在14世纪的70—80年代,相继发生了两次重大的弹劾事件,第一次是1376年"贤明议会"对王室总管拉蒂默、宫廷内侍尼维尔等人的弹劾,第二次是以格洛斯特公爵为首的贵族弹劾5位国王宠臣的事件。这两次弹劾事件使身居高位的政府官员从此有义务向公众说明其公务活动,为近代责任制政府奠定了基石。可见,在14—15世纪,英国议会制度的组成和权力构架已经基本成形了。

百年战争与红白玫瑰战争是英格兰走向民族国家的重要时期,也是英格兰民族主义兴起的时代。它首先体现为,在此阶段英格兰诸王远比法国君主享有更为稳定和广泛的统治权,英格兰也没有出现法国在百年战争中长期分裂的状态,所以英格兰君主的王冠本身就象征着英格兰的政治统一。在北部,国王挑选达勒姆主教,其特辖区在范围上已超越了英格兰各郡,在西部,1301年以后国王的长子总是同时享有"切斯特伯爵"和"威尔士亲王"的称号,这些都是王权的加强和民族国家走向统一的重要表现。王国的行政管理也是通力合作的:议会在中世纪后期的政府中起十分重要的作用,它既得到了对全体英格兰人的征税权,又是全体英格兰人的最高法院,并在英格兰享有制定新法和修订现行法律的权力。更何况,在14—15世纪,英国君主除战争需要而短期离开本土外,不再像爱德华一世及其先君那样带着政府机构去旅行,国王、内侍和大臣们大部分时间都住在威斯敏斯特、伦敦或温莎堡。由于议会经常在威斯敏斯特举行,威斯敏斯特宫自然成了英格兰君主国的中心。例如1339—1371年有

31次会议在威斯敏斯特召开,1459年后没有任何一届议会在威斯敏斯特之外的其他地方召开。英国政府各部门也渐渐地在威斯敏斯特宫的河岸区设立了常务办公室,这一带逐渐变成英国的行政、商业和文化中心。结果,伦敦不仅是全国最大最富的城市,而且是无可争议的首都。在中世纪后期,随着政府工作范围的增大和复杂程度的增加,特别是战争期间要召集议会以支持战争,要发展关税以增加收入,要组织作战和制定防务措施,要监管王国的治安和秩序,使集中协调和固定不变的政府机构更成了必不可少的。

在宗教方面,走向民族国家的表现是英格兰教会的世俗性继续增强。在社会上层,它反映为14—15世纪议会颁布的一系列反教皇法令,在社会中下层,威克利夫的宗教改革思想和罗拉德派运动不仅形成了16世纪西欧宗教改革的先驱,也是英格兰民族的思维模式和价值观念的反映。在西欧,14世纪教皇权力下降,人们开始广泛地认识到各国教会都可有自己的特点和自治权。在英国历史上,小教堂一般都是庄园主自建的宗教活动场所,在某种意义上可以说教区神父和小教堂是封建领主的私产,主教则由大教堂牧师会选举,其他教会圣职由国王或主教任命。英格兰的主教本身就是大地主,他们参加御前会议并得到国王的信任。主教区和大主教一直与英国的君主制、封建分封制以及国家的管理制度密切地交织在一起。但是,在中世纪教皇凭借其在基督教世界的最高权威,常常委任一些外国人担任英格兰的圣职,这些不懂英语也不到英国就职的外国人却凭借圣职搜刮钱财,使英国的金钱大量外流,这种情况就为反教皇主义提供了土壤。

长期存在的反教皇的民族主义情绪因百年战争更趋强烈,因为教廷于1308—1378年迁往法国南部的阿维尼翁后,出任教皇者基本上都是法国人,他们处于依附法国国王的地位,在客观上显然立足于英格兰民族的对立面。所以,自1307年后,在英格兰教会的组织和管理方面教皇的法令遭到英格兰人的坚决抵制。这种抵制反映出英格兰教会民族化的趋势:首先,"教会法"遭王权的制约,特别是在被控有罪的教士要求享受不在普通法庭受审的"教士特惠法"时更如此;其次,自爱德华一世起,教皇对英国教士征税的权利受到了抑制,大部分英国教士缴纳的税款进入了国王的金库;最重要的是,百年战争开始后不久,爱德华三世明令禁止将教皇的圣职委任状带进英国,并开除了教皇新近委任的所有圣职领有者。

第五章 英法百年战争和红白玫瑰战争

1351年,英格兰议会又通过《圣职候补者法令》,宣布英国的一切圣职都必须遵循英格兰习俗而归属其古老的求职者。这个法令在1390年被再度加以确认。同时,1353年议会通过了《侵害王权罪行法》,禁止把有关圣职选举和任命的诉讼交付宗教法庭,规定任何人在未得国王同意的情况下在英国按教皇权威行事都将丧失生命和财产。1393年又对此法令进行补充,并作为法律一直保留到16世纪宗教改革时期。这样,任命圣职的动议权归属于英格兰国王,15世纪后英格兰教会中就极少有外国人担任圣职了。

英格兰民族主义在宗教上的反映,即英格兰教会的民族化还与英国人自己的经历和价值观念,以及本土语言的发展有着密切的联系。威克里夫的宗教思想大体上代表了一种英国土生土长的思维模式,而且威克里夫的宗教观念又反过来激活了对抗教廷的英格兰民间运动,激发了一些论战性英语著作的出版以及把《圣经》译为英语的工作,这不能不说是正在走向民族国家的英格兰在宗教方面的一种体现。

约翰·威克里夫(1324—1384)是英格兰的神学家和哲学家,他生于约克郡西北部,青年时代到牛津大学学习,1360年起担任该校巴利奥尔学院院长。1370年,威克里夫从爱德华三世那里获得莱斯特郡勒特沃思教区长的职位。后来,威克里夫奉爱德华之命赴布鲁日,代表英格兰国王在教士赋税归属和圣职任免权等重大问题上与教皇代表进行谈判,为此,威克里夫撰写了《神权论》和《论政权》两篇著名的反教皇的檄文。他提出教产世俗化,谴责大多数教士因担任高官或占有地产而不再恪守教士生活规范。他主张由国家,特别是由国王和贵族来执行教产世俗化的任务。这些主张代表了市民、骑士和世俗封建主的利益。所以,兰开斯特公爵和帕西伯爵热情地将威克里夫从牛津大学邀请到伦敦,使他从一个教堂走到另一个教堂,宣讲其宗教观念并解答世俗听众长期思考的问题。同时,威克里夫在宫廷中也找到了支持者和保护者。1377年,教皇格列高利十一世连发5份通谕,驳斥威克里夫的政治和宗教理论,并要求英格兰政府将他逮捕归案。这时,威克里夫的威望正处鼎盛时期,下院举行反教皇集会与他应和,英王不仅没有逮捕威克里夫,还命他草拟停止将金钱送往罗马的对策。威克里夫在他起草的小册子里说:"教廷对救济金和对王国财富的一切要求,在英格兰目前需要的情况下(指百年战争——作者注)应该停止。既然一切慈善事业始于国内,那么,当王国本身处在需要金钱的情况下,要把这个王国的救济金送往国外,那不是慈善而是愚蠢。"当时,百年战争的形势对英国十分不利,爱德华三世刚刚故去,新王理查德二世尚未成年,不可能马上采取让英国教会完全独立于教廷的政策,但英国教会根据教皇训令在大主教官邸兰贝思宫审判威克里夫时,王太后还是派人出面保护。此后,威克里夫在牛津大学讲课,在理论上他从"得救预定论"出发,赞成由上帝的选民组成"无形"教会反对有形的天主教会。他同时抨击"变体论",即抨击那种认为圣餐礼所用的饼和酒真会变为耶稣血肉的教义。他还主张《圣经》是基督教教义的唯一根据,要求废除罗马教廷、教阶制度以及修道院,并反对赎罪、秘密忏悔和偶像崇拜。1380—1381年,威克里夫忙于准备翻译《圣经》的工作,并筹组穷人修道会,以便把宗教改革的思想传播到民众中去,在他的倡导下有两种英文《圣经》译本出现。1381年后,威克里夫退隐勒特沃思潜心著述,1384年故去。后来,捷克国王将妹妹安妮嫁给英王理查德二世,引起了布拉格与伦敦的频繁往来,使1382年后在牛津和伦敦遭到谴责和禁止的威克里夫著作,大量地传入捷克,经捷克宗教改革家胡司(1372—1415)的桥梁作用,对16世纪欧洲宗教改革产生了理论上的影响。

除威克里夫的宗教改革思想之外,14世纪末在英格兰出现了宗教异端运动,称罗拉德派。罗拉德派的出现与威克里夫的关系无法肯定,但罗拉德派宣传威克里夫的思想这一点确凿无疑。除此之外,威克里夫对罗拉德派运动也作出间接的贡献,因为他在牛津大学的讲学使一批知识分子团结在宗教改革的旗帜下达整整一代人之久。"罗拉德"原意指祈祷者中咕咕喃喃的人,1380年威克里夫在牛津大学的一些同事,在尼克拉斯的领导之下成立研究小组,此为最早的罗拉德派。1382年后英格兰人用此词作为对一种以牛津大学为发源地的、中世纪英格兰唯一的宗教异端运动的谑称。后来罗拉德派向牛津以外的地区扩散,在理查德二世时期甚至在宫廷中出现罗拉德派政治,在大学中出现了罗拉德派学术。后来,当威克里夫的保护人兰开斯特公爵放弃其反教权主义的政治立场后,尤其在1399年亨利四世即位后,在主教们的请求下英格兰教会于1401年通过《火焚异端法》。此后,主教们开始从肉体上消灭罗拉德异端。但是,罗拉德派并没有完全消失,在失去了知识界的源泉和有权势的保护者后,罗拉德派向英格兰社会下层渗透,变成了一种在英格兰中部工业城镇和威尔士边境地区的工匠、手艺人和下级牧师中流行的,支离分散而又十分顽强的运动。罗拉德派对教会权威的敌视,对《圣经》的忠诚促进了新教教义的传播,罗拉德派运动与威克里夫的宗教改革思想,都为亨利八世的宗教改革和欧洲的宗教改革运动作了舆论准备。

作者点评：

　　从战争的角度看,百年战争和玫瑰战争都是悲剧:百年战争以英国的惨败而告终,英国丢失了它在大陆的所有地盘;玫瑰战争在两大封建主集团之间进行,结果是两大集团都被消灭干净。但是从历史的角度看,这两次战争却都是英国的幸事:百年战争让英国退回到不列颠岛,从此它就只能按民族和地域的原则行事了,从而为组建民族国家设置了方向。玫瑰战争消灭了封建领地军事贵族,而这些人正是组建民族国家的最大障碍。很有意思的是,英国在中世纪即将结束的时候,无意中破坏了封建制度的基础:玫瑰战争留下的是一片废墟,等待着新的制度进来填补。从这个时候起,英国就非常幸运了:它每走一步,都走在正确的方向上,而且是不知不觉就走过去的。我们说英国是一个"原生型"的现代化国家,"原生"就原生在这里。请注意:在玫瑰战争废墟的昏暗上空中,已经露出了现代世界的第一丝曙光。

第六章 中世纪的经济、社会和文化

一、经 济 情 况

15世纪后期，人文主义学者首次使用"中世纪"一词，那时，它是指西罗马帝国灭亡到15世纪结束的一千年。然而，当视线集中到不列颠时，这种普遍意义上的"中世纪"在时间方面就出了问题。因为，在英格兰的历史上，诺曼底征服显然是一个不容忽视的分水岭。

诺曼底征服意味着英格兰不仅接受了一个新的王族和一个新的统治阶级，而且接受了一种新的文化和语言，它开启了英格兰历史上一个新时代。英国史学家通常认为，在英格兰，"中世纪"指1066年诺曼底征服到1485年都铎王朝建立，当然，当涉及经济、社会和文化问题时，"中世纪"的概念又是相对模糊的，在经济、社会和文化史上准确地划分年代不仅不可能而且没有意义。

如果英格兰历史可以作为世界历史的借鉴，那么，"中世纪"不仅不是一个黑暗时代，也不是社会发展两峰间的低谷，它恰恰是必不可少的、承前启后的时代。以王权为例，这是一个王权从集中走向分散，又在更高层次上聚合为集中强大的王权的过程，而在后一个层面上即便出现过专制君主，也只可能是有限的专制君主，因为在中世纪产生和成长起来的议会，已经成为一种集体的制度化的牵制力量，而且，近代政治的运作机制已在中世纪的混合君主制中孕育。既然中世纪并非黑暗的低谷时代，而是发展链条上不可缺少的一环，那么，英格兰的经济、社会和文化在中世纪是什么样？它在何种程度上继承了盎格鲁-撒克逊时代，又在哪些地方

第六章　中世纪的经济、社会和文化

预示着近代社会的兆端？

诺曼底征服以后经过 100 年的复苏和发展,不列颠的经济进入了"扩展而不发展"的时代。自 1100 年至 1300 年,英格兰人口从 200 万增长到约 500 万。到 1300 年,苏格兰人口约 40 万,威尔士和爱尔兰的人口却很难估计。这时,全国最大的城市是伦敦,有 3 万—4 万人,其次是约克,有 1 万人口。各郡的中心城镇一般只有 2 000—3 000 人。苏格兰有 4 个"自由市"。在威尔士和爱尔兰也有"城镇"出现,但这些是不列颠最小的"城镇"。土地及农牧业仍然是中世纪英格兰经济生活的重心,但土地的开发利用、农业技术和生产力都十分低下,农民仍然使用休耕制和农家肥来保持地力,农业收成相当低下,可以中世纪管理最好的阿尔希斯顿庄园为例,其收获量只是现代社会同等土地收获量的 1/4。所以,中世纪英国经济的最关键问题,仍然是能否生产出足够的粮食以养活农村人口及其他行业的人口,这一问题促进了 12—13 世纪不列颠耕地面积的扩大,即向森林、沼泽和山地的进军,这就是"扩展"在农业方面的表现之一。尽管如此,粮食生产仍然赶不上需求,1180—1220 年间英格兰粮价开始上涨,整个 13 世纪上涨了 3 倍。

从英格兰历史发展的纵向看,13 世纪农业生产的确发生了一些变化,但并没有引起根本性的变革。倘若从横向上看,与佛兰德尔和意大利相比,13 世纪英格兰的经济呈现为一种相对落后的状态。诺曼底征服时代与盎格鲁-撒克逊时代相比,农业技术方面较大的变化是马耕的推广,以及三圃制对两圃制的取代。但是,由于生产的主要环节播种和收割仍是缓慢而费时的手工操作,加之天然肥料满足不了因三圃制的推广而扩大的需求,这样,由于地力的限制,农作物的产量仍然很低,人口却在继续增长。加之,英国谷物商人还把粮食运往佛兰德尔、加斯科尼等手工业发达和农业专门化程度较高的地区,以换取纺织品、酒类和林木产品。结果,在 13 世纪末 14 世纪初,尽管从总体上说,在不列颠尚不存在农业人口过剩的问题,而且,在英格兰直到 1300 年仍不存在可耕地不足的压力,北威尔士也不缺乏发展畜牧业的土地,但是,在英格兰的某些地区的确出现了农业危机,这种危机主要体现为在耕地面积不足,技术水平差而收成低的情况下,农产品不能满足人口发展的需要,因歉收和瘟疫引起的周期性饥荒比较频繁。据估计,在英格兰中部和南部各郡中,有 40% 的租佃农耕种的土地不足 10—15 英亩,他们很难承受歉收年成的打击。这就是所谓的"扩展而不发展"在农业方面的表现。

各种规模的城镇也在"扩展",原因之一是人口在增长,原因之二是城镇为附近乡村服务的功能在扩大。1198—1453年,一共有2 800个乡村"集市"获得特许证,其中1/2以上的特许证是在1200—1275年间颁发的。较之这些每年举行一次的乡村集市,城镇的集市更为频繁,大约每周开市一次,物资交流的内容也更广泛。可见,12—13世纪的城镇已具有地区性市场的功能了,其市镇居民的职业与英格兰国内的食品交易、五金皮革买卖和纺织品的经营相关。规模更大的新兴城镇也出现了,索尔兹伯里、赫尔港、林恩、波士顿因向佛兰德尔出口羊毛而发展起来,在1100—1300年间,出现了大约140个大大小小的新城镇。这些城镇大多是由当地贵族为了征收城镇地租和通行税而恩准建立的,也有国王颁发特许证建立的。当然,爱德华一世对威尔士的征服和盎格鲁-诺曼底人在爱尔兰的定居也刺激着这些地区城镇的兴起。但是,倘若从横向看,与同时期的意大利、佛兰德尔和德意志相比,英国城镇的扩展是有限的。从总体上看,中世纪英格兰有90%以上的人口仍居住在乡村,英格兰人的生活节奏仍然是乡村的节奏。而且,必须看到的一点是,在市镇数目增多和规模发展的同时,总人口也在迅速增长。所以13世纪末英格兰的城市化程度并不比1086年《末日审判书》制定之时高多少。

在中世纪的前半期,随着北欧各国航海业和造船业的发展,英国东海岸与斯堪的纳维亚半岛、西海岸与法兰西沿岸之间的海上贸易有了一定的发展,主要是羊毛、布匹、林木和酒类贸易,商人的利润也有所增长。但是,在中世纪前半期,英格兰显然没有出现过意大利那样的金融业大发展,也没有出现过商业贸易的急剧发展,相反,13世纪英国对外贸易愈来愈多地落入意大利人手中。意大利公司凭借其流动资本储备可以提前几年预购英格兰某些修道院生产的羊毛,他们还把巨款贷给亨利三世和爱德华一世,以寻求英格兰国王对其商业活动的庇护。那时,英国的许多进出口贸易由外国人,主要是加斯科尼人、佛兰德尔人和意大利人掌握,而且,主要出口物是羊毛和谷物,而不是制成品。从总体上说,即便在13世纪后期对外贸易有所发展,至多也只是局部发展。中世纪前期英国的对外贸易只是在地理范围上的"扩展",而不是真正的发展。

无论从经济发展和社会生活的角度看,14世纪的英国人都经历了一个悲惨的时期:自14世纪20年代起,英格兰人开始面对苏格兰战争所带

第六章 ● 中世纪的经济、社会和文化

来的沉重税收;1315—1325 年的 10 年间,自然灾害侵袭了不列颠群岛:1315—1316 年和 1321—1322 年的收成特别糟糕;1319 年和 1321 年,羊瘟和其他牲口病又迅速蔓延。谷物价格猛涨,羊毛出口陡降。人民生活受到普遍的影响,穷人更加不堪一击。在伍斯特市哈莱索文庄园,谷物价格从 1315 年的每夸特 5 先令 7 便士,上涨到 1316 年的 26 先令 8 便士。在这个庄园,15%的男子在 1315—1317 年的饥荒和时疫中丧生。在英格兰北部,农业经济的发展常常遭到苏格兰人的破坏,同时,爱尔兰的经济发展也因 1315—1316 年苏格兰人的入侵而受到影响。

然而,持续时间更长和影响范围更广的是西欧普遍流行的,称为"黑死病"的瘟疫。据说,最初是一些跑远途国际贸易的船只把带有疫菌的黑鼠带到了英格兰的港口。1348 年瘟疫骤起,首先袭击英格兰南部,然后蔓延开来,最后猖獗于整个英格兰。当时染疾者无论男女老幼,十有八九要因之丧生,而且死者多为青壮年,以至于由于墓地不足,连田地也被用来埋葬死人。紧接着,"黑死病"又袭击苏格兰、威尔士和爱尔兰。1361—1362 年、1369 年和 1375 年在英格兰又连续暴发了几次波及面更大的黑死病,英格兰的人口锐减 1/3—1/2,从 1300 年的 500 万人下降到 15 世纪中期的 250 万人。在英格兰,瘟疫和其他疾病断断续续地延续到 15 世纪末。在苏格兰,有记载的黑死病大流行只有 1349—1350 年和 1362 年两次,其人口损失也没有英格兰大,人口增长率甚至在整个 15 世纪还有些微上升。爱尔兰的经济因黑死病流行和布鲁斯的入侵而萧条。在威尔士,15 世纪初的格林起义和接踵而来的黑死病也带来了生活的艰辛和人口的减少。

对那些幸免于死的人来说,14 世纪末和 15 世纪却成为充满机遇和生活水平普遍上升的时代:由于劳动力市场缩小,农民可以要求压低地租,得到较高的雇佣工资,因此,尽管物价猛涨,生产者的生活水平还是提高了。15 世纪英格兰经济和社会生活的总体情况是,一方面,一个又一个的村庄因人口锐减和长期战争而无人居住,成了湮没无闻的村庄;另一方面,一些富有而有远大抱负的农民承租更多的土地,经营起带有资本主义倾向的个体农业,甚至用多余的现金放债,他们破天荒地建起石砌的房屋,逐渐地形成了"约曼农"。这一部分人在逐渐增多,而且为数不小。同时,随着农业投资的减少,以及工资开支的上升,传统的贵族地主面临严重的经济发展困境。他们不得不放弃传统的、在自营地上进行农作的经营方式。在黑死病流行后的 20 年间，部分地主一度试图恢复劳役制，但是，农奴制的废除在英格兰已不可逆转，这种企图连同议会于 1351 年颁布的《雇工法》（它企图规定最高工资额），都无法成功。加之，1381 年农民起义也起了催化作用，英格兰的庄园制于是走到了尽头，到 15 世纪中期农奴制和维兰农奴都不存在了。当然，困难和机遇总是同在的，对那些能及时做出调整并用有效的管理方式来增进产业收益的贵族地主，15 世纪也是一个兴旺发达的好时机。例如，北部和西部的一些地主看到把农田和公地圈围起来放牧开支较小，获利更大，因此，15 世纪后期圈地运动在北部和西部已大规模地展开了。

在城镇和商业贸易发展方面，15 世纪也是一个发生变化的时代：一方面，有的城镇如林肯和莱斯特因人口减少及羊毛业向乡村转移而衰败，另一方面为新兴纺织业服务的城市如贝里圣埃德蒙兹和新索尔兹伯里则兴旺起来。生产羊毛尽管仍然是畜牧业的主要任务，但是，在 14 世纪，由于百年战争破坏了佛兰德尔，也由于英国消费者兴趣发生了变化，羊毛生产的模式发生了根本变化：英格兰的毛织品加工吸收了以前用以出口的羊毛。到 15 世纪中叶，呢布取代羊毛成为英格兰的主要出口物。一些傍依小溪和河流、容易经办羊毛蒸洗厂的村庄或小镇如莱文哈姆，把昔日经营羊毛出口业的港口如林恩和波士顿挤垮。到 1524 年，在一个小城堡的基础上发达起来的莱文哈姆，已是英格兰排行第十三的富裕城镇了。

到 15 世纪，英格兰每年平均出口 4 万匹呢布。这些呢布远销斯堪的纳维亚半岛、法国和西班牙。当时，汉萨同盟的德意志商人与英国商人争相控制英国呢布出口业，汉萨同盟根据 1474 年的《乌特勒支和约》获得了有利地位。在羊毛工业方面，从出口原材料转向出口制成品，这给英国人带来了更

15 世纪时的英国染布作坊

多的盈利和就业的机会,提高了英格兰人的市场购买力,尤其是在呢布业的生产重地,如英格兰东南部以及东盎格里亚、约克郡北区等地。当然,尽管中世纪后期英格兰经济开始生气勃勃地发展,但是,若与北意大利、南德意志和尼德兰相比,英国的经济仍然是落后的,它仍然只有伦敦堪称欧洲规模,其40%的出口仍掌握在意大利人和德意志人手里。外国商人把英国的呢布卖到地中海和波罗的海地区,英商则主要在佛兰德尔和尼德兰一带活动。无论从地理学还是从经济学方面看,英国仍属于欧洲的边缘。尽管如此,从经济发展史来看,转折点并不发生在中世纪和近代之交,中世纪中期已经孕育着这种转折了。真正的低谷时代是很难找到的,在黑死病流行之前,经济尽管在广度方面扩展,但缺乏向深度方面发展,而黑死病后的英国的情况就大不一样了。

二、社会分层与状况

人们一般都认为,中世纪英国是一个等级社会。从根本意义上说这样的概括是对的,但是,在中世纪初期,等级秩序不应被过分强调。与大陆国家不同,英国封建主义发展时其公共权力没有因采邑制而破碎,没有出现11—12世纪法兰西公共权力支离破碎的情况。相对而言,英格兰的王权一直是比较集中的,贵族争取自身权利的斗争尽管贯穿在整个中世纪,但分裂的局面很少出现。再有,由于征服者威廉坚持所有的土地都归国王所有,附庸的附庸也是国王的附庸,所以,无论在俗界还是教界,无论对直属领主还是下级封臣而言都没有绝对意义的"自由领地"。但是,在这个社会里,地产的分配和占有仍然是社会等级地位和权势的来源。

在这个建立于教俗两界的分封制基础上的社会里,国王无论是贤明还是昏庸,都是一切封主的封主,唯有上帝高于国王;一切直接从威廉处获得封土的大土地占有者都是他的直属封臣,他们构成了贵族集团;直属封臣除了自己的直属领地外,又将土地封给他们自己的封臣,从而形成了一个不同于直属封臣的社会集团——上两部分人常常被称为"权势人物"。除此之外,就是毫无权势可言的、在庄园里耕种领主份地的各种各样不同身份的农民:维兰占农民总数的41%,占有全部耕地的45%;茅舍农占农民总数的32%,占有全部耕地的5%;自由民"梭克曼"占农民总数的14%,占全部耕地的20%;奴隶占农民总数的10%,基本上不占有耕地。这是11世纪末的基本社会分层。

那时,领主一般都把庄园划为自营地和出租地两部分。例如,威廉·德·沃伦男爵从他的价值1 150英镑的地产中,拿出价值540英镑的土地转让和出租,其余是自营地。自营地由庄园主直接管理,主要用于生产封建主自己消费的农畜产品,或在市场上换取现金。农民在领主自营地上耕种,这是偿付地租和封建义务的一种方式。

庄园经济和庄园制度在英格兰东南部的农业区起主导作用,但乡村地区存在着自然村落、庄园和教区三种不同的区划概念,庄园不一定与自然村落完全吻合。一个庄园作为一个基本经济单位是领主的宅基,也是贵族对农民进行管理的中心。村庄是居民们毗邻而居的社区单位,是纯粹地理学上的概念,一个自然村落可分属于数个庄园,一个领主的庄园也可能分散在几个村落。有的自然村落与庄园经济毫无关系,有的村庄甚至连一户乡绅都没有。庄园有私立的领主法庭来管理庄园的生活,主要是处罚小偷小盗,调整租佃农之间的人际关系,庄园法庭甚至成为增加领主收入的一个源泉,因为向庄园法庭提起诉讼一般要交纳费用。庄园及其经济制度的兴盛在诺曼底征服以后的200年左右,以后便走向衰落。村庄则是始终存在的最基层的居民社区。

在英格兰,主教区或许与君主敕封、宗教会议的界定有关,而基层小教区则纯粹是自然形成的。在数世纪中,各个层次的封臣为方便自己家族举行礼拜、结婚、受洗、行涂油礼等宗教仪式的需要,在自己的领地上筹资建立附设小教堂,附近村庄的居民,领主庄园的农民后来也常常去那里举行礼拜、受洗和临终涂油,这些小教堂在中世纪早期相继出现,逐渐遍布英格兰各地。约定俗成的地理学意义上的教区制度就自然形成了。教堂的牧师和执事基本上由领主俸养和指派,他们对建立教堂的领主必然有一定的依附性。而且,小教堂一经设立,牧师们就因管理着附近居民的出生登记、结婚登记、死亡登记和遗嘱验查,甚至过问教育、道德和精神生活而逐渐获得一种社区管理权,社会学意义上的教区制也就因之而产生。教区形成是一个漫长的过程,各教区形成的时间也参差不齐,城镇富裕市民也有个人建筑小教堂或集体筹资建教堂的事例,因此,也存在城镇教区形成的过程。当然,并不是每块封建领地,每个庄园或每个城镇都出现过这种情况。

教堂一旦建成,其服务对象和区域就不是限定性的了,其管理对象、

第六章 ● 中世纪的经济、社会和文化

区域和管理方式是逐渐约定俗成的。教区与村庄也没有相同的地理分界：教区往往包含数个村庄，很大的村庄也不一定仅属于一个教区。这样，在中世纪英格兰的社会管理中，庄园主和教区神父都具有相当重要性。庄园主要作为一经济实体而存在，它随13世纪"高利农业"的兴起而逐渐解体，其社会管理功能也就不会延续太久。教区从一开始就作为一种基层社会的纯粹管理体系而存在，它延续了相当长的时间。此外，教区还进行慈善济贫活动，因此，成了不同社会等级之间人际关系的润滑剂。教堂是一个村落或数个村落的各阶层居民经常聚会的场所，在社会和地域方面都是基层社会认同的中心。教堂内的座位安排往往是约定俗成的，它表示人们在这个社会共同体中的不同角色和等级地位，它通过各种宗教仪式、司法活动、道德灌输、民间教育和济贫赈救等活动，使英格兰人产生一种认同意识，也使英格兰社会的等级结构更加巩固。同时，英格兰的教区在产生时就与世俗封建领主或城市上层有一种割不断的联系，基层神职人员不是靠教会的薪俸，而是靠俗界的捐助而生存，所以从一开始，他们就比欧洲大陆的神职人员具有更强的世俗性，与罗马教廷的联系更为松弛，这就构成了英国宗教改革运动不同于大陆国家的原因之一。

中世纪的经济和社会生活是一个发展流动的过程，也就是说，在中世纪的英格兰，社会变化和社会流动始终存在。在中世纪初期，英格兰人口大约为125万—225万，主要分布在东南部。那时，英国9/10的居民居住在纯粹的乡村中，1/25的居民居住在人口超过2 000人的10个城镇中。在这1/25的人口中，又有近1/2居住在伦敦，余下的1/2住在主教驻地、郡守驻地如约克、诺里奇、林肯、斯坦福、莱斯特等。这些地方后来虽为"城镇"，但不是现代意义上的城市，而是一些以农业为主兼营其他的较大的居民聚居点。与纯粹的乡村社区不同的是，这些居民点有比较集中地居住在一起的泥瓦匠、陶工、织工、皮匠等工匠。

在整个中世纪，仅仅农业经济就发生了相当大的变化：从基本上自给自足的庄园农业到为市场生产的高利润农业；从高利润农业衰落到领主自营地再度出租及其后引起的庄园经济的彻底瓦解；同时，在市场经济推动下国内外商业贸易也迅速发展，羊毛业生产向羊毛纺织业生产转化，这使中世纪经济发生了更大的变化。

中世纪英格兰社会的变化也是很大的，其前期基本上是一个人口迅速增长的时期。在11—13世纪这200年间，当劳动力供应随着人口的增长而增长时,作为劳力短缺时期经济特征的奴隶制便很快衰落了。昔日的维兰和奴隶大多成了依附于庄园的农奴,这类人也许占英格兰人口总数的1/2;维兰、梭克曼、茅舍农中有少数人成了"自由人",但是,这一部分维兰和茅舍农虽然就其身份而言并非农奴,即在法律上是自由的,但他们在经济上仍然是不自由的。在13世纪完全意义的"自由人"确切地说只占人口总数的14%。所以在谈论中世纪中期的英格兰社会时,社会历史学家常常使用"半自由人"这个术语。更何况,真正自由而有权势的人只是那些能自由地操纵习惯法,并通过沉重的劳役地租或其他形式把负担强加到农民(包括半自由的农奴和自由人)身上的教俗封建领主。总之,在1100—1300年间,英格兰农村居民的半数是农奴,而且,在英格兰,劳役地租转变为货币地租一般是发生在12世纪,这个时期无疑是一个社会剧烈分化的时期。在社会发生激烈震荡和两极分化的时候,真正受到影响的并非那些与领主订有长期租约的依附农,而是那些无论是否自由都十分贫困的佃农,以及那些根本没有土地的人。自1250年后,在人口增长而资源匮乏且农业生产力改进不大的情况下,这些贫苦佃农和无地农民常常成为农业歉收和瘟疫流行时期的牺牲品,其平均寿命比境况较好而生活稳定的庄园佃农即长期租地农要少10岁。

到13世纪,由于人口增长,市场扩大,物价随之上涨,实际工资下降。这种情况对一些资金雄厚的地主是获利的好机会,随着粮食需求的增长,庄园主为生产更多的农产品以获取利润而直接经营自己的庄园,以便利用市场发展的机会。他们在佃户们激烈反抗的情况下,仍然采取残酷夺佃的办法,从租佃农手中收回12世纪相当流行的长期租地甚至世袭租地的权益,任命管家和采邑管理人进行直接的经营管理,并对管理进行了一场所谓"高利农业"的变革,使财富更集中在少数人手中。

到十四十五世纪,英格兰的主要财源仍然是土地,大部分英格兰人仍从事种植谷物、生产乳制品或饲养牲口等工作,连英国最重要的制造业——羊毛纺织业也是间接地立足于土地上的。但是,较之中世纪前期和中期英格兰的社会发生了更大的变化,一是养羊业规模越来越大,例如,格洛斯特市的圣彼得大教堂到1300年已拥有1万多头羊,而当时英格兰羊的总头数介乎1 500万到1 800万之间。另一方面,由于黑死病引起人口速减,英格兰的劳动力市场缩小,对粮食的需求下降,随之而来是物价下跌,上一个世纪大规模出现的"高利农业"已无利可图,地主面临严

第六章 ● 中世纪的经济、社会和文化

重困难,而农民的生活水平则有所提高。

这时,尽管市场经济的发展、王室的恩赐和行政官职的增多,以及继承联姻等因素促成了一些新兴贵族家族的出现,但是,英格兰的社会结构及其等级制仍然没有发生大的变化。国王仍然是最大的地主,他们还是那些拥有王赐特权的巨商的监管人。爱德华一世在征服威尔士后就获得了整整一个公国的领地,后来,在爱德华四世时期,征收关税成为君王终身享有的特权。此外,国王还有城市特许状和商业公司特许状的授予权,这

14 世纪时的英国王室宴会

样,国王就支配了英格兰的商业财富。国王之下是人数不多的世俗贵族,他们人数虽少,但从总体上说他们所据有的财富的比例仍在增大。例如,1314 年亡故的格洛斯特伯爵,其产业的年价值在 6 000 英镑以上。1331 年坎特伯雷小修道院的总收入在 21 540 英镑以上。这些从土地得来的财富成了贵族在政治、行政和社会方面占优势的基础,其中许多人的产业甚至是跨郡分布的。位居贵族之下的是仍然以土地为财产的绅士,其产业一般只集中在一个郡之内,他们和国王、贵族共同构成了英格兰的"土地阶级"。商人阶层在中世纪后期兴起了,尤其是羊毛出口商和酒类进口商。他们活跃在从波罗的海到西班牙、葡萄牙的国际市场上,地中海海路开放后又在西欧通向北意大利的广大市场中兴旺发达起来。他们在对外贸易中逐渐增长了对外国商人的反感,培养起英格兰商人的自信和自主精神,促进了民族经济的发展,推动着以商人为代表的市民阶层与王权的携手合作。但是,这部分人毕竟为数不多。

到中世纪后期,奴隶早已匿迹,农奴制也逐渐瓦解,法律上的自由农民不断增多,而且,在 12 世纪货币地租代替劳役地租后,获得人身自由的人口也大量增加,其中一些人有能力或有机会购买土地,从而成为殷实的

约曼农的前身,但这部分人毕竟不多,对大多数农民而言,他们在黑死病流行之前,基本上生活在耕地严重不足和地主严密控制的状况下,物价高、工资低、劳动力供过于求,所以农民抗租抗税,甚至付于暴力行动。黑死病发生后,虽然物价、工资和劳动力需求状况对农民是有利的,但人为的税收,例如人头税等在不断加重,英法百年战争对经济发展也产生影响,终于导致1381年的瓦特·泰勒起义。

瓦特·泰勒起义是英国历史上规模最大的农民起义。它虽然是在黑死病流行后发生的,但这次由人祸而不是天灾导致的农民起义,还是加速了正在解体的农奴制走向最后的崩溃。当时,尽管从总的趋势上看货币地租逐渐发展,租金趋于下降而工资趋于上升,但是,随着人口锐减,一部分封建主妄图恢复劳役制,政府又颁布《劳工法案》强迫劳动者接受黑死病流行前的较低工资,1377年又开征人头税,1380年第三次征收时,税额增加2倍,这成为起义的导火线。1381年5月底,在砖瓦匠瓦特·泰勒和教士约翰·保尔的领导下,东苏塞克斯和肯特农民首先起义,随后席卷英格兰许多地区。6月10日,农民军占领坎特伯雷,13日进入伦敦。6月14日,国王理查德二世答应作出让步,部分农民信以为真,当即四散回乡。6月15日,他们在斯密菲尔德与理查德会晤,泰勒提出更激进的要求,包括没收教会的一切土地分给农民,废除《劳工法案》等。在瓦特·泰勒与国王谈判时,伦敦市长阴险地刺杀了泰勒,后来,保尔等起义领导人也被处死。

三、教育、科学、文学、艺术

若从文化发展的角度看,中世纪也非"黑暗时代",而是一个生机勃勃的时期,是英格兰在文化上从"从属"走向"自我"的时代。诺曼底征服后,尽管盎格鲁-撒克逊文化和英格兰的本土语言只在社会中、下层及克尔特血统占优势地位的苏格兰、威尔士和爱尔兰有所保留,但是,这种土著文化始终保持着其生生不息的生命力,从而使现代英国文化始终保持着盎格鲁-撒克逊的特征。

从总体上看,尤其是从主流文化和上层文化上看,可以说,诺曼底征服意味着英格兰必须接受一种来自大陆的新的文化和语言。对于一个始终呈开放型,而在早期蛮族迁徙的过程中经历着外来文化和本土文化的

第六章 中世纪的经济、社会和文化

反复冲撞和融合的英格兰来说,接受外来文化并非难事,但诺曼底征服的初期英格兰毕竟呈现出一个文化"从属"的时期。中世纪初英格兰在建筑艺术方面的外国特色很突出,教会建筑和艺术装饰多使用意大利、西西里、拜占庭,尤其是法国的设计,属于"罗马风格"或"哥特模式",这种风格的象征是尖顶拱门。1174年大火后,被国王召来修复坎特伯雷大教堂唱诗班席位的是法国建筑大师桑斯的威廉,13世纪格列高利三世重建威斯敏斯特教堂时,也深受法国建筑风格的影响。

在语言方面,从社会上层来看,中世纪初期也处于"文化从属"阶段。但是,从全面考察,这仍是一个两语并行的时代。在诺曼底征服的初期,土著居民与诺曼底的贵族之间显然存在着语言上的巨大差异。例如,公牛被农奴役使时称ox,摆上诺曼底人餐桌时则被称为beef。那时,已很少有人知晓拉丁文,诺曼底人使用的法语成了官方语言和法律用语,英语作为盎格鲁-撒克逊人的土著语言则在民间通用,由于英语灵活多变,由于它对外来词汇有很强的吸收能力,它在漫长的诺曼底统治时期始终没有被法语代替,反而随着时间的推移,使用英语的人越来越多,统治集团也开始使用它。

12世纪的欧洲经历了学术上的复兴,学者们广泛使用拉丁语,开启了分析与思辨的学术时代。在这种氛围下,英格兰的学者在他们聚集起来研习和进行学术争辩的地方,创建了牛津大学和剑桥大学。

大学产生的过程与13世纪以后英国商人公会和14世纪后手工业行会兴起的过程很相似,完全是学者和大师们自发运动的结果,尽管那个时代的学者和大师多为宗教界人士。诺曼底人于1071年在牛津建造了一座城堡,11世纪末,埃坦庞斯的西奥巴德曾在这个城堡里教授过60—100名学生。12世纪初,在牛津陆续建起了小修道院、医院和女修道院。大约在1133年,罗伯特·普仑在此讲授神学课程。那时,学者和大师仅仅租用一些大厅作课堂,自己开设一些课程和提供课程结束时的证书,学生则直接向讲授者支付费用。1155年,这座城市获得特许证书。据说大约在1167年,亨利二世和法国国王争吵,英国学生由此不能进入巴黎大学,一大批英格兰学者因此离开巴黎回到牛津,使这里成了英格兰的学术中心。1191年,集结在这里的学生团体和学者开始把牛津称为"university",意为一个保护教师和学生免受市民迫害的团体。1209年,学生与市民发生冲突而遭到市民报复后,一部分人向东迁徙而建立了剑桥大学,牛津大学也被迫停办了5年。此事引起教会的抗议,后来罗马教皇做出一个保护学校的重要决定,即授予林肯主教或其代表对学生行使司法权,这样就产生了牛津大学的校长。由此,牛津大学取得了流传至今的在司法方面的特许权。13世纪,多明我修道团和芳济各修道团到来,使牛津的教学力量有所增强。该校最初以巴黎大学为榜样,设有法律、神学、艺术和医学四个科,牛津早期的声誉基础主要在神学和人文学科,大学生多为社会中等阶层的教士、骑士或商人子弟。自13世纪起,牛津和剑桥逐渐建立起一些书院,最初是为学生提供膳食的方便,进而为贫困学生提供若干食宿及杂费津贴,以便帮助他们攻读较高的学位。例如,约翰·德·巴利奥尔建立的巴利奥尔学院,就有一个为"艺术家"提供奖学金的小型基金会。学生们一般都住在各个学院,完全自由地向各个教授选课。

英国中世纪最早的科学研究者、芳济各派修道士罗伯特·哥罗塞特斯特(1175—1253)是牛津大学最早的校长之一,他不仅对亚里士多德的著作提出质疑,而且用数学和实验证明自己的哲学观点,其学生罗杰·培根(1214—1294)曾在牛津大学进行科学实验和讲学。在1266—1268年间写了《大著作》、《小著作》和《第三著作》,1272年写《哲学研究纲要》,晚年写《艺术与自然的秘密》。他认为,权威是束缚人们认识的枷锁,真正的科学是以实验和数学为基础的。他毫不客气地批评罗马教会神学体系的代表——阿奎那的神学,终身致力于科学知识的实际应用。他的眼光超越了时代而投向未来世界,对眼镜、飞行器、动力车都有所预言。宗教改革家威克里夫(1330—1384)一生的大部分时间也住在牛津大学。

英格兰人对古希腊文化的学习,是从翻译英国人在十字军东征时期从西班牙、南意大利和叙利亚带来的阿拉伯人的著作开始的。12世纪初,英格兰旅行家巴思的阿德拉德,以及伦敦教会的副监督切斯特的罗伯特,把阿拉伯人的数学和天文学知识介绍到英国,他们分别翻译了欧几里得的《原理》和阿拉伯人阿尔·科瓦利兹米的代数。牛津大学还是英国研究罗马法的学术中心,在12世纪主要对教会法进行编纂和对罗马民法进行注释,1170年首先出现了记载两个领主进行土地诉讼的法律书籍,12世纪80年代出现了大法学家格兰维尔的《法学教本》。到12世纪中期,已有不少地位较高的教士既能熟练地掌握法语和拉丁语,又对英语方言了如指掌,《道德颂》之类的僧侣文学,受法国南部普罗旺斯"游吟诗派"和

第六章　中世纪的经济、社会和文化

法国北部"梭迦诗派"影响的诗体骑士文学影响(以《亚瑟王和他的圆桌骑士》为代表),写实和泼辣的市民文学也在这时出现,到13—14世纪,出现了全部用英语方言写成的历史叙事诗《罗宾汉歌曲和叙事诗》等。

在文化史上英语怎样跻身为上流社会的语言,这是很难考察的。但我们至少知道,征服者威廉之后的第三代和第四代诺曼底移民已能同时使用法语和英语两种语言。理查德·菲茨尼尔写于12世纪的著作也指出,随着英格兰人与诺曼

亚瑟王和他的圆桌骑士

底人的杂居、通婚和融合,人们几乎难以区分出谁有英格兰血统,谁有诺曼底血统。亨利三世于1258年发布《牛津条例》已用英文写成,这一点是确实无疑的。到了14—15世纪,英格兰文化史上的两个重大发展是识字率的上升和英语的广泛使用。中世纪后期,在英格兰能读会写的人已不限于贵族、教士或官吏,商人、农民、裁缝和水手也能读书写字了。据托马斯·莫尔爵士16世纪初的估计,15世纪已有50万以上的英国人有识读能力。而且,上层社会也日益成为使用英语的世界:14世纪中期议会辩论便使用英语,1367年出现了第一次用英语记录的议会辩论书;1376年和1378年分别出现了用英语签订的财产转让契约和遗嘱;14世纪70年代在坎特伯雷召开的宗教会议上已使用英语作为会议用语;亨利四世于1399年公开使用英语向议会发表演讲;英语取代法语成为民族语言,并将地区方言逐渐规范为标准英语的过程是一个长达数世纪的悄悄变化的过程,以至于人们找不到英格兰文化自"从属时代"向"自我时代"转折的分界点。但是,不管怎么说,到乔叟的时代这种变化已达到登峰造极的地步,英国民族的自信心伴随着其民族语言的成熟,在乔叟身上找到了完美的表达。

杰弗里·乔叟(约1340—1400)出身于一个与宫廷有密切联系的伦敦酒商之家。他自幼就生长在贵族和王室的圈子中,受过良好的教育并

103

熟谙拉丁文、法文、意大利文和多种英语方言。乔叟生活在英格兰民族自我意识萌动的时代,生活在一个从表面上看内乱不已,实则是生气勃勃、雄心奋发的民族国家兴起的时代。乔叟个人的经历也是相当丰富的:1357年做宫廷侍童,1359年参加对法作战时被俘,翌年由国王赎回,1361—1367年在内殿法学协会受训,1366年与王后寝宫的女官结婚,此后多次代表爱德华三世出使欧洲大陆,借此良机他在意大利的热那亚和佛罗伦萨曾会见过文艺复兴的巨匠彼特拉克,接触了文艺复兴的思想和创作方法。1374年,乔叟任伦敦港毛皮关税管理员,1382年兼任酒类及其他商品的关税管理员。1385年,乔叟任肯特郡治安法官,第二年被选为该郡骑士代表出席议会下院。1389年理查德亲政后,乔叟又先后担任过王室建筑工程主事和萨默塞特王室森林副主管。丰富的人生阅历和世事风云使他熟悉社会各阶层的人们和该时代的社会风貌。乔叟生时是英格兰诗人中受宫廷赏赐最丰厚的,乔叟死后又成为第一个安葬在威斯敏斯特"诗人之角"的人。这一方面反映了乔叟在文学史上的非凡地位,同时也反映了该时代的君王赏识这位民族文化巨人对民族语言所作出的贡献。的确,作为英语和民族文学的奠基人,乔叟在思想的深邃和词汇的丰富方面,在想象力的奇妙和对人性理解的深度方面,都是无与伦比的。

乔叟

乔叟的作品很多,最著名的是他晚年用诗体写成的《坎特伯雷故事集》。这是一个充满民族国家产生时代的乐观精神、对英格兰社会进行全景式描绘的作品。它充分体现了乔叟深谙世情的智慧和对英语的驾驭能力。在这首长诗中,他叙述了约30名朝圣者骑马从伦敦前往坎特伯雷城朝拜殉教圣人托马斯·贝克特之墓的过程。在总叙里,他生动扼要地勾勒了这些处于不同社会阶层且职业身份不相同的朝香客,然后借他们之口讲叙了24个故事,其间以短小的戏剧性场面相串连,故事的内容与文体都不尽相同,并与讲述者的身份相符。这些讲故事者几乎包括了英格兰社会各等级的人们:富裕的修道士、托钵僧、女修道院院长、女修士、祭司、乡村神父、法庭差役、骑士及其侍从、自由农民和富裕的小地主、牛津的学者、自命不凡的律师、医生、商人、水手、巴思的商妇、伦敦的匠师、木工、织工、染工、制毯者、磨坊主、学校总管和农夫等。

在建筑艺术方面,14—15世纪也是英格兰摆脱大陆影响,确立符合本民族审美观念的建筑风格的时代。它经历了一个从"盛饰式"哥特建筑,向"垂直式"完全英国化风格的转变。"盛饰式"是指以几何窗格和花卉图案为装饰特征的建筑风格,主要体现为流畅的曲线型。在英格兰,这种以精致的花纹和华美的写实主义为主题的盛饰风格,已经不是那种以尖顶拱门为特征的欧洲大陆特有的哥特式,而具有了中世纪英国建筑的独创风格。英格兰"盛饰式"建筑的代表作,是13世纪90年代爱德华一世为把其妻遗骸运往威斯敏斯特墓地而修筑的路标,即三个埃莉诺十字架。

但作为从欧洲大陆风格向纯粹英格兰风格过渡的中间阶段,盛饰式风格只在英格兰流行了半个多世纪(1285—1355年)。14世纪中叶以后,一种纯粹的英国式建筑风格即"垂直式"就取而代之了。在经历了百年战争和黑死病时期英格兰建筑史上相对沉寂的时代之后,这种垂直式建筑在15世纪后期得到了充分的体现,建筑大多是国王赞助的,如伊登公学、温莎堡的圣乔治小教堂、剑桥大学的小教堂等。其中,使今天的旅行家最容易留下记忆的是剑桥大学国王学院的小教堂,它淋漓尽致地体现了垂直式建筑风格的特征:其核心是把直线和水平线加以综合运用,具有简朴清晰的线条感和宽大明亮的内空间。这种突出垂直感的建筑不强调逻辑性,它是完全英格兰化的建筑。

除民族文化的兴起之外,15世纪还是一个世俗文化兴起的时代。倘若与13世纪和14世纪相比,15世纪不是大师辈出的时代,而是学术沉寂、智人贫乏的时代,它不像13世纪那样出现了罗杰·培根这样的大师,也不像14世纪那样产生了乔叟这样的大文学家。但是,这却是一个宫廷文学衰落,大众文化兴起的时代。15世纪的大学生在数量上比前两个世纪少,也没出现诸如唯名论与唯实论之争那样的论战。但是从民谣、颂歌、道德剧和民间书信方面都可看到一种朝气蓬勃的中下层文化的兴起。

民谣歌唱罗宾汉时代普通人的价值观:对郡守的憎恶、对约曼农的敬意和对国王秉公执法的希望等。颂歌仍保留了反复吟唱和抒情的特征,但表达的却是大众的感情,颂歌从为基督教节日谱写的欢快歌曲,变成随舞者能吟唱的伴舞曲,从唯我独尊的宗教圣殿走向普通民众的娱乐场所。15世纪非学院性世俗文化的兴起,不能不说在某种程度上构筑了16世纪莎翁这样世界文化名人出现的基础。

15世纪又是手工业行会方兴未艾,商业行会继续兴旺的时代,各种行会甚至以文化的形式表现自身的存在及生活。到15世纪中叶,根据《圣经》故事编排的"神迹剧"已经从教界流传到俗界,演出神迹剧成为城市生活中的一件盛事。每逢喜庆节日,尤其是仲夏时节的基督圣体节,许多城镇都要上演由行会组织的舞台剧或场面剧。例如,在约克往往要上演一整套神迹剧,在这套神迹剧中,造船业行会表演诺亚方舟的建造,渔民水手行会表演大洪水时代的情景。尽管其意图都是为基督教关于人的堕落与得救之说提供一种直觉形象。但是,它却推动了英格兰宗教文化的世俗化和大众化。除此之外,15世纪末还出现一种新型道德剧,如当时最负盛名的《人》,剧中的"人"为了在末日审判时得救而展露他的种种"善行",这难道不是正在出现的资本主义创业者行为价值观的体现吗?

在14—15世纪,英格兰成立了不少语法学校。1382年,威克哈姆的威廉在温彻斯特建立了一所语法学校,并规定必须有一定比例的学生是贵族之子和权贵之后。这是"英格兰公学"(实为一种私立贵族学校)的胚芽。1440年,亨利六世在伊登建立一所语法学校。同时,贵族、城市行会、商会也往往建立一些初等学校和语法学校。到15世纪末,已有500—600所俗人所建的学校分布在英格兰了。在这些年代里,泰晤士河北岸、在伦敦城和威斯敏斯特宫之间的地段上还建立了4个"法律协会",为习惯法律师和其他律师提供专业法学教育,而且,法律协会的学徒和律师有直接向王室法庭上诉的权力。语法学校和法律协会的建立使受教育的俗人迅速增多,这个过程又因印刷术的引进而得到了加强。1476年,一位成功而爱好文学的商人威廉·卡克斯顿在佛兰德尔学会了印刷术,并在威斯敏斯特修道院开办了英格兰第一家印刷所。他印行的第一部书是科隆版的《特洛伊的故事》。1478年,他印刷了《坎特伯雷故事集》,1485年他印行了马洛礼于1469年写的简洁明快的散文诗《亚瑟王之死》。印刷术的兴起使教士与学者失去了对文化知识的独占权,凡是能够

第六章 ● 中世纪的经济、社会和文化

购买书籍的家庭都开始大量阅读有关道德礼仪、宗教信仰、卫生保健等方面的书籍以及文学作品。

在英格兰,中世纪显然不是"黑暗时代"。姑且不谈《大宪章》、议会政治、习惯法和辉煌的金雀花王朝,即便从社会、经济和文化的角度说,这也是一个重要的转折时期:农业经历了庄园经济、高利农业到市场导向的资本主义小农业兴起的变化;以羊毛、羊毛制造和出口为中心的制造业与商业也在蓬勃发展。占全国人口大多数的农业人口经历了从诺曼底征服初期的自由人——奴隶到农奴、继而又成为"半自由人"和自由人的转变,社会分层渐趋细密,新兴职业身份集团正在形成;从文化上看,中世纪更是一个不可或缺的时代:民族的语言、民族的文学、民族的思维模式和宗教观念都在形成,更不要说作为民族文化载体之一的教育机构也在产生。在完成了从"从属时代"向"自我时代"的转变之后,一个新的、生机勃勃的英格兰正在出现。这种种转变恰恰是在人们习以称呼的"黑暗时代"中完成的。

作者点评:

从这一章的内容可以看出,截至此时为止,英国在各方面都很一般,完全没有出现"领先"的迹象。"资本主义萌芽"这种东西如果确实存在,那么它在意大利、佛兰德尔,甚至北德意志都表现得更加突出,在英国则是微乎其微的,看不出它会成为历史的趋势。文艺复兴是在意大利兴起的,商业和城市在欧洲其他地方发展得更充分,地理大发现起源于西班牙和葡萄牙。如果从经济发展的水平来说,这时西欧比不上世界其他许多地区,英国又在西欧属于落后。但资本主义却在英国首先成长起来,发展成笼罩社会的优势力量,并且成为一种"制度",读者难道没有意识到这里有一个悖论?看来经济发展并不是资本主义形成的关键条件,否则就说明不了资本主义为什么不首先在当时经济更发达的东方世界形成。资本主义发展可能更需要政治和社会的条件,这些条件是"萌芽"成长的土壤。英国的"土壤"是从都铎王朝时期开始积累的,在以下几章中,我们要特别注意那些把英国推上现代发展之路的历史形成过程。

第七章 都铎王朝与宗教改革

一、王权的加强

西方学者传统上把1485年都铎王朝的建立作为近代英国的开端,这有一定的道理。但是,不可忽视的是,约克王朝的爱德华四世(1461—1483)于1471年取得巴尼特之战的胜利后,英格兰实际上已进入一个政治上相对稳定的时代。这样,爱德华四世的一些政策,已经为都铎王朝奠定了基础。

爱德华四世的成功首先在于使王室的财政获得了一定独立性。在兰开斯特朝,君主们把土地赐给宠臣,内乱外战又影响了贸易和关税收入,王室于是财政空虚而不得不受制于议会。爱德华四世逐步改变了这种状况。他通过没收或转让把兰开斯特公爵领地变为王室领地;他即位4年后就说服议会授予君主终身享用关税的权力,当时的"关税"包括对羊毛、皮革和呢布的出口税,以及对一般商品征收的"磅税"和"吨税"。这样,自15世纪起关税成为君主财政收入的主要基础;爱德华还新创一种称为"自由捐赠"的筹款办法,即国王个人通过向教俗贵族、伦敦市长和富有的市民游说,获得的临时性的捐款;爱德华四世自己也参加商务活动,他通过代理人将上等羊毛、呢布、锡等商品输往意大利和希腊以获取巨利。这样,爱德华四世可以"靠国王自己的收入生活"。当然,减少对外征战也是爱德华四世获得财政独立的一个关键因素,在15世纪末,尽管迫于普遍压力爱德华四世不敢贸然放弃英格兰对法国王位和领土的要求,但他灵活地与布列塔尼、勃艮第和苏格兰的统治者结盟,并改变了英王卷入法国

第七章 都铎王朝与宗教改革

事务的传统做法。在爱德华四世统治期间,虽然有1475年对法国的短暂征讨,但他很快就与法王路易十一签订皮基尼条约,允许法王以大量金钱买断了战争:路易十一答应向爱德华四世支付一笔75 000金克朗的赔款和每年50 000金克朗的终身年金。爱德华很快成为极其富有和财政独立的君主。

爱德华在稳定国内秩序方面主要是求助于中等阶层。同时,经过百余年的外战内争,英国的中等阶层也渴望有一个强大的王权以消除动乱和不安,他们对于爱德华在位22年间仅召开6次议会并不惊奇。爱德华还吸收骑士、法官、律师等平民参加与大贵族抗衡的御前会议。结果,在爱德华的时代,由于国际上的和平和国内的低税收,英格兰的商业资本主义得到了迅速发展。由于他善于利用王权处理好君主与议会及各社会阶层的关系,所以,当时尽管大贵族拥兵自重的现象并未彻底消除,但英格兰已开始走向政治稳定,为都铎王朝的兴盛打下了良好的基础。

爱德华四世于40岁去世,其长子继位为爱德华五世(1483年4月—1483年6月)。12岁的幼主面对爱德华四世的兄弟、30岁的摄政王格洛斯特公爵与母后伍德维尔家族的相互倾轧,公爵逮捕了伍德维尔派的领袖,把爱德华五世及其弟弟监禁在伦敦塔里,篡夺了王位,是为理查德三世(1483—1485)。理查德三世的篡位使王朝战争复起,1485年10月,出身于威尔士的贵族、里士满伯爵埃德蒙·都铎之子亨利·都铎,从法兰西跨过海峡,进军伦敦,在博思沃斯战役中击毙理查德三世,同年即位为亨利七世(1485—1509),开始了都铎王朝的统治。

亨利·都铎继位的理由不够有力(他从母亲那里继承了一点兰开斯特家族的血统),但他是15世纪几个篡位的君主中最幸运的:理查德三世已战死疆场,其妻子和独子先他而逝,理查德三世的血统世系因此断绝。亨利还获得爱德华四世的王后伍德维尔家族的支持,同时,玫瑰战争使英格兰的贵族锐减,并使英格兰社会各阶层对战争深恶痛绝。更为重要的是,亨利七世作为兰开斯特家族的代理人,在博思沃斯战役之后立即派人去约克迎来了爱德华四世的女儿伊丽莎白公主,两人于1486年完婚,当年就生了阿瑟王子,后来又生了玛格丽特、亨利和玛丽。这桩美满婚姻使兰开斯特和约克这两个交战多年的家族联合起来了。这样,随着都铎王朝的开始,红白玫瑰战争彻底结束。此前30年间断断续续的王朝战争已损害了君主在人们心目中的形象,所以,重要的是恢复英国王室的威望。为此,亨利七世继续爱德华四世开始的王权重建工作,而且,亨利七世比爱德华四世更具有献身精神,他生活简朴,吃苦耐劳,在理财和谋求社会稳定方面也更有韬略。

亨利七世在位的24年中,其内政外交措施都与巩固王权和消灭王位觊觎者相关,他尤其注意在恢复君权的过程中防止约克派的阴谋。1486年3月,亨利七世前往约克郡巡视,镇压了由约克派贵族洛弗尔勋爵、林肯伯爵和勃艮第女伯爵玛格丽特联合捧出,并得到爱尔兰贵族支持而在都柏林僭称爱德华五世的假沃里克伯爵(爱德华四世的亲侄真沃里克伯爵,作为约克家族唯一的直系男性继承人已被亨利七世囚禁在伦敦塔)。1492—1496年,亨利又击败了由约克派捧出,并得到爱德华四世的妹妹勃艮第女伯爵玛格丽特,以及神圣罗马帝国皇帝即玛格丽特的女婿马克西米连一世、法王查理八世和苏格兰王詹姆士四世共同支持,假称爱德华四世次子理查德的沃贝克(真的理查德早已被其篡权的叔父理查德三世杀死于伦敦塔)。

亨利七世对上述两个觊觎王位者的斗争能够取得胜利,一方面是由于英国人渴望和平,另一方面是英格兰人憎恨由爱尔兰人、勃艮第人和西欧大国的君主们强加给他们的"国王"。所以,无论是在击败假沃里克还是击败假理查德的战斗中,英格兰各地的民军都起了重要作用。另一个原因是,在亨利七世取得王位时,法国、尼德兰和苏格兰的统治者相对衰弱,他们尽管反复给王位觊觎者以支持,但无论哪个外国统治者都无力发动战争以讨伐亨利七世。那时,法王路易十一死于1481年,继位的查理八世年仅13岁,尼德兰的统治者也未成年,1488年苏格兰贵族则谋杀了国王詹姆士三世,留下了未成年的詹姆士四世。当然,除了这些客观原因外,亨利七世本人也很能干,尤其善于施展外交手段,利用儿女的婚姻来巩固都铎王朝在西欧国家中的地位,这也是一个很重要的原因。

为了巩固王权,亨利七世既要考虑英格兰贵族敌视法国的传统心理,又要给英格兰商人提供在西班牙经商的便利,再加上他有戒于法王吞并布列坦尼公国的可能性,便于1489年第一次施展婚姻外交,让年仅3岁的阿瑟王子与西班牙公主凯塞琳订婚,使英商获得了在西班牙经商的优惠条件,两国还约定共同对法作战。阿瑟王子与凯塞琳公主的婚礼到1501年才举行,5个月后王子就过世了。为了维持英格兰与西班牙的联盟,亨利七世让阿瑟的弟弟亨利继娶寡嫂凯塞琳。尽管是10多年后才能

第七章 ● 都铎王朝与宗教改革

践约的事,但这种婚姻外交使都铎王朝在1489年就得到大陆强国西班牙的认可。

1491年,法王查理八世通过与布列坦尼女公爵结婚而吞并了布列坦尼公国。亨利七世经议会批准,在西班牙王国未履行和约的情况下独自带兵渡过海峡,包围了法国的布洛涅城。刚刚完成统一大业的法王不想与英王开战,精明的亨利七世也因国内尚存觊觎王位者而无心恋战,两个国王立即达成"埃塔普尔条约"。根据条约,英国终止了对法国王位和领土的要求,保证彼此不支持对方的敌人,允许两王国臣民平等通商,法王替英王偿付对布列坦尼的债务,并在未来15年中每年付给亨利七世5 000英镑的年金。这样,亨利七世像爱德华四世一样,选择了有利可图的和平而不是破坏性的战争。

当然,亨利这样做的一个原因是15世纪末西欧的国际政治发生了很大变化。逐步统一的法兰西在人口数量和财富占有方面都是英格兰的三倍。埃塔普尔条约签订后,亨利七世很快在1502年又与苏格兰签订永久和平条约,并在第二年把长女玛格丽特嫁给苏格兰国王詹姆士四世。这样,亨利七世提高了都铎王朝在欧洲强国中的威望,制约了苏格兰与法国的传统联盟关系。此后,他还通过与西班牙、尼德兰、丹麦和佛罗伦萨订立商约而促进了英格兰的对外贸易。

亨利七世清楚地知道,14—15世纪王权的衰落并不是君主制度本身的问题,而是缺乏强大的国王,以及君主们在财政问题上对议会的依赖性。所以,从一开始,亨利就努力使国王管理议会而不是议会管理国王。当然,他没有也不可能改变议会的成分和职能,他能做到的只是尽可能地增加王室的财政收入。首先,靠继承权亨利七世获得了兰开斯特公爵、约克公爵和里士满伯爵的领地。结果,仅王室领地的年收入就从10 000英镑上升到40 000英镑;其次,都铎王朝初期海外贸易扩大,也使国王终身享用的关税从年收入32 000英镑上升到42 000英镑;另外还有王室法庭收缴的罚金和亨利七世作为最高领主的其他封建特权所带来的收入,以及他个人经商的收益和出租王家舰队的获利等。总之,亨利七世的总收入从1485—1490年的平均每年52 000英镑,上升到1504—1509年间年平均142 000英镑。由于善于开源节流,他很少要求议会给予补助金。结果,亨利七世在位的24年中只召开过7次议会。

为了恢复王权,从亨利七世开始都铎王朝的历代统治者就重视依靠

英 国 通 史

中等阶层。他们在任命、提拔和奖赏政府官员时主要依据个人的能力和忠诚程度,而不管其出身和政治背景如何。他们把官职任命看作进行政治控制和加强王权的武器。亨利七世依靠的不是议会,而是星室法庭和枢密院。星室法庭设置在威斯敏斯特宫内一间屋顶上挂满星状金枝灯的大厅,这是国王讨论内政外交和武装防卫问题的地方,也是审判犯人,尤其是审讯叛乱罪犯的直审即决法庭。

15世纪时英国王室法庭审判场面

亨利七世用以恢复社会秩序的另一个重要工具是治安法官。这是一种不领薪金、工作量很大、由地方绅士自愿担任的管理地方司法和治安工作的职务。爱德华三世曾于1327年和1360年两次颁布法令,规定各郡要派一个领主及3—4个富有而懂法律的人负责维持治安,他们有权逮捕罪犯和受理控告,并按王国法律和习俗参与审判郡内危害治安的犯人。亨利七世于1495年颁布法令,进一步授权治安法官可以在无陪审团的情况下审讯参加叛乱和违法拥兵的人。此后,亨利七世又规定,治安法官由国王大法官直接任命,并对国王大法官负责,这样就加强了王室政府对治安法官的控制。同时,亨利七世还颁布了取缔大贵族雇佣家臣私兵和拥有私人武装的法令。在使用大棒政策对付英国贵族的同时,亨利七世又安之以胡萝卜。他有一个很大而活跃的枢密院,并常常用是否让贵族参加枢密院的办法来排除异己,或者拉拢和安抚向他靠拢的大贵族。这样,亨利七世和他从中等阶层中选出的大臣共同制服了贵族,有效地控制了他们。在亨利七世的儿子继位之时,英国不仅开始繁荣,而且成为欧洲秩序最好的王国之一。

二、宗 教 改 革

1509年,亨利七世去世,18岁的亨利八世继位(1509—1547)。亨利

第七章 ● 都铎王朝与宗教改革

八世在位的38年是英格兰发生重大变化的时期,其中最重要的是16世纪宗教改革。这次改革的基本意义在国家政治方面,而不在宗教教义,核心问题是亨利八世与罗马教廷决裂,导致英国形成完全的民族国家。这次改革从确认亨利八世与安·波琳的婚姻合法开始,到确保国王对教会的绝对统治而宣告结束。从表面上看,宗教改革是由亨利八世个人的离婚案引起的;从实质上看,变革是在英格兰民族主义和反教权主义日益高涨的情况下实现的,并和亨利八世的对法战争和西欧的国际格局变化都有一定的联系。

自14世纪威克里夫改革和罗拉德运动以来,英国人一直存在着强烈的反教皇情绪。到15世纪末,他们对教会更加愤懑,主要原因有三点:第一,教会滥征税收、占用土地、管理不善且教士行为不端;第二,教士已形成一个不事劳动而享有特权的消费阶层,这与正在兴起的资本主义精神格格不入;第三,主教和教会法庭滥用司法权,其排除陪审团实行秘密审讯的做法与英格兰习惯法背道而驰,而且,受欧洲宗教改革的影响,路德的思想和新教书籍在16世纪20—30年代很快渗入剑桥大学、伦敦市区和法律协会,甚至通过安·波琳及其亲朋挚友传入亨利八世的宫廷。亨利八世的离婚案就是在英格兰反教权主义高涨,以及宗教信仰发生重大变化的情况下发生的。

在亨利八世和凯塞琳长达25年的婚姻生活中,他们虽然生了5个孩子,但只有玛丽公主活了下来。为了确保不再发生王位继承纠纷,亨利需要男性继承人,而凯塞琳显然已经过了生育年龄。同时,亨利八世正在追求王后年轻的侍女安·波琳,而安也渴望正式的婚姻生活。这样,从1527年起,亨利八世就反复提出离婚要求。但是,他的婚姻是由教皇尤利乌斯二世批准的,现任教皇克力门七世在神圣罗马帝国皇帝、凯塞琳的外甥查理五世的压力下,不敢贸然同意亨利的要求。这样,亨利八世只得从反对现任教皇的统治,声称教皇无权干预世俗君主而开始斗争。结果,策略上的考虑使亨利从婚姻领域步入教权与君权关系的政治敏感问题,亨利八世通过搜集

亨利八世

史料,证明在英国历史上是第一个信奉基督教的国王卢修斯把自由和财产赐予英国教会的,他还证明说,当卢修斯写信给阿莱塞利乌斯教皇请他到英格兰传授罗马法时,教皇回信说卢修斯不需要罗马法,因为他已经有了不列颠法律。据此,精通神学和宗教法的亨利宣布,教皇在英格兰的最高权威是虚假的。所以,英格兰教会应该受到国王而不是教皇的控制。

在做了充分的舆论准备后,亨利八世与议会携手共进,自1529到1536年连续召开7次会议,通过了一系列法令,宣布英国教会不再效忠罗马教皇。其中最主要的法令是1532年的《首岁教捐法》、1533年的《禁止上诉法》、1534年的《至尊法》、《王位继承法》、《叛国罪法》和1536年的《反对教皇权力法》。《首岁教捐法》规定,主教等高级教士就任新职时不得将圣俸收入交给罗马教皇,而应将第一年的全部收入,及其后每年收入的1/10上缴英国国王。《禁止上诉法》规定,有关遗产继承与婚姻方面的案件不得从坎特伯雷大主教法庭或约克大主教法庭上呈到罗马教皇法庭。这样就废除了罗马教皇对英国事务的干涉权。《至尊法》规定,国王及其继承者应被尊为英国教会(安立甘教)在尘世的唯一最高首脑,这样就确定了英国教会即国教的民族归属性。《王位继承法》具体确认了亨利与安·波琳的婚姻合法性及其后嗣的王位继承权,这是都铎王朝企图解决王位继承问题的一系列措施中的第一个。《叛国罪法》规定,凡不承认国王和王后的尊严、称号及财产,凡称国王或王后为异教徒、教会分裂者或暴君的言论和行为都属叛国罪。《反对教皇权力法》则彻底清除了教皇在英国的各种权力,包括解释《圣经》的权力,它的通过标志着亨利八世时期的宗教改革结束。通过上述法令,亨利八世在财政、司法、政治权威、文化舆论方面完全控制了英国教会,从此成了英格兰俗界和宗教界的双重首领。不过,亨利八世本人并不是新教徒,他一直信奉一种没有教皇的天主教。

宗教改革的社会和文化根源还在于:第一,16世纪西欧的基督教人文主义已抛弃中世纪经院哲学,他们对《圣经》进行了世俗性研究,动摇了中世纪传统的基督教教义基础;第二,自威克里夫以来的150年间,英吉利民族国家的认同意识形成了,随着这种认同意识的发展,英格兰人产生了对罗马教皇在经济、政治与司法方面控制英格兰教会的反叛情绪。宗教改革虽以亨利离婚为导火线,其深刻的社会意义却十分重大。

亨利八世的统治,在前期他得力于托马斯·沃尔西,后期则得力于托马斯·克伦威尔,他们是亨利八世的权重谋臣,而且两人都出身于中等阶

第七章 都铎王朝与宗教改革

层,前者是萨福克郡一屠夫之子,后者生于帕特尼的酒商之家。沃尔西因组织对法国的远征和外交上的成功深得亨利八世的欢心,1515年被任命为大法官和枢密院首席大臣,3年后,亨利八世又迫使教皇授予沃尔西"教皇全权使节"的头衔,这意味着沃尔西成了英国教会的最高权威,能够召集使节宗教会议,能够利用权力迫使教士服从都铎政府。这样,沃尔西作为俗人要服从亨利的统治,作为教皇使节又对亨利与教会的沟通起相当大的作用。这种双重身份既使他在亨利八世改革运动的前期起了出谋划策的作用,又使他作为教廷使节无法完成离婚案而于1530年被亨利八世处死。从1532年起,托马斯·克伦威尔既是掌权大臣,又是亨利八世在宗教方面的代理人,他完全接替沃尔西成为都铎王朝政策的制定者。1536—1540年间克伦威尔曾不屈不挠地为没收修道院的财产而斗争,1540年被政敌以反叛罪告发而处死。这两个在亨利八世统治时期推波助澜和出谋划策的政治家自身也成为宗教改革的殉葬品。

在宗教改革中,亨利八世解散修道院引起一场经济变革,它把教会的财产转交给王国政府,而其中大部分很快又经由国王转入世俗臣民手中,对英国社会经济的变化产生了重大影响。当时,促成解散修道院的原因是:第一,亨利八世时期几乎所有的修道院都向英格兰境外的组织宣誓效忠,根据《禁止上诉法》和《至尊法》这是一种违法行为;第二,到16世纪30年代亨利八世已经破产了,他急需财产补充财政来源。于是,他委托克伦威尔组织了一个专门委员会,对教会财产及税收情况进行普查。1536年2月,议会通过一个解散小修道院的法案,同时,建立了"王室岁入增收法庭",负责处理没收的修道院土地和其他财产,审理相关的诉讼案件,管理王室已购买和将购买的土地和其他财物。1539年春,议会又通过了解散大修道院的法案。1540年3月,英格兰最后一个修道院即耶路撒冷圣约翰骑士团修道会被解散,修道院制度也到此结束。到1539年底,一共有560所修道院被查禁,年收入值13.2万英镑的土地落入了"王室岁入增收法庭"。另外,亨利八世还通过抛售教会的金银器和贵重物品获得1.5万镑。修道院曾拥有的向英格兰、威尔士各教区举荐2/5的圣职候选人的权力也转归国王拥有。后来,亨利八世根据原修道院的分布状况和捐款情况,重新建立了彼得伯勒、格洛斯特、牛津、切斯特、布里斯托尔和威斯敏斯特6个教区。

总之,亨利八世通过封闭修道院使王室固定收入增加了约两倍,但是巨大的军费开支和世俗人士的分赃大大消耗了亨利八世的财政收入,使封闭修道院带来的好处很快消失殆尽。修道院土地并没有长久保留在国王手里,到1547年亨利八世过世时已有1/2—2/3被转让或出售给俗人。爱德华六世和玛丽女王继续转让没收的地产,1558年伊丽莎白女王即位时,修道院的地产有3/4已非王有。此后,伊丽莎白一世和早期斯图亚特王朝继续出售剩下的土地,据统计,当时,每3名贵族中就有2名通过受赠或购买而获得了修道院的地产。在约克郡,在1642年有1/4的乡绅攫有1540年以前的修道院地产。在诺福克郡,1535年2.7%的地产为国王所有,17.2%为修道院所有,9.4%为地方贵族所有,64%属于乡绅;1558年统计数字变为4.8%为王有,6.5%为教会所有,11.4%为贵族占有,75.4%为乡绅拥有。随着时间的推移,越来越多的原属修道院的地产落入地方乡绅之手,为下一个世纪乡绅的兴起打下了基础。

解散修道院在政治上也有一定的积极意义:修道院院长在上院消失了,宗教人士在议会的投票额大大缩小,世俗人士在两院中的地位相对提高,宗教界举荐教区管理人员的权力也随修道院的关闭而丧失了。在以后的3个世纪中,地方俗人逐渐垄断了对地方官员的举荐权。在文化方面,封闭修道院却造成意想不到的消极后果:漂亮的哥特式建筑被毁坏,中世纪精美的金银器具被熔化,珠宝古玩被变卖,图书馆遭洗劫,这是英国历史上前所未有的文化浩劫。

亨利八世在他统治的中期致力于宗教改革,在他统治的初期和末期却把注意力集中在对外战争和外交方面。在他即位时欧洲斗争的焦点是德、法争夺意大利,1509年法军大败威尼斯人,成为北意大利的主宰。此后,教皇与威尼斯及西班牙结盟,共同反对法国。亨利八世因英国人传统的反法心理,以及他作为西班牙国王之女婿的身份,于1511年加入这个联盟。1512年,亨利八世应西班牙国王裴迪南之请,派多塞特侯爵率军攻打法兰西的基思。那时,西班牙国王一心只想夺取法国南部的那瓦尔,没有给英军足够的配合,多塞特战败而归。1513年,亨利八世亲率大军渡过海峡登上加莱,结果只占领了法国北部的两个小城镇。1522—1523年,亨利八世两次与神圣罗马帝国皇帝查理五世结盟,对法国进行战争,结果也因英国的财政枯竭而失败。

此后,在1529—1536年间,欧洲基本上处于和平状态,亨利八世在此

第七章 都铎王朝与宗教改革

期间进行了宗教改革。宗教改革后,他觉得自己在国内的地位已经巩固,遂又与西班牙国王重修旧好,联合反对法国。这时,为了防止两面作战和腹背受敌,需要解决威尔士、苏格兰和爱尔兰的问题。

在威尔士,托马斯·克伦威尔曾制订英、威合并的改革计划,议会也在1536年和1543年制定新的法案,英格兰的法律和郡制由此扩展到了威尔士,威斯敏斯特议会也为威尔士留出了24个议席。重建的威尔士国王法庭和新建的最高民事法庭共同负责威尔士的防务和司法,威尔士的土地所有制形式、继承法、风俗和语言等也逐渐英格兰化。所以,在亨利八世时代,威尔士与英格兰的一体化基本实现了。

亨利八世时英国在多佛海峡建造的防御堡垒

对于爱尔兰,亨利七世曾经规定,凡适用于英格兰的法律全都自动适用于爱尔兰,爱尔兰议会则只有在事先征得英格兰议会同意的情况下才能立法。但是,事实上,英格兰的影响并未超出都柏林。宗教改革前,亨利八世主要依靠土著首领统治爱尔兰;宗教改革开始后,为了防止教皇利用爱尔兰向英格兰进行攻击,托马斯·克伦威尔先后指派伦纳德·格雷和安东尼·圣莱杰为亨利八世在爱尔兰的代理总督,在爱尔兰建立起从属于英王的上层统治结构。后来,圣莱杰劝说亨利八世自任爱尔兰王,以防止教皇攫取爱尔兰王冠,亨利八世于1541年6月加冕为爱尔兰国王。这一政策实际上使爱尔兰的归属问题更加复杂化。

在苏格兰,尽管亨利七世于1503年把女儿玛格丽特嫁给苏格兰国王詹姆士四世,并与苏格兰王签订了永久和平条约。但是,詹姆士在亨利八世继位后不久就企图毁约,正在法国作战的亨利八世只好派萨利伯爵北征苏格兰。萨利于1513年9月9日在福洛登进行了自爱德华一世以来对苏格兰最残酷的一次战争,杀死了苏格兰国王和大批上层人士。新继位的苏格兰王詹姆士五世是个婴儿,摄政阿尔伯尼的约翰公爵尽管是亲法势力的代表,但他仍然努力使苏格兰与英格兰保持了20多年的和平。詹姆士五世长大后,先后与法王弗兰西斯一世的女儿德琳和吉斯公爵的女儿玛丽结婚,亲法倾向日益明显,而且,苏格兰政府完全由亲法派比顿大主教把持。在这种情况下,1542年亨利八世授意诺福克公爵入侵苏格兰,索尔韦沼泽一役的惨败使詹姆士五世羞辱而死,出生才6天的玛丽·斯图亚特继承了王位。亨利八世为确保苏格兰后院的安全以便有效地进行对法战争,又于1543年迫使苏格兰人签订《格林威治条约》,谋求爱德华王子与玛丽·斯图亚特的联姻以促成两王国的联合。解决了苏格兰问题后,亨利八世于1543年再度与西班牙结盟,约定次年春天联合入侵法国。但是,西班牙国王与法国出乎意料地签订了和约,英国只得单独进行这场耗资巨大的战争。后来,法王答应英王保有布洛涅8年,并承认英格兰与苏格兰签订的《格林威治条约》,战争于1546年结束。赫特福德伯爵在亨利八世过世后率军洗劫了爱丁堡和洛西安,英格兰又陷入与法国和苏格兰同时作战的局面。

亨利八世于1547年去世,年幼的爱德华六世(1547—1553)继位时年仅9岁,但他已是一个固执的新教徒。这时,萨默塞特伯爵成为枢密院新教派的领袖,且权力渐大,直到做了摄政。他颁布宣扬新教教义的布道书,拆除天主教堂,解散天主教的社团、医院和慈善组织,并下令毁坏与天主教礼仪有关的艺术品、雕塑、金属工艺品和刺绣品,这样就出现了新教改革走过头而引起英格兰社会分裂的危险。1548年,英格兰政府再次寻求解决信仰统一问题的途径,9月,坎特伯雷大主教克莱默向议会提交了用英语写成的《公祷书》。《公祷书》形式上取中间道路,实质上是新教内涵。爱德华六世要求全体英格兰牧师在举行宗教仪式时必须使用克莱默的《公祷书》。1552年,新教色彩更为浓厚的《公祷书》第二版问世,这一版《公祷书》对英格兰安立甘教即国教的各种仪式,如圣餐礼、临终涂油礼、忏悔,甚至牧师的祭服、圣坛的位置都作了详细的规定。但是在这种古老的礼仪外壳下,《公祷书》注入了西欧大陆新教的内容:首先是采取公众集体祈祷即会众参与礼拜的仪式,这样牧师就可以借与会众对话的机会公开阐释新教教义;其次,《公祷书》在做弥撒时采用了新教观点,天主教认为基督耶稣只是把其物质的形体呈现于众,所以每每举行弥撒都要再现耶稣牺牲在十字架上的场面。《公祷书》则认为基督受难只具备象征意义,圣餐仪式只是一种纪念而不必重演,这样就否定了变体说,但保留了圣餐仪式,从而把烦琐的弥撒仪式改造成简单的圣餐礼。正是在这种温和但力求统一的新教改革中,英格兰民族加强了凝聚力,没有像某些大陆国家那样因宗教改革而发生分裂,甚至走向内战。

1553年春,爱德华六世患肺病濒临死亡。根据长幼顺序和亨利八世的遗嘱,亨利八世与发妻凯塞琳之女玛丽成为继承人。但是,爱德华六世和诺森伯兰公爵唯恐信奉天主教的玛丽破坏宗教改革的成果,便联合起来剥夺玛丽的继承权,另立亨利八世幼妹之外孙女简·格雷郡主为王(1553)。格雷刚当上女王的第9天,玛丽就在东盎格利亚乡绅的支持下举兵南下,伦敦市民随之倒戈,诺森伯兰公爵、简·格雷及其支持者都被玛丽送上了断头台。玛丽(1553—1558)在威斯敏斯特坐稳王位之后,露出了天主教徒的可怕面孔。1554年11月,流亡在外的天主教徒波尔枢机主教在英格兰登陆,玛丽任命他为坎特伯雷大主教。1555年2月,玛丽和波尔恢复异教审判和火刑,此后,他们大肆镇压新教徒,至少烧死了274人,其中包括克莱默大主教,致使史家称玛丽为"血腥玛丽"。玛丽的另一个错误是,她不顾枢密院和议会的劝谏而与西班牙国王查理五世之子,即比她小11岁的菲利普结婚。1554年7月举行婚礼后,出现了两人在英格兰共同为君的局面,这个婚姻使英格兰在欧洲国际关系中成了西班牙的走卒,1556年菲利普成为西班牙国王,他轻而易举地把英格兰拖进了与法国的战争,而在战争中,英格兰又丧失了在大陆的最后一个据点——加莱。1558年,玛丽和波尔主教相继去世,整个伦敦响起了欢庆的钟声,比玛丽小19岁的同父异母妹妹,亨利八世与安·波琳的女儿伊丽莎白公主继位(1558—1603),英格兰进入了都铎王朝的后期。

三、圈地、毛纺织业、人文主义文化

在都铎王朝前期,随着农奴制的消失、货币地租的流行、国内市场的发展和领主自营地的出租,农民的贫富分化更加剧烈,一些有进取心的资本主义个体小农渐渐占有更多的土地,有些农民则走投无路,成为无地的农业工人。这时,无论是通过继承、婚姻,还是购买和其他形式,地主对土地的兼并一代胜过一代,到1500年,维兰制、农奴制和庄园制都已不复存在,人际关系中最重要的区别变成了财富的区别,而不是法律界定的身份地位的区别。在莱斯特郡的大威格斯顿,外村地主占有全村50%的土地,教会占地30%,余下土地中38%为20户农民占有,而60户农民是无地农业人口。有的人甚至认为,此时"土地兼并"与圈地运动相比是更为严重的社会问题,前者是普遍存在的现象,后者则有一定的地区局限性。

"圈地"是指庄园主或租佃农把敞田用树篱圈围起来,并占为己有。在整个15世纪,个体农民通过交换或购买条地,加强了这种土地占有方式。圈地经营显然比敞田经营获利更大。与此同时,有些地主还圈占了村社的公地。而且,为了把农作地变为畜牧场而赶走了租佃农。鉴于圈地运动使许多人无地可种、无家可归,无业游民数量增大,影响了社会的稳定;同时,随着农田减少和牧地增多,有可能造成英格兰的口粮供应问题,于是,议会于1489年通过一个《禁止圈占农田和拆毁农庄的法令》。但是,圈地运动仍不可遏止,1485—1500年,在北汉普顿、沃里克、牛津、白金汉和伯克等郡共圈占了16 000英亩土地,其中有13 000英亩用作牧场。一般来说,圈地运动的起因主要是经济方面的:羊毛和肉类的市场价格涨了又涨,雇主支付给农业工人的工资又居高不下,而几个牧羊人加一只牧羊狗就能管养一大群羊,抵得上雇佣百多个农业工人从事耕作,这种经济上的诱惑是无法抵御的。在圈地运动中,获利最大的是富裕的乡绅,在莱斯特郡所有被圈占的土地中,乡绅占去了67%,修道院占17%,贵族占12%,王室占2%。

圈地运动往往涉及向租佃农夺佃的问题。当时有三种形式的租佃农:只需缴纳象征性地租而完全自由地保有土地的"自由持有农";通过各种租佃形式而可以长期占用土地的"习惯租佃农";地主可以根据自己的意志随时收回土地的"短期租佃农"。其中习惯性租佃农人数最多,占所有租佃农民的3/5,他们中一些人因"庄园的老习惯"而占有土地,有些因持有在庄园法庭立案的公簿而占有土地,故称为"公簿持有农"。对习惯性租佃农而言,租地时间的长短比是否持有公簿更重要,有的租地契约及身而止,圈地地主需等待佃农的生命终结才可收回土地;有的佃农通过缴纳不固定的继承捐而租佃土地,地主大可随意抬高租税而将他逐出土地。在圈地运动的冲击下,最有安全感的是自由持有农,但他们毕竟是人数较少的农民,习惯租佃农和短期租佃农则遭受了很多困苦,这样,圈地者实际上把其经济利益建筑在租佃农的悲惨遭遇之上。在圈地中失去土地的农民境况悲惨,难怪天才的预言家托马斯·莫尔爵士在1516年出版的

《乌托邦》中,发出了"羊吃人"的呐喊。

莫尔爵士的呼吁是人道的。但是,必须看到圈地运动并没有一下子就触及整个英格兰。这是一个在相当长时间内一桩又一桩、一地又一地出现的现象,最早的圈地运动甚至可追溯到12世纪。到15—16世纪,英格兰西部和北部的高地区,尽管农用土地很少,但早已被圈围了。在英格兰低地的畜牧区,有限的农用土地也早被圈围,比如,肯特人从来就不知道敞田为何物,苏塞克斯和萨福克则早就遍布养牛和养猪的畜牧场,因此都谈不上重新圈占。在托马斯·莫尔所说的"羊吃人"的时代,受圈地运动冲击最大的是英格兰的中部地区,即从莱斯特郡到沃里克郡南部,然后穿过北汉普顿和牛津到达伯克郡一带。其中,最典型的是莱斯特郡,它位于历史上实行敞田制的中心地带,95%的土地是农耕地。在莱斯特被圈占的土地中,48%是1485年以前圈围的,43%是1485—1530年间圈围的,9%是1530年后圈围的,其圈地运动的高峰是1510年前后。在整个过程中,只有1/10的农耕地被转用为牧场。在莱斯特的370个村庄中有140个村庄受到圈地运动的影响,其中又有40个村庄的良田全部荒芜而牧草则茵茵而生。显然,这种经济的转向使一些村庄湮没、社区解体,使一些农民要么流落他乡去寻求出路,要么无业可做无家可归。然而,以市场为导向的经济和财富总量,则伴随着累累白骨、声声哀鸣在英格兰社会贫富拉大间距的过程中,不可遏制地增长了。

亨利七世时,英国已经进入农业和手工业并行发展的时期。农民兼作手工业已较为普遍:在沃尔特郡和萨福特郡的高地,农民们纺织羊毛;在康沃尔和德文,他们开采锡矿;在英格兰北部,他们掘地挖煤;在米德兰西部,他们制造铁钉。然而,在农村手工业中最主要的还是羊毛纺织业,毛纺织业主要集中在西部的沃尔特和萨默塞特,东部的东盎格利亚和北部的约克郡西部地区。国内市场和国际市场的需求是农村毛纺织业发展的强大动力,而远距离市场需求的波动往往会造成英格兰的阶段性失业,这是16世纪经济发展的新现象。但是,其基本组织结构仍然变化不大:大的资本主义呢布商起支配作用,发放羊毛回收成品的家庭外作制占主导地位,一般织工仍需长时间地工作才能养家糊口。

在1470—1510年间,纺织品的出口翻了3倍。1470年出口3万匹呢布,1510年上升到9万匹。获利最大的是那些主要集中在伦敦,把未经染色的初加工呢布出口到安特卫普的呢布商,他们组织了"商人冒险公司"。到16世纪初,羊毛及羊毛制品已占英格兰出口业的90%,其余10%的出口物品是煤、锡、铅、谷物和鱼类。英国进口加斯科尼的酒、西班牙的染料、明矾、肥皂和油类等纺织业生产的必需品。在这些进出口物资中,有一半用英国商船运输,其余一半由汉萨同盟和意大利的商船运载。那时,英国商人尚无力打破汉萨同盟对波罗的海区域的商业垄断,但是,他们与比萨人建立了商业联系,开始把触角伸到了地中海。亨利七世本人就在对比萨的羊毛出口业中投资8 000英镑。1485年,英国议会通过"航海条例",禁止用外国商船进口加斯科尼酒;1489年另一个"航海条例"又获通过,禁止用外国商船进口蓝色染料——图卢兹的松蓝,并规定英国出口商品必须由英国商船装运。可见,英国贸易已达到尽可能排挤外商从而保证本民族经济利益的阶段了,它预示着经济民族主义的成长。

国内商贸也依靠沿海的水路,泰晤士河、大乌斯河、塞文河和特伦特河等河运水系,以及公路和马帮都得到相当的发展。南粮北运、北煤南输是普遍现象,当时最繁忙的是从剑桥郡和贝德福郡通往伦敦的运粮公路。在16世纪初,英格兰已有352个大集市,其中最大的是英格兰东部的斯图尔桥集市,它从每年的8月24日到9月29日一共开集5周。同时,有760个商业城镇获得每周开市一天的特许证。国内外商业贸易的繁荣并不是亨利七世经济政策的结果,亨利七世只有颁发特许证的权力,并没有制定什么经济政策。他所做的是为商业活动提供一个安定的国内环境,并通过外交为商业提供有利的条件。当然,亨利七世签订外交协约的目的并不是他本人在主观上要追求开明的经济政策,而是为了增加国王的收入,获取伦敦人的忠诚,以及通过促进造船业和发展海军来维持自己的统治。这是国王的个人利益与民族要求相吻合的最好的事例。

从总体上看都铎王朝是英国经济发展的上升时期,但是在血腥玛丽统治后期仍出现了1551年的经济危机。1500—1550年英国的呢布出口量翻了3倍,从1500年的5万匹上升到1550年的14.7万匹,其中主要是输往安特卫普进行染色和加工的初成品呢布。1551年因生产过剩、国内市场缩小和英镑汇率降低(英镑对佛莱芒先令的比价从1543年的1∶27,下降到1551年的1∶15)而出现危机,呢布出口下降到8.5万匹。为此,伦敦商人冒险公司要求政府限制汉萨商人的特权。在历史上,汉萨商人曾因支持爱德华四世恢复王位而获得经营英国呢布出口业的优惠特权:英商出口一匹呢布要交1先令2便士关税,汉萨人反而只交1先令;英商进出口日常商品要交磅税,汉萨人则豁免。到亨利七世时期,英国商人与汉萨商人对大陆市场的争夺已很明显,但亨利七世致力于国内的安定,亨利八世要利用汉萨商船去对法作战,故一直未下决心解决这个问题。爱德华六世在位期间枢密院于1552年作出"反对斯蒂尔亚德的判决"(斯蒂尔亚德为汉萨商人在伦敦的商业活动区),准备剥夺汉萨商人的特权。1553年玛丽即位后,她打算与西班牙王查理五世之子结婚,为博得查理五世的欢心而撤销了上述决议,使汉萨商人的特权直到1560年伊丽莎白女王时代才最后被取消。

在都铎前期,由于近海市场有汉萨商人和意大利商人的激烈竞争,英国人只得到海上进行探险活动,以便寻找呢布业新市场和掠夺财宝。1497—1498年约翰·卡伯特西航寻找通往中国的道路失败;1553年休·威洛比爵士和理查德·钱塞勒又取道东北,去开辟新航线。他们沿挪威海岸北上,两人分手后威洛比冻死途中,钱塞勒到达了莫斯科,赢得沙皇伊凡雷帝的友谊,并于1555年建立了新的贸易股份公司——"莫斯科公司"。威洛比和钱塞勒虽然未实现从东北方向航海而找到中国的愿望,但却在莫斯科办起了英商贸易公司。而且,尽管英国呢布在这里销路不大,但该公司运回了英国造船业发展不可缺少的原材料——蜂蜡、木材、绳索和毛皮等。

当亨利七世等都铎君主们忙于恢复王权和寻求稳定的社会秩序时,都铎前期的学者则致力于传播意大利文艺复兴的成就。1475年,牛津大学新学院院长托马斯·钱德勒请意大利学者到牛津大学讲授希腊学。1485—1491年,牛津大学的威廉·格罗西恩和托马斯·林纳克又到意大利求学。两人返回后,前者在牛津讲授希腊学,后者则翻译盖伦的著作,并创建皇家医学会。随后,伦敦富商之子乔治·科利特于1496年从意大利留学归来,他精通希腊语和希腊文学,在牛津大学以人文观点讲授《圣保罗使徒书》,并从哲学思想、文学知识和历史典故的角度对《圣经》进行研究,开辟了人文主义的全新天地。1497年,后来成为北欧最杰出的人文主义者的伊拉斯谟到牛津来向科利特学习希腊语。1503年,伊拉斯谟出版了《基督教骑士手册》,吹响了西欧人文主义改革的号角。该书浓缩了他从科利特那里吸取的人文主义、福音主义和政权还俗主义,向正处在风雨飘摇中的西欧宣告了教会特权的不合理性。伊拉斯谟曾三次访问英国，并于1511—1514年在剑桥编写了他自己的希腊文版《新约圣经》，修订了拉丁文版的《圣经》。后来，伊拉斯谟于1514年发表《愚人颂》，以极其幽默的才智和不朽的文笔在欧洲知识界激起层层波涛，有力地推动了西欧的宗教改革。

托马斯·莫尔

受益于科利特的还有英国最杰出的人文主义学者托马斯·莫尔，他在思想上受到科利特的很大影响，在生活中与伊拉斯谟交情甚笃。1516年他出版《乌托邦》，书中虚构了一个"乌托邦岛"，含蓄地将乌托邦人的良好的社会习俗和开明的宗教态度，与欧洲基督教社会的道德沦丧相比较，使人们从无声处听到了呼吁社会改革的惊雷。托马斯·莫尔的《乌托邦》是不朽的，它引起后世许多学者的不同解释。正如柏拉图的"理想国"一样，"乌托邦"是一个可向往、可追求的理想，而不是一个可以达到的目标。但是，1517年法国人文主义者布都说，叙述者虚构的故事是选育理智种子的温床，其中有些种子可以移植到板结的欧洲土地上。可见，"乌托邦"留给后人的是理性的启示和心智发展的空间，而不是一个现实的存在。

就这样，在倡导"新学"的过程中，英国的基督教人文主义者和西欧其他人文主义者一起，不知不觉地为路德开始的宗教改革开辟了道路。在英国本土，这种思想也奠定了亨利八世宗教改革的社会人文基础。亨利八世的宗教改革并非只是国王及其近臣的"政治"行为，更不仅是一个离婚案的偶然产物，它有着深刻的文化底蕴和社会因素，浸透着民族国家兴起的时代气息。

"新学"的另外两个成果是学校教育的世俗化和印刷业的发展。14—15世纪，温彻斯特和伊登公学及其他语法学校的建立，冲破了教会对教育的垄断，而15世纪后半期，由城镇和富商创办的世俗学校则数量大增。

第七章　都铎王朝与宗教改革

1480年成立的马格达罗学院、1508年建立的伦敦圣保罗学校都提倡使用开明的教学方法。为了防止教会干涉,科利特还说服圣保罗学校把管理权交给伦敦绸缎呢绒商协会,这类学校免费对一切有才能的人开放,用英语和拉丁文教授文法,并设有地理、自然史、希腊学等新课程。1476年卡克斯顿开办英国第一家印刷所后,到1500年英格兰至少印刷了360部书籍。它大大地促进了公众的阅读兴趣和私人藏书楼的建立。由于印刷业发展,到1520年,工匠的日工资就可以买一本伊拉斯谟的书了。

都铎王朝既是近代英国的开端,也是英国历史上一个分水岭。宗教改革、民众爱国主义、商业扩张,这些都使人们感觉到都铎时代是英国历史上真正的黄金时代。都铎前期的一些历史人物如灿烂群星,其中以亨利八世最负盛名。在轰轰烈烈的宗教改革背后,是教俗封建土地的大量易手和新兴土地市场的初步形成,它不仅构建了都铎后期乡绅、约曼农兴起的基础,而且,预示着英国社会更大的变化。都铎前期的学者们传播文艺复兴,开辟"新学",提倡人文主义,为欧洲的宗教改革开辟了道路。亨利八世的宗教改革宣告了一个民族国家的兴起,它也深深地改变了英国在欧洲的地位,此后,英国就要作为大国在西欧崛起了。

作者点评:

最近一段时期,国际学术界对"民族国家"的兴趣日趋浓厚,对它的历史作用也越来越重视了。人们说,民族国家是现代化的有形载体,没有它,现代化是不能够起步的。这种说法对世界上多数国家来说应该是适用的,迄今为止,它最有力地解释了民族国家为什么产生,以及为什么每一个国家都不可避免地要经历民族国家这个历史阶段。现代化都是以民族为单位发动的,各民族都追求自己的现代化。在这个前提下,以民族为单位组建国家就具有决定性的意义了,不能组建民族国家的地方,现代化就受到严重障碍。都铎王朝最大的功绩就是它组建并巩固了民族国家,从而把英国推进到可以发动现代化的起点上。与都铎朝同期,欧洲已经有不少地方成功地组建了民族国家,谁先起跑,就看下一步怎么走了。

第八章 伊丽莎白女王时代

一、巩固政权,打败无敌舰队

英国历史上都铎王朝历时 118 年。如果算上简·格雷,前 5 位君主走完了 73 个年头,而伊丽莎白一人就统治英国达 45 年。在这 45 年中,女王政绩卓著、王朝鼎盛,国家走向繁荣,这三者相得益彰,以至于女王和她那个时代在英国历史上熠熠生辉——女王和英格兰人共同缔造了伊丽莎白时代。

面对玛丽女王留下的国内分裂,国外战争危机的局面,伊丽莎白首先以安定国内为主。她出席伦敦市为女王举行的第一次招待会时,就提出"和睦"的口号。进而,她的加冕庆典的主题是"团结",她的王位装饰着红白两色玫瑰,下面写着:"约克家族与兰开斯特家族联合在一起,就像亨利七世与爱德华四世之女的婚姻结束了内乱一样,他们的孙女伊丽莎白将为保持英国的永久和睦而努力。"然而,在 1559 年,和睦的最大障碍仍然是宗教问题,伊丽莎白把她自己的宗教信仰隐匿起来,以至于历史学家很难对此做出判断。女王考虑到国家的统一,她必须面对宗教改革的问题。

上台伊始,伊丽莎白曾试图恢复亨利八世那没有教皇的天主教的做法:与罗马教廷决裂,建立自己至高无上的主权。但是,实际上,不可能存在排除了罗马教皇还能举行弥撒的教士,所以,这条路显然行不通。当时天主教已被多数英国人抛弃,于是,就只能选择新教。从政治上说,玛丽时代被迫流亡法兰克福、苏黎世和日内瓦的 800 多名新教徒也需要给予安抚和任用。

第八章 伊丽莎白女王时代

伊丽莎白于是便采用首席枢密官、温和的新教徒威廉·塞西尔的折中办法。她召开议会,经过长期辩论后终于在1559年通过了《至尊法》和《信仰划一法》。第一个法令确认伊丽莎白为英国教会的至尊统治者,第二个法令要求每个教区都使用新修改的克莱默大主教《公祷书》。这个解决办法在上院遭到了主教教士和贵族的反对,伊丽莎白则依靠下院解决了问题。1563年教士会议又通过《39条教规》,它实际上是爱德华六世颁布的《42条教规》的修订本,其中对最激进的新教规定做了修改。伊丽莎白在宗教问题上采取了和解的手段,由此保证了国内的安定。因此,如果说英国国教是改造天主教仪式、接受加尔文教内核和忠诚于英王这三者的结合,那么,这种说法基本符合事实。

伊丽莎白一世

玛丽女王留下的另一个问题是对法战争。伊丽莎白上台后迅速与法国和西班牙签订和约,使英格兰从战争中摆脱出来,同时也意味着两大天主教国家承认了信奉新教的伊丽莎白女王的地位。1559—1560年,苏格兰新教领袖约翰·诺克斯从日内瓦回到苏格兰,引发了苏格兰大规模的新教起义,伊丽莎白不失时机地给予援助,借改革派力量逐步把欧洲大陆势力逐出了苏格兰。1560年,随着亲法的吉斯·玛丽去世,法国、苏格兰和英格兰签订了《爱丁堡条约》,规定英格兰和法国均从爱丁堡撤军,苏格兰由贵族议会统治。《爱丁堡条约》保障了英格兰的后门安全无恙,开启了苏格兰和英格兰一个世纪的和平。

但苏格兰问题并未解决,由于吉斯·玛丽去世,詹姆士五世和吉斯·玛丽的独生女玛丽·斯图亚特从法国返回故土苏格兰,成为苏格兰王位的继承人。但她在一个不合时宜的时候登上了王位:苏格兰人已改宗新教,不会欢迎这个信奉旧教的"外国人"做女王。同时,由于她是英格兰国王亨利七世的重外孙女,因此她对英格兰王位也有继承权,这就是把她放在与伊丽莎白女王对立的位置上,一切企图在英国恢复天主教的人,都把希望放在她身上。她登上苏格兰王位后就要求修改《爱丁堡条约》,以承认她是伊丽莎白的合法继承人。伊丽莎白拒绝这样做,由此便开始了玛丽·斯图亚特和伊丽莎白·都铎这两个女王之间的长期斗争。

玛丽女王在苏格兰的统治异常艰辛,尤其是面对着难于驾驭的苏格兰贵族。当时苏格兰与英格兰王位的合并显然是不可能的。玛丽为增强她继承英格兰王位的可能性,于1565年与亨利七世的重外孙,她自己的表弟达恩利伯爵亨利·斯图亚特结婚。这一行动使苏格兰贵族和伊丽莎白女王都对玛丽极为不满。后来,婚姻的失败和达恩利伯爵的死亡使玛丽在1567年被苏格兰贵族废黜,并在1568年兰塞德一役中败北。玛丽天真地逃往伊丽莎白宫中避难,而她和达恩利伯爵的一岁的儿子在苏格兰继位为詹姆士六世(1568—1625)。伊丽莎白女王乘机把玛丽软禁起来。苏格兰贵族和大陆的天主教国君拒不承认亨利八世与安·波琳婚姻的合法性,他们认为信奉天主教的玛丽才是英格兰的"合法"君主。这样,从1568年底开始,国内天主教势力抬头,1569—1572年三年间在英格兰充满了阴谋和叛乱。伊丽莎白在塞西尔和沃尔辛厄姆等人的扶助下镇压了北方的贵族叛乱,并于1572年6月处死了有可能成为玛丽新婚的诺福克公爵。

软禁玛丽在国际上引起反应,影响着伊丽莎白时代的对外关系。首先,教皇庇护五世发出训令,宣布革除伊丽莎白的教籍,废黜其王位,并号召天主教徒起来推翻她。这一训令竟被人带入英国,贴在伦敦主教住所的大门上。1571年,英格兰议会通过法案,禁止将教皇训令带进英国,违者按叛国罪处死。同时,议会确认了《39条教规》,这标志着宗教改革结束。经过40多年的曲折斗争,英国终于建立了独立的安立甘教会。

玛丽被软禁,西班牙国王菲利普二世于1567年派阿尔瓦公爵率5万人侵入尼德兰,在英格兰引起极度不安。1572年,信奉新教的西属尼德兰爆发起义,需要英国给予援助。女王和塞西尔都认为,尽管西班牙已取代法国成为英格兰的仇敌,但英国尚无力单独与西班牙进行战争,所以采取了与法国结盟的间接战略。伊丽莎白在1574—1585年间力图通过她自己与法王之弟、王位继承人安茹公爵弗兰西斯的恋爱关系,来保持英格兰与法国的友好关系。但英格兰枢密院竭力反对这桩婚姻,安茹公爵弗兰西斯又于1584年去世,从而导致法国内乱再起。1585年5月,菲利普二世扣留了伊比利亚半岛各港口的英国船只,这促使伊丽莎白下决心与西班牙公开作对。

第八章 伊丽莎白女王时代

1585年8月,英格兰与尼德兰联省共和国结盟并加紧备战,同时派出海盗兼商人德雷克率领船只29艘、士兵2 300人,跨洋远航去袭击西班牙在美洲的殖民地,以打破西班牙对海外殖民地贸易的独占权。12月女王又派莱斯特伯爵率军占领尼德兰的弗拉辛,既想防止尼德兰被西班牙和法国占领,又想保护英荷两国间传统的商业联系。莱斯特的渡海征战一败涂地,德雷克的海盗劫掠却大获全胜。

但英国与西班牙的战争是在1587年2月玛丽·斯图亚特被处决后才全面爆发的。被软禁的玛丽女王涉嫌参与天主教徒谋杀伊丽莎白的一系列阴谋活动,而议会则一直要求处死玛丽女王。伊丽莎白考虑到与西班牙的双边关系,因为处死玛丽就意味着与西班牙开战,所以就一直犹豫不决,但1586年玛丽准许其同党刺杀伊丽莎白的亲笔信落到英格兰安全部门首脑沃尔辛厄姆手中之后,一个特殊的审判法庭就宣判玛丽有罪,12月议会两院一致请求将玛丽处死,而伊丽莎白也做好了与西班牙开战的准备。1587年2月,玛丽·斯图亚特被斩首,时年44岁。苏格兰方面对此不了了之,因为玛丽的儿子、21岁的詹姆士六世考虑到自己对英格兰王位的继承身份问题,并不相信西班牙会与经过了宗教改革的苏格兰站在一起。但西班牙的菲利普二世则将英国人处决玛丽视为对天主教世界的挑衅,他在伊比利亚半岛西海岸各港口集结了待发的战舰,准备向英国开战。不想德雷克却先下手,率领舰队突袭加的斯港,摧毁了西班牙战舰30艘,并在沿海一带劫夺其供给船达两月之久。英国本土的地方武装也动员了起来:凡可能登陆的地方都在地图上做了标志,其防务也作了相应的安排。

1588年春,由梅迪纳·西多尼亚公爵指挥的西班牙无敌舰队启航。此行的计划是控制英吉利海峡,并与西班牙驻尼德兰总督帕尔马公爵会师,然后一起入侵英格兰。当时,西班牙战舰在数量上超过英国,且船体巨大。但英国船快速灵活,且装备远程大炮。英国人还放弃了步兵登上敌舰作战的传统打法,而是进行纯粹的海战,直接击沉敌舰。西班牙仍使用旧战术,高大而笨拙的船舰满载着士兵和短程火炮,用缆绳联成横列队形缓缓前进,宛如庞大的海怪。

最初9天英舰跟在无敌舰队后面航行,伺机进攻。7月27日无敌舰队到达加莱港附近海面时损失2艘船只,帕尔马公爵害怕尼德兰人乘机攻击,不敢接应。而英军派出6艘火攻船,未能靠岸的西班牙船见到这些

英国通史

火攻船，便争相砍断缆绳，乱作一团，连锚都在慌乱中丢失了。接着，英军用远程大炮轰击，西班牙船舰弹洞累累、水兵死伤枕藉。这时，风向忽然改变，无敌舰队因为失去了锚，就只能随风向北逃窜，英军穷追不舍，一直打到福斯湾。此后大西洋的飓风又给逃散的西班牙军舰带来了更大的灾难。

溃败中的西班牙"无敌舰队"

这就是英国历史上著名的1588年海战，此战击败了无敌舰队，沉重地打击了西班牙的海上力量。此后，英西战争断断续续地进行着。伊丽莎白改变了防御政策，积极支持尼德兰人和信奉新教的法国国王那瓦尔的亨利，支持在加勒比海、亚速尔群岛和伊比利亚半岛附近走私的海盗进行反西班牙的活动，并在1589年、1594年、1596年和1597年发动了数次对西班牙的远征，这场反对西班牙商业霸权和海洋霸权的战争，一直打到詹姆士一世1603年继承英格兰王位为止。

二、经济发展与社会变化

除宗教问题之外，伊丽莎白政府面临的重大问题是经济复兴，其主要措施是继承玛丽的货币改革，以新币兑换旧币，使英镑对佛莱芒先令的比价恢复到1∶26，从而提高英国货币在外国商人中的信誉。其次，在1563年，议会通过了一系列促进生产发展的法案，规划呢绒生产，鼓励农业发展，限制圈占土地，禁止进口奢侈品，补助造船业，并规定每周全民食鱼日以推动渔业的发展，同时授权治安法官控制各郡的最高工资标准，颁布学徒法，规定学徒必须学满七年才能自行立业。

伊丽莎白时代经济发展的主要原因，除政府的政策起一定作用外，更重要的是经济和社会发展的自身规律在起作用。早在15世纪70年代，人口数量开始出现了自黑死病流行以来的第一次增长。此后，除了1557—1559年时疫流行造成人口大幅度下降外，这种增长趋势在整个16

第八章 伊丽莎白女王时代

世纪和17世纪一直存在。而且,有利的情况是,虽然人口数量增加了,但牛、羊、马、猪等牲畜数量也同时在增加,发生饥荒的机会却比先前减少了,因而在整个都铎王朝的118年中,没有出现马尔萨斯理论所指出的大规模饥饿和失业问题。相反,人口增长,社会需求也增长,刺激了经济的发展,促进了农业生产商品化的过程,推动了城市的复兴和贸易的发展,引起大规模的住房革命,使得英国人尤其是伦敦人的生活方式发生了变化。人口的增长还使物价的上涨大大超过了工资的增长,驱使企业主积极去获取利润和积累资本,仅就纺织业而言人口增长带来的消费需求就是相当大的推动力。但人口增长的前提是农业生产的发展,尽管在伊丽莎白时代天主教阴谋和叛乱始终不断,但很快就被消灭,从未酿成大内战,这就保证了国内政治环境安定,有利于生产的发展。

在伊丽莎白时代,农业耕作技术发展较快。由于粮价的上涨幅度超过了羊毛价格,不仅圈地养羊的速度放慢了,人们还热衷于改进耕作技术,越来越多的农民大量使用泥灰土等肥料,加快休耕地与农作地的轮换频率。还有人把土地圈围起来精耕细作,以增加农作物的产量。据该时代农业专家约翰·诺登估计,有围栅的农耕地与敞田相比,前者的产量是后者的1.5倍。16世纪英格兰引进了重要的农作物品种蛇麻草,也称酒花,是制造啤酒的主要辅料。由于人们普遍关注农业耕作技术,农业家托马斯·图塞写的《务农五百要诀》在1557—1580年间就印刷了五版。农作物产量也普遍提高,13世纪小麦的产量是每英亩6—12浦式耳,到伊丽莎白时代达到了16—20浦式耳;据威尔士王室地产的统计,在1500年一头羊平均重28磅,牛重320磅,1610年分别达到46磅和600磅。如果没有农业技术的改进,人口的增长必然使都铎时代的英格兰出现马尔萨斯所说的资源危机问题。

在工业发展方面,毛纺织业所具有的主导地位及其生产组织形式变化不大,但是,一些新的技术发明提高了生产效率,如新式织袜机、荷兰织机等。当时,一些为躲避西班牙当局的迫害而从佛兰德尔移居英国的工匠,带来一种用长毛纤维纺织轻便精呢的方法,这种毛呢在地中海一带颇受欢迎。同时,兰开郡的纺织工人开始制造一种粗斜纹布,这种亚麻与棉纱的合成物销路甚好。在工业发展方面最显著的是煤炭业,除了伦敦居民的供暖之需外,制糖业、制盐业、制皂业和玻璃业的发展,都需要大量煤炭,从而推动了纽卡斯尔煤炭业的发展。在伊丽莎白时代,22%的贵族家庭有自家的铁业工场,其中许多工场已开始用鼓风炉生产制模铸件,还有人引进滚轧机生产铁片,用拉丝机生产铁丝。到伊丽莎白统治末年,政府资助下的一些铁工厂已能生产大炮了。

工业虽发展了,商业却有所停滞。安特卫普的纺织业市场受战争、宗教改革和政治斗争的影响,发展相当不稳定,伦敦商人冒险公司的商人不得不寻找海外新市场,他们先后到达德意志的汉堡、埃姆登和荷兰的泽兰省。在首席枢密官威廉·塞西尔的力主下,英国政府最终于1560年收回了汉萨同盟的特权,英国商人获得了在汉萨同盟所属各城市享受优惠条件的对等权利。同时,为了解决英国的商业危机问题,塞西尔提出广泛开辟各种市场的建议。1579年,商人冒险公司创建了"东方公司",该公司主要经营北海和波罗的海流域的纺织品贸易和木材贸易。这时,荷兰商人找到一条穿过波罗的海到达俄国市场的短距离航线,使英国莫斯科公司独占俄国市场的希望破灭了。1562年,莫斯科公司派安东尼·詹金森取道陆路从莫斯科到波斯,他发现中亚到中国是不可能的,英国人只得在大西洋上取西北航向去寻找中国。1576年,马丁·弗罗比歇乘坐25吨重的帆船,航至他所认为的"加拿大的哈得孙湾"。1587年,约翰·戴维发现弗罗比歇发现的地方实际上是格陵兰岛。于是,英国人把注意力转向了东方。1581年,一些伦敦富商在地中海东岸成立了"利凡特股份贸易公司",伊丽莎白女王自己就投资4万英镑,1583年,利凡特公司派遣拉尔夫·菲奇从陆路到达印度、缅甸和马来亚。然后,伊丽莎白无视葡萄牙人对南大西洋的独占权,把视线转向了好望角。1600年一伙伦敦商人又成立了"东印度公司"。

在16世纪,英国商人成立的公司主要有规约公司和股份公司两种。规约公司是参加者交纳会费后,根据大家同意的规约个人单独进行贸易,不必集资合股。股份公司则是商人必须集资合股,共同经营,然后根据盈利和集资情况而分配利润。进行远距离的贸易往往需要大量资本,股份公司更为合适。在英国历史上,最先出现的较大的规约公司是1407年成立的"伦敦商人冒险公司",其规约主要是在装运呢布的数量和出售价格方面实行互相监督,并以联合船队的方式定期装运呢布,必要时由公司武装护航。这个规约公司一度在伦敦商人排挤英格兰外地商人的活动中起了很大作用,但是,也正是这个公司中的一些伦敦商人成为开辟海外市场和建立海外贸易的先锋。第一个出现的股份公司是莫斯科公司,该公司的初始股是威洛比和钱塞勒合集的。当时,莫斯科公司的货船只可能在每年固定的月份到达,因此有必要留下驻俄代理人以商谈冬季月份的购货事务,所以,非得建立股份贸易公司不可。后来,由于公司难以排除非公司成员在公司独占领域内进行贸易的可能性,莫斯科公司于1620年改制为规约公司。利凡特公司也一度由成立时的股份公司改变为规约公司。这样,东印度公司实际上成为第一家较为成功的股份公司。

海外贸易活动的伴生物是奴隶贸易和海盗活动。1562年,普利茅斯商人之子约翰·霍金斯最先从几内亚购买了400个奴隶,连同英国制造品一块运到海地出售。返程时,霍金斯运回了海地出产的食糖、金银等,这就是英国历史上最初的"三角贸易"。在伊丽莎白女王出资入股的支持下,1564—1565年霍金斯与表弟弗兰西斯·德雷克第二次远航。1568年,两人租借了女王的战舰"米尼翁号"和"耶稣号"又一次远航,两舰在停靠圣胡安·德乌略西亚港时遭到西班牙人的袭击,他们只好放弃"米尼翁号"而逃回英国。女王后来以没收价值15万镑的西班牙运饷船的方式,对西班牙进行了报复,此后英西关系也渐趋紧张。德雷克在1570—1571年和1572—1573年又两度远航美洲,后来,他发现西班牙在美洲开采的白银是经秘鲁由海船运到巴拿马,然后,由马帮驮运穿过地峡,又送到大西洋边的西班牙船上,再经由大西洋回到西班牙。1577年他开始寻找新的航线,他穿过西班牙人尚不熟悉的麦哲伦海峡,在美洲西海岸大肆掠夺后,经太平洋、印度洋于1580年返回普利茅斯港,从而成为全世界第一个亲自完成环球航行的海军将领(麦哲伦未能完成航行就死了)。翌年,女王亲临德雷克的坐舰"金雌鹿号",授予他骑士称号。除了为自己分得的16.3万镑红利表示感谢之外,伊丽莎白这样做主要是表示政府对反对西班牙贸易独占权斗争的支持。

在伊丽莎白时代,社会等级秩序渐趋细密,贫富差异不断加剧,其中一个重要因素是社会流动。社会分层和社会流动并不是伊丽莎白时代特有的现象,但到都铎王朝时期,由于宗教改革引起土地所有权的转移,由于工商业尤其是羊毛业及海外贸易的发展,由于世俗社会中一些新兴职业集团如律师、教师、科学文化界专业人士等的出现,由于个人主义和资本主义价值观的兴起,社会流动显然加剧了。与此同时,各社会分层的边缘也更加模糊,边缘的模糊和新职业的出现使一些新的社会阶层容易形成。到这时,人们的等级身份地位不再由法律界定,出身、称号、财富、职业、生活方式和对权位的占有都是可变的因素,其中财富,特别是表现为地产的财富,是取得一定社会地位的主要条件。从这个角度看,在整个都铎时期,尤其是伊丽莎白时代,人们目睹着"乡绅"和"约曼农"的崛起。

  1536年至1540年,亨利八世解散修道院,扩大和活跃了许多地区的土地买卖活动,这是乡绅兴起的最主要原因。同时,王国行政体系的扩大,工商业财富向土地阶层的转移,律师、医生、教师等社会职业集团的兴起,也是促进乡绅阶层兴起的因素。这个阶层的人数增长率超过了该时代总人口的增长率,以至于到1560年,身为法学家和政府官员的托马斯·史密斯爵士说:"在英格兰,绅士的名分大大贬低了","凡是无所事事的非体力劳动者,只要具有绅士的举止风度,承担绅士的职责,就可以被视为上等人"。爱德华六世也说:"商人在变成地主之后便自称为'绅士',虽然他们仍是粗野之人。"同时,乡绅作为一个社会阶层其占有的社会财富也在增长,仅从地产的占有来看,在15世纪乡绅占有的地产大概是英格兰土地的1/4,到17世纪中叶上升到近1/2,其中许多土地原是教会和王室的地产。以诺福克郡为例,在该郡的1 572个庄园中,乡绅占有的庄园从16世纪初大约977个上升到16世纪末的1 181个。而这时贵族只占有157个庄园,王室占有67个,教会占有91个,学校、医院等社会团体占有30个。当然,在伊丽莎白时代,社会环境对整个土地阶层都是有利的,所以,乡绅的上升并没有以贵族的衰落为代价,只是贵族阶层获利较少和发展较慢而已。

  "约曼农"是经过几个世纪的社会经济变化而在都铎时代凸显出来的另一个雄心勃勃的社会阶层。它也像乡绅一样,是近代早期英格兰社会中流动性最大的一个社会分层。与乡绅相同的是,约曼农这一术语也是对某个社会阶层的描述性概念,而不是由法律界定的等级身份。与绅士不同的是,约曼农不能自备武装,而且,虽说有一些约曼农较绅士更富有,但他们一般参加体力劳动。当时判断约曼农的标准主要不是土地占有的形式,而是占有或租种土地的数量,以及其实际的收入状况和生活的殷实程度。一般来说,耕种土地在50英亩以上,年收入在40—50英镑以上,除维持较好的生活水平之外确有剩余资金以扩大生产的农民就是约曼农,因此,土地年收入达40英镑以上的自由持有农,一些租地农和公簿持有农都属于约曼农。对这个在伊丽莎白时代的乡村中十分重要而引人注目的社会阶层,英格兰有句古老的谚语:"宁为约曼农之首,不做乡绅之

第八章 伊丽莎白女王时代

尾。"在英格兰文学中,人们则把约曼农描写为"半个绅士半个庄稼人","约曼农的骏马忙得不亦乐乎,平时要拉犁耕作,奔走田间,周末则驾着主人,四处游玩"。该时代的谚语和文学作品生动形象地勾画了约曼农的社会地位,透析出他们既要躬耕田亩,又有资财享受悠闲舒适的生活方式,以及其普遍处于上升时期的扬扬自得的心理。

必须注意的是,15世纪英格兰经济多样发展,农业、畜牧业与工商业并举。它造成英格兰农民经济生活的多样性和社会身份的复杂性。所以,约曼农尽管作为一个社会群体是指那些主要以土地为生,其生活水平达到殷实程度,以及在乡村社会中具有中等地位的人。但是,在该时代约曼农常常兼作小商人、手工业者和小店主,他们殷实的生活也足以把下一代送进伦敦法律协会、牛津剑桥或宗教界学习,从而脱离农村而成为专业技术人士,他们本人也会随着所兼营行业的发达而脱离农村生活成为面包师、呢绒商、工匠,或者社会地位更高的非农业人口。所以,约曼农在英格兰某一历史阶段的存在是一种特有的历史现象。一般来说,这个阶层最为兴旺发达的时期是16世纪和17世纪初,在15世纪他们耕种的土地大约占英格兰土地面积的1/5,17世纪中叶达到1/4—1/3。

倘若对伊丽莎白时代的英国进行一个全面而粗略的等级划分,那么该时代的乡村牧师,后来成为温莎主教本堂神甫的威廉·哈里森的著述最合适不过了。他在1577年写道,我们通常将居民划分为四等,第一等是绅士,为首者是国王,其次是贵族,是骑士、准骑士与普通乡绅;第二等是英格兰城市中的自由民和享有公民特权的市民;第三等是乡村中的约曼农,他们要么是占有地产年收入达40先令的自由持有农,要么是绅士地产的承包人,即农场主,要么是普通人中"受人尊敬"的人;第四等级包括计日工人、穷苦农夫、手艺人、仆役,这些是"默默无闻、毫无权威,被别人统治而不是统治别人的人"。

同时代人托马斯·威尔逊爵士在1600年左右,把英格兰人分为贵族、自由市民、约曼农、手艺人和农业工资劳动者五个等级。在五个等级中他把注意力集中在第一个等级上,把担任国会议员并有公、侯、伯、子、男五级爵位之分的大贵族,与小贵族及有专业特长者加以区分,他指出小贵族包含骑士、准骑士、普通乡绅;有专业特长者包括律师、官吏、学者和牧师,而这些人全都属于第一等级。

不管是四分法还是五分法都掩盖不了伊丽莎白时代一个普遍存在

的现象,即贫富分化。仅就社会生活水平而言,甚至可以简单形象地把它分为两极,哈里森指出,绅士们食用小麦面包,他们的仆人和贫穷的邻居则食用黑麦面包,饥荒年甚至食用豆类或用喂马的燕麦制成的面包。在社会天平的一端,人们穿上等呢绒、优质亚麻和丝绸,另一端则是着生皮和褴褛的衣衫;在天平的一边,穷人以木棍和泥土营造简陋的居所,另一边上层人士的住宅则非常豪华。据统计,在德比、埃塞克斯、萨默塞特、希罗普四个郡,1570—1620年的半个世纪中新建的乡村住宅在数量上超过了历史上任何一个50年。房屋的建筑设计也表明,人们越来越追求生活的安逸和清静。对于这些,处在天平另一端的穷人是想都不敢想的,他们食不果腹、衣不蔽体、流离失所、贫病交加,不少人加入了越来越庞大的无业游民大军。这样失衡的社会天平,难道不会隐含着半个世纪之后大厦倾塌的潜在因素吗?

伊丽莎白一世在主持议会开会,坐者为上院议员,后面站者为下院议员

三、辉煌的文学成就

在文化方面,都铎王朝临近结束时国家整合的进程显然加快了,表现之一是在伊丽莎白统治下教会再次成为整合的工具。根据伊丽莎白1559年颁布的第二个"至尊法",教会的统一和国家的统一互为一体。1559年以后议会法令反复规定,居民需参加国教会的礼拜仪式,违令者将处以罚金和监禁。1568年甚至把伊丽莎白的诞辰日定为宗教节日,将皇家纹章陈列在每一座教堂里。语言作为国家整合的一个重要因素,也在诗歌和散文发展的推动下朝着标准化的方向发展。一方面,伊丽莎白时代英语散文的语言魅力在很大程度上归因于它向大众文化的靠近,即它向农夫、车夫、商贩及市井小民的靠近。另一方面学者们也热心于英国

第八章 伊丽莎白女王时代

语言文学的发展。担任圣保罗教堂高级主持的理查德·马尔卡斯特曾经问道:"为什么不全部使用英语?英语丝毫不逊色于措词严谨精细的希腊语,也不亚于吐音清晰、庄严堂皇的拉丁语。"自乔叟之后,对英语诗歌作出最大贡献的是埃德蒙·斯潘塞,他完美无缺地掌握了英语诗歌在韵律、间歇和声调之间的联系,他十分和谐地将英国北方、中部和南方的方言混合在一起,产生一种抑扬顿挫的变音变调的效果。他于1579年发表的田园组诗《牧人日历》是英语诗歌史上的里程碑,他在1589—1596年间完成的《仙后》则对伊丽莎白时代进行歌颂,这是一首一半宣扬道德,一半讲述故事的寓言史诗。

伊丽莎白时代的整合被剧作家马洛(1564—1593)和莎士比亚(1564—1616)浓缩在形形色色的角色身上,搬上了戏剧舞台。这些戏剧和1580年以后欧洲文学对近代人的思维方式和价值观点的探索在方向上是一致的,例如,马洛的《浮士德博士》和莎士比亚的《哈姆雷特》说明,该时代两位最伟大的剧作家都渴望从心理的角度,而不是伦理的角度去解释人的行为。戏剧舞台上形形色色人物的自我表现、对人性和自由的表白都是民族文化和世俗文化发展的结果,是两个世纪以来教育发展、识字人口增多、各种宗教意识出现和文学世俗化的产物。

马洛早熟早逝,只活了29岁,与莎翁不同的是,马洛进过剑桥大学接受正规的高等教育,他代表着该时代一些从大学毕业后抛弃传统的神学观念和教士生涯,走向世俗社会和大众文化的知识分子,他才华横溢、性格狂暴、生活放荡,持无神论观点。在剑桥求学期间马洛就写下了《帖木耳》和《迦太基女王狄多》。1587年《帖木耳》上演使他一举成名,此后在他短短六年的生涯中,写了《浮士德博士》、《爱德华二世》、《巴黎大屠杀》、《马耳他岛的犹太人》等作品,1593年5月他在伦敦一家酒店斗殴被刺,死时留下了未完成的长诗《希罗和利安德》,另外还有一首著名的抒情诗《热情的牧羊人致情人歌》。马洛有惊人的想象力,对历史、神学、古典文学知识渊博,他的剧本脱胎于中世纪的道德剧、罗马古典悲剧和喜剧,但在淋漓尽致的长段台词方面有所发展,从中派生出十分英格兰化的戏剧传统。莎士比亚的一系列作品中隐含着对这个早逝的同代先行者的称颂,有时甚至还引用了马洛的台词,可见莎翁是受到马洛影响的。

莎士比亚出生在斯特拉福,只在本地语法学校读过书。1592年他只身来到伦敦,这时,莎翁已是受欢迎的剧作家,1593—1613年莎翁在戏剧界和文化界的名望都很高，并和一些上层贵族有交往。莎士比亚剧作中最多的是历史题材剧，在1589—1599年间，创作了一系列历史剧，如《亨利六世》、《理查三世》、《理查二世》、《亨利四世》、《亨利五世》等，其中《亨利四世》达到很高的造诣。1599—1608年，他又从古罗马传记史家普鲁塔克的《名人传》中取材，写了三部罗马历史剧《朱力斯·恺撒》、《安东尼与克娄巴特拉》和《科利奥兰纳斯》。另外，他在1595—1602年间还写了若干喜剧：《仲夏夜之梦》、《威尼斯商人》、《无事生非》、《皆大欢喜》、《温莎的风流娘们》、《第十二夜》。人们一般认为，莎翁的伟大天才最明显地表现于他在1600—1606年间创作的四大悲剧《哈姆雷特》、《奥赛罗》、《李尔王》、《麦克白》之中。尤其是哈姆雷特这一角色反映了资本主义近代社会冲击着传统社会之时，在英格兰存在着一种普遍增长的不安情绪和怀疑思潮，近代人的主观反省和自我怀疑构成了哈姆雷特行为的基础。莎翁晚期的戏剧是写于1608—1612年的传奇剧《佩里克利斯》、《辛俾林》、《冬天的故事》和《暴风雨》。总之，莎士比亚在伊丽莎白时代所写的剧本，至今仍在诸多国家上演，并为人们普遍欣赏，他创造的喜怒哀乐的场面使观众历久难忘，他的人物形象和他对人性和世俗社会的剖析，仍时时撞击着现代人的心扉。

莎士比亚

人们不能忘记的是，莎士比亚几乎是在伦敦度过了他的全部创作岁月，他为伦敦人写作，既反映伦敦社会，也供伦敦人娱乐。伦敦在伊丽莎白时代的扩展与莎士比亚所代表的一代人息息相关。在伊丽莎白时代，已出现纯粹制造业中心的近代城市，如制帽业中心考文垂，刃具业中心设菲尔德。英格兰还有三个较重要的城市，即精呢纺织品中心诺威奇，港口城市布里斯托尔和"北方边区委员会"的所在地约克，其居民人数都已达到1万—2万。埃克塞特等中等城市的人口在5千到1万之间，其余小城镇人口只有5千左右。相比之下，具有20万人口的伦敦是一个庞然大物，它使大大小小的其他城市黯然失色，它在经济上大有吞噬不列颠其他城市的趋势，它在文化上和政治上的重要地位，也是英国其他城市无可比

第八章 伊丽莎白女王时代

拟的。

在都铎王朝时代,无论是大城市还是小城镇,都在进行诸如铺设道路、改进照明、清洁环境之类的建设,同时,在大大小小的城镇建起许多房屋,"城郊"的概念也出现了。市中心依然人口稠密,在那里,不同社会等级的人毗邻而居,形形色色的社会活动在教堂与市场、住宅与货栈、商店与妓院之间进行着。但是,大多数城市还具有乡村气息,菜圃、果园比比皆是,猪鸡狗马游荡街头。与这些城市相比,伦敦是不同寻常的。除了在泰晤士河南岸有各种剧院外,其建筑物主要集中于泰晤士河北岸沿伦敦塔向西,经过伦敦桥一直延伸到威斯敏斯特的一英里左右宽的狭长地带上。伦敦塔有其围墙、码头和塔楼自身,构成一个独立体。伦敦塔以东,污秽狭窄的街道和小巷里聚集着水手、杂工和流浪汉,这里密密麻麻地布满了下层人租住的小旅馆。伦敦塔以西到伦敦桥一带,主要分布着码头、仓库和小教堂,泰晤士河河面则布满了航运船只。从伦敦桥往西矗立着壮观的圣保罗大教堂、酿酒厂、面包厂和伊丽莎白时代的印刷业中心——书商大厅,这一带是由城墙和城门环绕的老城区,居住着富商巨贾,拥有华丽住宅和大花园。再往西,沿着河滨街是一座座竞相比美的大贵族宅邸,每座宅邸都有石阶通往泰晤士河。然后穿过查林小村到威斯敏斯特,这里有白宫和威斯敏斯特大教堂,是王宫和英格兰政府的所在地。

1630年时的伦敦城

尽管政府一再限制,伦敦城的面积在伊丽莎白时代还是扩大了一倍。在伊丽莎白登基为王的时候,教会的财产被大量投入市场,它增加了世俗人士的富裕程度,有的人建造有利可图的公寓,同时,成千上万的人涌向伦敦寻找自己的未来,马洛和莎士比亚就是其中的二人。到女王辞世时,伦敦已庞大无比,到处都是在重商主义和个人主义上升时代成功或潦倒的寻梦者,这里已不仅仅是商业和金融中心,还是文化和政治中心,在价值观方面就是一个缩小的英格兰。在亨利八世时期,伦敦的人口是诺威奇的5倍,到伊丽莎白的末岁其人口已是诺威奇的12—14倍。16世纪20年代初,伦敦人口大约为7万人,1600年已超过20万,成为欧洲第一大城市。它在经济、金融、法律、文化、政治方面都处于一种让外省城市忌妒的垄断地位,在金融、贸易方面则使欧洲其他城市瞠目以对。

四、女王统治后期

在伊丽莎白统治末期,英格兰经历了许多考验:旷日持久的反西班牙战争,爱尔兰危机,埃塞克斯伯爵叛乱,农业歉收和饥荒,议会反专利权的风暴,不健全的地方政府以及中央官僚机构的腐败,社会下层的贫困,流离失所的流民。这一切不仅给这个辉煌时代染上暗淡的色彩,而且,假若不进行变革,就有发生内战和王权倾覆的可能。

无敌舰队失败并不意味着英西战争的结束,反之,它引发了英国在大陆的和爱尔兰的战争,有的战事甚至在女王死后仍在进行。在荷兰共和国,女王派驻6 000英军以帮助莫里斯王子保持社会稳定。在法国,女王五次派出远征军去帮助信奉新教的亨利反对天主教吉斯家族。战火还蔓延到爱尔兰,1595年西班牙国王菲力普二世派出一支有100艘船只和1万人的远征军,支援爱尔兰人的反叛。这些断断续续的战争耗资巨大,仅与西班牙的战争每年就要消耗25万英镑,议会批准的津贴、国王的土地收入与关税收入、封建特权带来的其他财政收入合起来也不足抵偿。女王只得在1588年出售了价值12.6万英镑的土地,1599—1601年又出售了价值21.6万英镑的土地。然而,这是一种杀鸡取卵的办法,它反过来更减少了国王的收入。强行借款、捐助、船税、分享海盗赃物虽能暂时缓解财政拮据,但其代价往往是引起政治上的摩擦和社会的不安定,1603年国债已高达36万—37万英镑。伊丽莎白在其辉煌的建树之后,给后

第八章 伊丽莎白女王时代

人留下了少得可怜的财富和庞大的债务。

伊丽莎白晚年留下的另一个问题是腐败,最突出的表现是偷税漏税和卖官鬻爵,女王本人也滥用专卖权。例如,由于税收制度不健全,向苏塞克斯一些大家族征收的税款反而从1540年的平均每户61英镑,下降到1620年的14英镑。财政大臣塞西尔本人就以长期逃税出名,他一面装模作样地在议会里抱怨人们逃税,自己却把实际年收入4 000英镑申报为133英镑。伊丽莎白晚期还不加节制地赏赐官职和土地,经常造成四五个人等待一个空缺的职位。卖官鬻爵现象极其严重,花200英镑可以买到一个小官,花1 000—4 000英镑可以买到军队司库或宫廷财产管理人的肥缺。买卖成交后,新上任的官吏便加倍搜刮,以补偿自己买官时花去的钱财。伊丽莎白还把一些日用品贸易的专卖权赏赐给王公大臣。当时,煤、肥皂、铁制品、书籍、酒都属于专卖品,例如,沃尔特·罗利垄断了扑克牌的买卖,埃塞克斯伯爵购买到征收甜酒税的权力。这些问题有着远远早于伊丽莎白时代的深远背景,它们的存在也使人体会到社会已存在深层的危机。1603年3月24日,当丧钟突然敲响时,70岁的女王与世长辞了。

英国人怀念女王的功绩,在女王领导下,社会稳定,经济发展,宗教改革的成果获得巩固,海外扩张的势头开始起步,英国击败了西班牙、挫败了天主教徒的阴谋,一个繁荣、统一、昌盛的英格兰出现在不列颠,它正在向大国的地位挺进。伊丽莎白是一位道道地地本国血统的君主,也是一位引世人瞩目和赢得臣民爱戴的女王,她终身未婚,为了维护民族的统一而放弃了建立家庭的权利。继亨利八世之后,伊丽莎白是创建英格兰民族国家的又一位功臣,她的功绩永远记载在英格兰民族的光辉史上。她为国家鞠躬尽瘁,没有留下子嗣,她之后,都铎王朝结束了,继之而起的是从苏格兰来的斯图亚特王朝。

作者点评:

时代的辉煌伴随着个人的辉煌,伊丽莎白女王一世是英国历史上最辉煌的君主之一,她的时代也跻身于英国最辉煌的时代之列。但公众生活的辉煌却以个人生活的黯淡为代价,伊丽莎白终生不嫁,其中的原因,就是只有她不嫁,才能维护国家的统一,民族的和谐,从而保证都铎国家的繁荣昌盛。相比之下,与她同时代的另一位女性却非常不幸,她因为太

英国通史

器重女人的爱而丢失了王者的国,酿成一道历史的悲剧。她就是历史上有名的苏格兰女王玛丽·斯图亚特——伊丽莎白一个姑妈的孙女。英国政治不排斥女性,英国曾有过多位女王,但女性却不因此而更加幸福,在伊丽莎白和玛丽之间,谁更叹息她自己的命运呢?相比之下,男性就不会有这方面的烦恼,亨利八世一生娶过六位妻子,而他的王位却因此而更巩固!在感叹女性的命运时,我们还不要忘记两位女王的另一个同时代人,伊丽莎白另一个姑妈的孙女,她因为男人们的阴谋而被推上政治舞台,由此既没有得到王位,又没有得到爱情,反而因此丧失了性命。她就是只坐了9天王位的简·格雷郡主,她死时只有17岁。

第九章 早期斯图亚特王朝

一、詹姆士一世与议会的矛盾

1603年,苏格兰女王玛丽·斯图亚特的儿子,苏格兰国王詹姆士六世继位为英格兰国王,史称詹姆士一世(1603—1625),由此开始了斯图亚特王朝的统治。与伊丽莎白不同的是,詹姆士一世身兼英格兰和苏格兰两个王国的国王,他1岁即苏格兰王位,14岁之前一直受到良好的教育,个人品质很端正,应该成为一位好国王。但是,苏格兰与英格兰在经济、文化、社会生活等方面都有很大的差异,詹姆士36岁才入主英格兰,此后,他虽然长期住在英格兰,但由于文化背景和生活习俗的差异,他在英格兰从来没有像在苏格兰那样受人爱戴,反而常常与英格兰议会发生冲突。

在其他方面他也与伊丽莎白有巨大差别。詹姆士是学者,记忆力强、反应敏捷、热爱学术,年轻时写过诗,发表过论文。但作为一个君主,他却太过于深居简出,因此眼光狭窄。伊丽莎白常常出巡,乐于与臣民直接对话,因而深受人民的爱戴。詹姆士常常外出狩猎,荒废政务,与民间的交往也多限于仆人、猎手和守林人。

当詹姆士经过多年的等待来到英格兰时,都铎王朝留给他的实际上是一个问题成堆的国家。首先,亨利八世以后的100年内,主要消费品的平均指数上涨了488%,它使王室的实际收入不断下降,直到国王无法"依靠自己生活";其次,都铎王朝时乡绅阶层数量增加、财富增长、受教育程度和对权位的占有都处于上升态势,形成了一支不可小视的力量;再者,议会的权力范围、议程规范、合作精神和自信心都有很大增长,对王权构成了一种牵制力量。与此同时,清教徒在数量上不断发展,形成对王权的最大挑战。

"清教"一词在16世纪70年代第一次出现在英国历史上,但作为一个运动它早在60年代就开始了。清教徒是极端的新教徒,他们对宗教改革后的英国国教不满,渴望清除国教中的"天主教"色彩。"清教徒"渴望达到三个目的:第一,清除天主教仪式,使圣餐按照原始基督教教义的要求,而不是按克莱默《祈祷书》规定的要求进行;第二,由受过教育的牧师根据《圣经》进行布道,在上帝的选民中宣扬因信得救;第三,由宗教大会规定教规,反对主教团的控制。

16世纪60年代,清教与安立甘教关于祭服的争论仅仅是序曲,1570年,剑桥大学神学教授托马斯·卡特莱特提出只有长老制才符合《圣经》的规定,这引起新的论战,同时促成了一些非正式清教团体的出现。清教主义最先是在伊丽莎白女王时代出现的,是英国基督教圣公会内部的一个激进派别,其宗旨是把宗教改革从伊丽莎白登位初期的水平向前推进一步。但是伊丽莎白在她统治的40年内,拒绝对宗教问题作出新的调整。清教徒于是转而求助于议会,并在1566年、1571年、1572年、1586年、1587年多次得到议会的支持。伊丽莎白成功地维持了自己的统治,并利用最高法庭和星室法庭迫害清教徒。在伊丽莎白统治的末年,以罗伯特·布朗为首的清教分离派被放逐到荷兰,长老派清教徒也溃不成军。但是,清教的问题并没有解决,只是被掩盖了起来。清教主义继续在乡绅和伦敦市民中传播,直到斯图亚特王朝时代才再次酿成新的危机。并且,清教徒于1586—1587年在议会中集结,成为17世纪清教徒利用议会与君主进行斗争和争夺权力的征兆。

詹姆士一世上台后,第二年就在白金汉郡弗兰西斯·高德温爵士当选议会议员的问题上,与议会下院发生了剧烈的冲突。詹姆士在苏格兰相对落后的政治文化环境中长大,对英格兰议会制度缺乏深刻了解,他鲁莽地命令宫廷会议宣布高德温当选无效,下院立即反击,说只有下议院才有权决定谁可当选为议员。詹姆士宣称议会的权力本身就出自国王,但这一说法是与英国的议会传统根本对立的,因此激怒了更多的议员。在不利的形势下他又不得不作出让步。结果等于承认立法团体独立于王权。此后,议会在许多方面寻求摆脱王权而维护其独立性,缺乏政治经验

第九章 早期斯图亚特王朝

的詹姆士控制不住下院,使下议院在处理议会与国王的冲突时掌握了主动权。

下院要求对国教进行进一步改革,而且,由于詹姆士在神学方面信奉加尔文教,并曾和天主教进行过辩论,因此,清教徒指望在这个问题上得到詹姆士支持。但出乎清教徒的意料,在1604年召开的"汉普顿会议"上,詹姆士扮演了中间派角色,他寻求清教与国教妥协,并以主教制作为王权的藩篱,宣称"没有主教就没有国王",反对清教长老会干预政务。结果,主教们修订了《公祷书》,通过了新的教会法,其中之一是要求全体教士承认王室的最高权威、承认39项条款和《公祷书》。对此,除90人拒绝服从外,大多数清教徒表示暂时顺从,他们在下院集结起来,于1610年向詹姆士呈递请愿书。这样,在詹姆士一世统治的20年中,尽管清教徒感到不满,但并没有出现公开的反抗。

天主教问题是伊丽莎白时代留下的又一个火药桶,1559—1570年,伊丽莎白曾希望天主教的活动随波尔大主教的去世及玛丽时代的结束而自行消亡,但1569年的北方天主教叛乱和1570年教皇庇护五世的训谕使形势发生了变化,伊丽莎白遂在1571年颁布法令严禁将罗马教皇文件带进英国,1581年又进一步规定对不参加国教活动的天主教徒每月罚款20英镑。由于国内外反宗教改革势力抬头,伊丽莎白开始进行打击,1577—1603年间约有200名天主教神父和俗人遭到迫害,1584—1585年,议会通过法案规定,凡尚在英格兰境内的天主教神父均为叛国罪犯,他们必须在40天内离开英国,否则将受到指控。

詹姆士一世在苏格兰时曾允诺对天主教徒采取宽容政策,但到英格兰后情况就不一样了。他不仅没有履行诺言,反而重申了伊丽莎白政府的一系列反天主教法令。这时,西班牙政府因与英格兰政府签订和约,改变了对英格兰天主教徒进行庇护的政策。在这种情况下,一些走投无路的天主教徒策划了"火药阴谋案"。他们计划于1605年11月5日炸死国王、炸毁上院和下院,并以此作为在英格兰全面起义的信号。他们雇佣天主教士兵盖·福克斯把36桶炸药藏在上议院的地下室里,后因有人告密,福克斯于4日夜被抓获,仓促起义的天主教徒也遭到了镇压。这一未遂爆炸案带来的一个后果是,有关天主教阴谋的传说反复流传,引起一系列骚乱,而这些骚乱又影响着政局的稳定。另一个后果是,天主教徒开始在英格兰寻求合法地位,他们进行宣誓,否认教皇的权威高于国王,从而免除了交纳罚金之苦。后来,当詹姆士一世实行亲西班牙政策后,对天主教徒的政策又有所缓和,英格兰的天主教徒从1603年的3.5万人增加到1625年的5万人。

"火药阴谋案"不仅在短期内掩盖了詹姆士与议会的矛盾,而且还使他获得了议会批准的3笔小额补助金。但是,这仍然解决不了詹姆士的财政拮据之苦。玛丽女王留给伊丽莎白6.5万英镑的债务,伊丽莎白则留给詹姆士36.5万英镑的债务,加上詹姆士一世挥霍浪费,王后、王子和公主开支巨大,国王常常轻率地用金钱收买忠诚,而通货膨胀又居高不下,因此,到1606年詹姆士一世的债务已高达60万英镑。1608年,詹姆士提出实行新税率,把1 400种商品的税率从30%提高到40%,王室每年可以增加7万英镑收入。但是,这一要求带来了1610—1614年的"议会风暴",有的议员高呼:"如果国王的要求得到满足,我们就变成了君主随意支配的佃农。"在这种情况下,詹姆士一世于1610年和1614年两次解散议会,使议会于1610年颁布的旨在改革王国财政管理的"大契约"无法实施。但这样一来,詹姆士又只能通过强征税收、出售专利权、强迫借贷等不受欢迎并容易引起冲突的办法来增加收入了。

财政上的权宜之计,引发了宪政方面的基本问题,即君主与议会、君主与法律的关系问题。在这个问题上詹姆士本人就是一个价值观念与政治现实的矛盾体:在观念上,他认为君权直接来自上帝,只有上帝才能解除君权;在实践中,他又受到自己在加冕礼上宣称的"按照这个王国的法律和习俗来统治英格兰"的誓言的制约。在观念上,他在自己的著作《自由君主的真正法律》中捍卫君权神授的理论;在现实政治中,他又发现只有通过议会才能进行立法和增加税收,因而不敢实行绝对君主专制。

尽管如此,早期斯图亚特时代的宪政之争,并不是关于谁行使最高统治权的问题,而是关于君主特权的范围问题,英格兰臣民普遍认为英国政府是一个由国王、上院和下院共同组成的混合政府,三者相互依存、相互牵制,但不是互相排斥的。詹姆士一世统治的大多数时间中他和议会的争端都是暂时性的,只是在1621年当他向下院致辞说议员的特权是君主赐予的时候,才导致了一场关于"特权来源问题"的大争论。这一不合时宜的说法,使法王亨利四世讥讽詹姆士是"基督教王国中最聪明的傻瓜"。

这个"最聪明的傻瓜"还是一个好幻想者,他想利用其身兼英格兰和苏格兰两个王国国王的身份使两国合而为一,但结果只促进了相当有限

第九章 早期斯图亚特王朝

的经济合作和使两王国共用一面王旗;他想利用自己拥有英格兰、苏格兰和爱尔兰三个王冠的优势,促进欧洲基督教公之间的和平和团结,结果却未能阻止三十年战争的爆发和低地国家冲突的再起;他企图利用自己的加尔文教信徒和英格兰国教首脑的身份,充当苏格兰长老派和英格兰圣公会之间的协调者,结果却贻害无穷,使其后继者饱受内战之苦。

当然,詹姆士一世最大的问题是滥用宠臣,使一些没有能力而贪图私利的人主宰了王室政府。在1612年之前他主要依靠伯利勋爵塞西尔的次子罗伯特·塞西尔,小塞西尔在1605年被詹姆士封为索尔兹伯里伯爵,而且得到了国王的大量赏赐。但是,当詹姆士自己陷于财政拮据的深渊时,塞西尔却在赫特福德郡营建了辉煌的哈特菲尔德宅邸。作为詹姆士一世最信赖的大臣,他不可能在国王需要的时候提出开源节流的建议,而是怂恿国王强增捐税,垄断专利权。

此后,詹姆士一世又滥加宠幸于年轻风流的苏格兰人罗伯特·卡尔,几年内这个不名一文的小乡绅相继被封为罗彻斯特子爵和萨默塞特伯爵。萨默塞特伯爵垮台后,这种宠幸又转移到北汉普顿伯爵和萨福克伯爵身上。不久,莱斯特郡一个乡绅之子乔治·维利尔斯又使两个伯爵在詹姆士一世面前暗淡无光了。1614年,詹姆士一世首次见到这个身材高大、栗发黑眼,在法兰西学过音乐舞蹈、骑马决斗之术的年轻人,立即封他为骑士。这个小朝臣很快成为几个世纪以来英格兰第一个非贵族家庭出身的公爵——白金汉公爵。白金汉公爵通过常年为疾病缠身的詹姆士一世服务而控制了英格兰政府,一直掌权到谨小慎微的查理一世登基,后于1628年被暗杀。詹姆士的这些所作所为使君王的形象日益受损,他在财政方面不加节制,又使朝廷内部贪污腐化,影响了政府的效能。到1621年,詹姆士已先后把700项专卖权赐给了他的宠幸臣仆。下院在民事法院首席大法官爱德华·科克的带领下,使用弹劾权把占有大量专卖权的宫廷大法官弗兰西斯·培根以行贿罪赶下台并加以监禁。

下议院还抨击詹姆士的外交政策。1618年,西班牙侵占巴拉丁选帝侯、波希米亚国王弗里德里克的领地,三十年战争由此开始。英国人普遍支持弗里德里克,因为他是新教徒,又是詹姆士的女婿。但是,詹姆士本人却异想天开,幻想通过查理王子与西班牙长公主的婚姻来促使西班牙国王归还弗里德里克的领地。1621年秋议会开会时,下议院坚持要对西班牙开战,詹姆士则宣称下议院无权讨论国家大事。对此,下议院起草了抗议书,声称宗教事务和对外政策是下院商讨的主要议题。詹姆士一世怒而解散了下院,并向伦敦金融家借款,恢复了王室的偿付能力。1623年,前往西班牙向长公主求婚的查理王子和白金汉公爵在西班牙碰壁,受到侮辱,归来后两人突然转变政策,联合下院反对派,要求对西班牙作战。詹姆士于是只好让步,让下院重新讨论他在1621年已经否定的法案。而詹姆士这种出尔反尔的外交政策,已经使英国人的民族感情受到伤害。

二、查理一世激化矛盾

1625年詹姆士病逝,25岁的查理王子登位,为查理一世(1625—1649)。查理说话口吃,处事优柔寡断,缺乏其父的机敏,却比詹姆士更远离臣民。詹姆士一世对君权神授的理论只是想一想和说一说,查理却在实际政治生活中操作这种过时的理想,这正是查理一世个人悲剧的所在。

查理一世

查理一世继位初年,白金汉公爵的权力仍然很大。而且,白金汉肆无忌惮地滥用权力,他派马斯费尔德伯爵率军收复巴拉丁,结果指挥不善,英军很快被饥饿和疾病拖垮。为了让查理一世能娶到法王路易十三的妹妹亨利埃塔·玛丽亚,他又错误地派出船舰帮助法王镇压新教徒,从而伤害了英国人的感情。结果,在查理一世召开的第一届议会上,议会只给他14万英镑的战争补助金,同时宣布查理一世只可征收一年关税,而不能照惯例享有终身征收关税的权力。1626年,白金汉公爵又远征加的斯,以截夺西班牙运送财宝的船只,结果一无所获。后来,白金汉公爵默许英国政府与法国政府不断争吵,使英国在尚未结束对西班牙战争的情况下又卷入了对法兰西的战争。其实,在当时发动任何战争都是不明智的。于是,下院拒绝增加国王的税收,并开始弹劾白金汉公爵。查理对此十分恼怒,他宣布自己对公爵的一切行为负责,不仅不追究白金汉的罪责,反而将议会解散。这以后,查理已无路可退,他通

第九章 早期斯图亚特王朝

过强行借贷来解决问题,并监禁了 76 个拒购公债的骑士。这时,那些准备启航到法国去作战的英国军人正好寄宿在英格兰南部的老百姓家中,英国人认为这是一种专制主义的表现,认为查理一世企图对老百姓动武。于是,不满查理一世的情绪更加浓厚了。

1628 年财政枯竭,查理一世只得再次召开议会,与会者中有 27 个议员曾因抵抗国王的强行征税而一度被捕,因而,在这次会议上下院提出《权利请愿书》,要求不经议会的批准不得开征新税,未经法庭审判不得逮捕臣民,不得剥夺未经法庭判决为有罪者的财产,不可让士兵强占民房,等等。当时,查理一世迫于财政困难不得不接受这些要求。这届议会还对吨税和磅税展开争论,国王坚持终身征收这两种进出口税的权利,议会则只同意征收一年。1629 年,议会复会时,冲突达到最高潮。查理对上一年接受《权利请愿书》表示反悔,议会则对查理的专横征税表示不满。查理派传令兵解散议会;下院议员则将会议厅大门反锁,把下院议长硬按在座位上,在匆忙中通过了一项决议,其中说:任何人企图改变国家的宗教信仰,任何人企图不经过下院的同意就开征税务,这些人都是国家的敌人,应该被全民族所打倒。这时,国王与议会的冲突已经白热化了,自由的呼声已呼之欲出。查理坚持其父"君权神授"的观念,坚持国王的权力要高于议会。但议会则认为它的权力是历史赋予的,英国人享有与生俱有的自由权利。从《大宪章》时代开始,英国人就在不断保卫这种权利,它由不得查理一世随意践踏。这样,王权与议会的冲突就水火不相容。查理一世解散了议会,从 1629 年开始实行了 11 年的个人专制统治,从而破坏了自中世纪就开始的"王在议会"的宪政传统。他还逮捕 9 名议员,其中包括反对派领袖约翰·埃利奥特。埃利奥特后来死于狱中,成为"英国自由"的第一位烈士。

当时,英格兰缺少强制性的国家力量,它没有常备军,又没有有组织的警察队伍,甚至连国王的仪仗队也没有。1603—1640 年,国王在紧急状态下可以召唤的武装人员只有几十人,而不是成百上千人。在这个没有警察的社会里,各郡的治安法官只依靠由普通农民和手工业者轮流担任的民警维持社会治安,依靠由自由持有农组成、每年检阅一次的"民军"来对付骚乱。因此,国王要实行统治,只能依靠臣民的自愿服从,依靠像议会这一类组织机构的积极配合。查理则以自己的言行破坏了臣民的信赖,同时又把议会推到完全对立的位置上。这以后,他就只有靠蛮横的专制来进行统治了,而这种专制一旦自身不稳,就立刻会引起麻烦。

在国内,查理一世使用权宜之计来增加王室的收入:他规定年收入在40英镑以上的人都要接受骑士称号,以便征收封建税。他恢复了早已取消的中世纪森林法,向那些在曾经属于王室的森林中砍伐和垦荒的人处以罚金。他成立了一个人口调查委员会专门向圈地者收取罚金,并且制定新的税率以增加关税收入。他借口伦敦市民私自移居爱尔兰成立伦敦德里拓殖区而处罚伦敦市罚款7万英镑。他大肆出售专卖权,把明矾、肥皂、煤、盐和砖等日用品的贸易也加以垄断,王室政府每年通过专卖权和其他优惠获利10万英镑。到30年代末,王室的收入已达到年收入40万英镑,足以支付和平时期的财政费用了,当然,这是以政治上不得人心为代价的。1635年,为了筹措海军军饷,查理一世向全英格兰征收"船税"。伊丽莎白和詹姆士一世也曾征收过船税,但那时只向沿海城市征收,而且是间断性的。查理一世却年复一年地向全国各个城镇全面开征这种税。这样就带来一个宪政问题,即如果国王不经议会批准就能开征年度税收,那么1215年的《大宪章》和经过几个世纪的斗争而建立的议会还有何用?"王在法下"的古老原则和民众的自由权利都受到侵害,于是,白金汉郡的乡绅约翰·汉普顿率先拒付船税。1637年"汉普顿拒付船税案"被提交给财务署审理,汉普顿的辩护律师宣称:"为保障英国人的生命和财产安全,国王的特权在任何时候都应受到法律的限制。"汉普顿因抗缴船税而成为英格兰令人瞩目的英雄。

查理一世与"生而自由的"英格兰人在另一个方面也发生分歧,这个方面是宗教。1633年,查理一世起用雷丁一个裁缝之子威廉·劳德为坎特伯雷大主教。劳德提倡一种类似于罗马天主教的信仰和仪式,从而使英国人感到受到了抛弃。劳德把祭坛从教堂中部移到东侧,用栏杆隔开,规定举行圣餐仪式时牧师必须身着祭服,站在高高的祭坛边,俯视坐在下面的教众,似乎是上帝拯救俗民的中介者——这种仪式使清教徒极为反感。

劳德还大肆迫害清教徒。当时,一些商人和清教乡绅在许多教区买断了什一税收控权和圣职任命权,用此两项收入作为清教牧师的圣俸。劳德利用星室法庭和高等法院解散清教组织,取缔清教徒的活动。劳德还攻击俗人侵占教会财产、破坏教会裁判权,他希望加强主教、教会法庭和牧师的权力与威望,达到恢复教会土地占有权的目的,而这就激起了英国人在16世纪70—80年代有过的反教权主义的宗教狂热。而且,从法国来的王后允许教皇特使自由出入宫廷,每天都请天主教牧师在宫中举行弥撒,还鼓动一些赶时髦的宫廷夫人公开皈依天主教。这些都使英国人担忧天主教势力有可能复辟。由于王后本人有复辟天主教的倾向,人们把反教权主义与反专制主义联系在一起了。总之,到1637年,查理的统治已很不得人心,一颗火种就有可能引起燎原大火。

三、经济状况,殖民活动的开始

在讨论英国革命之前,要先看一看17世纪上半叶英国的社会变化。英国人口从16世纪初开始就不断增长,一直持续到17世纪前半期。1600年,英格兰人口约410万,爱尔兰、苏格兰和威尔士有190万人。17世纪中叶,英格兰人口将近530万,爱尔兰、苏格兰和威尔士的总人口增加到240万。此后基本上呈稳定态势,有时甚至有轻微的人口下降现象。但是,与都铎时代不同的是,在早期斯图亚特时期人口的增长速度超过了粮食增长的速度,造成某些地方粮食短缺。人口增长还造成对土地的压力,并推动了物价上涨。这些都使农业种植有利可图。但到17世纪初,英国大部分地区可利用的土地已所剩无几了,人们或者开垦经济效益不高的荒地,或者投入大量资本去排干沼泽或清除森林。这些活动都会造成对公地的占有,侵犯到下层人民的利益。同时由于农产品价格高昂,物价普遍上涨,大多数自己不生产粮食、越来越多地依赖劳动工资为生的家庭就感到生活水平大大下降。

人口增长使17世纪初英格兰的失业现象极为普遍。当时,农业仍是英格兰最主要的就业部门,但田间劳动有季节性,无需全年进行,以农业为生就有潜在失业可能。纺织业是那时最大的制造业,而这也是一项特别不稳定的工业,该领域也长期存在着半失业现象。农业和辅助性手工业的不稳定迫使人们流入城市,首先是进入伦敦。但城市的就业状况更不稳定,结果成千上万个家庭竭尽全力也无法使收支平衡,从而加大了贫困问题给社会带来的压力。在赫特福德郡的奥尔纳姆,1/10的家庭要经常从济贫税中获得补助,还有1/4—1/2的家庭有时要靠救济才能渡过难关。济贫问题沉重地落在政府肩上,这是早期斯图亚特王朝负担不起的。

在17世纪20—30年代英国出现了经济萧条。詹姆士一世统治初年的英格兰曾一度出现商业旺盛,1614年呢布的出口额大于1600年,当时输往北欧的呢布占英格兰呢布出口总量的90%。但是,在1614年,詹姆士错误地接受了商人威廉·科克因关于只出口染色精加工呢布的建议,于是,禁止伦敦商人冒险公司出口初加工呢布,由科克因等独享精制呢布出口的特权。从表面上看这个建议是合理的,但科克因的新公司既无资金也无技术,他们提出建议,只是为了与商人冒险公司争夺呢布出口的垄断权,而詹姆士接受科克因的建议,是因为他每年能获得30万英镑。这项建议实施后,荷兰人立即以不购买英格兰精制呢布为抵制,从而造成英格兰海外贸易的大紧缩,使500个呢布商破产。后来,尽管詹姆士一世又将出口呢布的专利权归还给伦敦商人冒险公司,但这次变化在3年中造成的损失使呢布出口下降了1/3。

17世纪20年代呢布业遇到更大的危机。1618—1622年间英格兰呢布在波罗的海流域的出口量减少了2/3,直接原因是中欧出现金融混乱。1624年后,由于尼德兰的竞争和三十年战争的影响,昂贵的英格兰呢布无法与尼德兰呢布相匹敌。这样,在1640年,伦敦出口的呢布下降到4.5万匹,而1606年曾经是12万匹。20年代和30年代农业又发生歉收,人们只好把收入花在购买高价的粮食上,国内呢绒业市场也缩小了。

煤炭业在早期斯图亚特王朝时期继续兴旺,到1640年英国生产的煤炭已是欧洲生产总量的3倍,它带来了沿海运输业的发展。但问题是除农业之外,纺织业在英格兰工业中最重要,因此,呢布业的萧条所引发的社会问题就更大。有个当时代人说:"凡纺织业萎缩之地,就是穷人数量最多之处。"呢布业衰落造成失业率增高,尤其在旧式厚呢生产的发源地,即英格兰西部的几个郡,情况更是这样。呢布业的衰落还使靠工资为生的劳动者更加贫困,一个出生在1580年的纺织工人其实际工资收入仅是其祖父辈收入的1/2。

17世纪上半叶是英国人口流动较大的时期,这时的人口流动主要是经济和社会因素引起的。当时,主要有两种不同的迁移形式:第一种是"改善性迁移",即青壮年外出当学徒或做租地农,有些人从全国各地到伦敦去当学徒,但多数人主要在本地区迁移。内战前后,有2/3以上的英国人死于他所出生的教区之外,但他们大多不远行他乡,而是留在他们所出生的郡县。第二种迁移是"生存性迁移",人们在家乡找不到工作,不得不离乡背井,希望能在其他地方找到就业机会,这种迁移在17世纪上半叶

第九章　早期斯图亚特王朝

更普遍。

17世纪上半叶的海外冒险发展到有组织的海外定居和拓殖活动。这些活动在伊丽莎白时代就已经零星出现,当时向海外移民主要是为了寻找金银珠宝,为流民和罪犯寻找出路,以及为呢布业找到新的海外市场。早期海外拓殖的先锋是沃尔特·雷利爵士,他最早派船到达弗吉尼亚,并且以"弗吉尼亚"命名这块新土地,以纪念处女的女王伊丽莎白。但伊丽莎白时代向北美的移民并不成功,只是为斯图亚特早期的海外拓殖交纳学费而已。

斯图亚特时代的海外扩张主要是个人和私营团体的行为,政府几乎不作干预。这类活动同时向三个方向发展:地中海流域和东印度的商业贸易开发、纽芬兰湾的渔业开发和北美殖民地的农业拓殖。詹姆士一世时期,英国商人进一步巩固了地中海一带的商业贸易。当时的条件十分有利:威尼斯已经衰落,荷兰平底船不适应在远洋航行,英格兰的精纺呢布使意大利纺织品相形见绌,意大利市场大量需求英国的青鱼。这样,利凡特公司的商船常常一出海就是一两年,在地中海地区从一个港口到另一个港口进行贸易。相比之下,东印度对英国商品的需求量极小,欧洲市场对东印度香料的需求也不稳定,加上荷兰人的竞争,东印度公司的发展很不容易。但是,东印度公司自己造船,把经营物品扩大到青靛、白洋布等商品,还开展欧洲的再出口贸易和亚洲的转港贸易,1612年和1622年分别在印度的苏拉特和伊朗的霍尔木兹建立了商埠。通过种种努力东印度公司坚持了下来并得到发展。斯图亚特王朝对东印度公司没有给予支持,反而于1604年、1617年、1635年三次取消东印度公司的特许证。

纽芬兰岛作为英国人的"西印度",在训练英格兰水手方面起了更大的作用,到1615年,纽芬兰岛的英国捕鱼行业已雇佣5000人、250条船只,到1640年则雇佣1万人、450条船。与此同时,英格兰南部普利茅斯港的多边贸易随之兴起:英国商人从西班牙进口食盐,同时把捕鱼船派往纽芬兰,当捕捞者从纽芬兰带回鱼之后,在普利茅斯腌制加工后又出口到西班牙和地中海一带,然后再从地中海流域买回酒类、食糖和食盐。然而,由于气候恶劣,渔民间又不团结,一切企图在纽芬兰进行殖民开发的计划都以失败告终。

斯图亚特王朝早期英格兰人和苏格兰人在北爱尔兰也进行了拓殖活动。1607年,爱尔兰部族首领蒂尔康奈伯爵因私通西班牙惧怕泄露受到惩罚而逃往罗马,詹姆士乘机没收这个首领的土地,然后把它们划分为1 000、1 500 和 2 000 英亩不等的地块,出租给英格兰和苏格兰的土地承租商,由承租商组织英格兰和苏格兰移民迁居爱尔兰进行耕种。结果,不少苏格兰长老派教徒来到爱尔兰,伦敦移民也在爱尔兰德里郡的北部建立移民点"伦敦德里"。到 1630 年,已有 14 500 个移民家庭在北爱尔兰定居,他们耕种爱尔兰最肥沃的土地,把爱尔兰人赶入了贫瘠的山区和沼泽地带。

向北爱尔兰移民的计划是政府在白厅做出的,到弗吉尼亚拓殖的规划却是伦敦商人在托马斯·史密斯的住所里策划的。托马斯·史密斯是伦敦商人组织的"弗吉尼亚开发股份公司"的司库,该公司从国王詹姆士那里获得特许状后,向商人、主教、大地主集资,并于 1607 年派 144 人乘 3 艘船出发去弗吉尼亚,计划在殖民地种植大麻、开发木材和养蚕种桑发展纺织业。第一批到达弗吉尼亚的人把时间和精力花在寻宝发财方面,冬天一到就因饥饿寒冷而死去一半。1609 年,开发公司又派出 500 人前往弗吉尼亚,但由于缺乏足够的食品,冬天又特别寒冷,到来年就只剩下60 个幸存者了。1610 年以后,开发公司不仅注意运送食品,而且给每个拓殖者分配 50 英亩土地,鼓励他们生产粮食以自给自足,拓殖者终于在弗吉尼亚站稳了脚跟。后来,开发公司发现在北美种植烟草赢利颇丰,于是,在 1619 年将第一批非洲黑奴运往弗吉尼亚。到 1623 年,该公司已在弗吉尼亚开发中投资了 30 万英镑,但公司不久破产。1624 年,詹姆士一世收回特许状,弗吉尼亚变成隶属于国王的殖民地。1635 年,弗吉尼亚已有 5 000 名居民和稳定的经济基础。

1608 年,一批清教分离主义者为逃避宗教迫害,从诺丁汉郡启程到荷兰避难。1620 年,他们从弗吉尼亚开发股份公司处获得在特拉华湾北部定居的特许证,并向伦敦金融商理事会申请集资后启航北美,1620 年11 月,这批清教徒到达北美的科德角,即今马萨诸塞州的普利茅斯。登陆之前,他们在"五月花号"船上签署了庄严的誓约,保证登陆后要在殖民地建立平等、民主的社会。这就是著名的《五月花公约》。《五月花公约》后来成为美国宪政传统的一块基石,这当然应归功于清教理念中的平等理想。但是在五个月后,这些乘坐"五月花号"抵达普利茅斯的 102 人中,就有 50 人悲惨地死去了。剩下的清教徒依靠农业种植和毛皮贸易活了下来,到 1637 年发展到 600 人。1629 年,枢密院批准"马萨诸塞湾开发公司"在查尔斯河和梅里马克河之间进行拓殖,移居到那里的主要是逃避宗教迫害的清教徒,他们分乘11条船,大约900人,于1629年夏到达萨勒姆。后来,不少英国人因失去耕地、经济窘迫、农业歉收、躲避宗教迫害和犯罪受罚等各种原因移民到马萨诸塞,马萨诸塞殖民地建立起来了,他们在那里成立了清教分离派教会和寡头政府。

作者点评:

　　詹姆士一世和查理一世我行我素,最终引发了英国革命。革命造成巨大的动荡,17世纪就是在冲突与动荡中度过的。问题是:革命是不是必然的归宿,革命的命运不可避免?从詹姆士和查理统治的过程来看,情况未必如此。詹姆士和查理最大的失误,就在于他们在该退让的时候不肯退让,从而激化了社会矛盾。斯图亚特王朝和他们的都铎朝先辈们不同,都铎朝君主在不得已时总是会退一退的,这在伊丽莎白身上表现得特别明显。詹姆士和查理却没有这种机巧,他们无论如何不愿做实质性的让步。两种态度实际上反映了两种不同的统治观:对都铎君主来说,他们知道权利的基础是民族,没有民族作后盾,王朝就没有立身之处。詹姆士和查理则深信自己的权力来自上帝,上帝之下,便是君主——所谓"君权神授",民族并不存在于他们的政治语汇中。正因为如此,他们不能容忍议会的存在,而恰恰在议会问题上,他们惹怒了民族。但即便这样,矛盾还是可以化解的,遗憾的是,詹姆士和查理一意孤行,终于把民族逼上了造反的路。社会变革的方式不只革命一种,只有当其他道路都被堵死时,才会不得已发动革命。

第十章 英国革命

一、内战及各派政治力量的斗争

1637年,英国历史发展到一个关键时刻,以后的事变把英国带进一个剧烈冲突的时期,即革命时期。

事变的导火线是宗教问题。查理一世在宗教问题上持保守的国教立场,即坚守国教中残存的天主教色彩,抵制对国教做进一步改革的要求。查理的亲信大臣劳德大主教是这种政策的具体执行人。1637年,劳德命令苏格兰教会接受英国国教的祈祷书,这引发了苏格兰的反抗,同时也导致英国革命。

苏格兰在16世纪就已确立长老教的国教地位,而接受英国国教祈祷书,就意味着要放弃长老教信仰。查理一世这样做的目的主要是政治性的,因为他一再声称:没有主教,就没有国王。长老教主张由"长老"们领导教会,这与查理一世强化君主专制的意向是背道而驰的。苏格兰表示不能服从劳德的命令,不久,各地开始签署《国民圣约》,并组织军队,发誓要与查理一世抗争到底。1639年,苏格兰军队攻进英格兰领土,战争随之爆发。查理一世因财力不支,无力抵抗,只好与苏格兰签订了暂时的和约。

但查理并不打算向苏格兰屈服,也不打算放弃主教制。为了使战争能继续进行,他决定召开英格兰议会,要议会同意筹集军费。在英格兰,只有议会才能合法地开征税务,查理一直不愿承认这一点,但最后却不得不承认。苏格兰的反叛迫使他在英格兰寻求支持,但结果却是在英格兰

第十章 英国革命

引起了更大的反叛。

在英格兰,已经有11年不召开议会了,查理完全靠强制手段征收钱财,国王与人民的对立已经非常尖锐,因此议会一召开,立即对查理的统治提出责难,而拒不讨论征税问题。查理一怒之下解散了议会,这次议会从1640年4月13日召开到解散只存在了三个星期,史称"短期议会"。"短期议会"标志着一个重要历史时期的到来,这就是革命时期。

议会解散后,英苏之间的战争继续进行,但英方缺乏经费,军队已濒临兵变。由教会提供的两万英镑赞助费很快就花光了,伦敦的商人则坚决不肯借钱给国王。社会各阶层都主张召开新的议会以解决问题,苏格兰军队则要求查理一世支付战费,直至签订正式和约为止。在强大的内外压力下,查理一世不得不于11月3日再次召开议会,这次议会存在了近20年,因此称"长期议会"。

长期议会召开后立刻对查理一世的个人统治进行清理。首先,议会迫使国王逮捕劳德大主教和斯特拉福伯爵,称这两人对国家的错误政策负责。斯特拉福在20年代曾经是议会反对派的领袖,后来接受查理收买,做了政府的高官,因此,他最受议会的痛恨。1641年,他被议会处死。劳德被关押到1645年,最后也未能躲过一死。这两人实际上是查理一世的替罪羊,他们的垮台标志着查理一世个人专制的结束。

议会随后通过一系列法律剥夺了国王的权力,这些法律包括禁止征收船税,重申一切税收都必须经议会同意,每三年必须召开一次议会,而本届议会则必须由它自己宣布解散。议会还取消了专制政权最恐怖的工具,如星室法庭、北方委员会、威尔士委员会等,被关押的政治犯也一律获得释放。

在此后一年中,王权与议会对抗不断,无法实行和解。但随着时间的推移,议会内部却出现了分歧。一部分人虽主张限制国王的权力,但不主张议会的力量压倒国王,他们希望王权与议会保持一种平衡,回到传统的"王在议会"中去。在宗教方面,他们虽反对劳德的亲天主教立场,却也希望维持主教制,也就是维护国教的地位。这一立场与其他人发生对立,于是他们就逐步向国王靠拢,使议会的力量受到削弱。1641年10月,爱尔兰发生叛乱,议会反对派坚决不同意由国王任命军官前往镇压,这实际上就提出了谁是国家最高主权的问题,而议会内部的分歧也就公开化了。就在这时,下院开始对反对派提出的《大抗议书》进行表决,最后仅以11

票多数获得通过。议会明显出现了一半对一半的局面,查理认为时机已到,于是在1642年1月率亲兵进入议会,企图逮捕皮姆、汉普登等议会领袖。五位领袖事先得到消息,躲进伦敦城,伦敦市民自发武装起来阻止查理进城捕人。查理一世知道他在首都已经失去支持,于是就离开了伦敦,向北方撤退。许多贵族追随他,大约一半下院议员也随他北上,这些人就组成了后来的王党。1642年8月,查理在诺丁汉城建立大本营,竖起了王旗,他指称议会造反,背叛了国王,应该予以征讨,内战由此爆发。

查理一世在诺丁汉升起王旗

查理北上时,议会分成了两半,在507名下院议员中,有236人站在国王一边。这时的议会完全代表土地阶级利益,商人和金融代表微乎其微。绝大多数下议员与土地有直接的联系,他们要么是贵族、乡绅家庭的成员,要么是他们的亲戚、朋友或代理人。有些人本人是律师或军官,但其家庭可能是贵族。城镇选邑的代表往往也受贵族或其他大土地所有者的控制,因为城镇与当地地产的关系十分密切,经济上常仰仗于它,有些城镇甚至就是贵族的家产。议会的分裂并不是以阶级作分界线的,实际上,内战双方的领导层都属于同一个阶级,即当时的统治集团贵族地主阶级。

近年来的研究表明,在双方阵营中,社会阶层的分布情况差不多。双方都有贵族,都有乡绅,都有富商巨贾和一般商人,也都有小土地所有者和手工工匠。贵族会把自己的佃农裹挟进来,因此双方军队都以普通农民为主干。议会后来改组军队,建立新军,其中骑兵以自耕农为主,自备马匹军械。这些人自主意识强,有政治觉悟,经济上又独立,不须仰别人之鼻息行事。相比之下,步兵则多为贫苦佃农,他们依附于本地乡绅,和王军一样,往往是被强征入伍的。双方阵营中各阶层的比例也大体相当,和当时整个社会的结构基本吻合,因此在英国革命中很难用阶级界线来

第十章 英国革命

划分阵营,这是一个历史的事实。

有一种说法即英国革命是资产阶级革命,英国史学界也曾就这个问题展开过辩论。这种说法的最大弱点是说不出谁是"资产阶级",如果不存在"资产阶级","资产阶级革命"又如何存在呢?现在比较普遍的看法是:一般所公认的"资产阶级"在当时还没有出现,因此"资产阶级革命"这种说法就受到了很大冲击。

从地理分布上看,议会力量主要在东部和南部,王党力量主要在西部和北部。但在国王控制的地区也有许多议会据点,其中包括大批乡绅贵族的领地;在议会控制的地区也有不少王党的根据地,其中包括许多制造业城镇。有不少地方自始至终保持中立,当地士绅哪一边都不参与,只图保本地平安,不受任何一方的伤害。一般来说,一个地方士绅的态度就决定这个地方的态度,士绅站在哪一边,这个地方就站在哪一边。

划分双方阵营的最明显的界线是宗教信仰,几乎可以说,凡是支持国教的都支持国王,凡是反对国教的都支持议会,因此有一种说法,把英国革命说成是"清教革命"。清教徒主张对国教进行改革,"清除"其中的天主教成分。清教也主张对政治制度进行改革,限制国王个人的权力。清教徒对教会和国家的看法是相呼应的,他们反对教会的主教,就必然反对君主专制。但清教本身又分成很多派别,长老派主张长老治教,再由各地的长老联合成全国的统一组织,在政治上,他们就相应地具有一种寡头治国的倾向。独立派反对实行宗教划一,认为每一个人都可以按照自己的意愿去理解上帝,观点相同的人聚集在一起,独立地组成宗教团体,而不必有全国性组织,相应地,在政治上他们就表现出更多的民主倾向。从宗教上说,"独立派"并不是一个单一的教派,它包括许多不同的派别,如浸礼派、公理派、教友派等。其组织原则区别很大,从颇具寡头气息的倾向到近乎无政府主义的倾向都有,而这些倾向又都在政治上体现出来。英国革命一个重要的特点就是宗教的政治化,当然,政治也宗教化,政治理念都是用宗教语言来表达的。相比之下,清教徒比国教徒表现出更大的宗教热情,他们相信自己是"上帝的选民",上帝赋予他们拯救世界的重任。

"自由"是革命的真正口号,议会就是用"自由"来号召人民的。在议会阵营看来,"自由"是不容侵犯的,它是英国人自古就有的权利。"生而自由的英国人"是历史赋予的光荣遗产,国王破坏了它,因此应该受到抵抗。使用武力捍卫自由是历史赋予的权利,自《大宪章》以来英国人就一直在这样做。捍卫自由的权利是革命合法性之所在,没有"自由"的价值观,革命就失去依据了。

但革命的真正目标是树立议会的主权。在伊丽莎白统治末期,议会已经对王权的专制提出了挑战,只因为伊丽莎白的政治手段高明,才使冲突没有变成战争。詹姆士一世登位后对议会的合法权利进行挑战,并一再使冲突升级;查理一世则对议会的存在加以否定,最终使暴力冲突不可避免。战争爆发时,议会仅是为生存而战;但随着战争胜利,议会提出了主权问题,这从一个侧面表明专制王权的历史使命已经结束了,议会以人民的名义要求主权。从这个角度看,革命的实质是推翻专制。

战争初期,议会处境不妙,国王毕竟是"天然统治者",反抗国王,究竟有多少合法性?议会军首领曼彻斯特伯爵直到1644年还说:我们打败国王99次,他仍是国王;国王打败我们一次,所有的人都要被绞死,子孙后代都要做奴隶。这种心理长期存在于议会阵营中,因此,议会军将领作战不力,总感到气短心虚。其次,国王军队兵力精良,士兵中有许多是职业军人,作战经验丰富;主将鲁波特亲王身经百战,骁勇年轻,是三十年战争中新教方面最著名的将领。议会军则是仓促组织来的,无论装备还是组织水平都不如王军。第三,战争是国王挑起的,议会方面被动应战,战争的目标和正义性都不甚明确,要等到一支由"生而自由的英国人"自觉组织起来、用上帝的神召武装头脑的新型军队出现时,战局才会改观。

因此,在战争爆发后一段时间里,议会战绩不佳。第一场战争发生在10月23日,查理向伦敦进军,一路不受阻拦,只是在埃奇山附近被武装的民兵挡住,才撤往牛津,在牛津设立大本营。不久后,王军的纽卡斯尔侯爵攻占英格兰北部,拉尔夫·霍普顿爵士占据英格兰西南,两处与牛津形成三角之势,议会势力被局限在东南部,局势十分危急。1643年,王军从三个方面向伦敦进军,但在赫尔、普利茅斯和格洛斯特分别受阻,局势出现变化。从战略上说,查理一世本应绕开这三个据点直取伦敦的,但王党生怕这三个地方成为后方的钉子,威胁到自己在后方的地产,因此强迫查理滞留在这三个地方,清除顽敌,结果贻误了战机,失去了打败议会的最好机会。

议会迅速利用了这一时机。为扭转战局,它与苏格兰结盟,于9月签署《庄严同盟与圣约》。英国议会同意立长老教为国教,并提供军费;苏格兰答应出兵,与英国议会并肩作战。双方还组建"两王国委员会",共同指

第十章 英国革命

导作战事宜。此后,议会扩充军力,由各地清教乡绅在本地区招募子弟兵组建地方团队,奔赴战场。1644年战局开始变化,7月,英苏联军在约克郡的马斯顿荒原与王军交战,议会方面大胜,消灭王军4 000人,捕获1 500人。这是战争的转折点,从这时起议会转入反攻,王军则失去势头。

在马斯顿荒原大战中崭露头角的是奥利弗·克伦威尔,他后来成为英国革命中最重要的人物。克伦威尔是亨廷顿郡一个清教乡绅,家道并不富裕。他在剑桥上学时接受了清教思想,成为清教徒。1640年他进入长期议会,因思想激进而引人注目。他与议会领袖皮姆、圣约翰以及亨廷顿郡的首席贵族曼彻斯特伯爵是亲戚,政治上的上升之路因此很容易打开。战争爆发后,他在家乡组建子弟兵,训练了一支骁勇的骑兵,这支军队后来并入曼彻斯特指挥的东部联军,克伦威尔也升任二号总指挥兼骑兵领队。克伦威尔治军极严,他要求士兵有良好的体质、严格的纪律,更要求他们懂得为上帝而战,具有高度的政治觉悟和坚定的宗教信仰。他对将士严格挑选,说他宁愿要一个愿为上帝事业献身的普通劳动者,也不要不懂信仰、不知为何而战的上等人出任军官。他

克伦威尔

担任东部联军二号总指挥后就把这种思想贯彻于全军,使东部军成为一支能征善战的军队,号称"铁军"。在马斯顿荒原大战中,克伦威尔的骑兵创建奇功,克伦威尔也因此威名大振。

但议会并未能利用马斯顿的胜利成果,许多贵族军官想与国王和解,因此裹足不前,错过了战机。克伦威尔等坚定分子不得不与动摇派作斗争,1645年4月,他们在议会通过《自抑令》,规定一切贵族和下院议员自动放弃军权,军政两务不得兼任。不久后,议会又规定克伦威尔可以既留任议员,又指挥军队,从而使克伦威尔成了议会阵营中权势最大的人,保证军队的指挥权掌握在坚定派手中。

两王国委员会接着开始改组军队,它将原来分散的地方团队组合成接受统一指挥的正规军,由费尔法克斯出任主帅,克伦威尔担任副帅并统

领骑兵。克伦威尔很快就把议会军改造成一支扩大的铁军,号称"新模范军"。6月14日,新军在纳斯比附近大败王军,几乎消灭了由查理一世和鲁波特亲王亲自指挥的部队,使内战获得决定性胜利。这以后,战争虽又持续进行了近一年时间,但基本上是扫尾阶段了。1646年6月,查理一世离开牛津大本营,向苏格兰军队投降,内战第一阶段结束。战争结果表明:一支有坚定信仰、有充分给养及装备供应、用新型方式组织起来的革命军队,一定能战胜观念陈旧、组织落后、在国王私人影响下并为其私利而战的封建军队。议会的事业符合时代发展的方向,它的胜利应该是必然的。

但议会阵营很快就发生分歧,议员中多数是长老派,他们对新模范军心存戒惧,同时对《自抑令》心怀不满。战争一结束,议会就要求军队解散,但由于军饷拖欠太多,所以士兵们不肯从命,反而选出鼓动员,代表各团队向议会呈情。克伦威尔等高级军官经过短暂的犹豫后决定与兵士站在一起,他们设立了"全军会议",将高级军官和士兵鼓动员都包括在内;军队发表声明表示不解散,相反却要求清洗议会,举行新的大选,这样就形成军队与议会的对立。军中多数人属于独立教派,于是,对立就体现为"长老派"与"独立派"的分歧。

苏格兰军队在1647年1月将查理一世移交给英国议会,英国议会接着与国王开始谈判,商讨和平事宜。议会提出《纽卡斯尔建议》,要求将长老教确立为国教,同时希望控制陆海军指挥权。查理不接受建议,他认为议会与军队发生分歧,自己正可以从中渔利。议会于是准备做出更大的让步,以巩固自己的地位。

军队对这些谈判疑虑重重,并且对设长老教为国教的要求十分痛恨,因为这意味着对独立派实行镇压。军队与议会的对立从此就更为严重,最终发展到剑拔弩张的地步。6月份,军队把国王控制起来,关在军中。8月份,军队进驻伦敦,驱逐了11名议会领袖。这以后,军队就在英国政治舞台上扮演主要角色了,而这正是革命的必然结果。

军官开始与国王进行谈判,8月底他们提出《建议要点》。在宗教方面,《建议要点》要求实行宽容,允许一切教派合法存在,不得把长老教强加于人,也不允许国教的主教有任何特权。在政治方面,该文件主张改革议会制度,扩大选举权,解散长期议会,举行新的大选。查理一世拒绝了这些要求,和以前一样,他指望从议会与军队的分歧中寻求好处。

第十章 英国革命

但《建议要点》也把军队内部的矛盾激化了。战争结束后军中士兵就渐渐滋生出平等思想，许多中下层军官也支持他们，这样就形成一个新的政治派别，叫"平等派"，其最主要的人物是罗伯特·李尔本上校。平等派主张人人平等，并要求改变现存的政治制度。《建议要点》被拒绝后，平等派提出一个新的文件，叫《人民公约》，其中提出了人民主权的思想。该文件说：人民是国家权力的源泉，因此应废除王位，取消上议院，建立一个由人民选举产生的一院制议会，行使国家主权，一切人都可以参加这个议会的选举，选出自己的代表。《人民公约》还提出一些不受国家干预的权利，即人权，其中包括信仰的权利，不被强制服兵役的权利，等等。除此以外，平等派还提出许多社会要求，比如进行司法改革、保障土地租佃、开放圈地、取消什一税、废除国家教会、取消贵族特权、解散市政团和特许公司等。平等派代表的是下层人民，但所谓"下层"是指有财产的小生产者，并不是一无所有的穷人。

平等派与独立派有重大分歧，为解决军内分歧，军队从10月底到11月中旬在伦敦附近的普特尼召开全军会议，高级军官及士兵鼓动员都参加了会议，双方就《建议要点》及《人民公约》进行辩论。辩论集中在选举权问题上，高级军官认为：选举权必须掌握在有财产的人手里，因为只有有产者才与社会的利益有直接关系，因而也才会对社会负责。平等派反驳说：最穷的人和最富的人都在同一块土地上生存，任何人若被置于一个政权的管辖之下，都必须预先表示同意。平等派还说：再穷的人也有他的财富，这就是他的劳动。但平等派并不主张每一个人都可以得到选举权，在他们看来，"依附于别人的人"是不可以有选举权的，因为他们仰别人之鼻息生活，无法做出自己的判断。这些"依附于别人的人"指的是仆役、长工、工资劳动者和赤贫等，这些人其实就是社会的最底层。

普特尼辩论是不同阶层的利益分歧在军队中的反映，独立派与平等派之争，预示着18—19世纪在英国议会改革运动中的中下阶层之争。面对平等派的挑战，克伦威尔终于不耐烦了，他在11月15日强行终止了辩论，命令军官与士兵代表返回自己的团队。这一天，高级军官在魏尔地方给平等派一记重击：克伦威尔亲自制服了李尔本的团队，并对企图闹事的士兵实行惩罚，还当众枪决了一名为首者。

这时局势已发生变化。前些时议会长老派修改了他们给国王的建议，称只要查理答应在三年中给长老教以国教地位，他们就愿意让国王复位。这就给国王与长老派(包括英格兰长老派和苏格兰长老派)的合作提供了基础。11月11日,国王摆脱军队的监控,逃往怀特岛。12月,查理与苏格兰代表签订协议,双方表示愿意合作。第二年7月,苏格兰军队进入英格兰,帮助国王恢复王位,内战于是再次爆发。面对共同的危险,独立派与平等派再次联合,克伦威尔做出姿态,表示可以考虑平等派的要求,取消上院,审判国王,释放魏尔事件中被捕的军官。战争持续了几个月时间,苏格兰军被打退,王党叛乱被扑灭,接下来,英国军队回师伦敦,决计把政权抓到自己手里。

对议会与国王的勾结,军队已十分反感;对国王的出尔反尔,军队则深恶痛绝。1648年12月6日,普莱德上校率领一支军队进入议会,驱逐了大约140名长老派议员,这就是著名的"普莱德清洗"。这以后,议会中只剩下90名左右议员了,他们全是

审判查理一世

独立派,史称"残缺议会"。不久后,议会成立特别法庭对查理一世进行审判,1649年1月30日,查理一世被处死,罪名是背叛他的国家、背叛他的人民。

二、从共和国到复辟

查理一世被处死后,英国历史进入一个特别时期,此后11年中王位空缺,史称"大空位"。残缺议会宣布成立共和国,废除王位,取消上院,下院行使国家主权,由人民选举产生——这些显然反映了平等派的要求。在整个世界历史上,人民主权的思想第一次被公开承认,写成文字,后来在各个国家都产生巨大的影响。但在当时,政治的现实却与原则不符,残

第十章 英国革命

缺议会不能代表人民,统治国家的其实是军队。

军队不喜欢残缺议会,但在那时,它又不得不依赖残缺议会,因为共和国面临许多危险,没有议会做门面,军队的统治就更加不稳。议会通过决议,建立了行政院处理国务,行政院每年由议会投票任命,议会由此而抓住了政权。

共和国的危险来自多方面,除国内时起时伏的王党叛乱、平等派的闹事之外,最大的威胁来自法国与荷兰,这些国家的统治者与查理一世有亲缘关系,对英国的事变耿耿于怀。爱尔兰与苏格兰也公开打起造反的旗帜,它们拥立查理一世的儿子为新国王,向英国革命发动挑战。军队不得不投入几条战线的战斗,以保卫共和国,同时也保卫革命。

爱尔兰与英国一向对立,自宗教改革以来,爱尔兰坚守天主教,以维护它的民族特性。对此,英国从亨利八世起就一再征讨,造成了两个民族的积怨。英国革命发生后,王党与议会都无暇顾及爱尔兰,爱尔兰于是就越来越自行其是。查理一世曾要求爱尔兰出兵帮助他打仗,为此,他答应宽容天主教,并召集爱尔兰地方议会。查理一世被处死后,爱尔兰公开支持他的儿子,1648年爱尔兰参与王党叛乱,新教徒和天主教徒都站在英格兰的对立面。1649年,爱尔兰奉查理二世为新国王,这样它就与英格兰公开对立了。不久,议会派克伦威尔率大军前往征讨,战争打得十分残酷,在德罗赫达,英军破城后屠杀了所有的守城男子,连神甫也不放过。英军对一切抵抗的城镇都实行屠城,至1650年夏控制了爱尔兰局势。1652年,议会颁布由克伦威尔制定的解决法,其中对5种人计8万多人处以死刑或没收财产;其他参与叛乱的人失去三分之二的土地,剩下的三分之一必须到远离家乡的地方去才能得到补偿。

克伦威尔在苏格兰的邓巴尔率军准备出击

爱尔兰的大量土地被没收,分配给随克伦威尔征战的英国士兵。自此后,爱尔兰就出现了一批英国庄园主,爱尔兰人反而失去了土地,爱尔兰成了英国的殖民地。

此时,克伦威尔已从爱尔兰转入苏格兰,查理二世当时正在该地,被承认是新的国王。1650年9月,克伦威尔在邓巴尔击败苏军主力,取得重大胜利。一年后他又在英格兰的伍斯特消灭由查理二世亲自率领的苏格兰入侵军,苏格兰无力再战,于是接受了和谈条件。苏格兰接受由英国人建立的政府,但保留了长老教的国教地位,还可以与英国人进行自由贸易。与爱尔兰相比,苏格兰受到的待遇已经很宽厚了,但苏格兰人感到自己被征服了,英国的政权使他们的民族感情受到了侮辱。

军队从苏格兰班师回国后,与残缺议会的矛盾便公开化了。这时议会和军队都成了利益集团,都已经和人民的愿望不相符合。残缺议会主要由两种人组成,一种是政治或宗教上的狂热分子,他们坚守共和国理想,追求信仰自由;另一种人则是投机分子,他们之所以支持共和国,只是想分得一杯羹而已。这两种人都希望残缺议会能永久存在:对第一种人而言,新的选举会使其理想成为泡影,因为多数英国人既不愿支持共和国,也不愿接受独立派的宗教信仰,对此他们是深深知道的;对第二种人而言,解散议会就打碎了他们的饭碗,他们希望一辈子都坐在议会里,舒舒服服地吃议会饭。这时,民众中多数在情感上已发生变化,如果说有一个时期许多人同情议会的事业,那是因为查理一世的专制行径使英国人的"自由"受到破坏,英国人对此有本能的反感。查理被处死后,不少人感到事情好像走过了头,议会不能保障人民的"自由",相反却霸占了政权赖着不走。慢慢地,查理好像变成了烈士,人们对长期议会厌倦了,开始怀念国王的时代。

军队在爱尔兰战争中变了质,这支军队烧杀掳掠,抢夺战利品,军队也成了利益集团。军队有它的职业利益,它没有政治理想,但必须有权力,暴力是它权力的基础。它对残缺议会十分反感,因为议会挡在通往权力的道路上,它对军队指手画脚,自称代表人民,其实只代表自己。军队知道残缺议会不得人心,便想取而代之;军队还想制定常规税则以使自己能够有固定的收入,这样就可以合法地存在;但残缺议会不肯这样做,因此军队就要求解散它。

1653年4月,克伦威尔派士兵驱逐议会,这是世界近代史上第一次

第十章 英国革命

军事政变。自此后,英国革命就迷失了方向:革命是以维护议会的自由权利开始的,反抗国王的专制统治;但现在国王被处死了,议会却也失去了权利,起而代之的是一个强制性的力量,它完全以武力为后盾。革命背离了出发点,相反却走向了反面。这以后革命就走下坡路了,一直走到它的失败。

残缺议会被解散后,军队召开了一个新议会,军队指定140人担任议员,其中许多是各地的独立教团推荐的,由此便可以保证独立派的优势。但这届议会只维持了大约半年时间,到12月就被解散了。议会中的激进派提出一系列社会改革措施,包括司法变革、世俗化的婚姻等等。保守派无法忍受这些要求,便将权力交还给军队。议会中有一个成员名叫Praise-God Barbon(Praise-God是他给自己起的革命名字,意为"赞美上帝"),由此议会得到一个外号,叫"拜尔朋议会"(Barebones Parliament,Barebones是Barbon的另一种拼法,字面含义是"瘦骨伶仃")。

克伦威尔解散"残缺议会"

这以后,军队决意自己掌权,于是就制定了一份文件,叫《政府约法》。这份文件规定由克伦威尔担任护国主,由他负责行政事务。立法权交给一个议会,议会由选举产生。议会得到比较大的权力,它可以驳回护国主的否决,使某项法律生效。从理论上说议会具有最高权力,革命的原则似乎被确认了。但实际上情况却并非如此,军队靠暴力维护统治,选举是在军队的操纵下进行的。不过新议会召开后还是立刻与军队发生冲突,议会要求修改《政府约法》,反对军队专权;军队则要求维护教派宽容,不允许议会取得最高权力。双方的冲突无法调和,克伦威尔于是解散了它,就好像当初詹姆士一世和查理一世解散议会一样。军事独裁的本质现在暴露无遗了,克伦威尔的权力不比国王小,而且和国王一样随意。

这以后克伦威尔就实行赤裸裸的军事统治,他把全国分成11个区,每个区派一名将军做行政长官,实行军管。长官的意志不可讨论,一切政务都由长官说了算。在英国政治传统中,至少征税问题还要由议会来讨论,现在将军们的随心所欲却决定着一切事务,包括随便摊派征税。人们于是记起:当初反抗查理一世,就是因为他强制性地横征暴敛,而现在将军们则有过之而无不及。将军们还随意判案,目无法律,完全凭个人高兴,人情高于司法。这又让人想起查理一世当年践踏法律、人高于法的情景。军政府还制定了严格的清教戒律,要国人按清教戒规行事,诸事都必须像个"清教徒",不仅不可喝酒,不可赌咒,安息日还不可出门,店铺不可营业,连在外面"闲逛"都会受到惩罚,荷枪实弹的士兵沿街巡逻,用枪弹来维护清教的信条。清教靠暴力推行其道德伦理,这引起人们强烈的反感。

1656年,为了在全国开征税务,克伦威尔又召开一次议会。这一次议会仍然是在军队控制下产生的,但议会召开后,还是对军政府持反抗态度,并要求修改宪法。克伦威尔让议会提出修宪方案,议员们就提出一份叫《谦恭请愿与建议》的文件,其中最主要的条款是:让克伦威尔进身为王,建立一个世袭的王朝;在议会中设立"另一院",实际上就是上院。这份文件真正的意图是控制不受约束的军事统治,把一个拥有无限权力、人们又不知道如何去限制他的"护国主",变成一个只有有限权力、受到议会约束的"国王",即建立君主立宪制。克伦威尔犹豫了很长时间,最后在军官的反对下拒绝了王位,但接受了其他内容。1658年新的议会召开时,克伦威尔将其亲信塞进"另一院",护国主也成了世袭职务,其实是无冕之王。但新议会一召开两院就彼此争吵,克伦威尔于是就把它解散了。他打算重新召开一个议会,但在9月3日他却去世了。

克伦威尔是一个虔诚的清教徒,为清教事业奋战了一生。他的个人品质也许是高尚的,也没有权力欲。但革命的狂风巨浪把他冲到权力的顶峰,而这个权力却似乎正是革命试图要遏制的那个权力。克伦威尔于是成了一个复杂的人物,他一方面反对专制,一方面又实行集权。他的双重形象究竟出于他个人的过错,还是出于历史的无奈与曲折过程?

无论如何,护国主制只维系在克伦威尔一人身上,英国革命最终出现这种结局,不可不说是一个悲剧。革命以反抗一个人的专制开始,最终却

第十章　英国革命

不得不以另一个人的专制结束,这里面是否有内在的必然性?这个问题很值得探讨。克伦威尔死后,他的儿子理查德·克伦威尔袭任护国主职,但军事独裁不靠军队支持是无法维持的,理查德年仅 32 岁,既无军功又无人望,各路将军都不买他的账。新议会召开后,立即向军队要权,军队则逼迫理查德将其解散。1659 年 5 月,将军们把 6 年前被他们自己驱逐的残缺议会找回来复会,历史的轮回开始了,革命迅速退回原地。不久,理查德被迫退位,护国主制寿终正寝。

残缺议会一复会立即向军队夺权,在革命与内战的 20 年里,始终存在着议会与一种专断权力的斗争,不管这个议会是由国王召开还是由军队召开,也不管这个权力是国王还是军队自己。20 年斗争的实质是争夺主权,但这个问题直到最后也未能解决。10 月份,军队又把残缺议会驱散了。英国已走到无政府状态的边缘:谁也没有权威,谁也无法解决问题;军队本来可以用武力进行统治的,但克伦威尔死后,军队本身也不再团结。英国现在只有两条路可走:彻底混战,或是退回到斯图亚特王朝。

英国选择了后者。议会被驱散后,驻苏格兰军区司令乔治·蒙克就挥军南下,要为议会讨个说法。他一路受到欢迎,大家都希望重建一个"自由的议会"。1660 年 2 月,他抵达伦敦,随后再次恢复残缺议会,却不肯执行议会的决议,相反他要求残缺议会自行解散,举行新的大选。议会加以拒绝,蒙克就召回了在 1648 年普莱德清洗中被驱赶的长老派议员,让他们宣布长期议会结束。4 月 25 日,一个新的议会召开了,该议会因为没有得到国王的授权,因此就自称"国民会议"。会议是由王党分子和长老派组成的,它的任务就是恢复斯图亚特王朝。

查理二世早就做好了准备,还在 4 月 4 日,在他的流亡地荷兰,他就接受其主要谋臣爱德华·海德的建议,发布了《布列达宣言》,其中表示一旦复位,他将赦免在革命中反对国王的人,认可在革命中被出售的王党土地,发放拖欠的议会军津贴,保障宗教自由。这是一个和解的声明,表示既往不咎;但它不是一个解决问题的办法,因为其中没有对主权问题做出说明。国民会议接受了这个声明;5 月 25 日,查理回到伦敦,斯图亚特王朝复辟了,稍稍留意一下就可以看出迎接国王回来的人就是当初反对国王的人,英国的复辟是由以前的革命者执行的,比如率领代表团到海牙与查理二世谈判的就是当年新模范军的主帅费尔法克斯。

三、经济、社会、思想文化

1640—1660年是英国历史上一个特殊的时期,革命造成巨大的社会变化,但这些变化都没有持久。革命没有留下永久性的遗产,这是英国革命的特别之处。

根据议会法令,王室与王党土地被拍卖,王室土地售价达200万英镑,700户王党土地被没收,售价达125万英镑,另外,出售教会土地近200万英镑。从理论上说,这是宗教改革以来最大的一次土地交易,理应造成深刻的社会变动,但王党却可以赎回自己的土地,根据其"罪过"的大小,交纳其土地售价十分之一至一半的罚金,就可以使土地物归原主。到1660年,许多王党都已赎回自己的土地,而往往是由其亲友或代理人为其赎回的,由此,革命并没有对英国原有的社会结构造成太大的冲击,土地阶级的经济基础未受到破坏。实际上,革命中两个阵营的人在阶级成分方面的差异并不大,双方的主导力量都是土地阶级。为使王党有能力赎回土地,议会允许他们出售其中的一部分,再赎回其余的部分,只有出售的那部分到复辟时才不能够归还原主。议会从3000名王党那里收取赎金150万英镑,另从其地产上没收35万镑地租和红利。这对一些小地产造成重大伤害,大地产则可能因此而更加巩固了。

议会取消土地监护制,废除了监护法庭,这使大土地所有者免除一切封建义务,并且不需要对国王作任何赔偿,过去从国王那里封授来的土地变成了自由的土地,不完整的土地所有权变成了完整的土地所有权,完全的土地私有制确立了。这大概就是英国革命最持久的后果,从私有制这个角度说,革命的影响确实是深远的,但土地利益并没有受到打击,相反其力量更壮大了。

在巩固大土地利益的同时,小土地利益受到打击,1656年的议会一方面废除封建领地义务,一方面又不限制小农土地登记费,还否决了一项限制圈地的提案。无地农民希望保护其自古就有的公地和公用森林使用权(以作放牧拾柴之用),这种愿望也受到压制。1649年,大约20个无地农民在伦敦附近的圣乔治山上建立了一个土地公社,在传统的公地上进行集体耕作,他们声称土地是上帝赐予的财产,每一个人都有使用的权

第十章 英国革命

利。克伦威尔派军队镇压了这些人,因为他们称土地是公有财产,而这对私有制来说无疑是巨大的威胁。这批共耕主义者在历史上被称为"掘地派",其领袖兼理论阐述者是杰拉尔德·温斯坦莱。

平等派也反对圈地,但他们不认为一无所有者是"自由"人,因为无产者的劳动受别人的指使,无产者难以有自己独立的人格。掘地派也同意这种说法,但他们认为正因为如此,才应该消灭雇佣劳动,所以他们才去耕种公地。不管怎么说,革命实际上是大土地利益的欢乐园,克伦威尔曾经靠约曼农(即自耕农)战胜王党(即大土地所有者),但是到下一个世纪,作为一个社会阶层,约曼农却已经消失了。

战争没有破坏农业生产,相反,政府一直在注意发展农业。在政府的鼓励下,森林被砍伐,土地被圈围,沼泽被排干,耕作面积增加了,但这些成就都是由大土地所有者完成的,因为需要大量的资金投入。农业技术逐步改进,三叶草被引入,新的轮作制增加了土地利用率,购买力增加了,原因是政府开支增加和工资上涨。革命时期穷人的生活水平普遍有所提高,从而刺激了食品需求量。农业生产出现飞跃,英国不再是粮食进口国,相反开始出口。低价的食品造成低价的劳动力,从而使北部和西部的经济也得到发展。东南部的军事胜利反而造成西北部的经济繁荣,这是一件很有趣的事。

战争促进了交通的发展,在1628—1683年间,近海船运扩大三倍;议会则在1654年下令召集民工修理道路。战争中,信件来往成倍增加,邮政成为全国性的企业,客运驿车开始定点定时运作。战争还造成人员的巨大流动,因为要征募士兵和安置退伍军人,学徒制受到巨大的冲击,农业工人走出自己的村庄,北方的士兵在南方作战,南方的士兵也在北方作战。战争把英国更紧密地结合成一个国家,士兵进驻平民房舍,更使各阶层人民彼此接触,激发了思想的碰撞,战争还促进了工业发展,由于打破了国王的特许权,以及大批量的军备订货,制造业受到很大的刺激,金属、火药、造船、织布、皮革、采矿等工业都得到极大发展,从而为下一个世纪的飞跃做好了铺垫。这些都可说是革命的正面效应;然而,革命时期有10万人死于战争,大量生命财产被毁。不过多数英国人对事态发展并不感兴趣,战争对他们没有影响,他们也不关心革命。有一个故事说在马斯顿大战前,人们叫一个农夫躲开,免受战祸之殃。这个农夫丈二和尚摸不着头脑,问:"怎么,有两人要干仗?"

克伦威尔时期英国海外扩张加剧进行,远洋商业利益成了政府追逐的目标,在英国历史上,政府第一次把对外贸易作为一个国家的事业来追求,在其中发挥主导作用。内战尚在进行时,由于双方正忙于战争,因此议会的政策是稳住殖民地,给他们许多优惠政策,使他们不向王党靠拢。内战结束后,议会改变策略,加强对殖民地的控制,使其成为英国的原料供应地。为此,议会要保证英国对殖民地的贸易垄断地位,不让它受到外国的侵害。

当时英国在海外的主要竞争对手是荷兰,西班牙的国力已经衰退,法国忙于大陆战争,无暇顾及海上。荷兰则控制了远洋贸易,素有"海上马车夫"之称,英国的殖民地贸易受到荷兰威胁,而荷兰对英国革命又持敌对态度,1651年,英国议会颁布一项《航海条例》,其矛头直指荷兰。该法案规定:凡进入英国或各殖民地港口的商船,必须是英国或该殖民地所有,其船员又只能是该船所属地的臣民;欧洲商船可以进入英国港口,但只能携带本国商品,配备本国船员。这是一项典型的重商主义立法,标志着英国殖民活动进入重商主义阶段。《航海条例》使英荷之战不可避免,1652年战争爆发,两年打了7场海战。起初荷兰舰队占优势,但1653年英国扭转战局,1654年双方议和。这次战争基本上是以平局结束,但战争的后果却对英国有利。英国在战争中捕获了1 700条荷兰商船,从而大大地扩充了英国的船队。战后英国从葡萄牙手里得到好处,取得它原先给荷兰的海上贸易优惠,英国开始向葡萄牙帝国渗透,其势力进入东印度群岛、巴西、非洲西海岸等地。英国还与瑞典签协议,获得了与荷兰一样进出波罗的海的权利。克伦威尔并制订了"西进"计划,旨在向加勒比海进军。1655年,西班牙殖民地牙买加落入英国之手,从此以后,它就是英帝国在加勒比海地区的支柱。

1651—1660年间,英国海军增加了200艘军舰;从1649年起,英国海军开始在海上正常巡逻,其范围扩及地中海与波罗的海。革命时期英国夺取的殖民地包括牙买加、圣赫勒拿、苏里南、敦克尔刻、新斯科舍、新不伦瑞克等,其中除欧洲大陆的敦克尔刻外,其他地方都成了英国的永久殖民地。

虽说在经济发展和海外扩张方面革命表现出承前启后的特点,但在宗教和思想方面却表现了强烈的突发性,显现一种历史的中断。

革命过程中宗教发挥了太大的作用,各方面都把自己的信仰看作

第十章 英国革命

神圣不可侵犯,信仰问题不可妥协,这当然与当时的欧洲大陆大背景有密切关系,因为整个欧洲都卷入一场宗教大战中,战争双方都扛着宗教大旗。英国清教挟欧洲宗教改革之势,要求对国教作进一步清洗,这就为革命提供了意识形态支柱。清教徒确信自己是上帝的选民,上帝把真理放在自己手中,斗争是在善与恶之间进行的,这个斗争必须进行到底。正因为有这样的信念,议会军才义无反顾,一往无前,爆发出强大的战斗力。战争的胜利更坚定了革命的信念,即他们是上帝所选定的人。但这种信念却又是双刃的,因为随着革命阵营的分裂,革命内部出现分歧,斗争中失利的一方如平等派、各种分离小教派等开始发问:真理是否真的掌握在获胜者手里?到革命后期,这种疑惑越来越扩散,对革命本身的怀疑也就越来越强烈了。到最后,怀疑取代了信念,战斗的清教主义终于丢下武器,退缩到深刻的思想反省中去了,政治上的复辟于是就出现了。清教主义变成复辟后的不服从国教派,英国历史回到了它正常的轨道上去。

清教中长老派是一个大教派,但它在英格兰力量不足,缺乏社会基础,其思想根源是欧洲的加尔文主义,而社会根基则主要在苏格兰。从宗教上说,长老派和独立派最大的分歧是教会的组织形式,长老派主张建立全国的统一教派,由选举的"长老"们统一治理,独立派不绝然反对全国性联系,但强调各地区教团独立的原则,组织核心也以地方为基础。各独立教派教义上的分歧非常之大,从温文尔雅的浸礼派、教友派,到一心求真的求正派、千年至福派,再到具有暴力倾向的和反道德倾向的震颤派等,不一而足。军队中充满各种各样的独立派教徒,这使独立教派形成一个共同的特点,即他们都主张宗教宽容,既反对国教的强制信仰,又反对长老派的趋同企图。具有讽刺意味的是,长老派后来坚守议会阵地,以"议会自由"的捍卫者自居;独立派却建立起军人政权,用刺刀强制实行政治统一。

宗教与政治不可分正是英国革命的特点,政治与宗教的结合,使政治斗争不可调和。实际上,在议会中,长老派和独立派经常在宗教观点上彼此交叉,但在政治态度上却相当分明:"长老派"指的是温和主义者,常带有政治保守主义的倾向;"独立派"则坚决不妥协,是民主理念的坚强战士,虽说在现实政治斗争中他们选择了暴力强制。真正的民主主义者是平等派,他们在普特尼会议上提出成年男子普选权,要求建立共和国。平

英国通史

等教派中许多人属于追求天国理想的小教派,如千年至福派(也称第五王国派),他们对于人世间的不平等深恶痛绝,深信天主将派救世主再现人间。他们相信眼下的革命将荡尽人世邪恶,消灭人间的"罪王",为天上的"圣王"降临人世扫清道路,他们正是抱着这样的理想投入战争的,而最终当革命失败时,理想的破灭就继之而起。

平等是普通革命战士追求的政治理想,在普特尼会议上,平等的理想得到高度表达。但事态的发展表明英国的历史还不具备平等的条件,而且革命也不是实现平等的手段。他们的政治理想和宗教理想同时破灭了,但他们的精神却留传给后世,在18世纪开始的人民改革斗争中开花结果。这时,人民斗争放弃了革命的手段,最终却完成了革命的未竟之业。

革命失败后,有两个人用文学的手段表达了革命的失望,他们的作品成为革命遗留下的最伟大的文学遗产,约翰·密尔顿曾担任过克伦威尔的拉丁文秘书,他在《得乐园》、《失乐园》和《力士参孙》中表达了革命在胜利时的喜悦、在失败时的悲哀。他还向全能的上帝发出诘问:为什么让上帝的事业受到劫难?密尔顿在创作这几部长诗时早已经失明,创作本身就体现了革命的坚强意志。约翰·班扬曾是一名革命军战士,后来又成为浸礼派牧师。复辟后,他因宗教信仰被关押12年,在狱中写下了《天路历程》。这是一部寓言体长诗,诗中表现了革命失败后革命者经受的痛苦的思想磨难和精神反思。

革命还造就了一部伟大的政治学著作,即托马斯·霍布斯的《利维坦》。尽管霍布斯在大部分时间中流亡国外,但他对英国的事态仍十分关注。英国革命使他思考这样一个问题:当等级社会被革命冲垮,平等的个人相互冲突时,如何才能维护社会秩序的安宁?他认为,只有建立强大的专制政府才能做到这一点,而军政府恰恰符合这一要求。他因此在1651年回到英国,支持克伦威尔的军事专制。另一位政治学家在当时提出了一个惊人的论断,詹姆斯·哈林顿在《大洋国》中提出:内战的原因是财产发生了转移,从贵族手里转移到"人民"手中了。因此无论内战的结局如何,权力最终一定要转移到"人民"手中(当然"人民"仅指有产者)。哈林顿其实提出一个被许多后来者一再重复的观点,即政治权力是由财产权利决定的。哈林顿的思想后来延伸到亚当·斯密和马克思,他不可不说是一位前瞻性的思想家。

第十章 英国革命

作者点评：

　　熟悉世界史的读者应该注意到，英国革命中出现的许多现象，后来在其他革命中也出现了，比如英国有一个克伦威尔，法国有一个拿破仑；英国有斯图亚特王朝复辟，法国有波旁王朝复辟；英国有平等派和独立派的斗争，法国有雅各宾和吉伦特的斗争，等等——同样的比较也可用于俄国革命和其他革命中。这种可比性完全是出于偶然吗？应该不是。如果用曲线表示英国革命中的上升与下滑趋势，也就是革命从无到有、极盛而衰的全过程，那么这条曲线就酷似一座山峰，从低处向上，越过顶峰，然后就下滑。这种峰形曲线几乎可以用来表述世界上发生过的任何革命，只要这个革命走完了它的全过程，而不是半途而废，或者中途被击败。英国革命的各个阶段都可在其他革命中找到对应点，这是一个很值得注意的现象，因此请细心的读者要特别留意。这说明革命有共性，革命受规律的支配，并不只是特殊场合下的个别事例。

第十一章 复辟与光荣革命

一、查理二世的统治

国内教科书一般把革命的终结定在1688年,这是沿袭20世纪30年代苏联教科书的说法。这种说法跳过了一个时代,实际上,1660年复辟之后革命就结束了,此后进入一个特别的历史时期,即"复辟时期"。

查理二世回国后,承认"国民会议"是正式的议会,它所做的决定就有法律效力。查理二世将他的临朝期提前到1649年开始,即其父被处死的那一年。这样,"空位时期"就从官方文献中一笔勾销了,似乎没有过革命,也没有过克伦威尔。但同时长期议会做出的许多决定也就具有合法性了,因为既然王位未断,议会及其立法也就不可断。所以,像星室法庭、高级专员委员会这一类专制权力的工具就不可再恢复了,国王不再能够随意征税,也不再可以任意制定法律。以土地分封为基础的封建义务和土地监护权被取消了,封建关系因此就永不可回头。根据议会的决定,被没收的土地(包括国王、教会和王党分子的土地)从理论上说应该归还,但被出售的土地却不在此列。军队被解散,保留了一支5 000人的常备军。议会给查理二世提供了终生拨款,但刚好只够和平时期开支,若遇战争或叛乱,议会重新拨款就必不可少。作为革命结束的标志,议会颁布"大赦法",所有参与反对国王的人都被赦免了,仅57名"弑君者"除外。57人中有30人被判处死刑,其中还有一些是已经死去的人;最后,仅对11人执行了死刑令。

复辟初期,国王与议会处于平衡状态,国王不可立法,却可以否决议

第十一章 复辟与光荣革命

会的法案。议会控制着财权,国王则负责行政,指导政府的日常运作。议会虽可弹劾大臣,国王则有权任命官员,并统帅军队和民兵。议会可通过拨款节制国王的权力,却无法强迫国王按议会的旨意办事。国王可自行指定或解散政府,议会则对此无能为力。然而另一方面,国王又不可以随随便便解散议会,更不可以不要议会而实行个人统治。总之,复辟之初主权的问题并没有解决,复辟只是权宜之计,最高主权之争迟早还是要爆发的。

查理二世加冕后从伦敦塔去威斯敏斯特

1661年5月,国王召开了新的议会,这个议会存在了18年,因其成员基本上是过去的王党和坚定的国教徒,因此被称作"骑士议会"。1661—1665年,骑士议会对宗教问题作出决策,提出一系列排斥性法律,合在一起称为《克拉伦登法典》。这时政府的主要大臣是爱德华·海德,已受封为克拉伦登伯爵,尽管克拉伦登本人并不完全赞同这些决策,但法律仍然以他的名字命名。

"法典"的目的是排斥非国教徒,把他们排斥在各级政府之外。法典包括四项法律,1661年的《市政法》要求市政机关宣誓效忠国王,接受国王的最高地位,保证不反抗王权,并在国教教堂领受圣餐。这使得市政机关很难被不服从国教者掌握,因此国王可以控制市政权力。1662年的《宗教一致法》要求一切神职人员,包括教士和学校教师,都要购买国教祈祷书,这导致1 000多名牧师退出教会,由此而清洗了国教内部的反对派。1664年的《宗教集会法》规定凡不在国教教堂做礼拜者,若非同一家庭而超出5人以上的,要受到严厉惩罚。这使得非国教徒的宗教活动受到很大限制,国教外的宗教宽容几乎不存在。1665年《五哩法》规定凡不

英国通史

愿按《宗教一致法》行事的神职人员必须宣誓不反抗国王,也不企图改变政府与国家的教会,不宣誓者不可进入其所在教区或城市的五哩范围之内,其目的是把宗教反对派与他们的社会基础分开。《克拉伦登法典》旨在把清教力量彻底粉碎,在革命中,革命者正是以清教作为思想武器的。

复辟是一个阶级的复辟,这个阶级就是土地阶级。内战中,这个阶级因为主权归属问题发生分歧,分歧的结果是导致内战。内战动员起社会各阶层,中层和下层人民也卷入了战争。战争中各阶层都使用政治手段提出了自己的理想,而这些理想的实现,就一定会威胁到土地阶级的统治。军事独裁使革命的理想破灭了,土地阶级也认识到他们之间的共性大于分歧。土地阶级再度团结造成了复辟的基础,革命和反革命的阵营联合起来,共同造就了复辟。不过这个复辟是有条件的,即复辟的统治是整个阶级的统治,而不是国王一个人的统治。只要国王承认这一点,哪怕不公开声明,复辟的基础也可以存在;但如果国王重蹈覆辙,再次走上建立个人专制的道路,冲突就会重新爆发。

遗憾的是复辟王朝还是走上了挑起冲突的道路。复辟时期有两个问题变得很敏感,一是外交问题,二是宗教问题,两个问题都与国王的个人权力有关,最终引起新的变故。

查理二世最初依靠克拉伦登伯爵,克拉伦登在内战中曾追随国王流亡海外,做他的主要谋臣,复辟后也就理所当然地领导政府。1662年,在法国的帮助下,他促成了查理二世与葡萄牙公主的联姻,由此使英国得到葡萄牙的海外领地丹吉尔和孟买(作为公主的陪嫁),同时也得到法国的财政援助。同年,他又负责把敦刻尔克卖给了法国,从法国手中得到一大笔钱。这两项行动都明显地表现出复辟政府的亲法倾向,是非常不好的征兆。法国当时在路易十四的统治下,专制政体发展到顶峰。复辟政府的亲法倾向表现了查理二世对法王的倾慕,这种态度在克拉伦登倒台(1667年)后反而表现得更明显了。

查理二世开始执行两面外交,一方面,在表面上,他于1668年与荷兰、瑞典结成三国同盟,共同反对法国——这是一个新教的同盟,应该是得到国人支持的。但另一方面,在私下里,他又于1670年与法国缔结了秘密条约,即"多佛密约",其中他允诺在未来的战争中帮助法国打击荷兰,并在条件许可时公开宣布自己是天主教徒。作为交换,法国答应提供财政援助,并且在查理恢复天主教时派军队镇压英国人可能发动的反抗。

第十一章 复辟与光荣革命

自宗教改革以来,坚守国教、反对天主教曾一直是英国的国策,查理二世现在许诺恢复天主教,其动机主要是政治的,即在法国的帮助下摆脱议会的控制。

多佛密约始终没有公布,但传言纷纷,疑心四起,议会中不少人对此猜疑满腹,对国王的不信任感也随之而起。1673年,查理与法国结盟打第三次英荷战争,开战前两天,查理发布了一个"信仰自由宣言",表示要给一切非国教徒——包括新教不服从国教者和天主教徒——宗教信仰的自由。这一举动引起舆论大哗,议会乘机行使其拨款权,提出:若国王撤回宣言则议会可以拨一大笔战费,反之则绝对不拨款。查理于是让步,接受了议会条件。议会进而提出一项《宣誓法》,其中规定:文武公职人员一律要做宣誓,表示服从国教的至尊法,遵守国教仪式,并斥责天主教的弥撒信条。这一法律是对国王任命官员权力的极大限制,因为它事实上规定只有国教徒才可以担任公职,因此与查理恢复天主教的企图针锋相对,同时也沉重地打击了国王恢复专制的企图。但这一法律也限制新教不服从国教者的公职权,对反王权专制的力量也形成不利影响。

《宣誓法》造成政府的再次更迭,国王的兄弟约克公爵詹姆士是天主教徒,他是海军大臣,因此必须辞职。克利夫德是财政大臣,他也必须辞职。接替克利夫德的是托玛斯·奥斯本,后来受封为丹比伯爵。在丹比领导下,议会中形成一个稳定的多数派,这个派别的社会基础是地方乡绅,将其黏结在一起的是贿赂和封官。这个集团以支持国王政府为己任,由此而出现了一个新的苗头,即政府的正常运作有赖于议会多数的支持。

丹比不喜欢法国,大概也不知道多佛密约,他设法把约克公爵的长女玛丽公主嫁给了法王路易十四的死对头、荷兰的执政奥伦治的威廉,而威廉是一个新教徒。尽管如此,查理二世的亲法倾向还是被国人所察觉,而反天主教的情绪正在国内蔓延。1678年,一个叫泰特斯·奥茨的人声称他知道一系列阴谋,天主教徒打算行刺国王、屠杀新教徒、勾结法军入侵爱尔兰。受奥茨供词的株连,有许多天主教徒被判刑甚至处死。但后来人们发现奥茨做了大量的伪证,因此奥茨自己也被判了刑。不过此前约克公爵夫人的私人秘书科尔曼被捕时,人们确实发现他参与了一项天主教密谋,因此在事发当时,奥茨的一切说法就仿佛都有根据,整个英国于是草木皆兵,似乎天主教的暴动近在眼前。丹比对此不以为然,但就在这时,法王故意透露丹比的一封信,其中表明英国政府正在与法国谈判,愿意以保持中立为条件,换取法国的大量经援。这一消息引起民众的强烈愤怒,议会反对派乘机对丹比进行弹劾,要他下台。为了保住丹比,查理二世解散了骑士议会,这时是1679年1月。

3月份新的议会召开,反对派再次弹劾丹比,并且把丹比送进了监狱。领导反对派的是莎夫茨伯里伯爵,他曾经出任过克伦威尔军政府的国务委员,后来又参与复辟,在复辟政府中担任要职。他主张对非国教徒实行宽容,但支持对天主教徒进行压制。1673年他被免职,此后就公开反对政府。在他的领导下议会中形成一个反政府派别,他是反对派的领导人。丹比被弹劾后,他出任枢密院长,针对国王任意捕人、不加审判随便关押的做法,莎夫茨伯里一派在议会通过了《人身保护法》,规定任何人不经审判不得被监禁,不经出示法庭拘捕证不可被逮捕。这项法律对保护国民的人身自由具有重大的意义,人民在很大程度上摆脱了对专制权力的恐惧,同时反对派也不必害怕因发表反对政府的言论而遭受迫害了。

新议会紧接着准备制定《排斥法案》,目的是把约克公爵排斥于王位继承权之外。查理二世虽有很多私生子,但婚生的子女却一个也没有。詹姆士作为国王的弟弟,处在直接继承王位的位置上。于是,英国王位很可能要落入一个天主教徒之手,这是多数英国人不愿意看到的,《排斥法案》就是为了防止出现这种情况而提出的。然而在这个问题上,议会公开分裂成两派,莎夫茨伯里的一派坚持宗教改革的原则,坚决反对天主教徒登上王位,因此主张剥夺詹姆士的继承权;丹比的一派则坚守王位继承的正统原则,主张保留詹姆士的继承权。不久后,这两派各自得到一个永久性名称,主张排斥的叫"辉格党",反对排斥的叫"托利党"。两派对英国的政治原则各守一端,英国的政党政治也就初见端倪了。

查理二世站在他兄弟一边,同时也就支持托利党人。托利党本来就是以支持国王为己任的,因此王权与托利党结盟就十分自然。1679年7月,查理再次解散议会,国内政治斗争已经相当激烈了。

10月,查理召开第三个议会,但在一年中实际上处于休会状态。1680年底该议会正式开会后,辉格党就再次提出《排斥法案》,并且将其通过下院。上院否决了法案,下院就通过决议,表示在《排斥法案》获通过之前,下院不再给政府拨款。国王遂解散议会,于次年3月又召开一个新议会。这个议会只存在了一个星期,新的《排斥法案》提出后就被解散了。此后,查理不再召开议会了,直至1685年他去世为止。查理从法国得到援助，不需要依赖议会拨款。他逐渐在斗争中占了上风，他死的时候，国王的权力又发展到前所未有的高度。

辉格党的失势归咎于其内部的分裂，一部分辉格党人提出以蒙默思公爵为王位继承人，蒙默思是查理二世的私生子，这就使其他辉格党人不能接受，并且毁坏了辉格党在一般人心目中的形象。查理起用了一班强硬的托利党人组成政府，对辉格党人进行打击。莎夫茨伯里受到起诉，但被陪审团开释了。莎夫茨伯里试图组织武装反抗，但没有成功，莎氏于是逃往国外，1683年死于荷兰。这一年又发生"黑麦仓密谋案"，有人企图在赫特福郡的黑麦仓刺杀查理及约克公爵，结果被人告了密。一批强硬的辉格党人被捕被杀，辉格党的力量至此已大为削弱。

与此同时，查理对市政机关进行清理。辉格党的社会基础多在自治市，而自治市又是不服从国教派的滋生地。从1682年起，查理用更换市镇特许状的办法打击不服从国教者，使乡村地主及忠于国教的人可以控制市政府。如此调整后，城镇选区选出的议员就控制在国王手里了，辉格党的社会基础也受到破坏。查理去世时，形势看起来很好，大局已定，国王似乎已彻底胜利！

二、詹姆士二世与光荣革命

在这种大好形势下，1685年，詹姆士顺利登上王位。尽管他是个天主教徒，而且受到那么多人的反对，但他所召开的议会却非常顺从，给他拨了一大笔终生年金，比查理二世的几乎多一倍。蒙默思公爵不服气，他带领100多人在西南沿海登陆，指称詹姆士无权为王，号召人民反抗。一小批辉格党贵族参加了蒙默思反叛，但很快就被詹姆士打败了，蒙默思和造反的贵族被抓获，然后处死。詹姆士命审判长杰弗里斯去处理叛乱的善后工作，杰弗里斯于是大开杀戒，将300多名参加叛乱的人处死，包括绞死、水闷，再大卸八块。另有800多人被流放，大批的人员受到处罚。这次行动被称为"血腥审判"，虽说辉格党受到沉重打击，但辉格党的地位却发生变化，许多人同情辉格党的遭遇，视其为蒙难的烈士。

不久后形势就完全倒转过来，詹姆士本来是有机会巩固他的统治，终其一生而治理国家的。但他的所作所为极不明智，很快就把整个国家推到了他的对立面上。詹姆士企图利用有利的局面加强王权，强化他对国家的统治。但这样一来他就走上了建立专制王权的老路,步上其革命前两位先人——詹姆士一世和查理一世——的后尘。于是,20多年前革命所未能解决的问题又重新出现了,这就是:谁是国家的主权?

詹姆士全面推行他的计划。首先,他企图建立一支常备军,在英国,国王始终不掌握常备武装力量,这就是英国专制王权不能强大的原因之一。但建立常备军的企图使人们害怕,它让人既想起克伦威尔,又想起法国的路易十四。镇压蒙默思叛乱时詹姆士召集了一支3万人的民军,现在有传闻说,它将变成常备军;而且,一支16 000人的部队已经部署在伦敦周围。

詹姆士还任命天主教徒担任文武官员,这既出自其宗教信仰,也出自其恢复专制的需要。1686年,一个天主教徒出任爱尔兰总督,并开始组建天主教军队;海军指挥权也落入天主教徒手中,更多的天主教徒则充任其他军官。在文职方面,天主教徒进入枢密院、出任大臣,到1688年连首席大臣都公然宣称自己是天主教徒了。

在詹姆士支持下,天主教公开恢复了活动,芳济各会、多明我会等天主教团建立了修道院,而牛津、剑桥大学的国教徒则受到排挤,天主教徒出任学院院长。一个叫"宗教事务专员法庭"的机构出现了,这使人想起在1641年被解散的各种专制法庭。所有这些做法终于使托利党人也不能忍受了,他们不再固守被动服从的立场。在1679年,他们曾出于王位继承的正统原则而支持詹姆士,反对《排斥法案》;现在,詹姆士显然忘记除王位正统原则外,托利党还有另一个原则,即国教的原则。正是在国教原则的基础上,托利党和辉格党走到了一起,结成了反詹姆士的同盟。

詹姆士预感到政治危机,便想向新教非国教派示好,以扩大自己的社会基础。1687年他发布《信仰自由宣言》,表示一切非国教徒都可以公开进行宗教活动,不再承受惩罚。但这样一个争取新教非国教派支持的措施却被新教非国教徒拒绝了,他们宁愿继续受压制,也不愿让天主教取得合法地位。于是整个新教阵营就联合起来,共同反抗詹姆士。詹姆士恼羞成怒,于1688年发布第二个《信仰自由宣言》,命令所有的国教教堂在5月份要连续两个星期天宣读这份文件。七位主教,包括坎特伯雷大主教联名上书,恳请国王收回成命;国王却下令逮捕这七名主教,将其交付法庭审理,这就是所谓的"七主教案"。

这以后局势就急转直下了。全国各教堂都不服从国王指令,标志着

第十一章 ● 复辟与光荣革命

托利主义中不反抗原则的结束。七主教审判开庭,在公众情绪的压力下,陪审团宣布其无罪释放。消息立刻就传遍全国,人们骑着马传送喜讯,到处爆发庆祝活动,而尤以伦敦为最。就在这时,王后生下一个小王子,这是使公开反抗得以发生的最后一个砝码。因为迄至此时,人们仍指望老国王死后王位将传给新教徒,即他的两个女儿玛丽和安妮。王子的出生使这种希望破灭了,王子必然会在天主教的环境中长大,长大后一定是个天主教徒。对天主教的和对专制制度的恐惧在这一点上结合起来,于是,事变开始了。

1688年7月30日,七位政治要人悄悄聚会,起草了一封邀请信,派密使送往荷兰,要求荷兰的执政、奥伦治的威廉率军队前来英国,帮助捍卫英国人的自由。七位政要中两党领袖都有,其中包括伦敦主教,也包括丹比,以及在"血腥审判"中失去亲人的辉格党成员:一位罗素,一位西德尼,一位卡文迪什。送出这封邀请信是冒着杀头风险的,但这次是两党共同的行动。

分析一下就可以知道,这时的历史又回到1642年的转折点了,需要解决的问题是:是否让王权的扩张继续发展?1642年,为了阻挡专制的趋势,英国人曾拿起武器,捍卫"自古就有的自由"。而1688年,同样为"捍卫自由",七位贵族领袖在密室策划,邀请一位外国君主前来干预。他们选中奥伦治的威廉,其中主要的原因是:威廉的妻子是詹姆士的长女,而两人都是新教徒,如果由他们来继承王位,王位的正统原则和新教原则就最充分地结合在一起了。此举若成功,王权的扩张就会被阻止,而"自由"又不需要再呼唤一个克伦威尔。统治阶层自己可以完成"自由",这个自由不需要民众,也不需要发动新的革命——这就是后来被称为是"光荣革命"事件的真实意义所在。

威廉接到邀请信喜出望外,这时他正与法国为敌,急需得到英国的支持,英国若落入他的手中,则抗法的力量将数倍增长。但荷兰刚和英国打过两次仗,为不让英国人感到他是在发动侵略,他决定要避开英军的正面抵抗,在大批英国人站到他的旗帜下之前,不与英军冲突。于是,他决定在英格兰西部地区登陆。这样做有很大的危险,因为英国海军可以切断他的后路,让他全军覆没。但天时帮了忙,他的舰队一路顺风,英国舰队则被逆风封锁在泰晤士河中无法出海。等风停之后英舰驶入海峡时,一阵狂风又把英军赶回了港口。这阵风叫作"新教之风",人们普遍认为它帮助威廉取得了胜利。

威廉登陆后,很长时间没有英国人前来归顺,原因是这里正是"血腥审判"殃及的地方,三年前的屠杀仍在人们心中记忆犹新。但渐渐地,终于有一些重要人物投靠过来了,其中最重要的是第二代克拉伦登伯爵的长子康伯里子爵,他在一个短时间里曾指挥英军的前锋部队。从亲缘关系上说,第二代克拉伦登的妹妹是詹姆士的第一个妻子,因此国王的两个女儿——后来的两位女王,就是康伯里的姑表姐妹!事实上,詹姆士现在已经众叛亲离了,宫廷中有一个反对他的集团,其活动中心就在安妮公主的宫闱中。

这个集团的主谋是约翰·丘吉尔,后来被封为马尔博罗公爵。这是个极有心计的人,又极有才干,因军功升任高级军官,又因其妻是安妮公主的侍女,因此与宫廷关系密切。现在,他决定背弃詹姆士,投向威廉。但在行动之前,他仍向詹姆士表示忠心,信誓旦旦地要与国王同生共死。詹姆士于是将军权托付给他,让他率领陆军与威廉作战。但丘吉尔将这支军队交给了威廉,至此,詹姆士的败局便注定了。詹姆士逃往伦敦,威廉随后也进入伦敦。威廉说他来此的目的是帮助捍卫英国的自由,因此他提出两项要求:一是解除天主教徒的官职;二是召开议会。

詹姆士此时还没有全输,如果召开议会,他不见得控制不住。但1649年发生的事让他胆战心惊,他因此决定逃跑。他没有看清的是,英国的统治阶层——贵族和乡绅——与他一样也害怕革命,1649年的事是不会再重演了。詹姆士出走给反叛国王的人解决了一个大难题,这就是如何处置现国王?反叛者不愿杀死他,因为杀他就等于再进行一次革命;但不杀他就不能不承认他是国王,反叛他的人又如何是好呢?詹姆士一出走,问题就解决了:威廉下令让各地区选出代表到伦敦开会,共同商

威廉三

第十一章 ● 复辟与光荣革命

量国策。这次会议后来变成一个真正的议会,会议宣布詹姆士擅自离开职守,背弃了国王的职责,因此他已自动退位。经过一系列的讨价还价,托利党和辉格党达成一致,由议会宣布新国王临朝,威廉和玛丽共同登上王位。在此之前,议会发布了一项《权利法案》,作为新国王登基的条件,其中多数条款都是"英国人自古就有的"权利,比如只有议会才可以征税,臣民可以自由地请愿,议员可以自由发表政见,议会应该定期召开,等等。但将所有这些"权利"用书面形式汇聚于一纸,而且作为人民与国王之间的"契约"出现,这是具有重大意义的事。《权利法案》因此成为"英国宪政"中最重要的奠基性文件之一,它为现代英国政治制度的形成再打下一个基础。

"光荣革命"还附带有其他几项法律文件,使一个新的政治体制基本成形。这些文件是:(1)1689 年的《兵变法》,规定国王若征召一支常备军,只可以维持半年左右时间,否则不拨款。议会由此而控制了军队,国王在很大程度上丧失了军权。(2)1689 年的《宽容法》,其中确立了宗教宽容的原则,但仍维持非国教徒在政治方面的不平等地位。(3)1694 年的《三年法》,规定一届议会最多为期三年,每三年应该改选一次议会。(4)1696 年的《叛国法》,其目的是不让国王以"叛国罪"为借口清除反对派,为被指控犯"叛国罪"的人提供了法律保护。(5)1701 年的《继承法》,规定日后王位继承的顺序,保证王位不会再回到詹姆士二世的男系后代手上。

由此可知,"光荣革命"其实是一场不流血的革命,说其"光荣"就在于它不流血。但假如当时丘吉尔不倒戈,流血的可能性还是很大的。不流血的原因是:国家的统治阶层已齐心协力,下决心要把詹姆士搞下台。他们不能容忍专制制度的恢复,更不能接受天主教的复辟;但同时,他们也不愿再看到新的革命,不愿让下层民众再参与国家政体的设计。光荣革命是英国历史的转折点,从表面上看似乎一切都没有变,只是换了国王,新国王还具有继承王位的最直接条件。但实质上新国王是由议会创造出来的,没有议会就没有国王的王位。这就把近 100 年来困扰英国不休的主权问题解决了:既然议会创造了国王,主权当然在议会。为解决这个问题,英国纷争了近一个世纪,其间有大规模的动荡,有战争,有革命;但最终解决问题的却是不流血的手段,这对后来的历史产生了巨大的影响。光荣革命建立了英国的君主立宪制,最高权力从国王一个人手里转交到贵族一批人手里。光荣革命改变了英国的政体,这就是光荣革命的意义。

三、复辟时期的经济与社会

1660年复辟并不是完全恢复到革命以前的状态,复辟是新旧体制之间的过渡。

革命中的地产转移多数没有持久性,原地主在革命中就可能赎回一部分地产,复辟后凡是被没收的土地则应该归还。但革命仍使原先的土地主人受到很大损失,有很多土地收不回来,土地的新主人可以有很多办法保住土地,尤其是对复辟立过功的人,其土地的处置就更慎重。有些王党被没收土地后借了许多债,复辟后即使能收回土地,也不得不售出大量地产,以偿清债务。纽卡斯尔公爵曾是王军的主帅之一,复辟后他就卖出价值56 000镑的地产偿债。

地主用改进农业的方法来弥补其损失,新的租佃方法与新的耕作方法被广泛采用,缩短租期、不断提高租金成了一种流行的做法。为市场而生产成为农业经营的目标,为此引进了新的作物和新的品种,使用了新的农业技术,人们砍伐森林、排干沼泽,开垦新的耕地,农业生产明显发展。为增加土地收入,贵族和乡绅的议会禁止了谷物的进口,并且给小麦等出口提供价格补贴。这样粮价就被人为地提高了,以保证土地的高额利润。议会还制定《狩猎法》,禁止少地无地农民打猎,连在自己的土地上打野兔山鸡都不可以,违者严惩。这两项法律都是典型的阶级立法,受到民众的痛恨。

复辟时期,英国大约有160个有爵位的贵族,80—100个没有爵号的大地主,各自地产在1万英亩以上。他们之下是4 000多名地方缙绅,都有很大的社会影响。再往下是大约12 000家左右的"绅士",在地方上发挥很大的作用。这些人就是当时社会的统治阶层,他们既是复辟政权的基础,又是对王权造成节制的抗衡力量。他们一方面需要一个稳定的社会秩序,不希望看到下层民众的动乱;另一方面又对王权的膨胀感到担忧,生怕它危及自己的地方特权。这种根深蒂固的自治传统和分权思想是恢复专制的最大障碍,詹姆士二世的专制企图,正是在地方乡绅的抗拒下被碰得粉身碎骨的。

农业是社会的基础,根据统计学的先驱人物格里高利·金的估计,农业收入占国家总收入的一半左右。农业的发展带动了经济的总体发展,物价比较稳定,有时还有下降,普通人的生活水平略有提高,生活也比较安定。但仍有一半人难以糊口,金在1696年的估计是:人口中约1/4是贫苦农民或贫民,1/4给人帮工,这些人是社会的底层,他们一般都入不敷出,需要社会救济。因此,济贫税的负担就加重了,但济贫税主要由穷人交纳,这是很不合理的。1662年议会还通过一项法律,授权治安法官可以将新近迁居者送回其原来居住的教区,以免加重本地济贫负担。但这样一来就剥夺了穷人迁徙的权利,是对付穷人的又一项措施。

"国产税"也主要由穷人承担,这项税务占国库收入的很大一部分,是对一般消费品征收的税务。但另一方面,土地税则是由土地所有者承担的,英国的土地阶级并不像大陆国家那样享有免税的特权,这是其开明的地方。

土地的利益与商业的利益经常有机地衔接,贵族的长子常可以娶到伦敦富商的女儿,从而得到一笔丰厚的嫁妆;乡绅的幼子可以进入军界和政界,参与殖民活动,也可以经商。复辟政权在商业政策方面几乎是完全继承共和国的遗产,为维持海外的商业利益不遗余力,其中最重要的措施就是重新颁布《航海条例》。1660年新发布的条例规定:进入英国和爱尔兰的商品必须由英国或爱尔兰或英属殖民地的船只运送,其船员中至少要有3/4是英国人;进出英属殖民地的商品只能由英国或爱尔兰船只运输,其他国家的商船不可参与。根据这项法律,进出于英格兰、爱尔兰、英属殖民地的商船要么应属于英国、英属殖民地所有,要么应是商品生产国自己的船只。来往于亚、非、美洲与英国、英属殖民地之间的直接贸易与转口贸易完全被垄断控制了,《航海条例》的重商主义性质一览无余。《航海条例》的针对性很强,它的目标就是荷兰。第一次英荷战争后荷兰虽受到削弱,而且默认了《航海条例》的存在,但由于英国自身的纷争及国际环境等因素,荷兰的实力仍然很强。新的《航海条例》使两国的争执再度表面化,战争也不可避免了。

1664年,英国舰队在西非夺取荷兰商站,这是对荷兰控制的奴隶贸易的挑战。1664年,英军还占领了荷兰在北美大陆的殖民据点新阿姆斯特丹,将其改名为纽约(即新约克)。这样做的目的是把荷兰从北美殖民地贸易中驱逐出去,并拔掉插在英属殖民地中间的这颗钉子。这两件事终于触发了第二次英荷战争,战事于1665年爆发,英国舰队首战告捷,但后来却遭受一连串失败。1665年和1666年伦敦先后发生瘟疫和大火,可说是天灾人祸。1667年,一支荷兰分舰队甚至闯进了泰晤士河,在查塔姆军港烧毁了一批英舰。英国不得不与荷兰议和,它放弃对东方香料群岛的要求,但保住了纽约。

第三次英荷战争发生在1672—1674年间,这时查理二世与法王路易十四签订《多佛密约》,因此英方在战争中得到法国的帮助。英荷双方在战争中各有胜负,但荷兰海军夺回了新阿姆斯特丹,对英国的殖民扩张造成很大打击。英国议会不知道密约的事,但始终怀疑查理二世与法国勾结,因此从1673年起就不给战争拨款,这场战争就打得很奇怪了。1674年,英荷终于签订《威斯敏斯特和约》,战争结束,荷兰接受《航海条例》,英国也重新得到纽约。三次英荷战争使英国在英荷争夺中占了上风,荷兰对海上贸易的控制权丢给了英国,这对英国的海外扩张与殖民地事业具有重要意义。

荷兰失败是因为它以商业立国,其实力完全来自贸易垄断权,尤其是转口贸易权。英国也执行重商主义,而且以此为依据制定了《航海条例》。但英国的重商主义已进展到以制造业为后盾的地步,它旨在将母国与殖民地构筑成一个封闭的贸易区,母国控制殖民地经济,让其成为产品的推销市场,并提供母国所没有的商品。英国的实力由此而具有比较坚实的基础,终于能够压倒荷兰。这以后,英国的竞争对手就变成法国了,此后一个多世纪中,英法争霸成了殖民扩张的主题。

1660—1688年间英国的商船吨位扩大了一倍;1640年从英属殖民地进口然后再转口的贸易占英国贸易总额的5%—6%,17世纪末这个数字超过了25%。1686年有44%的英国船只从事美洲或印度贸易,英国商人从垄断地位中大获其利。伦敦一个大商人柴尔德在1672年曾坦率地说:《航海条例》使英国商船数增加了三倍,若没有《航海条例》,即便在英国自己的殖民地,荷兰船与英国船的比例也会是40:1。《航海条例》奠定了以后大约100年中英国的殖民地政策,这就是:在经济上严格控制,使殖民地附属于英国的经济;但在政治上却让殖民地自我管理,减少英国的开支。

商业扩展带动了工业发展,1640年以前英国的出口几乎只有一件商品,就是毛呢,但17世纪末毛呢出口已经占不到总出口量的一半了,40%的外贸额落在非欧洲产品的转口上,或是对印度和美洲殖民地的商品出

第十一章 复辟与光荣革命

口。复辟后的40年间,进出口总额从每年约400万英镑增长到600万英镑,这个数字还不包括未经英国本土的贸易,比如奴隶贸易和纽芬兰的渔业经销。为满足日益扩大的贸易需要,国内制造业大为发展,一批新产业应运而生。从60年代到世纪之末,除毛呢之外的其他工业品出口输往欧洲的增长了18%,输往殖民地的增长了200%,尽管这还只占外贸总额的8%左右。有人估计海上贸易每年给英国带来200万英镑的财富,其中75%是从美洲或印度来的。所有这些都有助于18世纪工业革命的发生,有人说,17世纪出现的是"商业革命"。

1694年英格兰银行获准成立,这是英国经济发展史上的一件大事。此前所有的借贷基本上都是个人之间的事,信誉与成功的可能性都没有保障。"银行"则是一种法人团体,它由国王批准成立,承担法律责任,因此就为社会集资和私人剩余资金的出路找到了一个去处。"银行"是荷兰人发明的,威廉和玛丽登上王位后就把它引进英国。英格兰银行在伦敦商人中大受欢迎,但贵族对它却不感兴趣。尽管威廉和玛丽带头认股,成为最早的一批股东,贵族院却只有两人追随其后。当时农本思想仍是社会的主流思想,直到1749年托利党领袖博林布鲁克还说:"国家是一条船,地主是船主,商人只是乘客。"新的价值观念还有待于形成,工业革命的思想基础尚未成形,但光荣革命已经为经济的自由发展制造了政治条件,这是至关重要的。

在宗教方面,复辟时期的最大特点是安立甘宗(即国教)正式分裂。直至内战爆发,国教在表面上仍是统一体,而不管其内部有多大分歧。革命中清教徒举起反抗的旗帜,但他们仍未从国教中出走,他们要求的是从内部改造国教。复辟后政府对清教徒进行清洗,强

英国新教贵格教派的布道活动

迫一切教士要服从国教,同时也就服从王权。这造成教会的正式分裂,大约1 000名教士不肯服从,他们从国教会中分裂出来,正式形成了各自的教派,如教友会、浸礼会、长老会、公理会等,统称为"不服从国教者";和天主教徒合在一起,同称"非国教徒"。议会对非国教徒实行压制,不准他们公开进行宗教活动。1673年又颁布《宣誓法》,规定一切非国教徒不得担任公职,因此非国教徒的公民权是不完整的。在这种压制下,新教非国教徒往往进入非政治领域,如经商、办实业、从事科学、学术研究等。英国的实业家、金融家、科学家、文人学者中非国教徒比例特别大,即与此种背景有关。但歧视政策并不影响到非国教徒的地位与身份,贵族、乡绅的称号与财产不受影响,辉格党中许多重要人物是不服从国教者,他们与商业、殖民地的利益关系密切。辉格党政要可以通过"间或一致"的做法规避《宣誓法》,他们每年参加一两次国教礼拜仪式,由此而取得担任公职的资格。复辟时期人们最担心的是天主教卷土重来,正是在这一点上托利党与辉格党结成了联盟,国教与不服从国教派结成了联盟。

牛顿

复辟时期科学与学术受到鼓励,1662年英国皇家学会成立,其目的是"促进艺术与科学的繁荣"。皇家学会汇集了一大批优秀人才,成为科学与学术的坚强载体。牛顿是皇家学会的杰出代表,他的万有引力定律、运动三定律等研究成果奠定了近代物理学的基础,直至今日仍具有重大的应用价值。牛顿认为宇宙如同一台自动运行的机器,只需要一个原动力,就会按一定的规律运转,永不停息,而那个原动力就来自上帝。宇宙的规律是上帝创造的,认识规律,就是认识上帝自己。牛顿的思想体现着信仰与科学的调和,牛顿是一神论者,他认为科学的神性唯体现于上帝之中,这与他的一神论思想是分不开的。

复辟时期的大哲学家是约翰·洛克,他也是皇家学会成员,他的《政府论二篇》奠定了现代政治学的基础。洛克从人类社会的自然状态出发推导出政治自由的学说,成为自由主义政治理论的第一个奠基人。他认

第十一章 复辟与光荣革命

为统治者与被统治者之间存在着一种契约关系,统治的权利来自被统治者的同意,一旦这种契约被破坏,被统治者便不再有服从的义务,反抗是其合法的权利。洛克的学说为光荣革命提供了合法性,《政府论二篇》发表于1690年,看来似乎是在为光荣革命辩护。但这是一个巧合,洛克写作时光荣革命尚未发生。当时的情况应当是:很多人已认同了合理反抗的观念,光荣革命是行动上的体现,洛克的著作则是理论上的体现。

在文学方面,著名的作家有笛福和斯威夫特,他们在17世纪末已经声名鹊起,但此时两人基本上都以写政论文著称,是"办报人",他们各自的传世名著都要等到下个世纪才出现。但他们在报业方面的成就也同样是突出的,事实上,英国的非官方新闻业在七八十年代就已经很兴旺了,1679年议会否决压制性的《印刷法》,使新闻自由初见端倪。光荣革命后,出版许可证制度被取消了,言论与出版自由基本形成。

约翰·洛克

此时在文学方面兴起一个旁支领域,即日记文学,塞缪尔·佩皮斯和约翰·伊夫林是其中的典型,这两人都是皇家学会的会员,佩皮斯还担任过海军部的次长。两人在日记中对复辟时期的生活场面做了生动的记载,并表达出当时人的兴趣与想法。他们在写作时一定没有意识到自己是在"创作",但他们留下的作品却既有文学趣味,又是珍贵的史料。

1666年伦敦发生大火,大半个城市都给烧光了,大火之后一片焦土。不过这也给伦敦带来更新改造的机会,现代伦敦城的轮廓就是在火后废墟上形成的。克里斯托弗·雷恩是重建伦敦的主要设计师,他亲自指导了51座教堂的再建工程,其中包括著名的圣斯蒂芬教堂以及更著名的圣保罗大教堂。因为这些成就,雷恩跻身于世界最伟大的建筑师之列,他也是英国皇家学会的会员。

总之,复辟时期无论从哪个方面看,都不是一个简简单单的"复辟"或倒退的过程;复辟时期的成就是重大的,它为新世纪的跨越打开了通道。

英国通史

作者点评：

如果把光荣革命看作是一次制度变迁，即从君主专制过渡到君主立宪制，那就可以看出，制度变迁不一定要用革命的手段，非革命的手段一样可行。革命的手段虽然更彻底、更干脆，但革命的成果也可能很快消失，不留下太深的历史痕迹，英国的情况就是这样。17世纪革命没有留下很深的痕迹，相反，光荣革命却开始了一个现代的英国。光荣革命留下的最深刻遗产是：制度变迁可以用非革命的手段完成，从此后，英国历史上不再出现重大的暴力冲突，和平和渐进的改革成为英国历史发展的特色。到光荣革命为止，合适的政治和社会环境已经在英国形成了，正是在这种环境下，英国率先走向工业革命，也就从一个文明边缘的小国走向了世界的中心，并开创了一种新的文明。迄至这时，我们可以看出英国为准备工业革命而走过的历史轨迹了，那就是：形成民族国家——克服专制权力——走向工业革命。这些，就是我们在以上5章中记叙的内容。

第十二章 贵族的优势

一、君主立宪制的完善与发展

"光荣革命"确立了议会的主权,奠定了君主立宪制的基础,但"光荣革命"并没有解决行政权与立法权的关系问题,威廉三世登位之初,双方的关系极不明确。

威廉取得王位后主要依靠辉格党;托利党有很强的正统主义倾向,对王位旁落深感遗憾。但辉格党同时也主张加强对王权的限制,时时以"自由"为旗帜抗衡王权。辉格党还希望威廉成为它本党的领袖,要随时站在辉格党的立场上说话行事。这使威廉又常常与辉格党发生龃龉,因此光荣革命以后一段时间里,政局常常发生变化。政局变化还与欧洲的战争有关,威廉登位后不久就把英国拉进了欧洲大陆的争霸战争,成为反法同盟的主要力量。在战争中辉格党的态度比托利党积极,因此威廉就不得不更加倚赖辉格党,让辉格党人担任主要的政府大臣。1702年威廉去世后情况却发生了变化,这时,玛丽的妹妹、詹姆士二世的小女儿安妮继承王位,她讨厌辉格党,对托利党寄予更大的好感,她出于个人的好恶把大批辉格党人解除职务,代之以托利党人担任要职。这使得反法战争难以顺利进行。安妮的主要谋臣如马尔博罗公爵和戈多尔芬等都力谏她召回辉格党人共行战事,但安妮女王一听到这种建议便哭哭啼啼,坚决不肯召回辉格党人。

此时国王有独立的行政权,是实实在在的行政首脑,他有权遴选政府大臣,并亲自主掌国务大事。大臣们只对国王负责,而且以个人的身份接受国王领导,大臣之间不存在横向联系,也不需要协商一致。在复辟时期,已经在枢密院形成一个新的核心集团,被称为"内阁"。内阁人数较少,不像枢密院那样人多口杂。但内阁也只是国王的高级咨询机构,并不是真正的权力机关。威廉三世登位后延揽两党人士入阁作谋,但两党政见不同,争吵不休,内阁便成了吵架的场所。1693年以后有人建议从议会的多数党派中遴选阁员,组织行政班底,提供咨询意见。这以后政府工作果然比以前顺利了,意见也容易统一,这就是走向责任内阁制度的第一步。但威廉当时并不知道一旦议会多数党派发生变化,内阁成员也必须随之变化,他把内阁看成是国王的仆从,如同当时欧洲一切君主看待自己的臣仆一样。在这种情况下,一旦议会多数发生变化,国王的政府立刻就会和议会发生冲突。但当时议会对政府并没有控制权,尽管议会有充分的权力可以制定法律,国王却可以不加理会,国王可以行使国王的特权。大臣不对议会负责,而只以个人的身份对国王负责,议会对此毫无办法。因此,一旦政府与议会意见相左,国事就立即陷于混乱,不知道应该谁服从谁。行政与立法其实处在一种双头状态下,双方各行其是,缺乏配合的机制。

到安妮女王时情况发生变化了。首先,议会把内阁置于自己控制下,规定任何人(假如他不是贵族因此不具备上议员资格)出任国王的大臣,都必须经过一次竞选进入下院,成为下议员。这样,议会与政府的有机联系,就建立起来了,政府成员必须同时是议会议员。同时,安妮在马尔博罗和戈多尔芬的劝解下逐步认识到政府大臣必须与议会多数党相一致,议会换了,政府也要换,否则政府将受到议会的强烈抵制,行政事务便无法运作。因此,虽然从个人感情上说她极其厌恶辉格党,但她还是在1708年听从劝告,组织了一个辉格党政府,开创了内阁与议会多数党一致的先例。此外,安妮女王性格软弱,优柔寡断,这使大臣们难以与她打交道,往往是一件事情已经说好了,一旦出现另一种意见,她立刻就会改变初衷,接受新的建议。如此反复再三,事情就很难决断。为改革这种状况,大臣们逐步形成一个习惯,即遇事先在他们自己内部进行磋商,取得一致意见后再报告安妮,让她无可选择。这样就形成一个先例,即内阁意见必须统一,由此就逐步发展成内阁的集体责任制,作为整体,内阁对议会负责。1708年,安妮在英国历史上最后一次行使国王对议会的否决权,这时,否决权已经没有必要存在了,因为当内阁向议会负责的原则确立后,政府要么服从议会,要么下台。用国王的否决权否定议会的决定,

第十二章 贵族的优势

只会使政府与议会严重对抗。

安妮女王尚未登位时失去其子,这造成王位继承方面的问题,因为她的姐姐与姐夫玛丽与威廉也没有留下子嗣,这样一来,在安妮死后,王位就要复归詹姆士二世及其世系,即他的儿子或儿子的后代。如果出现这种情况,"光荣革命"就要功亏一篑,因为"光荣革命"在很大程度上是为了阻止詹姆士二世的儿子继承王位。为了防止发生这种情况,议会在1701年通过《王位继承法》,规定在安妮去世后王位将转入詹姆士一世的外孙女,即詹姆士二世的姑表姐妹索菲娅手中,索菲娅的父亲是德意志新教同盟的领袖、帕拉丁的选帝侯,而她自己则嫁给汉诺威的选帝侯,另一位德意志新教君主。用这种方法,英国人能确保王位掌握在新教徒手中,使"光荣革命"的成果不致流失。因此,《王位继承法》是英国历史上一项重要的立法,它再次体现了君主立宪制的本质,即主权不在国王,而在议会手中。

《王位继承法》触发了苏格兰问题。自从17世纪初斯图亚特王朝入主英格兰以来,苏格兰和英格兰都接受斯图亚特家族的统治,两国共戴一君。但两个国家仍各自独立,有自己的政府、议会和法律。1703年,苏格兰议会通过一项法律,使苏格兰的王位继承与英格兰不同,这意味着安妮一旦去世,两国就将完全分开,切断彼此间的特殊纽带。英格兰极为不满,便对苏格兰实行贸易禁运。后来,两国开始谈判联合问题,1707年签订了《联合法》,其中规定苏格兰与英格兰实行合并,新国家称作"大不列颠联合王国",英格兰的圣乔治旗与苏格兰的圣安德鲁旗合为一体,形成一面新的国旗即"杰克联合旗"(中国人称"米字旗")。苏格兰取消自己的议会,派16名贵族和45名平民参加联合王国的统一议会。苏格兰从联合中取得许多经济上的好处:它可以完全自由地与英格兰进行贸易,也可以充分享受英格兰在海外扩张中取得的成果。它还可以保留自己在政治、司法与宗教方面的特色,比如说,苏格兰的法律一直与英格兰不同,苏格兰的国教也不是圣公教,而是长老教,等等。苏格兰合并是建立在自愿与平等的基础上的,这以后,虽然苏格兰一直处于从属地位,但它的独特性却保留下来,尤其表现在社会、文化方面。不久后,苏格兰就开始分享英国经济发展的成果,并且与英格兰同步进入人类历史上第一个工业化进程。

1714年安妮女王去世,英国宪政进入新的发展时期,但和以前一样,这个过程得益于许多偶然的因素。按照《王位继承法》,索菲娅的儿子、汉诺威的选帝侯乔治一世来到英国,一个德意志的小王公登上了联合王国的王位。乔治一世此时54岁,他在英国统治了13年。但乔治一世不会说英语,又不熟悉英国的政风民情。在汉诺威,他当惯了小朝廷的专制君主,到英国后则对君主立宪制度一窍不通。作为外国人,他即使想改变政治制度也无从下手,于是他很明智,乐得做一个安乐天子,便放手让英国大臣代他去料理国事,自己什么也不管。1727年他的儿子乔治二世继承王位,这也是一个在汉诺威过惯了小朝廷生活的德意志君主,和他的父亲一样对英国事务不感兴趣。连续两个外国国王给英国的君主立宪制带来了发展的良机,内阁制由此得以成形。大臣们有事不再找国王,而是自己先商定对策,然后再提交国王认可。两个乔治由此乐得摆脱了许多琐事,但内阁在议会多数的支持下执掌政务的做法却牢固地确立起来,今后有人再想改变就很困难了。从国王方面说,他也发现必须接受议会多数派的统治地位,否则"国王陛下的政府"便会麻烦不断。为此,他必须任命议会多数派领袖出任政府首脑,而不管从感情上说他是喜欢这个人还是不喜欢这个人。如此,议会责任制政府就出现了,这样一种政府形式一直延续到现在。

　　托利党不喜欢汉诺威继承,其中一部分人甚至在安妮女王去世时策划让斯图亚特王朝复辟。这使托利党失去民心,在1715年的议会选举中让辉格党轻易取得胜利,而汉诺威王朝当然也就只能依靠辉格党的支持了。1715年10月,詹姆士二世的儿子、世称"老僭位者"的詹姆士·爱德华在苏格兰发动一次叛乱,企图恢复斯图亚特王朝的统治。这次叛乱规模很小,得不到人们支持,"老僭位者"才华平庸,又不肯在宗教问题上公开保障国教的一统地位,结果有许多托利党人也不肯支持他,因此叛乱很快就失败了。但叛乱给托利党造成重大打击,在许多人眼中,托利党成了"詹姆士党",托利党掌权就意味着斯图亚特王朝复辟。辉格党充分利用了这种恐慌情绪,把托利党全部赶出了宫廷,中央政府成了辉格党的一统天下。从这时候起,辉格党连续掌权近半个世纪,托利党则退居乡间,形成"宫廷"与"乡村"的对立。18世纪上半叶,英国政局就呈现这种特色。

　　但托利党大多数并不主张斯图亚特王朝复辟,他们虽然希望维护王位继承的正统性,但也反对复辟天主教,反对恢复君主专制。两相比较,他们情愿坚持后者,因此并不卷入反对汉诺威王朝的政治活动。1715年事件后,他们对光荣革命后的事态发展进行反思,认识到对光荣革命的成果必须无条件地接受。博林布鲁克子爵在这方面进行了理论的阐释,他

第十二章 贵族的优势

指出光荣革命是托利党和辉格党合作的成果,托利党也应把它看成是自己的光荣历史。在新的形势下,托利党应努力克服怀旧情绪,在土地财富的基础上与辉格党共同维护新制度。18世纪上半叶,托利党在这种思想指导下甘居"在野",它让辉格党控制"宫廷",自己则在地方政治中发挥更大的作用。因此,"辉格党的优势"只表现在中央政府的层面;在地方政治中,存在的是一种"土地的优势"即贵族的优势。1745年,"老僭位者"的儿子"小僭位者"查理·爱德华发动第二次叛乱,他率领一支军队从苏格兰深入到英格兰腹地直打到德比附近。但"小僭位者"只能在苏格兰高地找到支持者,叛乱虽持续了将近一年,但叛军孤军作战,既得不到给养,又得不到同情,最终还是被政府军打败。到这时候,光荣革命所缔造的政治体制已经很坚固了,任何人都难以将它动摇。

光荣革命缔造的是一个君主立宪政体,在这个政体下,君主的实权逐渐削弱,权力逐渐让给议会。政府由议会产生,向议会多数派负责。如果说在光荣革命之初,行政与立法的关系尚不明确,国王与议会有可能各行其是;那么到18世纪中叶,国王的权力已经消退了,立法权已高出行政权,将行政权置于自己的控制下。任何政府要想存在,就必须取得议会多数的支持。政府与议会的关系现在变得很敏感,为取得议会多数支持,政府不惜采用贿赂、收买等手段,从而造成18世纪腐败的政治局面。收买选票与收买议员是公开进行的,辉格党就靠这种手段维持了近50年的统治。

一般认为,英国历史上第一位"首相"是罗伯特·沃尔波尔。沃尔波尔出身于诺福克郡一个绅士之家,1701年进入议会,随辉格党从政。辉格党由于长期执政,内部滋生派别,沃尔波尔与他的姻兄弟唐森德子爵站在一起,反对以斯坦厄普伯爵为首的主流派,并且在1717至1720年之间游离于政府之外。1711年,英国曾成立一个"南海公司",专门对南美洲进行垄断商业贸易。公司企图投机取巧,在1720年与政府谈成一笔交易,由公司从私人手中回收政府债券,而以公司股票兑现。但在兑现过程中用平价或低于面值的价格计算政府的债券,却以高于面值的市场价格计算公司的股票,如此一进一出公司就赚了许多钱,结果,用总面值325万英镑的公司股票,吃进了950万英镑的政府债券,公司股票因此也就随之升值。许多人从中看出了投机的好时机,于是倾其财力吃进,使股票从每股128英镑猛升至1 000英镑以上。但这样一座空中楼塔是难以维持的,1721年4月股市终于崩溃,南海公司股票成为一堆"泡泡",许多人终生的积蓄一夜之间成了废纸,一时间,持股者群情激愤,迁怒于政府;尤其当有消息说政府的要员曾经接受过公司的贿赂被传播开来时,人们的震怒更是势不可当,辉格党统治摇摇欲坠。就在这时,沃尔波尔出面拯救了辉格党,使该党摆脱了危机。

沃尔波尔多年游离于政府之外,因此不受"南海泡泡"丑闻的牵连。他也是当时著名的"神算盘",对财政问题十分精通。"南海泡泡"发生后,政府崩溃,内阁成员有的死,有的辞职。沃尔波尔成为残存辉格党人中的元老人物,于是就当仁不让,接过了政府首脑之职。

沃尔波尔在经济方面非常成功,他很快平息了南海风波,恢复了政府的信誉。此后,他着手改革财政,用行政手段调节经济政策。他取消在英国制造的工业产品的出口税,同时大幅度降低甚至完全取消英国工业所需要的原材料商品的进口税。由此,它鼓励了工业的发展,因此尽管他是个重商主义者,但他的重商主义却以工业生产为基础,在他担任首相的21年中,英国经济高度繁荣,工业、远洋运输、对外贸易都发展到一个新的高度。显然,光荣革命的成果已经在经济领域里体现出来,合适的政治制度为经济发展创造了条件。在这个方面,沃尔波尔是很有功绩的。

二、殖民争霸和第一帝国

"光荣革命"后,英国已具备了向外扩张的条件。当时,新的政治制度已经确立,由此而造成的政治冲突也已经结束。重商主义已经为朝野上下所接受,对外贸易越来越成为最重要的民生国计。辉格党长期执政,为发展海外贸易提供了保障,这个党代表着英国最大的土地贵族,但同时也代表以伦敦为基地的海外大商业利益。托利党则代表地方中小贵族的利益,他们的眼界比较狭小,更具备地方性和保守性。

威廉三世继承王位后,英国就被拖进了旷日持久的对外战争。就威廉的本意而言,他要把英国拖进荷、法之间的长期争执,从而有利于荷兰方面;但就英国方面而言,这却符合它已经面临的扩张需要,因此受到广泛的支持,尤其受到辉格党的支持。在长期的战争中,辉格党总是取一种积极的姿态,而托利党则经常表现得非常勉强。

英国参与的第一场战争是奥格斯堡同盟战争。1688年,法国的路易十四向帕拉丁领地发起攻击,由此挑起这场战争。参加反法同盟的有奥

第十二章 贵族的优势

地利、西班牙、瑞典、荷兰、德意志及意大利的一些王公以及教皇；英国在1689年参加进去，此后的125年中，英法之间的冲突演变成欧洲的主要矛盾，奥格斯堡同盟战争只不过是引子而已。英国参战一方面是因为宗教分歧——法国是天主教国家，对新教英国始终抱有敌意；但时至18世纪，宗教分歧在欧洲国际关系中已不是主要问题，商业与殖民地争夺才是更重要的因素。法国在北美和印度与英国形成对峙，双方的商业战争是在所难免的。与此同时，路易十四继续支持詹姆士二世，不承认威廉在英国的统治，这也使英国不得不与法国对抗。英国参战后，立刻成了反法同盟的盟主，威廉则担任反法联军的主帅。威廉是一个很有军事才能的人，他身材瘦小，体弱多病，打起仗来却勇猛如狮，技艺十分娴熟。战争持续了8年，先后在爱尔兰海域、英吉利海峡、西属尼德兰、地中海、萨伏依及西班牙北部边境展开，双方都未曾取得过决定性的胜利，为争夺一个地区，往往会出现拉锯的局面。1696年，法国已感到财力不支，无力再打；同盟也对胜利的前景感到渺茫。于是双方在1697年签订了里斯维克条约，法国归还除斯特拉斯堡之外所夺取的一切地域，并承认威廉三世是英国的国王。这场战争实际上没有解决任何问题，对立仍旧继续，到1701年终于演变成西班牙王位继承战争。

  西班牙王位继承战争整整打了12年，双方都打得很艰苦。战争之初威廉三世就去世了，反法联军的主帅由一个新出现的军事天才来接任，这个人就是在光荣革命中背弃了詹姆士二世、向威廉三世倒戈的约翰·丘吉尔，也就是后来的马尔博罗公爵。

  战争的起因是西班牙王位继承问题。哈布斯堡家族西班牙分支的查理二世死后无嗣，但他立下遗嘱，把统治权交给法国路易十四的孙子菲力普。奥地利的哈布斯堡家族分支对此不予承认，提出应由该分支的查理大公继承王位。英国担心法国和西班牙两顶王冠合一，假如真是这样，法国就将取得西班牙庞大的殖民帝国，并得到西班牙的海军，从而成为最强大的海上力量。这时，英法之间争夺殖民地的斗争已经很激烈了，法国若得到西班牙，就意味着天平向法国绝对地倾斜。恰在此时，詹姆士二世在法国去世，路易十四宣布承认他的儿子(即"老僭位者")为英王，这是对英国荣誉的极大挑战，因此尽管托利党不想打仗，这时也不得不支持向法国开战了。

  战争中英军主要在西属尼德兰(即比利时)作战，但也在德意志、西班牙、地中海地区及美洲殖民地行动。1704年,马尔博罗在德意志小镇布伦内姆大败法军,充分展示了他的军事才能。这是英国军队在欧洲大陆上取得的最辉煌的军事胜利,同样性质的胜利,要到100多年后拿破仑战争中滑铁卢战役时才会重现。马尔博罗由此成为英国历史上最杰出的军事家之一,这是丘吉尔家族的巨大光荣。

在西班牙,英军于1704年拿下直布罗陀,此后就把它一直放在英国的管制下,直到现在,直布罗陀是从大西洋进入地中海的门户,控制了该地,就能控制西地中海。反法联军从两面进攻西班牙曾一度攻入马德里,但后来又不得不退出,因为西班牙人不喜欢反法联军。

在西属尼德兰,英军与法军长期对峙。1709年马尔博罗取得了决定性的优势,他可以长驱直入直捣巴黎,但他的国内政敌却设法阻止他这样做,1711年他们将马尔博罗解职,并开始与法国谈判,于1713年签订《乌特勒支条约》。

根据《乌特勒支条约》,路易十四之孙成为西班牙国王,并且领有西班牙在全世界的殖民地,但西班牙不得与法国合而为一。奥地利得到米兰、那不勒斯和西属尼德兰;萨伏依得到西西里。英国得到最广大的殖民地,其中包括地中海的直布罗陀和梅诺卡岛,北美洲的哈得孙湾流域和新斯科舍,西印度的圣基茨(即圣克里斯托夫)岛,并得到向西属美洲殖民地贩卖黑奴的垄断权,为时30年,以及每年向该地区派出一艘货载620吨的商船的权利。英国是这场战争的最大赢家,它扩大了帝国版图,增强了海上力量,发展了对外贸易,得到最大的实惠。在战争中,荷兰和法国都受到重创,而这两国本是英国在海外的最大对手。战后英国维持了一支欧洲最强大的海军,它的商业触角已伸向全世界,它在建立世界帝国的道路上迈出了重要的一步。

沃尔波尔上台后采取一种休养生息的政策,他虽然也是辉格党人,也主张扩大英国的海外势力,但他不希望卷入太多的战争,希望尽可能在和平的环境中做好英国自己的事。但英国的商业利益者对此十分不满,他们希望积极行动,主动扩大在海外的利益。辉格党内部本来就存在反对派,后来又出现一批"青年辉格党人",代表主张扩张的商业利益集团,这批人中包括乔治·格伦维尔、威廉·皮特等,他们与老一辈反对派联手,随时准备把沃尔波尔赶下台。1733年,法、西两国签订了秘密的"家族协定",同意以英国为对象,共同保护两国的殖民与商业利益。这个协定使

第十二章 贵族的优势

沃尔波尔的联法反西政策无法再实行下去,冲突是迟早要发生的。就在这个时候,英国人违反《乌特勒支条约》的规定向西属美洲殖民地大规模走私,引起西班牙海军与英国走私船的持久冲突。沃尔波尔的反对派借此做文章,煽动英国人的战争情绪。1738年,一个名叫詹金斯的走私船长向议会出示被割下的耳朵,说那是西班牙人残酷虐待他的证据。一时间,詹金斯的耳朵成了向西班牙开战的借口,战争呼声四起。1739年,沃尔波尔终于顶不住舆论的压力,向西班牙宣战,这场战争于是就被叫作"詹金斯耳之战"。一年后,战争又融入欧洲发生的更大规模的冲突之中,那场战争即是"奥地利皇位继承战争"。

奥地利皇位继承战争是由玛丽·泰蕾西娅继承奥地利哈布斯堡家族世袭领地而引发的,当时,法国与普鲁士结盟企图分割奥地利领土,因此便不承认玛丽·泰蕾西娅的继承权。英国则站在奥地利一边,支持奥国女皇的统治。英国军队在欧洲大陆投入战争,同时也在印度和北美洲作战。战争主要对象仍然是法国,争夺海外优势是战争的主要目标。但这次战争无果而终,根据1748年的艾克斯—拉夏佩勒条约,双方归还在战争中夺取的领土,唯一的例外是奥地利把西里西亚割让给普鲁士。

沃尔波尔因战争而下台。战争爆发后,英国在大约一年时间里维持中立,而公众舆论要求参战支持奥地利。1741年大选沃尔波尔险胜,但第二年他宣布辞职,他无法将战争进行下去了。此后政权落入卡特列特之手,两年后又被佩勒姆兄弟接过去,亨利·佩勒姆和纽卡斯尔公爵兄弟先后出任第一财政大臣(即首相),兄弟俩从1744年执政到1756年。

奥地利皇位继承战争对英国来说是无果而终,它与法国的矛盾丝毫没有缓和,相反,在印度与北美,两国的争夺却越来越激烈了。在印度,以马德拉斯为中心双方已多次发生冲突;在北美,俄亥俄河流域成为双方争夺的焦点。1754年,弗吉尼亚殖民地的乔治·华盛顿率领民军在俄亥俄河与法军遭遇,被打败;1755年,英国正规军又在同一地区被打败。这使英国开始准备战争,为此又需要结盟。这一次,它找到的盟友是普鲁士而不是奥地利,与它的传统外交政策刚好相反。战争在1756年爆发,一直打到1763年,故被称为"七年战争"。

七年战争是英国争夺世界霸权的一次决定性战争,英军主要在北美、印度和海上作战。战争初期,英国在各个战场失利,在印度,孟加拉的土邦王公在法国鼓动下攻下加尔各答,有146个英国人被俘虏,关在一个很小的屋子里,导致123人窒息而死,这件事叫作"黑洞事件"。在欧洲,英国丢掉梅诺卡岛,英国的盟军汉诺威和普鲁士也不断受挫。在美洲,英国也丢掉了奥斯威戈。这些挫折引起国内民情激愤,政府被迫改组,纽卡斯尔成为名义上的首脑,威廉·皮特则在事实上执掌政权。

　　皮特出生于商业家庭,祖父做过印度马德拉斯的总督。皮特代表主张积极向海外扩张的商业利益,他自称是"伟大的平民",反对贵族优势,也反对把英国的利益与大陆欧洲国家的利益纠缠在一起。他力主扩大殖民地,主张建立海外帝国。他曾反对沃尔波尔的和平政策,倡导主动出击,夺取更多殖民地。在奥地利皇位继承战争中他指责政府趋附于汉诺威王朝的利益,而不以英国自身为出发点。国王因此很讨厌他,不肯让他参加政府。1757年,不利的战局终于把他推上前台,让他指导战争。皮特上台后立刻重组军队,撤换不称职的军官,以战功提拔新人。他改进后勤供应,增加给养,鼓动军队的士气。在他的指导下,战局迅速改观。他把英军的作战重点放在美洲,而让东印度公司自行作战,政府只为公司提供海军保护,切断法国的军援。经过调整后,英军在美洲进展顺利,相继攻克了法军要塞路易斯堡、匹兹堡、奥斯威戈以及魁北克、蒙特利尔等,加拿大事实上落入英国之手。与此同时,东印度公司的武装部队在罗伯特·克莱夫的指挥下也逐渐取得优势,于1761年攻克本地治里,印度战争也以胜利告终。1759年,英国海军先后击败法国地中海舰队和大西洋舰队,到1760年9—10月间,法国海上力量已基本被歼。这时,皮特提出向西班牙宣战,但内阁否决了他的提议,皮特于1761年辞职。

　　继之而起的布特伯爵还是向西班牙宣战了,1762年英军攻克哈瓦那和马尼拉,西班牙也被打败。这时,英国的盟国普鲁士也扭转了战局;1763年交战双方签订《巴黎和约》,七年战争以英国大胜结束。

　　《巴黎和约》奠定了英帝国的基础。根据和约,英国取得加拿大及密西西比河以东地区,用哈瓦那交换了西班牙的佛罗里达,西班牙则从法国那里得到路易斯安那作为补偿。至此,法国在北美的势力几乎完全被清除了,英国在北美的殖民帝国则基本奠定。在印度,英法双方交换了战争中相互征服的领土。在加勒比海,英国得到圣文森特、多巴哥、多米尼加和格林纳达等岛屿,在西非得到塞内加尔,在欧洲则收回梅诺卡。一个世界范围的英帝国已初具雏形,英国成了最强大的海上强国。

第十二章 ● 贵族的优势

但不久后这个殖民帝国就面临重大危机,最终引起北美独立战争的爆发。英国和北美殖民地很早就出现不和,七年战争开始后,英国封锁法属西印度群岛,禁止北美殖民地与它进行贸易,这引起殖民地商人的严重不满。同时,英国又禁止殖民地向阿巴拉契亚山脉以西移民,由此导致殖民地人民更大的怨愤。不久后,英国又宣布要在北美驻扎常备军,并且要殖民地承担一部分军费。为增加税收,英国相继开征粮税、蜜糖税、印花税等新的税务,致使殖民地在1765年提出一个口号:"没有代表权就不纳税",意思是说:殖民地人民在重大政治事务中没有发言权,因此他们不承担纳税义务。这本是17世纪英国革命时提出的一项原则,现在北美殖民地将其接过,反对英国在殖民地的统治。这事实上是在向英国的宗主权挑战,因此双方的分歧就升级了。由于殖民地强烈反对,到1770年英国已取消了大部分税目,但仍保留茶税,作为宗主国征税收的象征。茶税引起1773年的"波士顿茶案":一批殖民地人民趁夜色登上停泊在波士顿港的英国东印度公司货船,将大约300箱茶叶倾入海中。英国政府随即通过镇压法案,对马萨诸塞殖民地进行封锁。镇压使殖民地人民反而更团结了,1774年各殖民地派代表在费城召开第一次大陆会议;1775年发生莱克星顿枪战,殖民地人民第一次向英军开火。不久双方在邦克山发生激战,美国独立战争正式开始。1776年,大陆会议发表《独立宣言》,这是世界上第一次由殖民地人民发动的争取独立的战争。

战争到1781年基本结束,但和约要到1783年才签订,战争起先对殖民地不利,但1777年美军在萨拉托加取得一次战略性胜利,从此扭转了战局。此后,法国、西班牙和荷兰介入战争,与殖民地军队结成同盟;俄国、瑞典则宣布武装中立,实际上对英国采取敌对立场。1781年,美法联军在约克敦大败英军,8 000英军投降。这是美国独立战争中决定性的胜利,战事至此基本结束。根据1783年签订的《凡尔赛和约》,美国取得独立,法国则在印度、北美和非洲取得新的立足点,西班牙收回了梅诺卡和佛罗里达。美国独立战争后"大英第一帝国"瓦解了,英国的殖民事业遭受严重挫折。

三、乔治三世个人统治的失败

战争失败也给国内政治造成巨大冲击,最主要的影响是挫败了乔治三世恢复国王个人统治的企图。乔治三世是乔治二世的孙子,他在英国长大,是汉诺威王朝中第一个真正的"英国"国王。从个人品行上说,他温文尔雅,责任心强,是一个好丈夫、好父亲。但他从小受母亲影响极大,他母亲是德意志一个专制小朝廷的公主,常常教导自己的儿子:"乔治,要做真正的国王!"乔治三世长大后一心想恢复国王的个人权力,他的政治理想与英国的立宪制度格格不入,由此便酿成了他个人的悲剧,及国家的不幸。

乔治三世在1760年继承王位。1761年皮特辞职,这给他一个极好的机会,让他建立个人的权力。他任命布特伯爵接任首相,布特是乔治三世的老师,支持扩大国王的权力。乔治改变他的两位先王不问国事的惯例,开始直接干预政治。他利用自己国王的地位培植亲信,用封官许愿、收买贿赂的方法在议会中造成一个"国王之友"派,随即就利用这个集团去打击辉格党,削弱辉格党的势力。此时辉格党因几十年的掌权已腐朽不堪,它内部宗派林立,彼此倾轧不休,最大的两个派系是罗金汉—福克斯派和皮特—谢尔本派。经过一番权谋,乔治三世在1770年起用诺思勋爵,组成清一色的"国王之友"政府,辉格党被完全抛在一边。诺思政府仰乔治三世之鼻息,对内伸张国王个人的权力,对外激化与殖民地的矛盾,北美独立战争就是在这个政府的高压政策下爆发的,结果造成内外危机重重。

乔治三世的个人权欲在威尔克斯事件上暴露无遗。约翰·威尔克斯出身于殷富之家,1762年在辉格党支持下创办《苏格兰人》报,专门与政府唱反调。1763年他在《苏格兰人》第45期上发表一篇文章,对国王在议会的演说进行抨击。当时,人们已经把国王的议会演说看成是政府的作品,威尔克斯自己也特别说明,他批评的是政府的政策,不是国王。但国王仍把它看成是对自己的攻击,于是下令逮捕威尔克斯,指责他犯了诽谤罪。然而威尔克斯又是议员,理应享有豁免权,法庭以人身保护法为依据将他释放,国人都指责国王擅权,违反了英国法律。

乔治三世不甘心失败,他操纵议会剥夺威尔克斯的议员身份,并指示政府下达逮捕令。威尔克斯逃往法国,政府就宣布他不受法律保护。政府的专横引起了国人强烈的不满,他们认为政府践踏了英国人的自由权利,而幕后的始作俑者就是乔治三世。于是,"威尔克斯与自由"的口号喊出来了,许多地方出现了群众性的示威活动。1768年,威尔克斯从法国

第十二章 贵族的优势

回来参加米德尔塞克斯的议员选举,以绝对优势获胜当选,接着,他就以当选议员的身份前往监狱,去服四年前法庭给他判的徒刑。在他前往监狱以及后来去议会的路上,无数民众向他欢呼,威尔克斯成了自由的英勇斗士,民众中反对国王专断的情绪已十分明朗。但乔治三世又设法让议会剥夺了威尔克斯的议员资格,以便可以进行镇压。不久后,威尔克斯在米德尔塞克斯的补缺选举中又获胜当选;而议会则第三次剥夺他的议员身份。威尔克斯事件在英国社会中造成深刻的影响,一批人开始思考:在议会操有主权的时代,国王为何能操纵议会?许多人意识到英国的政治制度中存在着弊病,正是这些弊病使民众的意志无法表达。在英国历史上,威尔克斯事件被看成是议会改革运动的开端,由此发轫,逐渐形成了要求改革的民众抗争高潮。

乔治三世的个人统治随美国的独立而宣告结束。战争时期,1780年议会曾通过一项决议,称"国王的影响已经增大,并正在增大,但应该削弱"。这项决议由约翰·邓宁提出,因此称《邓宁决议案》。1781年英军在约克敦的投降造成巨大的冲击波,国内舆论纷纷指责政府,指责乔治的个人干预造成了北美的巨大失策。辉格党群起而攻之,认为若英国不采用镇压的手段,殖民地本来是不会要求独立的。爱德蒙·伯克此时成为辉格党重要的理论家,他写了许多文章为殖民地人民辩护。他同时指出:政府用收买和贿赂方法推行自己的政策,腐败的政治现实给国王可乘之机。他认为应该进行"经济改革",由议会严格控制王室的开支,由此便可以堵住腐败的源头。从这时起,辉格党就正式提出议会改革的要求,但他们所要"改革"的对象,即腐败的政治运作方式,却是由他们自己创造的:当他们在台上执政时,他们用腐败的手段控制议会多数;当他们被赶下台时,他们又大叫这种政治手段不公正了!

1782年,诺思顶不住美国革命胜利的冲击波而宣布辞职,乔治三世的个人统治实际上寿终正寝。但他还想利用辉格党的内部分歧加强自己的地位,因此先让罗金汉组阁,再让谢尔本组阁,最后又组成福克斯—诺思联合内阁。1783年,他让年仅24岁的小威廉·皮特出面组阁,自以为能控制这个"娃娃政治家"。但小威廉·皮特完全不是人们所估计的那样幼稚无知,他实际上是英国历史上最有能力的首相之一。1784年上台之初,他就举行议会大选,并且在选举中大获全胜。这次选举标志着一个时代的结束,即国王个人统治的结束;同时又标志着一个时代的开始,即皮特时代的开始。但在一个更大的意义上它还标志着辉格党优势的结束,以及托利党重新掌权的开始,此后一直到1830年,都是由托利党控制政权。乔治三世不久患上了精神病,意识逐渐消失。一个企图恢复个人权力的国王在议会已取得主导地位的时代想抗拒历史发展的潮流,终于造成国家的伤害、个人的悲剧。

四、贵族统治下的社会生活

"光荣革命"建立了一个稳定的政治制度,社会和经济发展也就有了保障。财富的增长十分迅速,有人估计,在1688—1701年之间,国民财富增加了20%。经济史学家菲利斯·迪恩估计在1700—1780年之间国家的总产出增长了67%,到1800年增长了151%。

商业财富增长很快,而对外贸易是其中的主要部分。1697—1704年8年之中,平均每年进出口总额约850万英镑,1775—1784年10年之中平均每年进出口数则达到2 000多万英镑,海上运输量也增长了一倍多。对外贸易和殖民地经营成了发财致富的捷径,许多人投资海外,在短短的时间里就能做到暴富。光荣革命后100多年英国长期进行对外战争,而这些战争基本上都是商业战争,目的是争夺海上通道和争夺殖民地。在18世纪,英国民众中普遍存在一种战争情绪,比如"詹金斯耳之战"爆发的消息传出后,布里斯托尔和利物浦都出现了民众欢庆的场面。对外战争不仅受到商业集团的支持,而且得到一般民众的欢迎,许多人认为英国的财富来自海外,英国的商业利益不容损害。在战争时,对外贸易的总额会有所减少;但每次战争结束后,海外贸易就会大大扩展。

在对外贸易中奴隶贸易是重要的组成部分,1713年《乌特勒支条约》中,英国取得向西属美洲殖民地输送黑奴的垄断权;1680—1783年间,有200万非洲人被卖到英国在美洲的殖民地,包括北美和加勒比海殖民地。英国移民在这些殖民地利用奴隶劳动开办种植园,种植甘蔗、烟草等热带作物,英国商人把糖、烟草、朗姆酒等商品运回国内,再从英国运一些玻璃珠、小刀、大枪等到西非沿海,交换奴隶,再把奴隶运到美洲殖民地,由此构成著名的"三角贸易"。英国人从三角贸易和种植园经济中大获其利,美洲殖民地培植了一大批"纳波布"(即在东印度或西印度发了财的大财主),他们回国后在议会中形成强大的政治力量,往往能影响英国的海外

第十二章 ● 贵族的优势

政策。然而对奴隶来说,这是他们的人间地狱,无数黑奴在恶劣的条件下劳动,艰苦的环境造成大批奴隶死亡,例如在巴巴多斯,1712—1768年有20万黑奴输入,但人口总数只增加了2.6万,其死亡率可见是极其高的。18世纪下半叶,一批宗教福音主义的人道主义者开始对奴隶的境遇表示关心,他们从80年代起组织反奴运动,到1807年迫使议会通过法律,禁止了奴隶贸易。

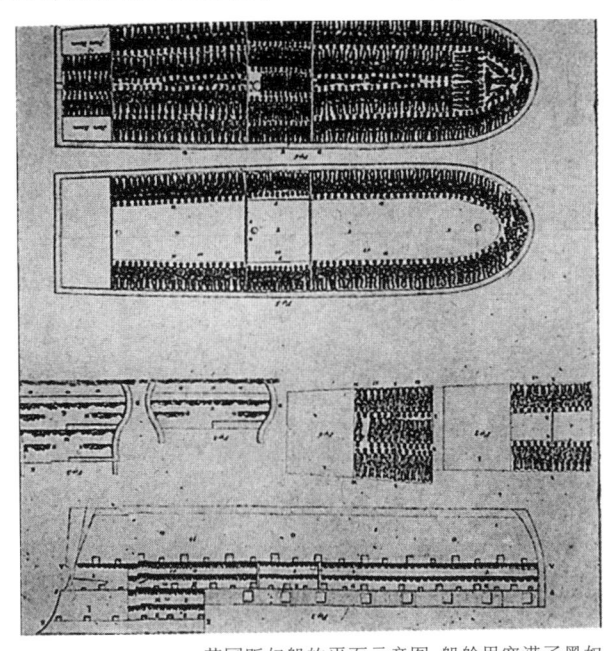

英国贩奴船的平面示意图,船舱里塞满了黑奴

英国在印度的掠夺也是凶恶的,东印度公司的许多职员在印度待上几年,就能积聚大笔钱财,致使许多乡绅子弟都愿去印度工作,寻找发财的捷径。当时印度的统治权在公司手里,实行公司管理,政府不插手。但公司的行政十分腐败,职员派驻在外,不拿工资,而任意搜刮,只要向公司和土邦君主交一定数量的钱,就可以自行收税,因此往往是巧取豪夺。高级官员更是敛财无量,克莱夫在七年战争后曾一度回国打算从政,他一下子就可以把施罗普郡一半的市镇选票收买下来,自己也成为议员。另一个"纳波布"贝克福德以自己的财力支持老皮特,让他登上首相宝座。

东印度公司对印度的独占引起其他人不满,他们希望政府插手,打破公司的垄断权。1773年政府通过《调整法》,把总督与理事会的任命收归议会。1784年小皮特政府又通过一个《印度法》,规定由政府和公司共同管理印度,而政府拥有最终控制权。议会还对克莱夫的财产进行调查,后来虽未曾立案,克莱夫却自杀了。1788年议会又对第一任印度总督黑斯廷斯提出弹劾,指责他贪赃枉法。弹劾案持续进行了7年,最终判他无罪。但这个时候,英国政府已逐步接过了在印度的统治权,当然这仅意味着公司对印度的掠夺变成了英国国家对印度的掠夺。尽管如此,公司统治时期一些最糟糕的做法却受到遏制,私人不受节制的掠夺总算有所收

207

英国通史

敛了。

尽管商业的利益越来越重要,土地却仍然是财产与权力的基础。在18世纪,土地的利益仍然主宰国家,土地所有者从上到下都控制着国家的政权。议会中绝大多数议员都是土地利益的代表者,他们本人就是大地主,或地主利益的代言人。政府基本上是由贵族、贵族家庭成员及其三亲四戚组成的,皮特作为"伟大的平民"掌管政权,在18世纪是极为稀少的事(但皮特后来也受封为"查塔姆伯爵")。在中央政府之下,各郡都有中央指派的郡长和郡守,前者负责民事、司法,后者则掌管治安与防卫。两者一般都是由本郡势力最大的贵族出任,尤其是后者,往往就是该郡贵族与乡绅的头。郡以下的管理由地方士绅承担,从乡绅中推选出治安法官,让他们处理本地民政,并组成巡回法庭,审理较大的案件。治安法官是没有薪金的工作,英国土地集团以一种"奉献"的精神为本阶级的整体利益服务,由此而垄断国家权力,同时又培植了自治的传统。在18世纪,乡绅既抵制了中央政府专断的倾向(尤其抵抗着王权的扩张),同时又有效地控制着地方,防范民众的不满。

戈登暴动

贵族高居于土地利益者之首,1700年,他们拥有英格兰土地的15%—20%,到1800年还上升到20%—25%,可见在18世纪,贵族的力量是上升的。除土地之外,他们还经营矿山、房地产,投资海外商业,开凿运河,建筑港口。英国贵族不是一个封闭的集团,他们与商业、与殖民地开发有密切的关系,这就使他们与其他社会阶层有沟通的渠道,便于日后向工业社会转变。

大土地贵族之下是乡绅,他们是中小土地所有者,各种利益集中于地方,关心的也主要是地方事务。他们构成以土地为支撑点的政治结构的权力基础,为光荣革命后的政治稳定提供了保障。但由于地方性强,他们的眼界也相对狭小,思想比较保守,在日后的社会变革中成为主要的障碍力量。

第十二章 贵族的优势

乡绅之下是大量的小土地所有者和富裕的租地农场主,18世纪初,前者约占全国人口的1/8,后者人数更少一些,两种人的经济地位其实差不多,前者大概略为富裕,但100年后情况发生变化,小土地持有人的状况每况愈下,约曼农也逐渐消失了,农村社会形成一种三层结构,即地主——租地农场主——农业工人的结构。这是一种很特殊的社会结构,欧洲其他国家多数没有出现这种情况。在这种结构中,地主把土地租给农场主,收取地租;农场主雇佣工人,赚取利润;农业工人出卖劳动力,处在工资雇佣关系中,既无土地,也无财产。这种三层结构把资本主义生产关系带进传统的农业生产,整个农村社会由此而发生变化,形成这种结构的关键是小土地所有者大量消失,他们少数人变成农场主,多数人变成农业工人。

消灭小土地所有者的方法是圈地,在18世纪,圈地形成高潮。光荣革命前,圈地一般得不到政府支持,光荣革命后则通过议会法律的形式进行圈地,圈地成为官方的行为。圈地的法律起先是一个一个在议会讨论,单个被通过的。后来则一批一批被议会通过,1760—1800年间议会颁布1 300项圈地法令,1800—1820年又颁布大约1 000项。圈地的程序是这样的:某一个地方(比如一个村庄)想圈地,先由当地有土地的人提出申请,送交议会,议会派员到实地考察,提交调查报告,然后由议会表决通过。在实际操作过程中,大地产所有者起主宰作用,他们特别支持圈地;小土地所有者在圈地中受到损害,但他们的反对不起作用,而且从短期看他们的损失会得到补偿,因此他们也经常不反对圈地。

圈地包括两层含义,一是对"敞田"进行分割,明确其所有权;二是圈围"公地",将公地私有化。"敞田"是中世纪存留的耕作形式,村庄一切土地集体耕作,只到收获时才各家收割自己的条块。在敞田制下,每一个土地所有者的土地都分散在村庄每一块田地上,好坏土地交叉搭配,与其他土地所有者的土地彼此交错,很难明确所有权。圈地就是把每一家原本分散的土地集中在一起,连成一片,然后筑篱开沟,划分明确的地界。圈地之后,各家耕种自家的土地,不再从事"集体劳动",因此有助于调动农户的积极性,也有利于对土地进行投资改造,不必担心别人也会跟着沾光。同时,土地连成一片,易于使用改良的耕作方法和改良的工具,因而增长了农业生产力,促进了农业发展。但是,圈地是以牺牲小农户为代价的,小土地所有者在土地重新划分后往往得到贫瘠的土地,而且由于面积小,资金少,很难进行土地改良,也难以使用新耕作方法,迟早只能退出竞争,卖出自己的土地。圈围公地对穷人的打击更大,公地本是村社的财产,没有土地的人也能在上面放猪养羊,砍柴拾草,由此勉强维持生活。公地被圈围后就成了私人财产,以公地为生的人要么去做农业工人,要么成为流浪汉,沦入社会的最底层。总之,圈地消灭了自由土地持有人,少数人成为租地农场主,多数人成为农业工人,农业中的三层结构就是由此而形成的,它发展了农业生产,但伤害了穷苦农人。当时有一首民谣这样唱道:"他们吊死男人,鞭打妇女/因为他们从公地上偷走鸡/却留下更大的恶棍不惩治/他从鸡那里偷走了公地!"

随着18世纪农业生产力日益发展,农村的贫穷现象也日益严重,于是济贫制度的负担也日益加重。济贫制度是伊丽莎白时期形成的一种制度,规定每个教区所有可以自谋生计的人都要交纳"济贫税",以养活本教区无力生存的人。济贫税的份额不分贫富一律平摊,实际上是在用穷人的钱来养活活不了的穷人。18世纪末出现一种叫"斯品汉姆兰制"的济贫制度,这种制度发源于一个叫斯品汉姆兰的小村庄,它把穷人得到的生活救济与面包的价格挂钩,面包价格提高,救济也相应增加。这种方法在一定程度上可以缓解因通货膨胀而造成的问题,但也加重了纳税人的负担,并且鼓励雇主降低工资,把负担转嫁给纳税人。

贫穷问题引起一些宗教人士的注意,国教内出现一种福音主义运动。福音主义主张一切人都有权获得上帝的拯救,不管他是高贵的王子还是社会的弃儿。福音主义反对国教高高在上、脱离民众的态度,说它只注重仪式排场,不注意真正的信仰。1738年,约翰·卫斯理打破常规、走出教堂,到田头、工场宣讲福音,传达上帝对每一个人的爱。那些普通的工匠农人听了卫斯理的讲道后往往会泪流满面,感情激动,他们一向被人忽视,没有人关心其疾苦,现在,有一个上帝的使徒用他们熟悉的话语向他们谈论他们所关心的切身问题,使他们感到前所未有的心灵温暖。卫斯理的信徒迅速增加,多数都是普通的劳动人民,也有一部分中上层人士。尽管卫斯理本人不愿脱离国教,但其信徒后来却形成新的教派,称"卫斯理宗",也叫"循道宗",意思是所有信徒都应该循规蹈矩,遵从耶稣的教导。历史学家 E. P. 汤普森在评价卫斯理宗的历史作用时说,它一方面启发了工人的觉悟,使他们感到自己也是尊贵的人;另一方面又教导工人要遵守纪律,服从管辖,从而为即将到来的工厂时代培养了第一批讲纪律

第十二章 贵族的优势

的劳动者。

尽管贫穷问题日益突出,但物质的进步却是明显的,这表现在人们的消费习惯发生变化,糖、茶、肉类、奶类的消耗量都大大增加。对上、中等阶级来说,肉类已是主要食品,蔬菜、水果日益丰盛。18世纪上半叶下层人民的生活水平也有所提高,在许多工匠家庭,面包、奶酪、啤酒是早餐的食谱,中饭可以有丰盛的肉。当然地区与地区间有很大差别,行业与行业间差别更大。一般来说,工匠的生活水平是不错的,最贫穷的是农业工人。

上流社会与中等阶级开始讲究时尚,表现在穿着方面追求富丽,丝绸、天鹅绒、缎子成为衣衫的质料,女服出现鲸骨裙、束腰和胸衣,这在很长时间里成为上流社会标准的服饰。乡绅会把子弟送去上学,一般是到普通的语法学校,这种学校教授基本的读写知识,以及文学、历史、拉丁文等。伊登、哈罗、温彻斯特等著名的公学逐渐成为贵族学校,贵族子弟在那里接受典型的古典教育,准备承担治国的重任。大学的宗教色彩很浓,一般只有神学、哲学和医学课程。非国教徒进不了由国教控制的正规大学,于是就自己开办学校,教授数学、语文、科学等课程,培养出许多优秀的人才。苏格兰的教育普及率一直比英格兰高,有更多的人接受中等以上的教育,而且涌现出像休谟这样的哲学家,像斯科特这样的文学家。无论如何,对整个英国来说,18世纪都是个文化创造的时代,华兹华斯和拜伦勋爵创造他们的诗歌,庚斯博罗和雷诺兹创造他们的绘画,能人布朗为马尔博罗公爵设计家族的乡村林园,简·奥斯汀撰写脍炙人口的闺秀小说。约翰逊博士是当时的大文

18世纪伦敦的咖啡馆

豪,他编撰了第一部影响重大的英语大词典。在历史学方面,爱德华·吉本的《罗马帝国衰亡史》是传世之作;在经济学方面,最伟大的作品是亚当·斯密的《原富》(即《国民财富的性质和原因的研究》),不过就其影响而

言,它应该属于下一个世纪,正如边沁的功利主义哲学属于下一个世纪一样。

在意识形态方面,贵族绅士的价值观占据着主导地位。E. P. 汤普森曾对遍布于18世纪的民众抢粮风潮(这是当时民众唯一的反抗形式)作过如下解释,他说:在18世纪,统治者和被统治者有一种共识,即在政体的安排方面,绅士进行统治,民众则应服从。然而作为交换,绅士要对民众的生存负责,保证他们可以维持基本的生存条件,不致因为饥寒交迫困顿而死。因此,一旦发生饥荒,粮价被哄抬上涨,民众感到无力购买粮食时,他们就会自发组织起来,冲击市场,强制粮商以平价出售粮食。这不是真正意义上的抢劫,而是用这种他们唯一可以使用的方法提醒绅士统治者:为官者未能遵从默契,民众现在活不下去了,因此必须采取措施加以纠正,使事态恢复到正常的轨道上来。一旦统治者认识到这一点,采取措施平抑粮价,骚乱也就过去了,民众又表现出恭顺的服从。因此,民众的骚动与统治者的压制出于同一个意识形态,即认同绅士的统治。汤普森说这表现了当时民众中流行的一种价值观,即"道德经济学"。这种价值观在下一个世纪将与工业资本家的"政治经济学"尖锐地对立,而演绎出一个新时代的历史。在18世纪,贵族占据优势,无论在物质的层面和精神的层面都是这样。

作者点评:

亚里士多德曾说人类社会有三种好的国家形式和三种不好的国家形式,它们一一对应分别是:君主制和暴君制,贵族制和寡头制,共和制和暴民的统治。若以掌权者人数的多寡来区分,那么君主制和暴君制是一个人的统治,贵族制和寡头制是少数人的统治,共和制和暴民统治是多数人的统治。18世纪的英国形成了典型的贵族政治制度,这时候,一个人的统治已经过去,多数人的统治还没有到来,少数贵族把持政权,民众并没有参政的权利。奇怪的是,在这个制度下经济取得了划时代的突破,英国爆发了工业革命。后来有许多国家也是在"少数人统治"的时期达到了经济突破的临界点,对多数国家来说,这似乎意味着某种"规律"。为什么在这种制度下经济最容易取得突破?迄今为止好像还没有找到一种满意的理论可以用来解释。不过这是一道经验公式,读者可以用其他国家的经验来验证。

第十三章 工业革命与拿破仑战争

一、工业革命的成就

18世纪上半叶,英国经济开始发展,最终导致人们一般所说的"工业革命"的发生。工业革命造成人类历史的重大变化,它不仅意味着经济的巨大增长,而且意味着社会的整体变动。

经济发展的迹象首先在农业中表现出来,18世纪上半叶,英国农业经历了巨大变革,许多人把它称为"农业革命"。

农业革命的发动者是大土地所有者,他们因圈地运动而集中了土地,有条件进行集约经营。这时候,英国已开辟了庞大的海外市场,农业已经与商品经济联系起来,农产品一旦成为商品,刺激生产的动力就会出现。掌握着较多资金的大土地所有者愿意向土地投资,以求赚取更多的回报。同时,一批沿着社会等级阶梯上升的中小约曼农成为租地农场主,他们往往以自己的小块土地作抵押租种大片农场,悉心加以经营,从而为农业革命提供了更广泛的社会基础。

农业革命的手段是改良土壤、培育良种、采用新的耕作方法、使用新工具、开凿沟渠、灌溉排涝等,有些在东方农耕社会早就存在的传统耕作方式,如精耕细作、施放肥料等,在英国农业革命中被引进,并发挥了很大作用。新的耕作方法中包括条播(以及为此而发明的畜力条播机),这种方法改变了过去的撒播做法,有利于精耕细作。更重要的是农业中普遍采用轮作制,一年中大麦、燕麦、小麦、豆类和芜菁等作物轮流种植,使一年四季都有作物在田里,传统的休耕制被废弃了,哪怕是冬天也可以种植芜菁(一种牧草),而芜菁可以喂牛羊,再加上秋天留下的丰盛干草,就可以让大量牲口过冬,而不必像过去那样,每到初冬就要把三分之二甚至更多的牲畜屠宰掉,才能保证剩下的牛羊有干草吃。由此引起的相应变化是冬天也能吃到新鲜的牛羊肉,而不像以前,在漫长的冬季和春季只能吃腌肉,常常还是变了味的腌肉。在引进芜菁、使用轮作制方面名声最大的是沃尔波尔的姻兄弟、乔治二世的廷臣唐森德勋爵,他为此而得到一个"芜菁唐森德"的美名。

当时的政治家有许多热心于农业改革,比如托马斯·科克,后来成为莱斯特伯爵,就是个成功的农业改革家。他在贫瘠的土地上播撒泥灰增加地力,并引进新品种,结果在 15 年中使庄园的收入翻了 4 番,40 年里收入从两千多英镑变成两万多英镑。另一个乡绅罗伯特·贝克韦尔则主要从事畜牧业的改良,他的牛、羊、马牲畜吸引了全欧洲的人去参观。畜牧业发展是农业革命的一个重要方面,有人说,农业革命前的羊如狗一般大,现在的羊则如同过去的牛。农业革命使英国农业生产迅猛发展:1700—1790 年间,有 400 多万英亩荒地被开垦成农田;1700 年每一个农民大约可以养活 1.7 个人,到 1800 年可以养活 2.5 个人,农业生产率提高 47%。1700 年英国谷物产量大约是 1 480 万夸特,1800 年增长到 2 110 万夸特,增长率为 43%。1731—1800 年间肉类销售量大约增加 35%,在伦敦肉类市场上,1731 年进货肉牛 8.4 万头,肉羊 56.5 万头,1800 年分别增长到 11.4 万头和 75.6 万头。然而,尽管农业生产在一个世纪中增长了许多,英国却从粮食出口国变成了粮食进口国,原因是人口从 582 万增加到 902 万(包含英格兰和威尔士数字),粮食的增长赶不上人口的增长。而且工业发展吸收了更多的粮食作原料,结果粮食价格在 18 世纪增长很快,从世纪初的指数 100,增长到世纪末的指数 250,即涨价一倍半还不止。这个负担当然落到广大人民尤其是低收入劳动者的头上,使他们的生活水平受到影响。

农业革命发展了农业,提高了农业生产力,增长了英国的财富,但它还有一个无形的影响,即培植了贵族和乡绅的经营意识,使他们以市场为目标进行生产,并努力赚取利润。社会上层的谋利取向意义不比寻常,因为它向全社会提供了一个楷模,鼓励人们去追求财富。基督教的文化传统向来就鄙弃经营,而这个传统在英国是由上层阶级打破的,这对塑造英国的民族精神和进取性格有重大作用,最终带动了全社会的谋利追求。

第十三章 工业革命与拿破仑战争

18世纪下半叶,英国开始工业革命,这是个影响到人类命运的总体过程,最终改变了历史前进的方向。在谈论工业革命之前,首先要了解工业革命以前英国的工业状况。

"工业"(industry)这个词起先指一种品质,即"勤奋",后来才有"产业"和"制造"的含义。工业革命前所谓的"工业"包括这样一些部门:工具和用具的制造(刀具、家具、衣物、器皿、车辆、首饰等);用具的修理(箍桶、补锅、修鞋等);产品加工(酿酒、舂米、食品);其他部门如采矿、采石、冶金、建筑、造船等。16世纪起毛纺织业越来越重要,成为英国出口的主要支柱,也是最大的一个工业部门。所有"工业"都是手工操作,极少数情况下可能利用非生物动力,比如水力或风力。从生产组织结构说"工业"可以分为三类,第一类是大型工作场地比如采矿、造船、冶铁,需要的人力较多,而且有一定程度的分工。第二类是作坊,一个师傅带几个徒弟从事某种技术性较强的工作,如金银首饰、马车、靴鞋、衣帽的制作等。第三类是家庭工业制,一家老小围绕一项工艺以此为生,全家动手,分工合作,家庭就是基本的生产单位。这种组织形式在纺织业中尤其流行,而且散布于广大的农村地区。在英格兰北、中部,许多农户买一台纺机或织机,农闲时纺织,贴补农业收入的不足。但后来副业反而变成主业了,纺织成为主要的生活来源,农民也因此变成手工劳动者,成为近代工人阶级的前身。

家庭工业制主要在农村地区盛行,是因为在这些地区行会的势力比较小。此外,家庭工业制在新生的行业中比较容易形成,也是因为在这些行业中行会的力量薄弱。17世纪起家庭工业制逐渐落入商业资本的控制下,商人提供原料,分配份额,手工工人把配额领回家中完成,然后把成品交还给商人,由商人投向市场,进入流通领域。在这个过程中,商人和工人间有可能存在表面上的金钱来往关系,如工人从商人处"买"回原料,加工完毕后再把产品"卖"给商人,但实际上这只是一种支付工资的方法,商人控制生产的全过程,工人只不过从事加工而已。在很多场合下,连表面的"买卖"关系都不存在,商人直接把原料发给工人,按固定标准回收产品,工人领取加工费,当然这就是工资。有时,商人还向工人提供生产工具,包括织机。这样一种生产方式完全是资本主义的,英国在这种方式中大规模发展了手工业,而且把它和海外市场联系起来。18世纪,手工业生产已经达到相当高的水平,为英国提供了大量资金。许多人把这种生产方式称作是"原工业化",认为在工业革命的兴起中,"原工业化"发挥了重要作用。

18世纪下半叶,工业革命在英国兴起,后来向全世界扩展,改变了人类的命运。

工业革命首先表现为生产工具的改变。在过去,一切工具都是简单工具,满足手工生产的需要。1733年约翰·凯伊发明飞梭,织工一个人可以完成织机上的所有工作,不需要找助手帮忙。人们把飞梭看作是纺织工具改进的第一个信号;但飞梭仍然是手工工具,并没有改变工作的性质。

飞梭的发明加快了织布的速度,使纺纱工序严重滞后,1745—1760年间许多人试图改造纺纱工具,改变用手工纺纱的情况。1764—1767年詹姆斯·哈格里夫斯取得成功,他发明了一种机械,可以使一个人同时捻动几个纺锭,从而使纺纱效率增加了几倍。这种机械叫"珍妮纺纱机",珍妮是他女儿的名字。1769年理查德·阿克莱特发明了一种水力纺纱机,他让棉花通过滚子碾压成细线,再在旋转的锭子上捻成纱。由于使用水力,纺纱的速度再次提高,节省了大量劳动。10年后塞缪尔·克朗普顿结合珍妮机和水力机的长处发明"骡机"(意为两者的结合),使纱线又细又结实,大受用户的欢迎。而在差不多的时间里阿克莱特又发明了梳棉机和绕棉机,使纺纱的准备工序也实行机械化。这些机械的发明又使织布工序的速度落到了纺纱工序后,于是在1785年由牧师爱德蒙·卡特莱特发明了动力织布机,使用蒸汽作动力。尽管这部机器刚出现时效率很低,还赶不上熟练的手织工速度,但经过不断的改进它终于日趋完善,到1840年左右手织机已经处于被淘汰状态;而到1860年,手织机几乎就已经绝迹了。

纺织业是实行机械化速度最快的行业,原因是纺织业作为英国工业的支柱,其产品需求量最大,基础也最好。从技术上说,纺织业很早就出现行业内部的精细分工,许多工序都变成简单的手工劳动,很容易转变成机械运动。机械化最早涉及的行业基本上都是这一类行业,而技术要求较高较复杂的行业(如金银首饰、钟表等)及没有形成精细分工的行业(如成衣、制鞋等),这些行业的机械化就慢得多。

蒸汽机的出现是划时代的大事,詹姆斯·瓦特完成了这次技术变革。英国采矿业一直在使用一种叫"纽考门蒸汽机"的动力装置,可以借助蒸

第十三章 ● 工业革命与拿破仑战争

汽的冲力把矿井中的积水排到井外。1763年瓦特开始改造这种装置,经过10多年的努力,终于造成可以连续运动的蒸汽机。关键的发明是一根曲轴,以及与曲轴连在一起的汽缸。这种装置造成连续不断的机械运动,可以带动大批机器。在当时的技术条件下,要锻造一个与活塞密切吻合的筒形缸体十分困难,结果花了很大的劲才解决这个难题。蒸汽机制造出来后,在很长时间里销路不好,因为一旦损坏,就找不到懂行的工匠去修复,瓦特必须亲自带着他的一班人马四处应急。此外,制造蒸汽机在当时也是手工劳动,因此每一台蒸汽机的部件都有可能不同。这种情况随着工业革命的进展而逐渐改变,最终导致一个新的工业部门,即机器制造业的诞生。1820年前后已出现一批专门制造机器的厂家,有专门的技术工人,生产相同型号的零部件。蒸汽机的出现标志着人类生产力的一次巨大飞跃,人能够使用自己创造的动力来驱动机器,从而释放出巨大的生产力。机器制造业的出现则标志着工业革命的基本完成,从这时候起,用机器生产机器,再用这些机器去生产其他产品,就成为人类生产的主要形式了。

1839年英国发明的蒸汽锤

除了工具的改造、机器的出现、人造动力的运用之外,工业革命还引发许多新技术,形成技术革命的第一次高潮。在炼铁业,以前使用木炭作燃料,生产能力受到很大限制,工业革命期间改用焦炭,出现了相应的技术进步。后来,由亨利·科特发明搅拌法,直接用煤烧炉炼铁,此后煤与铁就成了工业化的两大标志,最终铸造一个钢铁的世界。采煤和炼铁也发展成巨大的产业,而这就奠定了英国在全世界称霸的基础。在染布业,出现用氯气漂白的新方法,这不仅成十倍地加快了漂白的速度,而且增加了洁白度,提高了纺织品的质量,使英国的纺织品攻占世界,垄断了世界市场。技术革新是工业革命的一个重要方面,没有技术革新,工业革命是不可能出现的。

217

但工业革命还包括生产组织形式的变化,这同样也提高生产力,并且更深刻地影响着社会变革。在工业革命中,"工厂化"是一个重大的变化,没有工厂化,工业革命就不会那么彻底。

如前所说,机器的使用是有局限性的,并非任何行业都可以使用机器。机器实际上是人手的延伸,早期的机器代替不了复杂的手工劳动,像制鞋、裁衣这一类工作它无法做,更不要说工艺水平高的钟表、首饰行业了。因此当纺织、制钉、刀具这些行业早早实行机械化时,多数行业却仍然保持手工操作,无法使用机械。但工业革命仍然把这些行业改造过来了,办法就是工厂化。

1771年阿克莱特在克莱普顿建立第一个现代意义上的"工厂",他所设计的水力纺纱机必须使用水力,因此他在河边建造一座厂房,在厂房里安置许多纺纱机,让一台水轮机同时带动所有织机。由此,一种新型的工业组织形式就出现了,它的本质不在于使用机器,而是创造了一种新的工作场所。在这样一个工作场所中,工人们听从机器指挥,随机器的转动有节奏地劳动。在这个工作场所中,工人们必须是守纪律的,按固定的工作时间上班下班,一个工人不按时就会延误整个工序,因此他们必须养成集体劳动的习惯,不可以自由散漫。工厂制最早在纺织业出现,后来蒸汽动力取代水力,工厂也就从乡村搬进了城市,并很快向各行各业扩展。许多不能使用机器的行业也采用这种新的生产组织形式,将生产流程重新安排。其中最典型的行业是陶瓷业,1769年,乔赛亚·韦奇伍德开办埃特鲁利亚陶瓷工场,在场内实行精细的劳动分工,他把原来由一个人从头到尾完成的制陶流程分成几十道专门工序,分别由专人完成。这样一来,原来意义上的"制陶工"就不复存在了,存在的只是挖泥工、运泥工、拌土工、制坯工、上釉工、装窑工、烧窑工、上彩工等,制陶工匠变成了制陶工场的工人,他们必须按固定的工作节奏劳动,服从统一的劳动管理,就如同纺织工按机器的指挥工作一样。"工厂化"把英国制陶业改造成欧洲最优秀的陶瓷工业,直至今日"韦奇伍德"牌仍是陶瓷器的名牌产品。与此同时,工厂化数十倍地加快了生产速度,因为分工本身就可以是生产力。每一个工人在他自己的工序上都是行家里手,但同时他也降格成一个普通的熟练工,除了他专门的这道工序外,他其实什么都不会做。

各行各业都相继实行工厂化,比如家具、成衣、靴鞋、车辆等。1872年,有一份官方的调查报告说采访者询问了2 540 789人,其中2 010 637

第十三章 工业革命与拿破仑战争

人说自己在"工厂"工作。迄至此时,工厂化过程已基本完成了,它与机器的使用、蒸汽动力的出现共同推动了经济的发展,同时又改变了整个社会生活。

从技术的层面上说,工业革命还包括交通运输的进步。英国在18世纪以前内陆交通极坏,道路基本上是泥尘土路,一下雨就完全不能行走。运输工具是骡车马车,在偏远山区还不乏人挑马驮。英国大部分河流不能通航,内河运输也很糟糕。这些情况导致英国的海上交通比内陆交通发达,海外市场也比国内市场活跃。18世纪初开始出现交通改良,首先是修筑公路,在大石块铺成的路基上撒碎石和沙,再夯筑路面,使其平整坚固,晴雨都可通行。修筑公路的公司可以设立关卡,以此收费盈利,这就刺激了投资的积极性,因此公路发展很快。1760—1774年议会批准了452项筑路申请,到1800年已建成1 600条公路。英国的内陆交通大为改观,19世纪初,从伦敦出发的驿车驶往全国,公路能连接大小城镇。

与公路同时兴起的是运河,其目标是改进内河运输。公路不能满足大批量运输的需要,笨重的物品,如煤、铁、矿石、陶瓷器皿、木材等,很难靠车马运行。为发展航运,1761年开凿了第一条内陆运河,从沃斯利到曼彻斯特,全长10.5英里,由布里奇沃特公爵投资建设,直接目的是把他领地上的煤运送到工业区。这条运河的开发引起全国开凿水运的高潮,到18世纪末,英国已经有4 000英里的内陆水道,仅90年代就开凿42条新运河,耗资650万英镑。运河连通了全国几乎所有的重要河流,显然对开通全国性市场起了重大作用。

但更重要的是铁路的建设。19世纪初期,一些矿区在铺设铁道,让马拉着有轮的车厢在轨道上行走,从而增加货运量。不久后,许多人尝试用蒸汽机带动车厢,1814年乔治·史蒂文森获得成功,他建造了第一台

1829年火车发明人斯蒂芬森的儿子为公众展示英国早期的蒸汽火车"火箭号"

219

用蒸汽作动力的铁道机车,可以在铁轨上运行。1825年,第一条"铁路"在斯托克顿和达林顿之间开通,但距离很短;1830年曼彻斯特到利物浦的铁路投入使用,由史蒂文森设计的"火箭号"机车作动力牵引,时速达到29英里。这以后,"铁路时代"迅速到来,至1835年,议会批准了54条铁路修筑计划,而1836—1837两年中又批准铺设44条铁路,到1843年已经有2 036英里铁路了,1845—1847年间,又有576家铁路公司被批准成立,筑路8 731英里。19世纪中叶,铁路已成为英国国内最重要的运输方式,其密集程度(每平方千米铁路长度),甚至在20世纪末尚未被绝大多数发展中国家所赶上!

铁路改变了英国社会,这不仅体现在成百倍增加的运输量、数十倍提高的运行速度上,也不仅体现在把全国交织成一张铁路网,从而把各地区不分远近连成一体上;它还改变了人的思维模式,改变了人对生活的看法。铁路改变了时间和空间概念,过去时间以天为单位,现在以分钟、以秒计算;过去一两百英里是一个遥远的地方,现在则只是近在咫尺。人们突然感到空间和时间都缩小了,于是生活的节奏也就加快,悠闲的时代已经过去,时间就是金钱。火车还教会人们守时,准时准点成了现代生活的准则,人们开始要随身带上一块表,时间概念是一个全新的概念。火车还进一步教会人们遵守纪律,因为铁路本身就体现着强制,纪律是火车运行的基本前提。当然,所有这些变化都不是铁路单独创造的,但铁路确实引起了某种突如其来的变化。

总之,到19世纪中期,英国已经是个工业化国家,往昔那种田园诗般的风情不见了,代之而起的是一个忙忙碌碌的世界。乡村建起了灰暗的厂房,城镇竖起高耸的烟囱,工厂里回荡着机器的轰响,高炉前喷发出铁水的光亮。工业已成为国家的命脉,人们靠工业而不靠农业生存。1780年,英国的铁产量还比不上

英国蒸汽船"大东号"

第十三章 工业革命与拿破仑战争

法国,1848 年已超过世界上所有国家的总和。它的煤占世界总产量的 2/3,棉布占 1/2 以上。1801—1851 年,英国国民总产值增长 125.6%,1851—1901 年又增长 213.9%。1700—1780 年,工业年平均增长率是 0.9%—1%,1780—1870 年已超过 3%。这个数字虽不如 20 世纪有些国家发展速度那么快,但在当时的世界上却是惊人的,有些经济史学家曾测算:在工业革命之前,每 1 000 年人类的生产能力才增长一倍;而在工业革命以后,生产能力则加速翻番。英国迅速成为世界上最富有的国家,它一个国家的生产能力比世界上其他国家的总和还要多得多,它成为全世界的加工厂,它庞大的远洋船队把数不尽的工业品运往世界各地,再把原材料运回国,加工成工业品,然后再运出去。1851 年,英国在伦敦市中心举办世界博览会,为此专门修建一个"水晶宫",长 560 多米,高 20 多米,全部用玻璃钢架搭成,占地 37 000 多平方米,造价 8 万英镑(这在当时是一个天文数字)。博览会中陈列着 7 000 多家英国厂商的产品和大约同样数目的外国商家展品。英国商家几乎全都陈列工业品,外国商家则几乎全都陈列农产品或手工产品。展览厅一进门,迎面一块巨大的重 24 吨的整体煤块,象征着工业的巨大力量,庞大的汽锤、运行的机车,无不显示着工业的雄伟命脉。博览会向全世界宣告英国已进入工业时代,英国是世界上第一个工业国家,也是最强的国家。但英国只占地球上陆地面积的 0.2%,人口在当时只有 1 000 多万,远比欧洲其他国家少得多。这样一个小小的岛国,在 100 多年时间里能够领先于世界,完全得益于它第一个走上工业化道路。

工业革命为什么首先在英国发生?许多人提出不同解释。有些人说英国的农奴制瓦解较早,为工业准备了"自由"的劳动力。有些人强调圈地的后果,认为圈地运

1851 年英国举办大博览会的水晶宫

221

动把农民赶离土地,迫使他们到工业生产中寻找出路。有些人说英国的海外殖民掠夺提供了原始资金,让英国的工业得以发展。还有人认为地理位置也是重要因素,英国是岛国,海上交通便利,又处在世界贸易的有利位置上,易于开辟世界市场。当然,所有这些因素都是存在的,但根本的一个因素却是:光荣革命后英国建立了一个合适的政治制度,这个制度保证社会有宽松、平和的环境,让人们追求个人的目标,最大程度地发挥创造能力。对这种模式的工业化发展道路,亚当·斯密和大卫·李嘉图从经济学的角度加以论证,杰里米·边沁则从伦理学的角度予以支持。亚当·斯密和大卫·李嘉图论证说,一个国家的经济只有在最"自由"的状态下才能最好地发展,一切国家干预都会对经济造成破坏,只有"一只看不见的手"即纯粹的经济规律不受节制地起作用,才能把这个国家引向富强。杰里米·边沁告诫说,良好的社会应追求"最大多数人的最大利益",只有当每一个人都追求到他自己的最大利益时,全社会的最大利益才能够实现。斯密—李嘉图的"自由经济理论"和边沁的"功利主义"是英国工业化道路的指导思想,在这种思想指导下英国走上了自由资本主义道路,它一方面使英国顺利完成工业化,成为世界上第一个工业化国家,但同时也造成许多社会问题,给后来实行工业化的国家留下了许多深刻的教训。

边沁

二、保守主义政治

英国进行工业革命的时候,政治上进入一个保守时期。这个现象在许多国家后来都出现过,即经济激变与政治保守同时并存。在英国,从18世纪80年代起即出现托利党的持续执政,一直维持到19世纪30年代。

小皮特在1784年议会选举中获胜,当时没有人预计到,这开始了一个长期稳定的时期。乔治三世本以为可以轻而易举地控制小皮特,但实

第十三章 工业革命与拿破仑战争

际上,小皮特非常难以对付,他重组了托利党,有人称之为"第二托利党"。

小皮特是老皮特的第二个儿子,他发迹于辉格党,却转向了托利党。小皮特上任时似乎是另一个"国王之友",但他很快就结束了国王的个人影响,政党政治从此就不再受动摇。他上任后首先解决财政问题,把辉格党在任时倡导的"经济改革"执行到底。他取消一批闲置的官职,加强对官员的财政监督,努力堵塞贪污漏洞。他修改关税,使走私活动无利可图,减少税收,简化收税手续,节省了行政开支,改善了国家的财政状况,表现出他是一个精明的理财人。1783年和1785年他还两次提出议会改革的方案,针对议席不合理的分布,企图作出某些调整。但如果这些改革真的实行了,就有可能对他的追随者造成损害,因此他并不真心实意地推行改革,不过这也足以让他树立一个革新者的形象了。然而,到后来,随着欧洲时局的变化,小皮特的改革形象逐渐消失,保守色彩日益显露,最终成为托利党的代言人。

1787年法国政局开始动荡,1789年发展成革命。革命之初,英国朝野上下普遍为之欢呼,认为它体现着英国政治制度的理想。但不久之后,上层阶级改变态度,他们认为法国的事态已经使英国制度受到威胁,尤其是雅各宾专政,已经动摇了现存秩序,发展下去,英国也会出现类似事态,人民革命的阴影已笼罩在英国上空。1790年10月,爱德蒙·伯克发表《法国革命感想录》一书,书中对法国革命进行猛烈抨击,同时对保守主义作了集大成的阐述。他提出习惯与守成是人类社会的基本规范,若放弃传统,会造成社会的整体崩溃。后世人认为:伯克的这本书是英国保守主义的开山之作,伯克自己则是英国保守主义之父。伯克的著作是一个信号,表明上层阶级已转向保守。1791年,辉格党在法国革命问题上发生分裂,伯克在议会辩论中阐述他的反对革命的观点,福克斯则起而应答,为法国革命进行辩护。这以后,辉格党就分成两派,少数人与福克斯、格雷站在一起,支持法国革命,并且同情英国人民的议会改革要求。多数人赞成伯克的观点,一点一

伯克

点地向托利党靠拢。1794年,波特兰公爵率绝大多数辉格党人投入托利党阵营,剩下的辉格党人则退回他们在乡间的田庄,只偶尔在全国性的政治舞台上露一露面。

托利党政府对民众的改革要求进行镇压,生怕一小点松动都会引起法国事态的重演。它压制民间的改革团体,逮捕其领导人,对他们进行审判。它好几次通过议会法令停止实行人身保护法,从而可以不经过审判就关押人。它还制定法律,限制人民的言论自由和结社自由,而这些自由却正是光荣革命的成果。这个时期的托利党统治是英国近代史上最保守的一个时期,人民的权利受到限制,许多人遭受政治迫害。但是在经济政策上,托利党政府则逐步接受自由经济理论,他们放手让经济自行发展,政府不予干涉。这种政策的结果是一方面经济得到迅速发展,另一方面下层人民的生活水平不断下降,出现普遍的贫困现象。

1801年,小皮特就爱尔兰问题提出解放天主教法案,乔治三世不肯接受,于是小皮特辞职,由他的追随者亨利·阿丁顿(后受封为西德默思子爵)接任首相,继续推行小皮特政策。但阿丁顿在与拿破仑的战争中执行不力,结果由小皮特再度组阁,于1804年出任首相,一直到1806年他去世为止,这时,反法联军在战场上连受重挫,形势对英国十分不利。小皮特去世时只有47岁,他是个很有才能的政治家,事实上开创了近代英国保守主义的政治传统。

小皮特去世后,组成一个两党都参加的联合政府,号称"全人才"内阁,实际上由辉格党占据优势,福克斯是内阁首脑。这届政府最大的成就是废除了奴隶贸易,规定从1808年1月1日起禁止贩奴,并指令英国海军在海上拦截各国船只,必要时使用武力强制禁止贩奴。禁奴运动至此取得重大胜利,在这个运动中,小皮特的好朋友威廉·威尔伯福斯起了重要作用,他虽然在政治上是个保守派,但一生致力于人道主义事业,而且是一个卫斯理宗信徒。1806年秋天,福克斯也去世了,这使辉格党失去了公认的领袖,也丧失了他们在将近半个世纪时间里唯一的一次掌权机会。此后托利党重新掌权,直到1830年。最早出面的是波特兰公爵,但实权掌握在斯宾塞·珀西瓦尔手中,后者在1809年接任首相,成为正式的领导人。珀西瓦尔在政治上极其保守,甚至可以说反动,他对国内的压制非常严厉,1812年他被人行刺,但刺杀他的人并没有政治动机,只是为发泄个人的不满,然而老百姓对他的死大声喝彩,欢呼上苍除掉了一个

第十三章 工业革命与拿破仑战争

暴君。

但托利党的政策并未因此改变。利物浦伯爵继任首相,他虽然态度温和,却并不打算改变托利党的既定政策。在他的政府中西德默思和卡斯尔雷子爵起重要作用,前者在内政、后者在外交方面贯彻保守方针。1815年,拿破仑战争终于结束了,但托利党对内抵制变革、对外反对革命的立场丝毫没有变化。小皮特的追随者已经把托利党带上一条危险的路,这就是不愿对现状作任何改变,哪怕变化非常小,甚至有利于维护现有秩序。

战争期间英国和爱尔兰的关系发生问题。18世纪初,英、爱关系已有所缓和,这主要是由于英国方面放松了对天主教徒的压迫,许多限制性法律未加以严格执行的结果。美国革命时爱尔兰站在英国一边,组成许多志愿团,帮助英国防备法军入侵。但武装的志愿团队也使爱尔兰得到与英国讨价还价的筹码,1782年爱尔兰议会得到独立的立法权,亨利七世时期就制定的法律被取消了,爱尔兰可以自己召开议会,自己通过法律,但1788年发生的事表明这种状况可能在英、爱关系上引起麻烦,当时乔治三世精神病发作,英国议会指定摄政王,但对其权力加以限制,爱尔兰议会也接受了同一个摄政王,但并未按英国的要求限制其权力。这表明:爱尔兰已经太独立了,有可能在某一天另找一人当国王,与英国政治完全分离。法国革命爆发后爱尔兰受到巨大震动,北方新教徒要求对爱尔兰议会进行改革,为争取南方天主教徒的支持,他们表示愿意让天主教徒得到政治权利,也就是获得选举资格。同时,南方又发生佃户攻击地主的事件,这使小皮特下决心采取措施平息局面。1793年他制定一项法律,使天主教徒获得选举权,但仍然不可以有被选举权。爱尔兰局势平静了几年,但要求进一步改革的呼声很快就出现了,而且乘法国革命之机越来越激烈。1798年一批激进分子发动起义,希望在法军援助下解放爱尔兰。但法国的援军未到,起义则很快失败了。小皮特下决心一劳永逸解决问题,于是就在1799年提出一项兼并爱尔兰的方案,但未能获爱尔兰议会批准。1800年他再次提出兼并方案,为使爱尔兰方面接受兼并,他一方面用封官许愿、收买贿赂的方法控制新教徒,另一方面又对天主教徒许诺让他们得到被选举权。在这种情况下,《1800年爱尔兰联合法》获得通过;但当小皮特打算履行他的诺言实行天主教解放时,国王却不予批准,导致小皮特辞职。

《1800年爱尔兰联合法》规定从1801年1月1日起取消爱尔兰议会,由爱尔兰派32名贵族和100名平民参加英国议会。这以后,英国的正式名称改为"大不列颠和爱尔兰联合王国",原来的"杰克联合旗"也加上爱尔兰的圣帕特里克旗成为新的国旗(即现在的"米字旗")。爱尔兰合并巩固了英国对爱尔兰的统治,但与苏格兰合并不同,爱尔兰的合并是强制的,多数爱尔兰人并不支持。爱尔兰没有从合并中得到好处,相反它变得更像是英国的殖民地了。占人口多数的天主教徒没有完全的公民权,他们仍受歧视性法律的限制;爱尔兰农民多数耕种英籍地主的土地,经济剥削和政治压迫交织在一起,宗教分歧则使双方的差异更加明显。自英国兼并爱尔兰后,爱尔兰问题就成为英国脖子上的一根绳索,至今都未能完全解开。

三、反 法 战 争

1793年英法开战,英国卷入长达22年的持久战争。这次战争在历史上被称为"法国革命战争"和"拿破仑战争",战争把整个欧洲都牵了进去。

战争的导火线是法军进占比利时,英国认为这威胁了它的传统盟友荷兰,因此向荷兰保证,在必要时将予以武力支援。但战争的原因比这深刻得多,首先,英国把低地地区(即尼德兰)视为自己的门户,任何大国占领它都被视为威胁,在历史上,向来都是这样处理的。其次,英国已经对法国的事态感到痛恨,舆论界充满了反法情绪。英国统治层本希望法国能建立君主立宪制国家,但1792年9月以后,法国的政局日趋暴烈,君主制保不住了,这显然对包括英国在内的所有欧洲国家造成潜在的威胁,英国因此希望扼制这种势头。第三,也是更重要的,是英法间长达100多年的争霸拼斗,英国在这场斗争中已初具优势,它不希望革命的法国扭转这种局面。事实上,随着拿破仑战争的进展,英法争霸的实质越来越清楚,就法国方面来说,拿破仑政变后战争的正义性已经不存在了,双方的争夺就是在争夺欧洲,争夺世界海洋的控制权。

1793年2月1日法国向英国宣战,战争由此开始。英国组织了第一次反法同盟,参加的有奥地利、普鲁士、撒丁王国和西班牙。葡萄牙、那不勒斯和俄国也参加进来,但没有发挥实质性的作用。战争起初对盟国有

第十三章　工业革命与拿破仑战争

利,但很快在法国出现雅各宾专政,法国人的爱国主义热情被充分调动,法国武装力量打退敌军,甚至在1795年初还占领了荷兰,第一次反法同盟宣告瓦解。

1796—1797年法军在意大利取得胜利,它打败了撒丁王国,迫使奥军撤出意大利,并割让奥属尼德兰(比利时)。与此同时,英国海军在海上受挫,其海上优势受到威胁。法国兼并了荷兰和西班牙的舰队,1796年甚至打算入侵爱尔兰,只是因为天气的原因才没有得逞。1797年,法军入侵英国本土似乎已迫在眉睫,但这时,两场海战拯救了英国的命运,也拯救了英国的海上优势。其中一场海战发生在圣文森特角,英国海军打败西班牙舰队;另一场海战发生在英吉利海峡,英军打败了荷兰舰队。在前一场海战中,霍雷肖·纳尔逊发挥了杰出的作用,不久后,他就要在英国海军史上写下最光辉的一页。

这时,拿破仑已经在法军中声名显赫,意大利的战役就是他打的。英国的海上强权使他认识到他无法直接进攻英格兰,于是就转而去切断英国与印度的通道,企图摧毁英帝国的基础。1798年他率领一支陆军占领埃及,但是纳尔逊的海上力量却消灭了法国舰队,切断了拿破仑的供给线。于是拿破仑不得不承认受挫,1799年秋天他只身返回巴黎,不久后发动政变,建立了拿破仑专政。

英国海军名将纳尔逊

这时第二次反法同盟已经形成,英国出钱,俄、奥及一些小邦国家则参战。1800年俄国与奥地利闹翻脸随即退出同盟,拿破仑轻而易举地战胜了奥地利,瓦解了第二次同盟。在此期间英国陆军在荷兰受挫但它的海军仍维持优势,它占领了荷兰在东印度群岛的许多领地,并且从法国手里夺取了马耳他岛。1801年纳尔逊还攻击了中立国丹麦的舰队,使拿破仑利用中立国海上力量的企图落空。这以后英国海军在地中海打败法国舰队,并将法军赶出埃及。此后双方都无力再战,1802年签订《亚眠条约》,法国答应撤出埃及和意大利的许多地方,英国则放弃其攻占的多数领土,但保留了锡兰和特里尼达。

和约仅维持了一年多时间。英国对和约的条款十分不满。法国控制

英国通史

着欧洲大陆上许多地方,对英国的商品实行封锁,这时候,工业革命已在英国如火如荼地展开,限制英国的贸易,无疑是卡住英国的脖子。1803年春英国主动宣战,战争重新爆发。这次参战的主要是俄国和奥地利,拿破仑在1804年称帝,随后就准备进攻英国。1805年,英国国内非常紧张,随时准备迎击法军登陆。但纳尔逊的海军牵制了法国舰队,使拿破仑大军无法渡海。10月21日,英国海军在西班牙南部沿海的特拉法加附近迎击法、西联合舰队,击沉一艘、俘获17艘敌军舰艇,英舰则无一受损。法、西联军有7000人伤亡,英方仅战死450人,受伤1200人。这是英国海军力量的决定性胜利,此后直至战争结束,法国实际上已无力进行海战。这场战斗奠定了英国在后来100多年里的海上霸主地位,使英国有可能建立一个横跨几大洲的世界帝国。但纳尔逊在这场海战中却丢失性命,直至今日,他都被看作是英国海军中最杰出的将领。

特拉法加海战

虽说英国在海上取得重大胜利,法国却在陆上取得更伟大的战果。1805年拿破仑在奥斯特里茨打败俄奥联军,奥地利退出战争。1806年,拿破仑攻占柏林,几乎灭亡普鲁士。1807年他又打败俄国,签订了提尔西特条约,事实上控制了整个西欧。这时,法国的唯一对手就是英国了,不制服英国,法国的霸权地位也就不牢靠。但英国是一个海洋国家,掌握着强大的海军力量。特拉法加海战后,法国没有能力在英国登陆,也无法在远洋争夺殖民地。于是,拿破仑于1806年颁布"柏林敕令",规定在法国控制下的一切国家不得与英国进行贸易,违者严惩。英国则在1807年颁布"枢密院令",宣布对一切参加拿破仑"大陆封锁"的国家实行反封锁,英国海军可随时缴获其商船商品。拿破仑再以"米

第十三章 工业革命与拿破仑战争

兰敕令"作答,规定对任何出入过英国港口的船只,一旦进入法军控制区,即可加以没收。

拿破仑的大陆封锁确实对英国商业造成损害,并且是1811年出现的经济危机的原因之一。但英国工业的优势已经很明显,英国商队还控制着某些生活必需品的供应,比如茶、咖啡等。大陆封锁给各国人民带来许多不便,尤其对各国统治者,他们希望享受英国的工业品,于是就出现了许多走私活动,而拿破仑的严厉镇压反而引起普遍的不满,促成了各国反法的情绪。为使欧洲的封锁不留漏洞,拿破仑又在1807年占领葡萄牙,并于1808年派大军进攻西班牙,从而引起西班牙人民的强烈抵抗,这成为拿破仑失败的第一根绞索。1812年,俄法矛盾因大陆封锁等问题而日趋激化,促使拿破仑发动侵俄战争,而这又是拿破仑垮台的直接导火线。

1808年,英国派阿瑟·韦尔斯利率军进入葡萄牙,参与西班牙和葡萄牙的抗法战争。这原本是一次战略性的骚扰行动,目的是牵制法军的主战场。但在韦尔斯利指挥下,它变成英国陆军的主要军事行动了。由于得到西、葡两国人民的强力支持,英军与法军巧妙周旋,最后牵制住一支30万人的法国大军,有力地支援了俄、普、奥等国在北方的战争。1812年,拿破仑在俄国战场受挫,而英国则迫使法军于1813年败退法国边境。到这时,战局已基本上明朗了,法国的失败指日可待。"半岛战争"是英国陆军在拿破仑战争中最重要的贡献,韦尔斯利战功显赫,1814年受封为威灵顿公爵。

但更大的胜利还在后面。1814年,俄、普、奥联军已攻入巴黎,迫使拿破仑退位,并恢复波旁王朝。1815年春,拿破仑又从囚禁他的厄尔巴岛上潜回法国,重新夺取权力,组织"百日帝政"。6月16日,他在比利时的利格尼打败由布吕歇率领的

威灵顿公爵

普鲁士军,6月18日在布鲁塞尔附近的滑铁卢与威灵顿率领的反法联军决战。威灵顿的68 000名联军与拿破仑的72 000名法军对阵,联军抗住了法军的一次次冲锋,从上午一直打到傍晚。这时,布吕歇率领援军赶到,法军大败,伤亡25 000人,另有9 000人被俘。这以后,拿破仑已经没有力量再战了,于7月15日向英军投降。为时22年的战争终于结束,英国是最后的胜利者。

1815年,欧洲各国在维也纳举行会议,签署了已经在巴黎确定的和约,并安排战后的欧洲格局。英国力主维持法国的原有疆界,不对其实施报复性制裁。这一安排使"维也纳体系"在欧洲维持了大约100年,没有出现全欧性大战。但与此同时,欧洲各国的"旧制度"也全面恢复,从而为层出不穷的政治动荡埋下了祸根。根据和约,英国归还在战争中夺取的法国殖民地,但留下毛里求斯、塞舌尔群岛、多巴哥和圣卢西亚。除此以外,它又在维也纳会议的分赃中得到赫里果兰、特里尼达、马耳他、锡兰和好望角等地,这些地方多数具有重大的战略意义,因此为英国确立庞大的世界帝国铺设了框架。英国在战争中彻底打败法国,从此后法国不再是英国的主要对手,欧洲的力量格局发生重大变化。

在维也纳会议上组成了"四国同盟",由英、俄、奥、普四大国参加。战后初期,四国同盟不仅处理欧洲的国际事务,而且干预欧洲各国的内政,维护欧洲的"正统秩序"。这一保守的格局要到20年代才发生变化,具体情况将在下一章中叙述。

对法国的战争还引发另一场冲突,即英美战争。战争主要是由英国干扰美国与法属西印度殖民地的贸易引起的,根据枢密院令,英国海军应封锁法国控制下的所有商业口岸,并没收从事贸易的船只,于是美国船只被没收,美国的商业利益受到损害。战争于1812年爆发,陆战主要在加拿大边境地区进行,海战则多数是小型的遭遇战。到1814年,欧洲战局趋于完结,英方腾出手来向美洲增派兵力,开始扭转不利的局面。在这种情况下双方同意停止战争,并于年底缔结根特条约。双方相互撤出被占领的领土,英美战争以平局告终。

总之,18世纪80年代至拿破仑战争结束,英国经历了一个经济快速发展、社会快速变化的时期,同时也经历了一个对内的保守政治和对外的持久战争的时期。这些情况都对英国造成长期的影响,促使英国在19世纪发生重大的变革。

第十三章 工业革命与拿破仑战争

作者点评：

　　保守主义的政治和快速发展的经济同行，这是否也是一种"规律"？世界上好像有不少国家有过这种经历。英国工业革命就是在一个极端保守的时代高速发展的，经济创新与政治守成同时出现，这又是一个值得注意的现象。政治上的保守不仅表现在对内的压制上，而且也表现为充当国际旧秩序的宪兵，在二十多年的反法战争中，英国与欧洲最古老的旧势力结成同盟，与革命的法国顽强地对抗。保守的政治外观与剧烈的经济变化互为表里，构成了这个时代最典型的特征。不过不能忘记，英国这时的社会政治制度仍然是最"自由"的，其他任何国家不可望其项背。等经济发展到一定程度时，社会与政治制度就会承受巨大的压力，这个时候，新的变革就会出现，到下一个时代，就出现了英国的"改革时代"。

第十四章 第一次议会改革

一、"旧 制 度"

当拿破仑战争正在激烈进行时,英国国内的议会改革运动也轰轰烈烈地开展起来。议会改革是 19 世纪英国政治的一条主线,它发端于 18 世纪,延伸到 20 世纪。

光荣革命后英国确立了君主立宪制,议会成为政治活动的中心,控制议会也就成了政治斗争的核心问题。光荣革命以后 100 多年时间里,贵族控制国家政权,原因即在于它控制议会,而控制的手段就是当时流行的所谓"旧制度"。"旧制度"指的是光荣革命以后形成的一整套议会选举与工作制度,这是英国贵族寡头制度的基石。

英国议会分上、下两院,上院是贵族院,由全体贵族组成,贵族由世袭产生,不存在选举问题。真正由选举产生的是下院,因此下院是争夺的焦点。但光荣革命后实行的一整套选举制度保证贵族可以稳操下院胜算,从而保证了大土地财产在国家政权中的优势地位。

首先,议席分配沿用中世纪定式。当时选区分为两类,一类是农村选区,另一类是城镇选区,称"选邑"。英格兰各郡每郡产生两名议员,202 个选邑多数也可以选出两名议员。但 202 个选邑中有 125 个是在爱德华一世时期确定的,其他则由历代国王相继确认。当初国王们确定选邑时,这些地方也许很繁荣;但几百年过去后,许多地方已衰败不堪了,于是就形成一大批"衰败选邑"。衰败选邑的不合理之处十分明显,它们不仅在经济上毫无价值,而且居民稀少,个别的几个甚至已经从地图上完全消失了,比如老萨勒姆已成为农田,每逢选举,"选民"们就走到田里去选举议员。还有几个选邑已沉入海底,选民们要坐船到海上去进行"选举"。在202个选邑中,可以称得上是"市镇"的已经不多,据统计,在19世纪初,人口在100—200之间的选邑有四五十个,人口在50—100之间的选邑有14个,人口在20—50之间的选邑有20个,人口在10—19之间的选邑有4个,有1个选邑只有5名居民,有两个选邑根本没有人住,这样,"衰败选邑"大约有近100个。需要说明的是:人口并不等于选民,人口少,选民当然更少,比如加顿镇人口有5名,选民也许只有两个;西卢镇有55个居民,选民只有12个。另一方面,老萨勒姆没有人住,选民却有7个。所有这些选邑都可以选出两名议员,平均一两个选民就可以选出一名议员。相比之下,像伦敦、米德尔塞克斯这些巨大的选区会有成千上万的选民,它们也选出两名议员。在当时的制度下,只有这些大选区才在某种意义上谈得上"民主",衰败选邑选出的议员完全称不上是"人民代表"。

选区这种不合理的分布状况,只能造成一个后果,即选民人数尽可能少,因而选举就容易受到控制。选举制度中另外一个因素也产生同样的效果,这个因素是选举权资格。

在"旧制度"下,农村选举权资格是年收入40先令的自由持有农,那是在1429年由亨利六世制定的。当时,40先令是一笔不小的款项,可是到18世纪已经不值什么钱了。但"自由持有农"的规定却排除了农村的大量人口,正如第十二章所述,在持续一两百年的圈地运动中,自由持有农大量减少。因此在19世纪初,符合这一规定的只有18万人左右,1831年占农村人口的4%。但这个数字与城镇相比已经算高了,1831年,城镇选民只占居民总数的1%多一点。这一方面是由于"城镇选区"主要由衰败选邑组成,人口众多、经济繁荣的大城市(如曼彻斯特、伯明翰等)反而归在农村选区内;另一方面,也更重要的是:城镇选举权极其狭小,多数选邑实行的是一种身份选举权制,财产多寡往往不重要,起关键作用的是一个人的身份。在有些市镇,只有能独立谋生、自起炉灶的人才能获得选举权,在另一些市镇,选举权只给予纳税人,还有一些市镇只有市镇团成员才是选民,另一些市镇则把选举权附属于某些房地产,谁得到这些房地产谁就有选举权。所有这些选举权都使选举的资格极为狭小,只有一种所谓的"自由民选举权"有可能造成比较庞大的选民团,比如伦敦、利物浦和诺丁汉就是这样。这种选邑与"纳税人"、"自立户"选举权中选民特别多的市镇共同构成一种"开放选邑",只有在开放选邑中才有可能出现真正的竞选,各党派都可以参与竞争。其他选邑都是"封闭"的,由于选举权狭小,哪怕一个很大的城市,也可能只有十几、二十个选民。

如此,在"旧制度"下,英国选民比例极低,1715年选民尚占人口总数的4.7%,到1813年,只剩下2.5%了。这个趋势继续下去,选民比例将不断下降。人们应该明白,控制了一半议员就等于控制了政权,1793年一个由辉格党组成的支持改革的团体"人民之友会"曾发表过一份报告,说英格兰总共400多个议席中,占一半以上的256个议席是由11 075个选民选出来的。由此可知,只要控制这11 075个选民,就能控制英国议会,而这对于贵族来说,是易如反掌的事!

选民人数很少的好处是很明显的:它能使贵族寡头操纵选举,操纵的方法就是贿选。比如说,在一个只有5个选民的小选邑,只要收买3张选票就能买到一个议席;然而在一个有5 000选民的大选区,则要收买2 501张票才能买到一个议席!选民少对贵族寡头十分有利,他们不花多少钱,就能有效地控制选举。这种情况由于当时选民中有大量穷苦人存在而变得更加突出了,穷苦人很愿意出售选票,把它当作商品抛售给出价最高的人。这样,在18世纪,贿选风气盛行,几乎每一个议员都是靠花钱买进来的。议员花钱进入议会,又必然指望政府再花钱收买他们。于是,腐败之风盛行于政界,政府靠封官晋爵、行贿放账收买议员,进而控制议会多数。光荣革命以后的政治机器就是这样运转的,这就是"腐败的旧制度"。

因此,"旧制度"有三大弊病:1.议席分配不合理,2.选举权狭小,3.选举手段腐败。但这样一种不合理的议会制度却很适合光荣革命后英国农业社会的状况,在这个社会中,土地是最主要的财富源泉,同时也是身份和地位的象征。贵族通过收买选票可以控制选举,政府通过收买议员可以控制议会,政权可以确保掌握在贵族手中,而这恰恰与土地财富的优势十分吻合。

二、改革前的社会力量对比

但工业革命发生后情况就变化了,土地的重要性逐渐减小,工业成为财富的主要来源。1688年,英国经济各部门的收入分布仍表明农业是经济的主要部门,当年,农林渔牧业收入1 930万英镑,工矿建筑业收入990

万英镑,商业运输业收入560万英镑,地产房租收入则是250万英镑。1801年,收入的分布已变成:农林渔牧业7 550万英镑,工矿建筑业5 430万英镑,商业运输业4 050万英镑,地产房租为1 220万英镑,由此可见工商运输加起来已超过了农业部门。1831年,这些数字再变化为:农林渔牧业7 950万英镑,工矿建筑业11 710万英镑,商业运输业5 900万英镑,地产房租2 200万英镑。这个时候,工矿一个部门的收入就已经大大超过了农业部门,英国已基本上成为工业国。经济的变化导致社会结构的变化,土地利益的优势已经过去了。

随着工业革命的发展,社会孕育出两个新的阶级,一个是工厂主阶级,另一个是工人阶级。前者以其日益增多的财富昭著于世,后者以其日益增多的人数引人注目。但这两个阶级在"旧制度"下都没有选举权,无法在现存政治体制内提出自己的要求。旧的政治体制与新的社会现实发生了冲突,旧制度必须变革,否则它就会被新的社会所淘汰——这就是议会改革的历史必然性。

但如何变革?是采取暴力的形式还是通过和平的手段?这就取决于社会成熟的程度了。英国通过"光荣革命"已学会用妥协的方法解决社会冲突,不必用暴力来改变国家的体制。但在变革议会制度的过程中,是否仍可用和平的手段?这是英国所面临的急迫问题。经过长期的较量,最终,英国还是用和平的手段解决了问题,完成了权力的重新分配。对英国而言,过程与结果同等重要,它保证英国能平稳地过渡,未出现像法国那样的社会大动荡。

改革运动起源于工业革命造成的社会结构变化,因此,理解这些变化,就成了理解改革的关键。

工业革命积聚了巨大的财富,但在自由资本主义制度下,财富的分配却十分不公,造成严峻的社会紧张状态。

工业革命对劳动者造成损害,由于工业革命的指导思想是自由主义经济学说,是"自由放任",国家对经济问题放任不管,这就把劳动者放在一个不利的地位上,经受资本的任意剥削。英国工业化的最大失误就在于此,它是以牺牲劳动者的利益为前提的。

工业革命消灭了手工工人,用机器取代了他们的劳动,手工操作被迫与机器进行"自由"竞争,结果,手工工人被淘汰了,而在淘汰的过程中,其命运极其悲惨。以手织工为例:工业革命刚开始时,由于纺纱工序实行技术改造，织布跟不上纺纱的需要，因此，手织业有过巨大的发展，手织工的收入之高，可以与绅士相比。可是动力织机出现以后，手织布就被淘汰了，手织工的生活水平一落千丈，其经济地位发生翻天覆地的变化。1820年左右，棉纺织业曾经有20多万手织工，到1850年，他们只剩下大约6000人。由于和机器竞争，手织工的收入非常微薄，在30年代，大多数手织工每星期只挣到一两个先令，连果腹水平都达不到。许多破产的手织工找不到工作，只能靠未成年的子女来养活他们，这些子女在纺织厂一天工作十多个小时，其心理与生理发展都受到障碍。手织工的遭遇非常典型，在工业革命中，随着一个个工业部门被机械化、工厂化，原先的手工工人一批一批被淘汰。濒临灭亡的手工工人想起了伊丽莎白时期制定的国家干预政策，于是就非常希望恢复国家立法，用立法手段调节工资与物价，保障自己的生存。但这样做就必须在议会有自己的代表，这是他们大量投入议会改革运动的主要原因。

19世纪初矿工在矿井中干活

工厂工人的情况不同，在工业革命中，他们经历了从无到有、从小到大的发展过程，其生存方式与手工工人有很大差别。在早期工厂中，工人们深受剥削，他们一天工作十几小时，工资却很低，往往只够维持生存，工人们必须服从严格的纪律，稍有违犯，便受处罚。工厂中劳动条件差，工伤事故频繁，而一旦出事，工人就被赶回家，厂主不负任何责任。恶劣的工作与生活条件使工人健康状况每况愈下，在曼彻斯特、伯明翰等工业大城市，工人的平均寿命只有30多岁，远远低于全社会的平均水平。面对厂主的压榨，工人们逐渐明白一个道理：只有团结起来才能对抗工厂主，迫使厂主做一些让步。这样，就产生了工会运动。工会运动是针对工厂主的，其目的是改善工人直接的生活与工作状况，这就导致工会运动一般不愿卷入政治活动，生怕政治活动会影响内部的团结。因此，工会作为整体很少参加到改革运动中来，会员自己有可能支持改革,但工会往往却不愿表态。总体而言,工厂工人更关注他们与工厂主的直接冲突,而不像手工工人那样,强烈地希望通过政治手段解决问题。

这样,在工人阶级内部,我们看到有两支力量,一支是工业革命前就存在的,另一支是由工业革命造成的,由于其各自的经济、社会特点,它们对议会改革的态度有所区别。

在中等阶级这一边,人们也同样看到它一分为二,其一是工业革命前就存在的旧式中等阶级,主要由医生、律师、教师、牧师、中小地主、中小商人、其他自由职业者、专业人员所组成。他们在工业革命前的英国社会中处于中间梯级,对大土地所有者垄断政权十分不满。他们崇尚英国"自由",讨厌腐败的政治制度,希望建立起一个"自由"的议会,能自由地表达人民的愿望。因此,他们希望议会改革,清除腐败政治。正是这些人最早发出了改革议会的呼声,引发了旷日持久的改革运动。

中等阶级的另一支是工业革命造成的工厂主阶层,这些人大多属于暴发户,出身卑贱,但精明强干,靠机遇与能力发财致富,成为时代的弄潮儿。在工业革命中,他们大部分时间都忙于发财,很少过问其他事。他们全身心地拥护政府的"自由放任"政策,全身心地崇拜亚当·斯密的经济学说。只要政府让他们发财,他们就会支持政府;只有当他们突然发现富裕有余而政治上毫无权利时,他们才会投身于改革运动,但这时已经是19世纪20年代了,在此之前他们一直游离于运动之外,有时还帮助政府镇压运动。

贵族也分成两个集团,一个是辉格党集团,一个是托利党集团。辉格党代表最大的土地贵族及商业与殖民利益,托利党代表地方乡绅,是乡土利益的代言人。由于乔治三世排斥辉格党,辉格党成了反对派,于是也就反对"腐败的旧制度",成了改革运动的同情者。但他们支持改革,是希望通过改革而避免革命,他们希望在经济利益一致的基础上与中等阶级结成同盟,防范下层人民的革命倾向。后来,正是在他们手上完成了第一次议会改革,而改革的结果恰恰是把中等阶级吸收到政权中来。但辉格党集团的存在对英国走上改革的道路却是关键,他们在统治者和人民之间搭了一座桥,使改革的可能性始终存在。

反对改革的是托利党集团,前一章已经说过,在他们统治下,英国政治进入一个极端保守的时期。托利党反对在政治制度中作任何变动,生怕微小的变革都会引发连锁反应,导致整个制度彻底崩溃。但反改革的立场却使他们越来越孤立,终于成为孤家寡人,而阻止不住改革的潮流。

总之,在19世纪初,英国社会存在着三大阶级,六支社会力量。到20年代中期,六支力量中的五支都主张改革了,这时候,改革的时机也就成熟了。

三、改革运动与1832年改革

改革运动从18世纪60年代开始,威尔克斯事件(见上章)引发了改革全过程。威尔克斯事件发生后,伦敦中等阶级认为议会已被少数人控制,因此必须进行改革。1771年,伦敦中等阶级以"威尔克斯后援会"为基础,成立了"权利法案支持者协会"。这是第一个以改革为目标的政治组织。80年代初,再以此为核心成立了"宪法知识会",这样就出现了18世纪末最重要的中等阶级改革团体。

"宪法知识会"最主要的活动是宣传议会改革,在它存在期间,它曾出版大量书刊、小册子,鼓吹改革的必要性。宣传工作为改革运动提供了舆论准备,而约翰·卡特莱特的政论文《抉择》产生的影响最大。《抉择》不仅指出议会必须改革,而且首次提出人人有资格参加选举。当时,在中等阶级改革派中,愿意接受普选原则的人并不多,约翰·卡特莱特则是其中的一个。

80年代,一批中小地主发起一场运动,史称"联合会运动"。运动的背景是北美战争,由于英军在美国独立战争中频频战败,而国内战费负担又不断加重,这引起人们的普遍不满,中小乡绅则溢于言表。许多地方乡绅认为战争的目的是为少数人服务,这些人控制了议会,就用人民的钱去打仗,并转嫁战争负担。他们因此要求改革议会,让议会重新代表人民。1779年,约克郡中小乡绅召开全郡大会,成立"约克郡自由持有农联合会",负责筹集签名请愿,要求议会改革。这一举动得到其他地方乡绅的支持,到次年春天,已经有26个郡、11个市卷入运动。1780年3月各郡代表在伦敦召开了一次全国代表大会,由一个约克郡的大地主克里斯托弗·怀威尔主持。大会提出进行"经济改革",加强对政府的财政监督,削减国王的权力。这些要求正符合辉格党的愿望,他们因此支持联合会运动,并借助运动的声势实行了"经济改革"。联合会运动是由社会的保守

第十四章 ● 第一次议会改革

力量发动的,但它的有限纲领却取得成功,这引起后来改革派的深思。人们认为:群众运动的压力和上层政治斗争相结合,是改革取得成功的必要条件。这以后,改革就遵循这条路线发展,掀起了一浪又一浪的群众运动高潮。

第一次高潮出现在法国大革命时期,法国革命在英国造成意想不到的后果,即激发了下层人民的政治热情。自光荣革命以来,政治都是大人物的事,黎民百姓没有资格参加。法国革命却传递了新的信息,鼓舞普通百姓去过问国家大事。在这样一个背景下,理查德·普赖斯的一次布道演说触发了一场大辩论,为普通百姓走上政治舞台准备了思想基础。

普赖斯是一个新教牧师,宪法知识会的重要成员。1789年光荣革命纪念日时,他应邀去参加"光荣革命纪念协会"的庆祝活动,在会上发表演说,其中提到:光荣革命最重要的遗产是人民有权选择自己的政府,并可以随时撤换它。这个观点引起爱德蒙·伯克的激烈反驳,他发表《法国革命感想录》一书,在书中提出:光荣革命的原则不是变革,而是维护传统,传统保障了社会的存在,因此是社会的基石。法国大革命正因为破坏了传统,才把法国引向崩溃;英国不可步法国的后尘,它必须维护传统,保障国家的安全。

《法国革命感想录》提出一个基本问题,即国家的政治制度是否可以变革?这引起另一位知名人士投入论战,他就是美国革命的元勋、《常识》的作者托马斯·潘恩。潘恩和伯克本是朋友,两人在爱尔兰问题、美国革命问题上立场相似。但现在,两人在法国革命

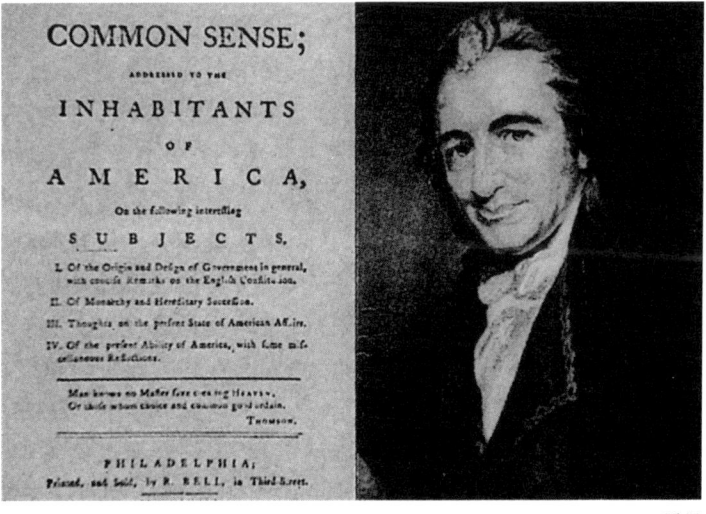

潘恩

问题上分道扬镳,一人为保守主义摇旗,另一人为激进主义呐喊。1791—1792年间,潘恩分两期发表长篇政论文《人权》,其中对伯克的观点进行

反击。潘恩说,每一代人都有权选择自己喜欢的政治制度,其先辈无权代其决定。选择政治制度是英国人生而就有的天赋人权,英国人为保卫这个权利应该战斗到底。潘恩进而推论说,每一个人都有权行使政治权利,但在现行制度下,劳动者却被剥夺这个权利,结果就造成劳动者普遍的贫穷。因此,只有恢复人民的权利,他们才能从贫穷中解脱出来。这样一来,潘恩就把改革政治制度与解决劳动人民的贫穷问题联系起来了,论战也从单纯的"激进——保守"之争转变成谁有权改变国家的制度。劳动人民从潘恩的论点中找到一根逻辑的链条,即他们应参与政治活动,争取自己的权利,通过改革建立人民的政权,进而改变贫穷的命运。如此一来,潘恩的思想在下层人民中广泛传播,成为日后几十年中工人激进主义的理论基础。

《人权》出版后在劳动人民中引起巨大反响,到1793年,其销售量已达到20万册,无数人奔走相告,争相传闻,劳动者将其视为自己的理论。不久后,下层人民的改革运动开始了,它延续几十年,是改革斗争中基本的群众力量。

最早出现的工人政治组织是"设菲尔德宪法知识会",但更重要的是"伦敦通讯会"。伦敦通讯会成员最多时达到5万人,创始人是托马斯·哈迪,一个普通的鞋匠。伦敦通讯会成立时,9个工匠在一家小酒店里讨论有关工人的切身问题,其中争论最激烈的,是普通劳动者有没有权利参与政治活动。后来,这9个人中的8个成了伦敦通讯会的创始成员,哈迪当选为书记。伦敦通讯会建立了一个完整的组织机构,它设立分会,每个分会选出代表,由他们组成总委员会。重大决策在总委员会上投票决定,然后再返回各分会,让全体会员表决。伦敦通讯会的会员基本上是工匠、帮工、小店主、小手艺人等,与法国革命中的"无套裤汉"成分相同。伦敦通讯会的政治纲领是:改革议会制度,实行普选权,通过议会选举改变议会的性质,制定对劳动人民有利的政策。这以后,普选权成了工人阶级政治纲领的真正试金石,正是在这一点上,工人激进主义与中等阶级激进主义划开了一条线。从1792年伦敦通讯会成立,到1799年它被取缔,近7年时间中它开展了大量活动,主要活动方式是召开群众大会,进行改革宣传,征集签名,向议会递交请愿书,印发宣传改革的传单、小册子,以及各分会每周一次的学习活动等。

类似伦敦通讯会这样的组织当时在全国出现了许多,几乎每一个重要城镇都有。伦敦通讯会与各地的组织保持联系,经常交流经验,通报各自的活动情况。伦敦通讯会还与宪法知识会建立了正常的工作关系,常在一起商讨开展联合行动的问题。所有这些活动都使政府感到威胁,因为在他们看来,下层人民参与政治活动本身,就是一种反叛行为。1793年11月,政府在苏格兰逮捕伦敦通讯会主席马格罗特和另一名重要成员杰拉尔德,将他们判处14年流放。次年5月,政府又逮捕伦敦通讯会和宪法知识会的主要领导人,对其中12人以叛国罪起诉,其中包括托马斯·哈迪。审判虽然以无罪开释结束,但对改革运动的打击却很大。这以后,宪法知识会彻底瓦解了,伦敦通讯会继续存在了4年,最后在1798年被镇压。1799年政府颁布《结社法》,正式宣布伦敦通讯会为非法。《结社法》还禁止成立一切结社组织,包括工人群众的工会、互助会等。《结社法》的颁布标志着英国进入光荣革命以来最阴暗的一个时期,一切自由权利都被取消,光荣革命的成果受到重大威胁。第一次群众性改革运动的高潮也就此结束了,英国在阴沉的保守气氛中跨进新的世纪。

此后15年中,一切群众运动都隐入地下,现存的许多资料表明,工人的政治活动仍然存在,但由于其秘密活动的性质,现在人们知道的很少。1802年,政府以图谋造反罪审判德斯帕德上校及其同志,说他们在伦敦的工人中组织"革命军"。德斯帕德被处死,其他人被判刑。德斯帕德密谋中有许多人曾经是伦敦通讯会的成员,其他一些人则在后来的工人政治活动中发挥了作用。多数非法活动都隐没在历史的沉积中了,我们现在知道的只是其中很少一部分。

1811—1812年,北方几个郡爆发卢德运动。运动的起因是工人反对机器,或反对不符合行业规范的生产流程。运动起于诺丁汉郡,那里的袜商不顾行业规矩生产一种劣质长筒袜,压低了袜子价格,严重冲击了织袜工人的正常收入。织袜工于是秘密组织起来,以"卢德将军"的名义捣毁不法商人的袜机,由此而开始"卢德运动"。运动扩展到兰开郡,那里工人反对的是动力织机;再蔓延到约克郡,在那里反对一种新出现的剪绒机。在这两个郡,工人反对的都是新出现的机器,但反对机器的是被机器所取代的手工工人,而不是操作机器的工厂工人。卢德运动一个很明显的特点是手工工人与工厂主对立(不是工厂工人与工厂主对立),其中的原因是:工厂机器夺走了手工工人的饭碗,把他们推入到无以为生的绝境中。

卢德运动活动诡秘,往往在深夜几十、数百个卢德派人员突然聚集,把不法厂主的机器捣毁。卢德派每人有代号,活动时都以代号相称,不暴露真实姓名。卢德运动有极严厉的组织纪律,透露内部机密的人会受到严重处罚,常常以死威胁。卢德运动表现出一种阶级战争的特性,在兰开郡米德尔顿的一次冲突中,厂方开枪打死5人,十几人受伤;第二天,数百名卢德派围攻厂主住宅,将其烧毁。在约克郡,工厂主霍斯福尔在光天化日下被人枪杀,当局花了半年时间才将杀人者抓获。卢德运动高潮时暴力冲突屡见不鲜,政府派出好几个团的骑兵驻守在出事地区,每夜都四处救援,疲于奔命,仍遏制不住运动的势头。后来政府加强了镇压,大量使用奸细,在兰开郡制造"卢德38人案",在约克郡一次处死17个卢德派,议会并制定法律重判砸机罪,运动才最后被遏止。

卢德运动最神秘的方面是它与政治改革运动的关系,从现存的蛛丝马迹看,运动背后有政治色彩。一些运动领导人可能是过去的激进派,他们一直在向工人群众宣传议会改革。真实的情况可能是:对多数卢德派来说,运动是他们进行经济斗争的一种手段;但激进派努力向运动渗透,力图给它加上政治色彩。无论如何,这是一场阶级战争,历史学家哈孟德夫妇在写《技术工人》时,第一句话就说:"这个时期的英国史读起来像是一部内战史。"

中等阶级在这十几年中活动很少,但1807年他们赢得一次重大胜利,在当年的威斯敏斯特大选中一举夺得两个议席。胜利归功于两个因素:一是当地选民众多,很难被控制;二是改革派组成一个坚强的选举委员会,在一无后台、二无财力的情况下,靠出色的组织能力及启发下层民众的政治觉悟赢得了这次胜利。这以后,威斯敏斯特就成为激进主义的坚强堡垒,每次选举都选出两名改革派议员。威斯敏斯特委员会也成为改革派培养干部的根据地,像弗朗西斯·普雷斯、亨利·亨特、威廉·科贝特和卡特莱特少校等著名的激进领袖,都曾是委员会成员。

1815年拿破仑战争结束,群众性的议会改革运动重新兴起,中等阶级改革派起了触发作用,主力军却仍旧是工人群众。科贝特在宣传方面功劳不小,他创办的《政治纪事》报是改革派的喉舌。1816年,他出版两便士一份的《每周政治纪事》报,在改版后的第一期上就登出《告英国工人大众书》,号召工人群众参加改革运动,为改善自己的经济地位而努力。这是中等阶级向工人群众发出的直接呼吁,表明他们认识到:只有工人阶级参与斗争,改革才有可能成功。其实,在威斯敏斯特大选时他们已意识

第十四章 第一次议会改革

到这一点了,当时普雷斯主持竞选工作,正是靠工匠、帮工、小手艺人的支持,才取得选举胜利。

约翰·卡特莱特少校在组织方面起了重要作用,他以70岁的高龄三次出行北中部,29天中行程900英里,在35个地方发表演说,宣传议会改革。所到之处,他帮助工人改革派建立起汉普登俱乐部,"汉普登俱乐部"运动于是渗透在英格兰北、中部地区,一个以工人为主体的议会改革运动蓬蓬勃勃开展起来,这是新的一次群众运动高潮。

运动仍以请愿为主,在运动高潮中,各地向议会提交了527份请愿书,签名者据说有60万—100万。运动声势之大、散布范围之广使政府猝不及防,其实,战争期间的高压政策一旦解除,改革运动当然就会随之而起。但托利党政府仍然坚持镇压手段,它借一个名叫"斯彭斯博爱主义者协会"的暴力派团体在伦敦组织的一次暴动为理由,于1817年3月颁布"反煽动性集会法",对北方改革派大加逮捕。汉普登俱乐部很快就瓦解了,运动陷入低潮。这时,一批主张暴力革命的人走上前台,他们在许多地方秘密活动,试图组织一次跨地区的武装暴动。但真正行动起来的只有诺丁汉郡的彭特里奇村,6月9日夜,这里一位失业的织袜工布兰德雷斯领导300名武装人员向诺丁汉市进军,清晨遭遇一小队骑兵,结果未发一枪就逃散了。布兰德雷斯等三人后来被处死,其他领导人被流放或监禁。"彭特里奇工人起义"是世界工人运动史上第一次武装起义,虽说其组织得很差,像一场闹剧,却说明英国工人激进运动中存在着一个主张革命的暴力翼。后来暴力翼一再登台表演,为英国的政治发展做出了自己的贡献。

1818年开始,和平的改革运动再次高涨,其中心仍旧在北、中部工业区。这时候,工业革命已进入高潮,大批手工工人被机器排挤,他们非常希望国家能保护自己的生存,于是大力投身于议会改革运动。1819年夏天,工业区许多市镇召开群众大会,在会上选举"立法代理人",与会者要求议会承认"立法代理人"是人民的代表,接纳他们出席议会。8月16日,曼彻斯特附近几十个工业村镇的6万至8万名工人在圣彼得广场集会,准备选举他们自己的"立法代理人"。会议正在进行时,军队及由当地工厂主子弟组成的义勇队向与会者发起冲击,用马刀向人群砍杀。这就造成了震惊全英国的"彼得卢事件",在参与镇压的军队中,有当年在滑铁卢打败拿破仑的一个团队,"彼得卢"的叫法就由此而来。彼得卢事件中有11人丧生,400多人受伤。事件发生后托利党政府向曼彻斯特市政当局发来贺辞,并很快就制定了"六项法律",全面停止了言论、出版、集会和结社的自由。到这时,托利党的反动统治已达到极点,英国出现光荣革命以后最专横的残暴统治。改革的一切活动都被禁止了,大批改革派人士被捕入狱。和平变革的希望似乎已经消失了,在这种情况下,"斯彭斯博爱主义者协会"再次登上舞台,他们策划在一次内阁会议时冲进会场,杀死全体内阁成员,为彼得卢事件复仇。但政府在他们的内部安下了奸细,"内阁开会"的消息本身就是一个圈套。1820年2月23日晚,"博爱主义者"正准备行动时,政府军冲进行动现场,西斯尔伍德等5名领袖后来被处死,其他一些人被判刑。这件事后来被叫作"卡图街密谋",由此而结束了战后激烈的政治冲突。

　　从以上叙述可以知道:改革运动发展到这时已历经50多年了,其间出现过几次高潮。但改革的力量始终不够强大,无法迫使统治者做出让步。法国革命时人民运动步入高峰,但反改革的力量也高度集结,战争给改革带来不利影响,反对法国也就给反对变革提供了借口。《结社法》颁布后,坚持改革行动的只有工人群众了,几次高潮都是由工人发动的,但他们的力量太孤单,无法造成重大压力。和平变革必须以力量为后盾,需要有社会上绝大多数人都支持改革。工人阶级单一的力量做不到这一点,这是直到1820年,改革斗争无所成果的主要原因。但1820年以后事态开始变化,改革斗争才一步步走向胜利。

　　彼得卢事件发生后,人民的斗争趋向消沉,统治集团内部却出现分化,托利党内部形成一个自由派集团,其领袖是乔治·坎宁、威廉·哈斯基森和罗伯特·皮尔。这个集团接受工商业资产阶级的影响,认识到时代的变化已不可阻挡,因而主张对托利党政策进行调整。在政治上,他们主张放松控制,解除高压手段;在经济上,他们要求降低关税,鼓励海外贸易;在外交上,他们希望摆脱维也纳会议所形成的神圣同盟体系,追求英国自身的利益。总之,他们受自由资本主义理论的影响,对亚当·斯密和边沁的学说甚为敬佩。1822年利物浦勋爵改组政府,让坎宁主掌外交并兼任下院领袖,哈斯基森掌管贸易,皮尔负责内务部,自由派于是控制了政府内最主要的几个部门。此后,坎宁修正外交政策,支持南美和希腊的独立运动;哈斯基森修改《航海法》,使英国向自由贸易方向发展;皮尔大刀阔斧地进行刑法改革,一下就废除了100多项死罪,并改善监狱的生活

第十四章 第一次议会改革

条件,建立世界上第一支属文职性质的警察部队——伦敦都市警察。这些自由主义的改革受到大众的普遍欢迎,却受到党内保守势力的顽强反抗,保守派在威灵顿公爵周围集结起来,托利党内部的分歧随即公开化。1827年利物浦因身体不好辞职,坎宁出面组阁,保守派拒不参加政府,使冲突更加尖锐。不巧的是,几个月后坎宁却去世了,于是由威灵顿担任首相,保守的政策立刻得以恢复。1828年,哈斯基森率自由派退出托利党政府,这以后,这个派别就逐渐向辉格党靠拢,在议会中采取反政府的立场。托利党至此正式分裂,大大削弱了反改革的力量。

不久后,托利党在更大的问题上发生分裂,这个问题就是天主教解放。

1801年爱尔兰合并以后,大部分爱尔兰人非常不满,尤其是组成人口多数的天主教徒,由于得不到平等的公民权,其对立的情绪相当激烈。1823年,一位爱尔兰律师丹尼尔·奥康内尔组建民族主义组织"天主教同盟",要求解除对天主教徒的歧视政策。天主教同盟受到爱尔兰农民的广泛支持,在许多地方,真正有权威的是天主教同盟,而不是英国政府。坎宁派退出政府后,威灵顿提名爱尔兰出生的菲茨杰拉德担任商务大臣,按规定,他必须回到他自己的选区,重新参加选举,再次当选议员,而这个选区就是爱尔兰的克莱尔郡。然而就在竞选举行之前不久,威灵顿发表了一个威胁性讲话,他声称要取缔天主教同盟,同时又说:如果天主教同盟自行解散,他可以考虑解放天主教徒的问题。这次讲话把天主教同盟放在一个进退两难的困境上:假如不解散同盟,天主教受歧视的状态似乎就要由同盟来负责;但假如解散,那就明显钻进了威灵顿的圈套,来之不易的大好局面立刻就会消失。在这种困境中,天主教同盟采取了一个背水一战的战略:它让自己的领袖奥康内尔亲自出马在克莱尔郡竞选,结果战胜菲茨杰拉德,当选为议员。

但奥康内尔却不可以当议员,因为根据当时的法律,天主教徒不可以出任公职。这样,爱尔兰的局势便急剧恶化,一点星火就可以引燃整堆干柴。天主教同盟在胜利的鼓舞下准备再接再厉,在其他选区也采用同样的策略。在新教方面(主要是英裔地主),因意识到局势的严重性,便开始准备武装,使爱尔兰面临着内战的危险。在这种情况下,威灵顿决定采取果断措施阻止内战爆发,于是在1829年通过《天主教解放法》,取消了对天主教徒的一切政治歧视,让他们获得平等的公民权,但同时又解散了天主教同盟。这样,内战是遏制住了,天主教同盟的威胁不再存在。但政府为此付出了巨大的代价,排斥天主教是英国几百年来的基本国策,改变这一政策,是对英国宪政的重大修改。既然连基本国策都可以改,英国政治制度中还有什么不可以改呢?这就是当时许多英国人的看法。议会改革运动受到这一事件的鼓舞,在消沉10年之后重新活跃起来了。

托利党受到巨大的震撼,他们想象不出像威灵顿这样一个坚定的保守派,何以能主动修改基本国策!党内于是出现一个极端顽固的派别,他们说威灵顿之所以能够得逞,是因为他充分利用了议会的腐败,对议员进行收买。这说明,英国的议会制度确实是腐败透顶了,应该进行改革!于是在6月2日,极端顽固派以托利党的名义提出一项改革动议,把70年来历次改革的要求集于一纸,托利党内最顽固的势力现在居然也提出要"改革",这说明改革似乎已不可不为之!但这一举动把威灵顿放到了腹背受敌的位置上,他前有辉格党,后有托利党反对派。1830年11月15日,托利党顽固派联合坎宁派和辉格党共同投票反对政府,次日,威灵顿政府宣布倒台,一场改革的大风暴由此就拉开了帷幕。

此时,改革的力量已聚集起来了。早在1月份,伯明翰的工业家成立一个"政治同盟",由托马斯·阿特伍德担任主席。这是工业资产阶级组成的第一个要求改革的政治团体,表明工业资本家现在已不站在政府一边(如彼得卢时期那样),而是投入到改革阵营中来。3月份,伦敦成立"首都政治同盟",原先老的中等阶级激进派几乎全都参加进去,中等阶级的两个分支现在都组织起来了。4月,隐居了10年之久的格雷伯爵回到伦敦,使辉格党得到了当然的领袖。辉格党迅速与坎宁派结盟,共同支持改革的事业。首都的手工工匠起初参加"首都政治同盟",后来又单独组成自己的组织"工人阶级全国同盟"。这个组织在人员构成、纲领、活动方式方面都直接继承90年代的伦敦通讯会,是工人激进主义的直系传人。北方的工厂工人现在以工会的形式出现,工会对政治问题一般不感兴趣,但在关键时刻它仍然会站出来表态,支持把改革进行到底。总之,威灵顿下台时,力量的配置已经很明朗,各阶级各阶层多数人都支持改革,反改革的只是托利党一小撮。

1830年11月16日,格雷伯爵组成政府,他立即布置制定改革方案。1831年3月1日辉格党在下院公布方案,这个方案比大多数改革派事先估计的都要彻底,它提出取消一大批衰败选邑的选区资格,把议席重新分配给人口众多的城镇,主要是工业城镇。它还提出扩大选举权,实行财产资格制,在原有的选民之外,农村增加年收入10镑以上的公簿持有农和50镑以上的租地农;城镇则统一标准,实行10镑房产持有人有选举权。这一方案基本上满足了中等阶级的要求,但把工人阶级排除在外,因此符合辉格党的指导思想,即联合中等阶级、保证国家的政权掌握在有产者手里。

辉格党方案公布后,在全国受到普遍欢迎。改革派都支持这一提案,但工人阶级全国同盟却公开反对它,认为那是一个阶级的立法。工盟主张工人阶级应坚持普选权,决不向中等阶级让步。在改革斗争中,实行财产选举权还是实行普选权,这一直是中等阶级激进派和工人激进派的分水岭;现在,辉格党方案出来了,它明显体现着中等阶级色彩。

但辉格党方案受到托利党的顽强抵制。在下院二读时,法案仅以一票多数险胜。辉格党决定解散议会,举行新的大选。大选中政府得到130多票多数,可以放开手来进行改革了。9月份法案在下院获得批准,但托利党利用它在上院的多数却否决了法案,辉格党于是和托利党开始谈判,准备向托利党做出让步。就在这个时候,人民却开始行动了,各地出现许多骚动,民众自发地攻击反改革的托利党,德比、诺丁汉、莱斯特、伍斯特、埃克塞特等地都出现严重的暴力活动,军队不得不前往镇压。骚乱最厉害的是布里斯托尔,在那里,暴乱持续了三天,军队被赶出城外,直至加强了兵力才重新控制局势,骚动造成了几百人死伤。与此同时,普雷斯在伦敦建立一个中等阶级的政治组织"全国政治同盟",与在北方的伯明翰政治同盟遥相呼应,召开了许多群众性的大规模集会,仅10月3日在伯明翰召开的群众大会上,参加者就有10万—15万。在辉格党看来,中下层人民的联合斗争似乎正在形成,这使他们感到十分不安。辉格党进行改革,本来就是要避免出现中下层的联合,把中等阶级拉到政府一边,共同保卫国家的。面对骚动,辉格党决心加快向中等阶级让步,而不顾托利党的反对,于是,它宣布终止与托利党的谈判,继续推进原先的改革。

1832年4月,辉格党法案第三次在下院通过,但托利党继续扬言要在上院否决法案。5月7日,格雷伯爵觐见国王,要求他在必要时册封足够多的改革派贵族,使他们在上院表决时能压倒托利党多数。但国王拒绝了这一要求;第二天,辉格党政府集体辞职,威灵顿奉命组织政府,改革斗争进入了白热化阶段。

在这改革斗争最危急的关头,人民的斗争再次走上前台,拯救了改革的命运。5月7日,伯明翰政治同盟举行集会,企图阻止辉格党垮台。5月10日,同盟再次召开群众大会,十多万人参加会议。5月9日,全国政治同盟也召开群众大会。在9日至19日的10天中,全国各地共召开200多次群众大会,递交了300多份请愿书,成千上万的人报名参加各地改革同盟。工人阶级全国同盟这时表现出异常的积极姿态,它一方面表示辉格党的方案不符合工人利益,另一方面也指出:工人阶级可以把它看作是改革的第一步,为今后更全面的改革打下基础。工人同盟的机关报《贫民卫报》还发表文章,号召工人发动革命。

在这种情况下,中下层人民联合行动的可能性真的出现了。5月12日,各地协会代表赶到伦敦商讨对策,随后伯明翰代表与普雷斯单独会谈。很多年后,普雷斯在回忆录中说他们制订了一个武装起义的计划,由伯明翰发动起义,其他地方立即响应。5月7日,阿特伍德派他的助手韦德博士加入工人阶级全国同盟,以图协商行事。在曼彻斯特,工人和工厂主共同参加集会,而会场就在当年工厂主屠杀工人改革派的地方——圣彼得广场。全国的形势是非常紧张的,如果威灵顿组阁成功,很难估计会出现什么后果。5月14日,议会下院通过一项决议,称下院将永不接受由一个托利党政府提出的改革方案。这意味着,如果威灵顿组阁,他将与下院处于永久的对抗之中。这使人想起17世纪革命,当时,正因为议会与政府对立,才引起革命与内战的!

但摊牌最终被制止了。威灵顿受命组阁的当晚,普雷斯提出"取黄金、阻公爵"的口号,一夜间这个口号贴满伦敦城,并传遍全国。到5月18日,已经有160万英镑的黄金从银行兑走,占英格兰银行黄金储备的将近一半。银行代表紧急通知国王:若再不结束危机,英国的黄金将在4天中告罄。

与此同时,罗伯特·皮尔又不肯参加威灵顿政府,而没有皮尔参加,威灵顿就无法组阁。于是,在5月15日,威灵顿交回组阁委任书。5月18日,国王立下书面保证,表示愿意册封任何数目的改革派贵族,强使上院通过改革法。当日晚,格雷伯爵恢复首相职。随后,上院开始审议改革法案,托利党多数不再抵抗了,他们退出会议,让法案顺利地获得通过。托利党在最关键的时刻终于以退让求保全,避免了一次可能的革命。

1832年6月7日,经过18个月的激烈斗争,改革法由国王签署,正

第十四章　第一次议会改革

式生效。第一次议会改革成功了。

改革法把英国的选民数从48.8万增加到80.8万,从人口总数的大约2%增加到3.3%。中等阶级的多数获得了选举权,成了"有权的"阶级,但他们还不"掌权"。

工人阶级被排斥在改革成果之外,完全没有得到好处。这使他们对改革十分不满,因此在改革后不久,就发动了轰轰烈烈的宪章运动。

改革法取消了一批衰败选邑,重新分配了143个议席,这些席位有许多分配给工业市镇,进一步加强了工业资产者的地位。

改革法修改了选举资格,使选举权从身份资格转向财产资格,显然,这比原来合理。但财产资格仍然是不合理的,它把身份歧视转变成财产歧视,社会的绝大多数成员仍旧在受歧视之列。

从内容上看,第一次议会改革只是一次小小的变动,它并没有造成重大的体制改革,贵族仍然掌握政权,土地的利益仍

英国议会大厦

然占优势。然而,有第一次改革就会有第二次改革,第一次改革的最大意义就在于:它表明制度变革是可以进行的,而且不可阻挡,适时的变革最为明智;改革之路可以走得通,其必要的前提是:人民持久的斗争,统治者适时的让步。

作者点评:

这一章的内容多数人大概很生疏,原因是在一般的教科书里,这些内容是没有的。没有的原因是我们的教科书源于苏联,而苏联的教科书形成于20世纪30年代。按照苏联教科书的体系,这一章的内容违背革命的原理,因此就故意不写了。但这种态度不可取,历史学家的主观倾向太明显了。对历史上发生过的事我们可以做出评判,但不可以删除,不可以

隐瞒它的真实存在。其实,英国的改革过程充满了斗争,而且是真真实实的阶级斗争。从本章的叙述中可以看到,所有阶级各种力量都卷入到这场决定命运的大搏斗中来了,其惊心动魄的程度,决不亚于一次内战。各阶级都有自己的目标,也都有各自的行动与纲领。从改革的最终成果看,得益最大的是中等阶级,但其他阶级并非有所失,在日后的历史进程中反而有所得。从改革的内容看,这次改革的幅度很小,完全配不上为此做出过的重大牺牲。但从此后英国就坚定地走在改革的道路上了,它可以自信地面对未来,随时变革自己的制度,而不必有畏惧之忧。到这个时候,国家就算发展成熟了,它不必再凭空摸索,也无必要处处担惊。是谁使改革的道路终能成功?从文中的叙述可以知道:是整个英国的民族。

第十五章 维多利亚时代

一、反谷物法胜利与自由资本主义的鼎盛

1837年,威廉四世国王去世,他的侄女维多利亚继承王位。当时,年轻的女王只有18岁,沉重的国务负担却落在她肩上。辉格党首相墨尔本几乎是手把手地教她做一个立宪君主,教会她不凭感情用事,心平气和地与民选的首相共事,哪怕这个首相她从心底里厌恶也罢。维多利亚在位64年,在此期间,君主立宪制彻底巩固了,国王完全变成了"虚君",按政治学家巴奇霍特的说法,国王在国事中发挥的作用是:"接受咨询,给予支持,提出警告。"维多利亚在其一生中模范地履行了立宪君主的职责,因此深受国民的爱戴。早年,她曾因不接受罗伯特·皮尔要她解除身边几个辉格党侍女职务的要求,而把已经失去议会多数的墨尔本勋爵留在首相位置上,造成所谓的"寝宫危机";后来,当她成熟后,她再也没有犯过类似的错误,尽管她不喜欢辉格党首相罗素,也不喜欢自由党首相格拉斯顿。维多利亚还是她那个时代道德风尚的典范,她是贤妻,又是良母,是典型的大家闺秀,也是优秀的一家主妇。她与丈夫艾伯特亲王相亲相爱,艾伯特的早逝(1861年)引起她巨大的悲痛。她一生养育9个子女,花费了大量精力来培养他们。她自己生活严谨,工作刻苦,对别人又充满责任感。在许多英国人眼里,她就是她自己时代的缩影,她漫长的在位时期则是国家繁荣昌盛的顶峰。维多利亚在位时期被称作"维多利亚时代",在英国所有国王中,维多利亚享有盛誉,这不是因为她做出了什么轰动的事业,而是因为她什么都不做,而仅仅恪守立宪君主的本分,做她那个时代的表率。

1832年改革使辉格党在政治上占了上风，从1830—1866年，辉格党几乎连续掌权，其中只有几次短暂的间断。托利党几乎与权力无缘，只有1841—1846年皮尔执政时，才稍稍显示了托利党的存在。托利党在改革中受到巨大冲击，它必须改造自己，才能适应变化的形势。1834年，党的领袖罗伯特·皮尔在一次竞选演说中表示：托利党应该支持改革，只要这种改革是出于善意并且对维护现存的制度有益。这就是有名的"坦姆沃思宣言"，它是托利党自身的改革宣言，也是托利党支持改革的原则宣言，从此托利党不再是抗拒变革的党，而是一个主张缓进、渐变的党，其党名也渐渐变成"保守党"，以区别于抵制变革的"托利党"。与此相反，辉格党却没有受到改造，由于它是得胜的党，党内许多旧势力却保存下来，反而阻碍了党在社会变革中发挥更大的作用。党内发生革新派和守旧派的分歧，从50年代起，以罗素伯爵为首的革新派曾几次提出继续进行议会改革的动议，但却被否决。党内守旧派甚至反对再作任何变革，导致第二次议会改革的主动权落到了保守党手里。50年代，辉格党逐渐改称"自由党"，它与保守党在纲领、思想、社会组成方面的差异日趋缩小。60年代以后，两党轮流执政，这说明两党的区别已经很小了。

　　第一次议会改革后，自由贸易的问题日益突出。随着工业革命完成，英国成为世界上第一个工业国，工商业资产者越来越希望得到完全彻底的自由贸易，国家完全不干预，实行彻底的"自由放任"。一大批所谓的"政治经济学家"为此已做了大量的舆论准备工作，其中包括亚当·斯密、大卫·李嘉图、托马斯·马尔萨斯等。但尽管"政治经济学"的理论已家喻户晓，政权却掌握在大地主手里，他们用政权的力量来保护土地利益，因此反对完全的贸易自由，主张保留国家对经济的随意干预，其典型表现就是"谷物法"。

　　谷物法是一个古老的法律，中世纪就已存在，但1815年以后成为重大政治问题。拿破仑战争时，物价上涨，谷物价格直线上升，小麦的价格有时达到每夸特100先令以上。这使农业经营有大利可图，于是，土地所有者大量开发贫瘠土地，投入大批资金进行粮食生产赚取极大的利润。随着战争接近尾声，粮食价格开始回落，不仅贫瘠土地的投资收不回来，就连一般的农业利润都维持不住了，这对土地所有者造成巨大的威胁。于是在1815年，就在战争结束之时，议会通过一项谷物法，规定在小麦价格未达到每夸特80先令时，不准进口外国粮食。这是在人为地抬高粮食

第十五章 维多利亚时代

价格,社会各阶层都会因此受到损害,只有地主阶级从中获利,因而深受时人的痛恨,将其称作是"阶级的立法"。1815年"谷物法"是刺激工业资产者投入议会改革运动的原因之一;1828年,威灵顿曾迫于党内压力修改了谷物法,将其按国内小麦价格的高低来制定浮动进口税,但这并没有消除工厂主的怨气,相反,在1832年改革之后,他们发动声势浩大的政治运动,要求取消谷物法。

1836年,伦敦一批激进派议员成立一个"反谷物法同盟",未取得任何成果。1838—1839年,曼彻斯特的工业家接过反谷物法大旗,这才使运动蓬勃发展。运动的主心骨是理查德·科布登和约翰·布莱特,两人都是白手起家的工厂主,靠个人奋斗发财,坚信自由贸易的信条。在他们的领导下,反谷物法运动成为一个涉及面广泛的群众运动,主要参加者是各地工厂主,大批工人也卷入其中。反谷物法同盟有很好的组织体系,全国各地都有分会,各分会都有正常的活动,也有完整的组织机构。同盟以反对谷物法为唯一目标,不谈其他政治问题,也不提其他要求。它实际上是英国历史上第一个压力集团,企图用群众斗争的手段达到单一的经济利益目的。同盟主要靠宣传工作争取民心,它的宣传很巧妙,它对工人说:谷物法抬高了面包的价格,因为进口关税限制了粮食的自由竞争;它对佃农说:谷物法对他们毫无好处,因为地主用高租率拿走了全部超额利润;它对工厂主说:谷物法限制了工业发展,因为别的国家只能用粮食来交换英国工业品,而谷物法恰恰限制了这种交换。总之,它对社会的每一个成员都说谷物法违背了其切身的利益,只有自由贸易才能扭转这种局面。事实上,反谷物法同盟鼓吹的是自由资本主义经济理论,它只符合工业资产者一己的私利而已。这个时候,自由贸易最得力的鼓吹者都集中在曼彻斯特,反谷物法同盟的领导者也是这些人,这些人后来被叫作"曼彻斯特学派"。

反谷物法同盟的宣传活动

反谷物法同盟利用群众斗争的方式制造政治压力,其常用的手段是:出版书刊、小册子,散发传单,召开群众会议,进行宣传演说。由于其资金雄厚,活动常达到很好的效果,甚至能吸引大批工人参加进来。当时也正是宪章运动活动的高峰,于是就出现两个运动争夺工人群众的局面,并不时引发双方人员间的打斗。反谷物法同盟一度曾企图把宪章运动拉到它自己的轨道上来,但由于工人领袖坚决抵制,此举未能成功。反谷物法同盟最令人惊叹的政治行动是制造选民,让这些选民选出支持同盟纲领的议员。为此,同盟筹集大笔资金,归到本不具备选民资格的人名下,让他们登记成为"选民",从而夺取某一些选区的选民多数,选出事先议定好的候选人。

反谷物法同盟造成巨大的政治压力,同时也使自由贸易学说得到更广泛的传播。1841年科布登当选为议员,使议会内的反谷物法运动也找到了领导人。同盟的活动最终影响了许多当权者,使他们也接受自由贸易的学说,而罗伯特·皮尔就是其中之一。皮尔本人出身于富裕的棉厂主家庭,父亲是靠自我奋斗起家的第一代工厂主。他后来虽加入托利党,却是托利党内持自由主义观点的领导人之一。当坎宁派转向辉格党时,皮尔却留在了托利党,对后来完成托利党的自我改造发挥了作用。1841年他担任首相后,开始领导保守党向自由贸易方向转化;当时,抵制自由贸易最坚定的就是保守党,因此这一转化具有深远意义。1845年,爱尔兰发生大饥荒,成百万人被饿死,更多的人流落他乡。当时,解救灾荒的唯一办法就是放开粮价,让外国粮食自由进入英国。皮尔于是下决心废除谷物法。1846年,议会终于废除了这个法律,一个"阶级的立法"也就寿终正寝。但皮尔却为此付出重大代价,党内顽固派、土地利益的代理人咽不下这口气,向皮尔实施报复,皮尔失去议会多数,保守党政府就垮台了。后来,皮尔派向自由党靠拢,支持继任的罗素勋爵政府,辉格党的一党优势又维持了大约20年,保守党失去了掌权的机会。

这样,自由贸易的原则终于胜利了,工业资本主义大获全胜。1849年,已实行几百年的《航海法》被废除,这是另一个标志,表明自由贸易的原则被彻底认可。1852年议会发表一项原则声明,称自由贸易是英国的国策。英国由此而进入自由资本主义的鼎盛期,维多利亚时代正是自由贸易的全盛时代。

二、宪 章 运 动

就在资产者为自己的利益而奋战时,工人阶级也在争取自己的权利。

第十五章 维多利亚时代

1836年,伦敦工匠成立了一个新的组织,名叫"伦敦工人协会",其领导人是著名的工人领袖威廉·洛维特。1837年2月,伦敦工人协会提出六条纲领,要求对议会进行新的改革。5月,伦敦工人协会的6名领导与议会中6名激进派议员会谈,把这些要求写成了议会法案的形式,不久以后,起草了一份法律文件,称为《人民宪章》。《人民宪章》在1838年5月公布;同月21日,格拉斯哥召开第一次大规模的群众集会,要求实行《人民宪章》,参加者超过20万人。由此,震惊世界的宪章运动就拉开了序幕,在此后大约20年时间里,宪章运动反复荡涤着英伦大地。

宪章运动是英国工人第一次单独的政治活动,它单独要求议会改革,而不和(也不接受)中等阶级结盟。之所以出现这种情况,是因为1832年议会改革后中等阶级获得选举权,成了"有权的"阶级;工人阶级则一无所获,产生一种被出卖感。在这种情况下,继续要求议会改革就只能是工人阶级的单独行动,而且必然带有强烈的反中等阶级色彩。

宪章运动的目标是彻底进行议会改革,使议会真正代表人民。宪章运动的纲领集中体现在《人民宪章》中,其中六项要求是:1.实行男子普选权;2.每年举行一次议会选举;3.实行平均的选区,每个选区选民数应该相等;4.议员领取薪金;5.取消议员的财产资格限制;6.实行无记名投票。这六条归根结底只想达到一个目标,即选出工人议员,让工人也成为"有权的"阶级;所有六条都是围绕这个目的提出的,因此很明显,这个纲领带有鲜明的阶级性。但应该记得,所有这六条都不是由宪章运动最早提出的,在漫长的议会改革运动中,这六条都曾明确地提出过;尤其是成年男子普选权这一条,在很长时间里曾经是工人激进派与中等阶级激进派的分水岭。其实,宪章运动正是几十年来工人激进主义的直接继承人,也是它充分发展的顶峰。宪章运动的基本目标——工人阶级的政治权利也就是工人激进主义的基本目标,只因为在1832年改革中这个目标未能达到,才引发了宪章运动的大爆发。

在社会阶级构成上,宪章运动也与几十年的工人激进主义一脉相承,即它的骨干力量是正在消失的手工工人。从现在存留的统计资料看,无论在全国性领袖还是在地方领袖中,无论是各级领导人还是群众中的积极分子,手工工人都占据主导地位,工厂工人留下的痕迹很少。这些资料可在当时宪章派最主要的报纸《北极星报》上找到,这说明宪章运动仍是个以手工工人为主导的工人运动,与工厂工人的工会运动有明显区别。

手工工人希望通过政治变革改变自己的经济地位,这一点在宪章运动中表现得空前清楚,例如当时流行的一个口号:"普选权的问题是饭碗问题",就明白地表达了这个思想。工厂工人在当时仍然以直接的产业对抗为斗争手段,他们对政治问题尚不感兴趣,这可以从1842年北、中部工业区的大罢工中看出来。

宪章运动的组织形式很像是一个扩大了的伦敦通讯会,尤其是1840年7月"全国宪章派协会"成立以后,情形更是这样。起先,全国宪章派协会设三层组织,包括中央、地方(郡)和基层三级,每一级都有各自的执行委员会,执行委员会由各自所辖委员会选举产生。1841年3月全国宪章派协会实行改组,它取消了郡一层组织,在中央设总委员会,由各地区分会直接派代表组成,而代表由本地会员选举产生,这就和伦敦通讯会的组织结构基本一样了。全国宪章派协会的成立是英国工人运动史上划时代的一件大事。因为它是第一个全国性的工人政治组织,实际上是工人政党的最早雏形。但它的组织形式的确继承了激进主义传统,和工会组织有明显不同。

反映英国宪章派活动的漫画

宪章运动的斗争方式也是激进主义的,即群众运动的斗争方式,包括征集签名、提交请愿书、大规模的群众集会与游行、出版、办报纸、散发小册子、指派宣传员到全国各地宣传鼓动、召集全国性的代表大会等。宪章运动中还出现一些独特的斗争方式,比如对不支持宪章运动的中小店主进行抵制,不购买其商店货品;征集"国民捐",为运动筹集经费等。最值得注意的是宪章运动直接参与议会的选举活动,包括指导宪章派群众投哪一个党派的票,以及选出宪章派自己的议员等。1841年,宪章派指定12名候选人参加议会大选;1847年它选出了第一位"工人"议员,即运动的公认领袖费格斯·奥康诺。工人运动直接参加议会选举是宪章运动的重大创举,它表明工人运动向政党政治迈出了重要的一步。

总之,无论从组织结构、阶级构成、纲领还是行动方式上看,宪章运动

第十五章 ● 维多利亚时代

都是过去几十年工人激进主义的延续,它是工人激进运动的最高潮,也是最后一次高潮。

宪章运动有四个来源。首先,它具有工人激进主义的主流传统,这一点前面已经提及。从组织上说,是伦敦工人激进运动的直接继承人,其领导人威廉·洛维特、亨利·赫瑟林顿等也都是当年工人阶级全国同盟的重要成员,他们对发动宪章运动起了重大作用。

第二个来源是1830年代发生的"无印花之战",即工人阶级创办自己报纸的斗争。这是英国工人为追求其阶级的文化、培植其阶级的意识的重要里程碑,虽饱经磨难,最后却取得辉煌的胜利。运动的主角是赫瑟林顿,1830年,他发行一份叫作《一便士报》的小报,不久改称《贫民卫报》,其副标题写道:"一份为检验'以权压理'有多大能耐而'非法'出版的人民周报"。当时,英国虽标榜出版自由,但对每一份印刷品都抽4便士的印花税,因此报纸售价很贵,读报成了有产阶级的文化特权。英国工人素有追求文化修养的传统,这在手工工匠中表现得尤其突出,创办工人报纸是他们创造阶级文化的长久夙愿,"无印花之战"就是在这种背景下打响的。

辉格党政府对工人报纸进行围剿,一方面加以没收,一方面对办报人处以罚款、拘禁甚至判刑。赫瑟林顿的《贫民卫报》是当时影响最大的工人报纸,发行量曾达到15 000份(《泰晤士报》当时只发行1万份),因此是政府打击的首要目标。为坚持把报纸办下去,赫瑟林顿做出了巨大牺牲,他在4年之中被3次判刑,前后关押达2年之久,他的财产也一再受到损失,但报纸却越办越好。他坐牢时,他的妻子、姐妹甚至店中伙计继续出报,使《贫民卫报》成为一支不灭的火炬。他在全国建立起一个发行网,成百上千的人为他销售报纸,这些人后来都成为工人运动的骨干,比如宪章运动后期的领袖朱利安·哈尼,最早就是赫瑟林顿店铺中的小伙计。1830—1836年,全国共出现近600份无印花报,它们和《贫民卫报》一样,宣传工人阶级的政治理想。1834年,伦敦大陪审团推翻了政府的起诉,宣布赫瑟林顿办报无罪。这以后一切无印花报都可以合法存在了,工人阶级的"无印花之战"大获全胜。这场斗争为启发工人阶级的政治觉悟做出了不可磨灭的贡献,从而为数十上百万普通工人加入宪章运动准备了思想基础。

宪章运动的第三个来源是十小时工作日运动,它是在北中部工业区形成并发展起来的。工业革命开始以后,工厂的工作条件非常差,工作时间又非常长,这对当时占工厂工人很大比例的女工童工来说尤其残酷,其悲惨境遇受到当时许多人的同情,其中包括大量持托利党观点的地方乡绅。土地所有者同情工人有其社会和经济动机,在当时地主、工厂主、工人的大三角关系中,土地所有者出于对资产者的厌恶,会用一种旧式老爷的态度来渲染工人的苦难,以达到打击工厂主的目的。但地主乡绅对工人的同情在客观上又帮了工人的忙,使他们的苦难状况受到社会的广泛重视,十小时工作日运动就是这样形成的。

运动的代言人是理查德·奥斯特勒,一个托利党乡绅。他曾在哈德斯菲尔德附近一块大地产上做主管,而地产旁边有一些工厂,其中工人的悲惨状态使他深受刺激。1830年10月,他在《利兹信使报》上发表文章,抨击工厂里的"约克郡奴隶制",这使一些工人领袖去拜访他,1831年6月,他与6名工人代表举行会晤,签订了"菲克斯比大厅协议",答应领导十小时工作运动。当时,许多纺织城镇已成立工人自发组成的缩短工时委员会,要求议会制定法律,限制工人的工作时间。奥斯特勒参加进来后,运动得到一位优秀的组织者,原先分散在各地的委员会逐步联合起来,各地的斗争也连成一片。群众性的集会此起彼伏,请愿活动接连不断。在议会内,不断有缩短工作时间的议案提出来,迈克尔·萨德勒(另一位托利党乡绅)和阿什利勋爵(一位托利党贵族)成了运动在议会的代表。但尽管有议会内外强大的压力,运动的阻力却十分大,而阻力主要来自辉格党。工人们把这看作是对1832年改革的背叛,因为在1832年,工人们曾支持过辉格党的改革。因此当宪章运动兴起后,北方的十小时工作日运动很快就融合进来,为宪章运动提供了强大的群众基础。

宪章运动的第四个来源是反济贫法运动。济贫法是一种古老的法律,它规定由各教区负责救济本教区穷人,使他们在无生活来源时不至于饿死。但1834年,辉格党政府在工厂主压力下通过《济贫法修正案》,规定一切救济工作都必须在济贫院里面进行,领受救济的人必须住在济贫院,济贫院里的生活标准必须低于院外最贫穷人的生活水平。济贫院内男女必须分居,夫妻也不例外。制定法律的人声称这是根据"政治经济学"原理来设计的,只有这样,才能保证劳动力受市场规律的支配,不致有人会因为有所依赖而不肯去工作。他们还特别引用马尔萨斯的人口论为济贫院的恶劣生活条件作辩护,马尔萨斯曾说:人口以几何级数增长,生产则只能以算术级数增长,生产的自然增长永远追不上人口的增长,因此

第十五章 维多利亚时代

必须控制人口增长,才能保持人口与生产增长之间的平衡。马尔萨斯还特别提到要限制人口中贫穷部分的增长率,这样一来,就似乎为济贫院中男女分居提供了论证。

工人对马尔萨斯的理论十分反感,对新济贫法则充满敌意,新济贫法在北、中部工业区尤其受到抵制,因为在这些地区,工人的工作得不到保障,失业的可能性时时威胁着他们。这样,从1834年起,一场反对《济贫法修正案》的群众运动也在北方兴起,运动的参加者与十小时工作日运动的参加者往往重叠,宪章运动兴起后,也就一同汇合成更大的运动了。

宪章运动有三次高潮,第一次高潮在1836—1839年之间,并且在1839年进入高峰。1838年5月格拉斯哥大会后,各地群众集会不断,工人阶级的各种运动都在《人民宪章》的旗帜下汇合起来,全国各地都出现了宪章派组织。1839年2月,伦敦召开宪章派第一次全国代表大会,实行了全国宪章派的正式联合。大会号召向议会请愿,要求议会接受《人民宪章》。大会召开之时,一个轰轰烈烈的签名请愿活动也在全国开展起来,最终征集到128万人签名,请愿书全长三英里。与此同时,宪章派内部的分歧也逐渐显现了,分歧的焦点是:一旦请愿失败,宪章派应采取什么对策?

以洛维特为首的一派坚持"道义的"力量,他们认为在任何情况下都不应诉诸暴力,而应该加强教育,提高工人的觉悟水平,争取更多群众,用道义的力量迫使议会接受宪章,这一派叫作"道义派"。

另一派则主张用实力去争取宪章,一旦需要,就要动员群众显示"实力",包括拿起自卫的武器,随时准备战斗。他们提出的口号是:"可能则和,必须则战"。在他们影响下,代表大会通过一项"最后方案宣言",表示一旦请愿失败,就要诉诸行动。这一派从一开始就占人员的多数,是宪章运动的主流派,被称为"实力派"。实力派最主要的领袖是奥康诺,一个爱尔兰出身的律师,自称具有爱尔兰王族的血统。朱利安·哈尼和欧内斯特·琼斯也是实力派的重要领袖,在宪章运动后期发挥过重要作用。但"实力派"其实并不主张使用真正的暴力,他们并不准备发动革命。他们在"最后方案"中提出各种应急措施,包括罢工、抗议、挤兑黄金(这对工人阶级来说是不现实的)等,但并不打算发动武装起义。实力派的"实力"其实是指大规模的群众运动,包括游行、集会、大面积的宣传鼓动等。所有这些活动都是1832年改革时运用过的手段,"实力派"其实是企图模仿

1832年改革,用群众运动的"实力"迫使统治者让步。

7月12日,议会拒绝了请愿书,"最后方案"中的措施一条也没有实行,奥康诺带头反对罢工,说群众没有做好思想准备。第一次宪章运动的高潮到此也就基本过去了,但在最后结束之前,威尔士的新港发生了一次宪章派武装劫狱的事件。11月4日,约上万名矿工在一位市政官员约翰·弗罗斯特的带领下携带武器进入新港,打算劫救被关押的宪章派领袖文森特。劫狱过程中矿工与军队交火,宪章派伤亡很大,不得不撤退,这就是著名的"新港起义",也是宪章运动中规模最大的一次武装行动。在新港起义中,全国性领袖要么回避,要么事先加以劝阻,清楚地表现出运动主流的和平主义倾向。弗罗斯特等人后来被捕,但在全国巨大的营救声势下未被判死刑。新港起义结束了宪章运动的第一个篇章,奥康诺等全国性领袖后来也被捕,罪名是进行煽动。全国代表大会因未实行"最后方案"而丧失威望,很快也就解散了。

第二次高潮从1840年开始,当时,请愿失败,悲观的情绪笼罩着宪章派,各地组织损失惨重,运动处于瓦解状态。许多人看出了组织的重要性,觉得有必要建立一个全国性机构来统一领导运动。1840年7月,23名地方宪章派领袖在曼彻斯特开会,成立了全国宪章派协会,走出了建立全国性组织的第一步。不久后,全国性领袖逐渐出狱,全国宪章派协会就成了他们活动的舞台。宣传鼓动活动又开始了,宪章运动获得新的势头。各地宪章派组织纷纷恢复,并参加到全国宪章派协会中来。1841年10月,它在全国有200个分会,16 000名正式会员;到1842年6月,它声称已建立400个分会,拥有5万名会员。全国宪章派协会以曼彻斯特为基地,其主要力量在北、中部工业区,奥康诺是协会事实上的领袖,他创办的报纸《北极星报》,是协会及整个宪章运动最主要的喉舌。但这时,道义派和实力派的分歧已经很深了,伦敦许多领袖不参加协会,宪章派在事实上并没有实现全国大统一。

但全国宪章派协会在推动和促进宪章运动的发展方面仍起了巨大的作用,由于组织机制比较健全,第二次高潮比第一次高潮范围更广,势头更大,也有更多的人参加运动。如同第一次高潮一样,宪章派组织了第二次全国大请愿,围绕请愿开展轰轰烈烈的宣传鼓动工作,召开大量群众集会,征集签名,等等。宪章派还实行"排斥性购买",强迫中小店主支持《人民宪章》。1841年,宪章派决定参加议会政治活动,它采纳了奥康诺的策

第十五章 维多利亚时代

略,在大选中支持托利党反对辉格党,企图用这种方法迫使后者让步,实行新的议会改革。在议会政治中,利用一党要挟另一党,这是小党派常用的手法,但奥康诺的策略却造成宪章派的另一次分裂,运动最杰出的理论家奥布莱恩指责这是背叛行为,从此就与奥康诺分道扬镳,不参加宪章派的主流活动。

第二次高潮中有一些重要事件清楚地体现了宪章运动的性质。第一件事是宪章派与反谷物法同盟的斗争,在这方面宪章派往往取得成功。宪章派对反对谷物法充满疑虑,认为那只是中等阶级的阴谋诡计,一方面,粮食降价只能给工厂主带来好处,粮食便宜了,工资一定下降,因此对工人阶级不利;另一方面,中等阶级让工人为他们火中取栗,反对了谷物法,却忘记了普选权,因而转移了斗争的大方向。宪章派对反谷物法同盟深恶痛绝,每逢同盟开会,他们就去冲击会场,仗着自己人多,强行在会场上通过宪章派的决议。双方常为此发生打斗,而宪章派的策略又常能奏效。

第二件事是与"完全选举权同盟"的斗争。完全选举权同盟是中等阶级建立的一个组织,由伯明翰的谷物商约瑟夫·斯特奇领导,它一方面表示支持普选权,另一方面又不肯接受《人民宪章》。同盟的目的是与工人阶级合作,但又想控制领导权。斯特奇的企图引起宪章运动的再一次大分裂,许多老资格的工人领袖,如洛维特、赫瑟林顿、文森特、奥布莱恩等都表示愿意与斯特奇合作,而奥康诺则对他的动机表示怀疑。1842年12月完全选举权同盟召开第二次全国代表大会,宪章派重要领袖几乎全都到场。会上,斯特奇抛出一个《人民的人权法案》,其原则大大背离了《人民宪章》。宪章派于是全体联合起来击败了这个动议,中等阶级想要控制工人运动的企图因此就失败了。但宪章派之间却未能弥合彼此的分歧,洛维特与奥康诺的矛盾却反而更深。

第三件事是宪章运动与全国大罢工的关系。1842年夏秋,北、中部工业区相继卷入一次产业大罢工,罢工的原因是工资下降,经济不景气。罢工一般由地方工会领导,与宪章运动没有关系。8月5日罢工势头增大,开始向全国扩展,逐步形成罕见的全国大罢工。8月7日起,有些地方罢工工人提出了政治要求,把实现宪章看作是达到罢工目标的必要前提。恰在这时,宪章派在曼彻斯特召开代表会议,领袖们就要不要支持罢工的问题进行了激烈的辩论。有些人认为罢工是反谷物法同盟设下的阴谋,工厂主故意降低工资,刺激工人罢工,从而给政府施加压力,达到取消谷物法的目的。奥康诺显然也持这种观点,但他说既然罢工已经起来了,就应给予必要的支持,否则工人会把罢工失败的责任推给宪章派。于是会议通过了支持罢工的决议,但除此之外,却没有采取任何实际的行动。宪章派放过了一个与工会合作甚至对其进行引导的大好机会,这应该说是宪章派一次巨大的失策。

8月罢工失败后,宪章运动的第二次高潮也就接近尾声了。人们看到,在这次高潮中,宪章运动既不愿与中等阶级合作,又不寻求工会的支持,其力量日益显得单薄。第二次请愿书据说征集到331万人签名,但议会在5月2日又将其否决。大罢工结束后,政府再次进行逮捕,许多领袖被判刑,罪名是煽动改革或鼓动罢工。审判的高潮在1843年3月,当时奥康诺和其他58人同时受审,最后有31人被定罪。其他领袖也在各地分别受审,包括库珀、琼斯、哈尼等。

这以后直到1848年,宪章派的活动主要集中在奥康诺的土地计划上。土地计划于1843年提出,主要内容是募集股本,购置一批土地,让宪章派移居其上,使他们重新变成自食其力的小农,而不做仰人鼻息的工厂劳动者。从内容上看,这个计划是企图建立一个理想的小农社会,因而是空想的,也必定不可能成功。许多宪章派领袖不同意这种做法,因而又造成宪章派内部更多的分裂。第一个土地定居点在1847年5月开张,定名为"奥康诺村"。以后,土地计划一度有所扩展,但随着1848年宪章运动第三次高潮的到来,土地计划渐渐被人们忘记了。

1848年,宪章运动进入第三次高潮,这是由席卷全欧的革命大风暴引起的。英国宪章派在欧洲革命鼓舞下振作起来,再次发动全国大请愿。这一次,宪章派说他们征集到570万人签名,但议会说他们只统计出197万,其他签名都是假冒的,有许多相同的笔迹,还有人签"维多利亚女王"、"威灵顿公爵"等。不过197万也不是个小数字了,表明人们对宪章的热情依然很高。4月10日,宪章派在伦敦泰晤士河南岸的肯宁顿公地召开盛大的群众集会,准备在集会之后组织游行,把请愿书送往议会。

这一天的气氛紧张,参加大会的大约有15万人,政府怕大会引发出武装起义,于是派近万名军队,由威灵顿公爵指挥,封锁了会场通向议会的桥梁。但政府的担忧显然是多余的,宪章派并不打算放弃和平请愿的意图,因此尽管实力派最主要的领导人,包括奥康诺、哈尼、琼斯等都在会上发表演说,大会却没有出现任何不测之事。演说完毕后,大会按政府的

第十五章 ● 维多利亚时代

要求取消了游行计划,而是由全国宪章派协会的执行委员们护送,把几百万人签名的请愿书放在一辆马车上运往议会,在那里,议员们看都不看就再次否决了请愿,宪章运动中最接近暴力冲突的一天在极度平静中安全地过去了。至此,宪章运动中大规模的群众运动就结束了,伦敦出现了好几次基层组织发动的武装暴动的密谋,但都被政府破获,未能真正发生。

全国性领袖之间的分歧越来越深刻,1849年奥康诺打算接受与中等阶级的合作,但哈尼不同意,于是就夺过全国宪章派协会的领导权,在琼斯的帮助下把奥康诺排挤出去。1852年,哈尼和琼斯在工会问题、对待中等阶级的态度问题上又发生分歧,哈尼主张联合工会,同时争取中等阶级的支持;琼斯反对这些做法,在年底就另立中央,夺过了哈尼的领导权。然而到1858年,琼斯也主张和中等阶级合作了,他和斯特奇共同组成"政治改革同盟",一同投入到第二次议会改革的斗争中去。琼斯的做法又受到马克思的批评,说他毁掉了宪章运动。至此,宪章运动最终结束,以后的工人运动,就要以工会为基础了。

从表面上看,宪章运动经过20多年轰轰烈烈的斗争,却一无成果,运动因此是失败的。但事实并非如此,放在历史的长河中看,《人民宪章》六条要求中有五条后来逐一实现,而第六条,即每年举行一次议会选举,其实是不现实的。因此也永远不可能实现。可以说,宪章运动的原则已经胜利了,尽管宪章运动自身并没有达到目的。

但运动自身为什么不可成功?这是因为宪章运动作为一个改革的运动,它的社会基础太狭窄。它不接受与中等阶级合作,同时又对工会运动抱有敌意。这就使运动无法形成最广泛的群众基础,从而无法造成一个成功的改革所需要的强大社会压力。1832年改革因为是社会各阶级联合的改革运动,因此它能取得成功。宪章运动却只是工人阶级单独的改革运动,而且只包括工人运动中一个部分,它无法形成强大的压力,无法迫使统治者做出让步。但宪章运动的成功之处又恰恰在于它是工人阶级一次独立的政治运动,它的成功与不成功都出自同一个原因,无论如何,它为工人阶级取得政治权利开通了道路。

三、竞相改革的年代

宪章运动虽未能达到目标,但19世纪却仍是个变革频繁的世纪,社会的各方面都在发生变化,变革也为社会各界所普遍认可,自觉的变革逐渐成为风气。

政治改革受到最大阻力,1832年议会改革后,辉格党宣称改革已经到头,再进行改革就会损害英国的国体。罗素勋爵是改革法案的起草者之一,他一再表示,这次改革就是最后的改革了,不能再容忍新的变革。但宪章运动改变了许多人的看法,其中包括罗素勋爵,运动中表达的千百万人的呼声,其坚定的意志与顽强的精神,都使人们意识到:新的变革不可避免,阻挡变革只会造成更大的动荡。许多人感到宪章运动表明工人阶级已基本成熟,他们在运动中体现的克制、坚韧的态度,说明他们有资格获得选举权。50年代起,上、中阶层都有人主张给工人阶级选举权,让他们成为社会共同体中负责任的一员。在中等阶级中布莱特成为新的改革的鼓吹者,在上层人物中,罗素勋爵则一再提出改革的主张,他在担任首相时(1846—1852年)就开始倡导新的改革,后来又在1853年、1860年几次提出改革动议。在保守党方面,新的政治领袖本杰明·迪斯雷利于1859年也提出改革方案;可见在五六十年代,各社会集团都意识到有必要进行新的改革。但问题是:上层的改革倡议没有群众基础,找不到群众运动为其作支撑;改革的阻力主要来自辉格党内部,而辉格党从1832年起就几乎一直在掌权。

格拉斯顿

50年代末期情况有所变化,约翰·布莱特奔走全国,号召中下层人民支持新的改革。作为反谷物法同盟的领导人,他对中等阶级有很大影响;同时他又与琼斯等人关系良好,与工人阶级保持密切的接触。然而在60年代初,大多数人对改革的兴趣仍然不大,因此布莱特的宣传活动效果不明显。

1865年,新的改革形势出现了,罗素勋爵第二次出任首相,原先的皮尔派威廉·格拉斯顿这时投奔自由党,成为党在下院的领袖。格拉斯顿是新一代的政治领袖,他在政治上信奉完全的自由主义,把自由主义学说及政策基础运用于国家事务的各个方面。他出掌自由党帅旗表明辉格党向自由党的转变终于完成了,这个党也从贵族的党转变成中等有产阶级的党。这时，国内政治形势对改革十分有利，中等阶级和工人阶级都开始行动起来，全国出现了许多政治性的群众团体，其中有两个组织最重要，一个是以工人阶级为主的"全国改革联盟"，另一个是以中等阶级为主的"全国改革同盟"。更重要的是工会运动正式表态支持改革，驻伦敦的五大工会领袖全都发表声明，要求进行新的改革。

这些情况让格拉斯顿觉得时机已到，于是在1866年3月中旬提出一项《人民代表权法》，其中把城市选民的财产资格从原先的10英镑房产持有降为7英镑，农村则从50英镑租约金下调为14英镑。据测算，这样可以增加40万选民，使选民总数达到120万。此外，他还打算进一步取消衰败选邑，使议席的分布更加合理。

保守党不反对改革，但认为改革的步伐太大，于是要求修改其内容。但改革的反对力量主要在自由党内，以罗伯特·洛为首的旧辉格党人不愿让工人阶级取得选举权，因此对改革持敌视态度。3月底，洛在一次演讲中把工人阶级说成是"贪婪、无知、醉酒"的一群，是"冲动而不计后果的狂暴之人"，这样的人不能取得选举权。洛集团和保守党站在一起，共同反对格拉斯顿提案。6月份，自由党政府被迫下台，由保守党组成以德比伯爵为首的政府，迪斯雷利是其中事实上的领袖。这两人是第三次搭档，在1852年、1858—1859年，他们曾两次组成短暂的政府。

保守党上台时面临国内的激烈情绪。洛的演讲造成一个意想不到的后果，即工人阶级被激怒了。自1848年以后，工人运动的激烈风暴就已经过去，大规模的群众运动已沉寂了近20年。但洛的讲话重新唤起群众运动的风暴，而且这一次工会运动加入进来，使工人的政治斗争带上了新的色彩。许多地方出现群众集会，游行示威也比比皆是。6月27日伦敦就出现一次自发的游行，示威的群众结队走到格拉斯顿的官邸，高呼："格拉斯顿与自由！"这好像是100年以前，人们高呼"威尔克斯与自由"那样。7月23日改革派在伦敦市中心的海德公园组织大规模群众集会，当局关闭公园大门，结果集会群众推倒栅栏，破墙而入，并与士兵和警察发生冲突，许多人受伤。由此至25日，群众连续在海德公园集会，气氛显得相当紧张。北、中部工业区的工人群众也行动起来，工会会员走上街头，要求改革，怒斥洛对工人的污蔑，而布莱特和其他中等阶级激进派则和工人们并肩游行。游行队伍持续几个小时，格拉斯哥、曼彻斯特、利兹和爱丁堡都出现大规模示威活动。人们很快意识到不进行新的改革已经不行了，工人阶级和中等阶级已经结成了同盟。

于是保守党政府提出他们自己的改革方案。迪斯雷利早在1859年就提出过改革问题，他认为保守党应接过改革的主动权，通过主动变革为党争取工人阶级选民。保守党上台后，他很快提出改革的动议，但格拉斯顿认为这个方案太温和，不肯支持它，而保守党又有一批人联合洛集团一起反对改革，使改革动议大大受阻。1867年，迪斯雷利下决心与自由党改革派结成同盟，把第二次议会改革推进到底，他提出第二个保守党改革方案，其内容大为激进。但格拉斯顿们认为改革幅度太小，一度曾想推翻整个法案，却未得到党内支持。于是他就改变策略，对保守党的法案逐条逐句进行修改，最后把这个法案修改得面目全非，当时有人评论说：这是在"按格拉斯顿的指示，行布莱特的原则"。总之，修改后的改革法案已大大超越迪斯雷利的初衷了，在很多问题上，比格拉斯顿的原则还要激进。

第二次议会改革大大扩大了选举权。在城镇，凡交纳济贫税又拥有住房（无论是产权所有或仅仅是租用）的人都可以成为选民；寄居者只要房租达到每年10英镑，也可以参加选举。在农村，具有年值5英镑的财产或租用年值12英镑的地产的人都可以有选举权。这些规定使选民的人数几乎增加了一倍，大大超出了格拉斯顿原来的设想。事实上，工人阶级的主体都得到了选举权，被排斥在外的是两大职业集团：矿工和农业工人。

1884—1885年，格拉斯顿第二次组阁时进行了第三次议会改革。这时，人们对变革已习以为常了，对工人阶级参加选举也认为天经地义。自由党和保守党考虑的主要是谁争取主动进行改革，谁主动，谁就能争取更多的选票。第三次议会改革后基本上实现了成年男子普选权，也就是说，工人阶级最基本的要求到这时终于成为现实。这个时候，距宪章运动的爆发大约是半个世纪，距伦敦通讯会的成立则是90多年，经过这么长的时间，工人阶级最主要的政治目标总算达到了。这次改革还重新划分了选区，原来的城镇和农村选区大体上取消，按人口比例重新划定选区界限，并实行单选区制，即一个选区只选出一名议员。这个措施使宪章运动的第二个要求也达到了，即选区的选民数基本相等。宪章运动的第三个要求是在1872年实现的，那一年开始实行无记名投票。随后又取消了议员的财产资格限制，1912年议员开始领取薪金。经过70多年的演变，

第十五章 维多利亚时代

《人民宪章》的所有要求中除一条之外,其余全都实现了。而除了普选权是经过长期而艰巨的斗争才得到的,其他变化都在静悄悄之中就得以完成。总之,英国已习惯变革了,维多利亚时代确实是一个变革的时代。

随着议会制度不断变革,其他方面的改革也在进行。1853年发表的《关于建立常任英国文官制度的报告》(即《诺斯科特——屈维廉报告》)为建立现代文官制绘制了蓝图。1870年的枢密院令以此为蓝本建立文官制,规定以考试和业绩作为文官录用和晋升的依据。文官制的建立纠正了政党政治中政治分赃的弊病,同时也使国家政策有连续性,不因政府变迁而中断行政过程。

与文官改革同时的是军队改革,在这方面最主要的变化是取消买卖军阶的习惯,而把军功作为晋升的唯一标准。这项改革触犯了贵族的利益,上院于是拒不批准改革方案,政府只好以国王令状的形式加以颁布。

地方政府也进行改革。迄至19世纪为止,地方政府基本沿用中世纪的残存制度,没有规范形式,职责也各有交替,"城市"和"乡村"之间的区别更是混乱,像曼彻斯特、利兹这样一些新兴的工业大城市在行政上属乡村治安法官管理,老萨勒姆那样的衰败选邑则是城市归属。80年代开始进行地方政府改革,调整原有的行政划分,建立一个三层结构的地方政府体系,最高一层是郡(包括郡级市和伦敦都市区),中间一层是市、乡和非郡级市,最基层是教区。每一层管理机构都设有民选议会,即保持原有的自治传统,又适合现代民主制。

1873年的《司法权法》是现代司法制度的基石,该法统一了从中世纪遗传下来的混乱的司法体系,设一个最高法院,下分高等法庭和上诉法庭两个庭。高等法庭又分三个审判庭,即大法官庭、王座法庭和遗嘱、离婚与海事庭。此法原打算将上诉法庭的判决作为终审判决,但几年后进行了修改,让议会的上院继续发挥最高上诉法院的作用。

19世纪下半叶,社会改革也如火如荼,政府用立法手段纠正了工业革命中出现的一些问题,这在迪斯雷利任首相的6年(1874—1880年)里表现得特别明显。作为保守党的领袖,迪斯雷利继承了过去托利党与工厂主阶级持对抗态度的一些传统,对工人的不幸表示同情。他早年曾当过作家,写过小说《西比尔》,书中暴露工业家的冷酷,又表达了对工人问题的关切。他曾把英国说成是一个"两个民族"的国家,"当茅屋不舒服时,宫殿是不会安全的"。他主张保守党扛起社会改良的大旗,在工人中

英国通史

培植保守党的选民,这就是所谓的"新托利主义"。在他任首相期间,保守党政府通过了《公共卫生法》(1875年)、《工人住宅法》(1875年)、《工厂与工作场所法》(1878年)这样一些与工人福利直接有关的社会立法,对工人的生活条件、劳动环境、工作时间等进行规范。他还废除了自由党政府在1871年制定的限制工会活动的立法,让工会获得完全的法律地位。迪斯雷利的政策确实为保守党争取到大批工人选民,在工人阶级大多数获得选举权之后,保守党仍能得到近40%的工人选票。

迪斯雷利

1847年,议会通过《十小时工作制法》,对纺织厂中的女工童工实行10小时工作日制度。这是缩短工作时间运动取得的一个重大胜利,也是托利党对工厂主实施的一次重大打击。这以后限制工作时间和规范劳动条件逐渐为两党所接受,并成为两党立法的重要内容。1901年,在保守党领袖索耳兹伯里侯爵任首相时期,议会通过另一项《工厂与工作场地法》,把过去半个世纪中有关工厂问题的立法汇总为一项法律。至此,工业革命中出现的劳动条件恶劣、工作时间长、工伤事故多、劳动没有保障等最严重的问题在相当程度上得到缓解,这不能不说是社会立法的重大贡献。

自由党的注意力主要放在政治改革、行政改革和司法改革方面。自由党是一个"自由贸易"的党,更主张实行"自由放任",不愿用立法手段来干预经济运行,因此对社会政策较少注意。但自由党比较关注工人的政治权利,在自由党的推动下,议会一再实行扩大选举权的改革。工人阶级获得选举权具有举足轻重的意义,正是为了争夺工人阶级选票,两党才争取改革,使19世纪下半叶成为一个"改革时代"。

自由党政治还在教育方面进行改革,迄至此时,国家一向不过问教育,甚至把学校看成是一种"产业",应该放任自流让私人去经营。许多学校从教会那里得到补贴,而宗教分歧就因此而进入教育领域,非国教徒不愿让子女接受国教的教育。因此自己开办学校,使英国的教育制度十分混乱。这种情况造成英国的教育长期滞后于经济发展,不能适应工业社会的需要。1833年，辉格党政府制定第一个《教育法》，规定国家每年拨款2万英镑资助初等教育。这是国家第一次对教育领域进行干预，但其拨款力度太小，后来虽说数次追加年度拨款，但到60年代末，仍有近一半的适龄儿童不能上学。1870年，自由党政府决定统一全国的教育制度，这一年的《教育法》规定由地方政府建立学校董事会，负责筹建并管理公立学校。公立学校的经费由国家、地方政府和家长分担，各地可根据情况规定5—13岁的儿童必须上学。这项法律的出发点显然是好的，内容也很合理，但它忽视了宗教问题，结果差一点流产。人们抱怨说，由纳税人出钱、地方政府经办的强制性教育会迫使学童接受其家长不喜欢的宗教课程，因此家长宁愿抵制也不愿把子弟送到学校去。政府后来对法案进行修改，规定由地方税资助的学校只能进行一般的基督教教育，而不讲授某一教派的特别教义；同时还规定：宗教课应放在一天的开始或一天的结束，使家长有可能不让孩子参与其不喜欢的宗教课。这项教育法为建立一个统一的国家教育体系打下了基础，但正如上文所述，由于宗教信仰分歧，教育问题成了一个政治问题，这长期影响着英国教育事业的发展。

总之，19世纪下半叶两党竞相改革，表明在自由主义价值观的指导下，两党已没有实质性差别。表现在政治上，就出现两党轮流执政的现象，尤其以格拉斯顿和迪斯雷利交替上台为特色。50年代末期开始，迪斯雷利三次掌权(1858—1859年、1866—1868年、1874—1880年，虽然仅最后一次由他自己出任首相)，格拉斯顿则四次出任首相(1868—1874年、1880—1885年、1886年、1892—1894年)。这两个人都出身于富商家庭，迪斯雷利还是一个犹太人转教的基督徒。这两人掌权表明中等阶级已真正登上了政治舞台，国家的未来应该是他们的。迪斯雷利去世后，索耳兹伯里侯爵接掌保守党大旗，于1885—1886年、1886—1892年、1895—1902年三次出任首相。但自由党和保守党轮流坐庄的态势不变，直至1905年——这个时候，维多利亚女王已经去世了。

四、维多利亚时代的经济、社会与文化

维多利亚时代中期，英国达到强盛的顶峰，当时，它的工业生产能力比全世界的总和还要大，它的对外贸易额超过世界上其他任何一个国家。英国的富庶已经使新老世界为之瞩目，1851年一个法国人参加了在水晶

宫举办的博览会后说:"像英国这样一个贵族国家却成功地养活了它的人民;而法国,一个民主的国家,却只会为贵族进行生产。"1851—1881年,英国经济持续增长,国民生产总值从5.23亿英镑上升到10.51亿英镑,1901年再上升到16.43亿英镑。如果按不变价格计算,人均产值从24英镑上升到36英镑,再上升到53英镑,上升一倍多,而人口的总数却大大增加了。19世纪下半叶的50年中,国民生产总值按2.5%—3.3%的年率增长,人均增长率在1.3%—1.9%之间。经济的增长是持续的;尽管有周期性经济危机穿插其间,从长远来看,其总趋势却是增长。

然而从70年代开始,英国工业独霸全球的地位却开始丧失了,其他国家迎头赶上,而以美国和德国最为突出。以国民生产总值为例,在1880—1890年的10年中,英国年增长率是2.2%,德国是2.9%,美国是4.1%。1890—1900年这10年英国是3.4%,德国也是3.4%,美国是3.8%。但1900—1913年,英国平均年增长率只有1.5%,德国却增长3.0%,美国增长了3.9%。1880年,全世界制造品出口总额中有40%以上是英国的,1899年却只剩下32%多一点。同一时期中,德国的份额从19.3%上升到22.2%,美国的份额从2.8%上升到11.2%。1913年,这三个国家在制成品出口总额中的比例变成了29.9%、26.4%和12.6%,英国的下滑趋势是非常明显的。当然,这是一个相对下滑;从绝对数字上看,英国的经济仍在增长,英国仍是世界上最富有的国家,维多利亚时代最显著的特征之一就是它的富庶,直至它结束时都是这样。

英国经济相对下滑的原因在哪里?有一种解释认为"企业家精神丧失"了,这是其中主要的原因。"企业家精神"只在第一代创业者那里维持着,从父亲到儿子、再到孙子,这种精神就丧失了。如此解释并非没有道理,因为在英国社会,对贵族及其生活方式的崇拜是根深蒂固的,第一代企业家创业之后,往往把家庭向贵族方向引,三代人一过,企业家精神就荡然无存了。但其他因素也在起作用,比如英国工业缺乏创新,长期停留在传统的生产部门如煤、铁、棉等行业中,对新兴起的化学、汽车、电力等部门不敏感,结果在"第二次工业革命"中落到了美、德的后面。英国不重视教育,不重视科学研究在生产过程中的运用,不重视管理手段与企业结构的改革,工会的力量太强大,投资者资金大量引向海外,这些都是英国相对衰落的原因。归根结底,英国文化中根深蒂固的一种保守倾向阻碍了英国工业的不断更新,从而使英国在面对世界性竞争时处于被动局面。

第十五章 维多利亚时代

在维多利亚时代,财富的分配始终不均,贫富对比十分明显。一方面,有贵族宫殿式的庄园公馆;另一方面,则是农人破败的茅屋草舍。一方面,是工厂主舒适的生活享受;另一方面,则是失业工人绝望的生存挣扎。人们的生活水平相差太大,一个国家存在着几个不同的世界。巨大的社会反差到70年代以后开始有所缓解,两党都采取措施,努力改变工人的生活状况。在维多利亚时代后期,工人阶级生活状况有明显的改进,假如以1850年的工资指数为100,那么在1800年这个数字只是95,1900年的指数则达到了179,而物价甚至还有所下跌,因此生活水平显然是好转了。但工人的生活仍然是艰苦的,工作没有保障,劳动强度很大。

维多利亚时代在海边嬉水的淑女

贵族是社会的上层,土地仍是最重要的财富。财产、地位、社会声望等仍然出自土地,最大的地产仍是国家最富有的私人财产。据1873年一项统计,全国4/5的土地归7 000个大地主所有,他们占全国人口的0.03%还不到。迟至世纪之末,地租收入仍占国民总收入的大约12%;相比之下,工资总收入还不到50%,而这是人口大多数赖以为生的手段。在贵族和工人之间,有一道巨大的沟壑。

贵族在政治上也占上风,尽管中等阶级已参与掌权,工人阶级也逐步获得了选举权,但贵族和地主出身的议员在议会里一直占多数,到世纪之末才开始有所改变。每一届政府中贵族出身的大臣总是多数,真正从中等阶级家庭出来的政治人物尽管逐渐增多,却仍抗衡不了贵族的优势。

文化方面贵族的影响也十分大,英国社会有一种向上看的风气,下层模仿中层,中层追随上层,贵族的价值起表率作用,而维多利亚女王又是这种表率的典范。但中等阶级的价值观也在不断的胜利之中,"政治经济学"和功利主义变成了国家的正统学说,自由主义则更被社会所普遍接受。维多利亚时代是自由主义时代,维多利亚时代的鼎盛期也就是自由主义的鼎盛期。

中等阶级在19世纪一直呈上升趋势,他们有独特的生活方式。他们居住在地段好的街区或郊外,周围都是中等阶级居民。他们家中有较好的摆设,有艺术品点缀其间。他们家里一定要有女仆,女仆是中等阶级的标志。他们的妻子不能外出工作,否则就要被人看不起,儿子要接受教育,一般要在语法学校读书,毕业后出去独立谋生,去经商、当律师或做其他工作。19世纪,中等阶级的队伍始终在扩大,财富也在增加,但它始终取代不了贵族的优势,它处在社会的中层,努力积蓄自己的力量。

中等阶级妇女深受时代的禁锢,她们是女性受歧视、受压抑的典型受害者。上层社会妇女有较高的社会地位,也有许多出头露面的机会;下层劳动者妇女必须外出工作,否则养不活家口,因此她们也有比较独立的人格。唯有中等阶级妇女是一种多余的人,她们是丈夫的摆设,完全没有社会功能,也没有独立性。妇女解放运动最早就是从她们开始的,她们希望挣脱家庭的束缚,去寻找自己的社会地位。弗洛伦斯·南丁格尔是妇女解放的先驱,她曾率领一支救护队赴克里米亚战场工作,其出色的表现和高超的救护技术赢得了所有人的称颂,也为中等阶级妇女走出家门做出了表率。到世纪之末,妇女外出工作已很普遍,出现了不少女教师、女医生,甚至还有妇女担任济贫委员会的委员,参加地方事务的管理。但妇女问题的真正解决要等到下个世纪,19世纪是妇女地位最低下的一个世纪。

维多利亚时代对性采取压抑的态度,在公开场合不可谈论它,性快乐被看成是邪恶的表现,女性尤其不能有性的要求。但在事实上,性道德经常被破坏,尤其在男子方面更如此。上层人物常有情妇,工厂主则可以占有工厂女工。下层的性关系从来就比较随便,在工业革命中更是有所败坏,娼妓的数量也一直很大。维多利亚盛期对性的态度是最严格的,到19世纪末则逐渐松弛,有关性生活的

维多利亚时代骑自行车的妇女

第十五章 维多利亚时代

书可以在市场公开买到,避孕器也可以公开出售了,这使性关系变得比较开放。

维多利亚时代对家庭看得很重,家庭是这个时期道德的基础,多生子女则是一个完善家庭的象征。世纪中期一个英国家庭的平均人口是4.7人,到世纪之末,这个数字达到6.2。1/6的家庭有10个以上的子女,维多利亚自己就有9个孩子。中等阶级家庭是以多生育为荣耀的,在1851—1901年间,英国总人口从1 690万上升到3 080万,增长80%以上。

宗教在维护道德的严肃性方面发挥很大的作用,19世纪是一个虔信的世纪,人们对宗教有真正的信仰。科学家也信仰宗教,进化论的支持者也是宗教的信仰者。福音主义是19世纪宗教的主流,但牛津学派则在后半世纪兴起。牛津学派主张恢复宗教的正统性,提倡比较正规的仪式和更加严格的教义。这些主张在很大程度上是"开倒车",使国教向更加接近天主教的方向发展。介于福音主义和牛津学派之间的是"广教派",这是一种主张教派宽容的思想,希望各种教义能够兼容。广教派体现着自由主义的时代特色,它预示着进入20世纪的发展方向。

19世纪是一个科学成果集中涌现的世纪,达尔文的进化论是其中最杰出的成就。与此同时,英国科学家几乎在每一个领域都做出了卓越贡献,有些贡献甚至是奠基性的,比如约翰·道尔顿在原子理论方面,迈克尔·法拉第在电磁学方面,J.P.焦耳在热力学方面,詹姆斯·赫顿在地质学方面,等等。崇拜科学是当时社会的风尚,普通百姓也相信科学的伟大,力图用科学的方法思考问题。

19世纪也是个文学和艺术作品集中涌现的时代,查尔斯·狄更斯是作家中的佼佼者。其他知名作家包括萨克雷、勃朗特姐妹、托马斯·哈代等,他们的作品至今仍脍炙人口。科南道尔塑造的福尔摩斯形象现在已是个世界性人物了,盖斯凯尔夫人撰写的《玛丽·巴顿》则是第一部把工人

反进化论者讽刺达尔文的漫画

273

作为主角的优秀作品。诗歌方面最重要的作者是田尼森,他和拜伦勋爵一样,位居英国最伟大的诗人之列。在美术方面最应该提到的是透纳和康斯特布尔的风景画,以及世纪中期出现的"拉斐尔前派",该派真实细腻的手法体现着一种中世纪的神秘感。19世纪下半叶出现了工艺美术运动,它将艺术的旨趣渗透到大众生活用品的设计中去,设计出许多简单明快又富于实用感的器具来。历史学方面也出现了不少优秀作品,但马考莱的《英国史》也许影响最大,它开拓了历史学中所谓的"辉格党学派"之先河。

总之,维多利亚时代在经济上高度繁荣,在文化上光辉灿烂,它的确是英国历史上值得称颂的一个时代,况且,它以开放的改革精神把英国推向现代社会,达到了高度发展的顶峰。

作者点评:

有很多事我们都容易想当然,比如宪章运动,人们想象:它既然是工人的运动,就必然是反资本主义的,必然代表更先进的生产关系,代表着更高的社会阶段对资本主义的否定。宪章运动的确是工人的运动,而且是反资本主义的;但它不是由工业化所产生的工厂工人的运动,相反,它是被工厂制所消灭的手工工人的运动,代表着前工业社会的独立小生产者的愿望和理想,因此它站在前资本主义的立场上反资本主义,而不是企图对资本主义做出超越。在工业革命中,许多手工工人受机器排挤,丢失了他们的饭碗,他们因此对工业化十分不满,对工业革命造成的资本主义制度深恶痛绝,他们怀念过去,反对现实,从而成为工业革命时期最坚定的反体制力量。但反资本主义有两种反法,一种是站在资本主义前的立场上反资本主义,一种是站在资本主义后的立场上反资本主义。有意思的是,英国的工厂工人融入了资本主义的体制之中,它们反对资本主义剥削,但只想限制这种剥削,并不想打碎这个体制。英国工人运动一直具有这个特点,这在下一章中会看得更清楚。事实上,在许多欧美国家,工人对资本主义的反抗最激烈的时期出现在工厂制消灭小生产的时刻,手工劳动者最暴烈地反对工厂化。在这一点上,英国的经历也具有普遍性,请读者注意。

第十六章 工会运动与工人政党

一、工会运动的产生与发展

工会是一种特殊的工人结社,按费边社理论家、工会运动史专家韦伯夫妇的说法,它只发生在生产与经营完全分开、雇佣与被雇佣截然对立的情况下。因此,在中世纪的工匠与帮工中不会产生工会,因为在行会制度下帮工与师傅处在同一个社会等级上,劳动与销售也不分开,销售者出售的往往是自己的产品。当生产与经营完全分开、劳动者纯粹出卖自己的劳动力时,工会组织才会产生,韦伯夫妇说,最早的工会组织出现在17世纪末,而它之所以成为"运动",则是工业革命发生以后的事。

工会运动起初很弱小,到1815年,它还只涉及很少一部分工人。1829—1834年,英国工会运动形成第一次高潮,据说其成员总数达到100万人。但这个数字显然是夸大的,其中多数其实是有名无实。据韦伯夫妇估计,1842年工会只有10万名会员。

早期工会组织规模很小,都只是地方性团体,在一些传统的技术行业中比较流行,比如木匠、石匠、印刷工、箍桶匠、马车工、钟表匠等。工业化造成的新行业中,技术性很强的工种容易出现工会,机械工和机器纺织工就是典型的例子。早期工会关心的都是很具体的事务,如行业中的生产问题、会员的福利问题等。这些工会在很多方面继承了中世纪就有的互助会、共济会的传统,它们为会员提供互助福利,如扶助孤老病寡等。但工会还进行劳资斗争,工资劳动者用工会这种形式与资方讨价还价,争取较高的收入和较好的劳动环境,这是工会与互助会、共济会等最根本的区别。

然而早期工会也是少数高技术工人排斥一般劳动者的排他性组织,他们利用工会这种形式保护高技术工人的特殊利益,保证其工作机会不受竞争,保护少数人特殊的工作条件和特殊的收入。这些工会多数不关心政治问题,对政府不造成重大威胁。有鉴于这些原因,再加上工会所掌握的特殊技术,雇主往往对工会采取容忍态度,并不非得和它势不两立。

1799年,出于压制激进政治运动的需要,托利党政府制定《结社法》,取缔一切工人组织,包括工会在内。但遍及各地的互助会、共济会等传统的组织却仍然存在。由于这些组织在某种程度上向社会下层提供了生存保障,在客观上有助于社会稳定,因此统治者对它们睁一只眼闭一只眼,而不少工会就以此为掩护存在下来,在当时很难把它们与互助会完全区别开。

非技术工人也尝试组织工会,但很难持久。由于不掌握特殊的技术,他们面临激烈的市场竞争,他们的工作很容易被人顶替,市场上存在着大量的剩余劳动力。随工业化深入发展,大量手工工人失去工作,女工和童工取代男工,爱尔兰移民则大批涌入英格兰,这些都对非技术工人的工会组织造成巨大威胁。一般来说,经济景况好,劳动力吃紧时,工会运动就会高涨;经济不景气,出现危机时,工会运动就会低落。"劳动后备军"是工会运动的最大敌人,雇主自觉地利用它,随时打击工会。在相当长的一段时间里,雇主结成同盟共同抵制工会,他们开列黑名单(称为"证书"),凡列入名单者,所有雇主都不予雇用。

非技术工人被迫采用其他手段保护自己。1820—1835年南威尔士的矿工有所谓"苏格兰牛"的活动,用威胁恫吓的方法强迫无组织的矿工服从运动的指令,并迫使雇主就范。1830年英格兰南部出现农业工人的"斯文大尉"运动,参加者攻击地主庄园,焚烧草垛牲棚,甚至伤害人身,目的是禁止使用打谷机,因为打谷机剥夺了他们在冬天的工作。出于相似的动机,1811—1817年北、中部工业区爆发卢德运动,手工工人反对新出现的机器或工作程序,因为这些东西使他们的手工技术变得无用了。

总之,早期工会运动地位很软弱,除少数高技术工种的工会有可能存在较长时间外,多数工会都是稍现即逝。工会没有经费,行业与行业之间、地区与地区之间利益不同,缺乏团结的基础;政府对其敌视,工会组织不受法律保护;工会干部很容易利用这个空子骗取工会会费、携款而

第十六章 工会运动与工人政党

逃——这些都使工会很难长期存在,因而影响了工会的发展。但无论如何,这是一种新出现的工人阶级的组织形式,是工人与雇主面对面斗争的形式,它与手工工人的政治激进主义不同,随着工业化进展,越来越多的人被抛进单纯出卖劳动力的无产者大军,工会运动也就越来越成为这些人保护自己利益的唯一手段,于是,工会运动便不可遏止了。

1824年《结社法》被废除,这得力于两个主要人物,一个是弗朗西斯·普雷斯,另一个是约瑟夫·休谟。普雷斯是裁缝出身,很早就投身于工人运动,曾担任过伦敦通讯会后期的主席,是温和派最主要的代表。后来他开裁缝店成功,本人也从工人激进派变成了中等阶级激进分子,在1806年威斯敏斯特大选中发挥过重要作用。1832年议会改革时,他作为中等阶级激进主义的主要领导人之一,为改革的成功做出了贡献。1836年,他又帮伦敦工人协会起草了《人民宪章》。但在20年代初,他的注意力主要放在废除《结社法》上,他搜集了大量事例,向议会申诉《结社法》对工人造成的危害。这些申诉引起约瑟夫·休谟的注意,休谟是一个激进派议员,由他提议,议会组成一个专门委员会进行调查,由休谟出任主席。当时,工人群众中普遍存在着恐惧心理,生怕到议会作证会受到迫害。普雷斯做了大量的说服工作,让委员会收集到足够的证据,最后委员会提出一份报告,建议废除《结社法》。这时适逢托利党自由派掌握政权,皮尔和哈斯基森支持委员会的建议,1824年《结社法》得以废除,工人获得了结社和罢工的权利。这以后,全国立刻出现组建工会和罢工的热潮,于是当局便感到忧虑,1825年,议会修订前一年法律,对工会活动进行限制,但工会组织总算合法了,工人在争取工会权利的道路上迈出了第一步。

1829—1834年工会运动出现第一个高潮。此时已形成四大工会:纺纱、建筑、呢绒、陶瓷,以纺纱工会影响最大。1829年,兰开郡的纺纱工领袖约翰·多尔蒂创建"联合王国工厂纺纱工总工会",这是英国第一个全国性的工会组织,甚至包括苏格兰和爱尔兰纺纱工人在内。这个工会存在到1831年;但1830年,多尔蒂已组成一个更大的工会——"全国各业劳工保护协会",这是第一个跨行业的全国性工会组织,除纺纱工会以外,还包括建筑、冶金、采矿、制陶以及机械等行业工会,成员据称有10万人,下属150个工会,但全国劳工保护协会仅是个松散的工会联合体,各行业、各下属组织都有自己的利益,缺乏中央机构协调彼此的立场,再加上资金短缺,便不能长久维持,到1832年就已经解体了。

就在这时,建筑工会又兴起了,它受欧文主义影响比较深,把全国的建筑工人都包括在内,按行业原则组织起来,连打杂的帮工也吸收进来。它企图控制全国所有的工程承包,把工会转变成生产管理机构。但这种愿望显然行不通,到1834年,因内部分歧严重,建筑工会也瓦解了。这一时期,同时兴起的还有1830年创建的制陶工会和约克郡毛呢工会,1831年出现的两个矿工工会。1826年出现的"蒸汽机工人和机器制造工人工会"是这一时期所有工会中存在时间最长的一个,同时也是技术性最高的一个。

1834年工会运动步入高峰,当年2月,以欧文为首成立了一个"全国大团结工会联合会",它企图把全国各行各业都联合在一个总工会中,并且把工会建设成生产管理机构。该工会成立后势头凶猛,短时期内人数就达到80万,全国各地、各行业都有人参加,而且表示相互支持。一时间,罢工浪潮突袭全国,各地工人都认为可以把大团结工会作为靠山发动罢工,而大团结工会也确实向罢工的工人提供经济援助,让他们在罢工时能领到一些津贴。但这种全面出击的做法很快就把大团结工会拖垮了,该工会号称有百万会员,实际交纳会费的却只有16 000人,其中一半是伦敦的裁缝与鞋匠。全面罢工耗尽了工会的基金,大团结工会存在了10个月就瓦解了。

大团结工会的解体伴随着另一个重大事件,即"托普德尔烈士"事件。托普德尔是多塞特郡的一个村庄,6名农业工人组织工会,受到迫害。当局说他们进行非法的"宣誓"活动,遂将其逮捕,并判以重刑,流放澳大利亚服刑7年。这是对已经取得合法地位的工会运动的蓄意打击,大团结工会曾发动了声势浩大的声援活动,但未能奏效。"托普德尔烈士"1836年获特赦回国,但此时工会运动却已经消沉了。

这一时期的工会运动深受欧文主义影响,欧文在英国工人运动史上留下了不可磨灭的痕迹。罗伯特·欧文生于马鞍匠之家,从小当学徒。他生性颖悟,自学成才,二十几岁就与人合伙办棉纺织厂,显示出惊人的管理才能。1800年他出任著名的新拉纳克棉纺厂经理,开始试行他的社会理想。他改善工人的生活条件,为他们提供房舍、餐厅、商店、文娱活动室等,还提供干净的水源,子女可以受到教育。在当时工厂劳动条件普遍恶劣、工人苦难深重的环境下,新拉纳克如同黑暗中的一盏灯,深为工人所敬仰。工人们在新拉纳克厂中拼命工作,结果创造

第十六章 工会运动与工人政党

了一个奇迹,即工人的生活待遇越好,工厂越赚钱。这使欧文获得了社会改革家的盛名,各界人士都到新拉纳克参观,把欧文视为伟大的慈善家。

1817年是欧文一生的转折点,这一年他发表《致新拉纳克郡的报告》,系统提出了他的社会主义思想。他认为,当今的社会布满苦难,穷人的苦难俯拾皆是。但苦难是由什么造成的?苦难的根源是不合理的竞争。工厂主为追求私利,不惜用机器去和工人的劳动进行竞争。工人在这种竞争下被彻底打垮了,成为机器和资本的彻头彻尾的奴隶。因此,要消除苦难就要消灭竞争,而只有消灭了私有制,才能彻底清除竞争的土壤,建立一个人人合作的社会。欧文把公有制看成是未来社会的根基,并决心为未来的社会提供一个样板。1824年他变卖了家产去美国的印第安纳州创建"新协和村",以此作为他的共产主义试验田。但这个试验失败了,"新协和村"中住进了一批懒汉,他们只想享受共有制的成果而不愿为此做出贡献,公社共同体很快就因为财政困难和内部纷争而不能维持下去。欧文在失望之余回到英国,正好赶上英国工会运动进入一个高涨期。欧文的思想在许多工会领导人中很有影响,因此在这个时期,工会运动带有强烈的欧文主义色彩。

欧文主义还对工人运动的另一个分支有影响,即合作社运动。欧文主张消灭竞争,提倡社会合作,希望用合作的社会组织控制生产,取消私有制。这个思想直接引导了合作社的出现,但欧文倡导的是生产合作社,现实中大量出现的却是消费合作社。生产合作社旨在控制生产,消灭生产过程中的剥削关系;消费合作社则旨在消灭商品流通过程中的中间盘剥,让劳动者维护其消费利益。欧文从美国回来时,发现伦敦等地已出现许多这样的消费合作社,虽说这与他本意不同,他仍然热情地支持了这个运动,站到了运动的前列。许多工人激进主义的领袖都是合作社运动的热烈支持者,洛维特、赫瑟林顿等都积极投身到运动中来。1832年,英国大约有500个合作社组织,2万名会员,但两年以后大部分合作社都解体了。1844年,罗奇代尔的蛤蟆巷出现一个新式合作社,由28位法兰绒织布工创建。他们按购货量分配红利,结果使合作社长久地存在下去。这以后合作社运动就按这个模式发展,它当然也就完全背离了欧文主义的初衷。但"罗奇代尔先锋"所指示的路却是合作社能生存下去的唯一可行之路,工人们从这种合作社中还是能得到不少实惠。

三四十年代也是反对新济贫法和争取十小时工作日运动的年代。1833年,十小时工作日运动取得重大进展,阿什利勋爵的法案获议会通过,它规定在纺织厂工作的童工年龄不得低于9岁,9—13岁的儿童每天工作不超过9小时,13—18岁的少年不超过12小时。法案还规定建立工厂视察员制度,由中央政府指派专员监督法律的实施。这项法律只适用于纺织工厂,因此适用范围非常有限;但它确立了一个重要的原则,即国家可以调节经济领域的活动,这个原则是和自由放任政策背道而驰的。

宪章运动兴起后,十小时工作日运动融入其中,声势更加显赫。但新的进展却要到宪章运动基本平静后才取得,1844年和1847年阿什利勋爵的法案对工作时间做进一步调整:9—13岁儿童只可工作半天(或隔天工作),其余一半时间应强制性上学;女工和13—18岁少年每天只能工作10小时;工厂中可能造成危险的机器应该有防护措施。1842年,阿什利的《矿山法》规定妇女不得在井下劳动,并且把纺织厂的有关规定扩展到矿山。十小时工作日运动到1850年基本告一段落,以后十小时工作制逐步推广到各个行业,成为固定的工作制度。

反对新济贫法也是三四十年代工人运动的一个话题,但这方面的成就却不那么明显。济贫院中最令人讨厌的规定是在现实中慢慢改变的,在北方工业区,不准许在济贫院之外进行赈济活动,这实际上从来就行不通,因此济贫院制度在北方也就似有似无。宪章运动结束后,工人斗争明显进入一个退却期,从这时候起,工会运动成了工人运动中唯一的一种形式。

1851年出现一种新的工会,后来被称为"新模式"。第一个"新模式"是"机械工人混合工会",它囊括全国同行业(机械工业)的所有分支,如机械工、机械修理工、蒸汽机制造工、机器制造工、铁工、车工、造模工等。每个分支都分别组织在自己的工会里,然后再联合成"混合"工会。这个工会每星期向会员收1先令会费,因此只有收入很高的工人才有可能入会。在一年之中,它的会员达到12 000人,成为当时最大的工会。1852年,兰开郡和伦敦的雇主对这个新生的工会发动进攻,拒不接受它提出的禁止加班、反对计件工资的要求,工会在这次斗争中失败,但失败后却仍然能保存下来,会员数和会员的特殊工作地位都不受影响。1860年,它的会员达到21 000人;1875年和1888年分别达到44 000人和54 000人。在过去，几乎所有的工会都只是昙花一现，经过一两个斗争高潮之后很快就会瓦解。"新模式"在斗争之后却仍然能生存下来，因此它就非常吸引人。"新模式"之所以能够做到这一点，原因却恰恰是它后来受到人们指责的那些特点，这些特点是：1. 排他性强；2. 尽可能避免与雇主对抗。

排他性强是指它只吸收技术手艺高、工资收入高的人，其组织形式中的行业特征和很高的会费能保证做到这一点。"新模式"排斥非技术工人，把他们看成是竞争对手。"新模式"最主要的目标之一就是控制本行业的劳动力就业，不让非技术工人受雇于技术工种中的工作。他们坚决反对非技术工人组织起来，因为非技术工人的工会更容易对技术工人构成威胁，而不是对雇主构成威胁。因此"新模式"作为自卫性的工人组织，一方面针对雇主，另一方面针对非技术工人。

尽量不与雇主对抗，指的是不到万不得已不发动罢工。遇有问题，它们宁愿寻求与雇主对话，工会作为一个整体争取与雇主进行谈判。由于"新模式"中全部是技术工人，占据着关键性的生产岗位，其人员众多，组织严密，纪律性比较强，所以雇主往往做出一些让步，满足工会的要求。而工会也往往适可而止，见好就收，一般不会得寸进尺。1850年后，英国的劳资关系进入一个相对平静的时期，就与双方都采取妥协立场有关。但这种"集体谈判"所得的好处只使工人中很小一部分人受益，广大无组织的工人群众只能受雇主的任意摆布。

机械工人混合工会的榜样很快为其他行业所仿效，"木工细木工混合工会"、"锅炉与铁船制造工联合会"、"棉纺纱混合工会"、"北兰开郡动力机织工协会"、"成衣工混合工会"等一批"新模式"相继出现。矿工也大规模组织起来，出现了好几个地方性工会，还有一个"全国矿工协会"，在1863年改组为"全国矿工联合会"。矿工不属于技术性强的工种，因此矿工工会不很稳定。但矿工组织工会却形成深厚的传统，在英国工会史上发挥了重要作用。

"新模式"工会组织严密，其主要特点是有专职干部，专做工会工作。大工会在伦敦设立总部，各总部之间常有联系，遇重大问题相互磋商，采取共同立场。这样，在伦敦逐渐形成了被称为"将塔"（西班牙语"协商会"之意）的工会巨头非正式机构，韦伯夫妇说这是"工会世界的不正式内阁"。"将塔"包括机械工会、木工工会、铸铁工会、瓦工工会的领导人及一名伦敦鞋匠,他们受到一批激进的知识分子的协助。"将塔"的形成是英国工会运动史上一个重要事件,不久以后,他们将把工会运动带进政治领域。

除大工会之外,当时还出现许多小工会,这些工会人数很少,以一个城市甚至一个企业为基础,力量非常薄弱。为了能够生存,小工会间的相互支持是很重要的,遇有急事,相互支持就有可能不被资方击败,因此在小工会间逐渐形成地区性的联盟,以城市为一个单位,称"行业协商会"。第一个永久性的行业协商会于1848年出现在利物浦,随即各大城市都形成类似组织。伦敦的协商会在1860年形成,后来被"将塔"控制。到1875年,所有略具规模的城市都组成了行业协商会,行业协商会打破了"新模式"工会狭隘的行业意识,把更多的工人组织起来,虽说一般只具有地方性质,却对有组织的工人运动做出了重大贡献。

新模式工会的标志徽记

二、工会参政与工党建党

工会运动经过了很长时间的踯躅才干预政治事务。起先,工会不愿意卷入政治活动,因为政治见解的不同很容易分裂工人阶级,而团结又是工会力量的唯一源泉。但后来许多事实证明单纯的产业行动不足以解决工人的问题,工会于是开始涉足政治领域。

60年代的议会改革加速了工会的政治化,自由党内辉格党守旧派对工人阶级的污蔑,给工人群众上了一堂生动的政治课,工人群众的政治热情骤然高涨。就在此前后,几件事相继发生,使工会觉得不卷入政治不行。首先是1866年设菲尔德发生工会会员与非工会会员之间的冲突,会员对"工贼"施暴,还用炸药炸毁了一个非会员的房屋。冲突导致社会舆论对工会不利,议会遂指派皇家委员会对工会活动进行调查。工会害怕调查结果会导致对工会进行全面的压制,于是被迫卷入政治活动,参加到委员会的调查取证工作中去。1867年,蒸汽机制造工协会一个地方分会

第十六章 工会运动与工人政党

的司库侵吞公积金 24 英镑,工会向法院起诉,要求按 1855 年的《互助会法》给予法律保护,追回赃款,但被法庭驳回。通过这件事,工会意识到它尚不具备完全的法律地位,因此制定保护工会的法律就至关重要了——这件事,史称"霍恩比起诉克罗斯案"。同时,工会还注意到,当时规范劳资关系的一个法律——《主仆法》也对工人十分不利,该法规定劳资双方都必须遵守劳动合同,但资方若违约,只按民事法审理并最多向工人赔偿损失;劳方若违约,则要按刑事法审理并可以被判刑。1867 年议会对《主仆法》进行修订,其中虽改正了某些最不合理的内容,却仍然对工人一方不利。此外,有关工伤事故的法律也使工人十分不满,因为雇主可以很容易就规避对事故的责任。这些都促使工会开始重视法律问题,制定保护工会的法律成了工会的当务之急。

第二次议会改革后相当一部分工人群体获得选举权,这就使两大政党都必须正视工人的要求。1871 年,自由党制定两项法律,其中一项确认工会有合法地位,且其资金受法律保护;但另一项——《刑法修正案》,则认定胁迫他人、阻止他人工作、设立罢工纠察线等行为是违法,可以按刑法处置。这使工会的罢工行动事实上不可能进行,因此剥夺了工会最有力的斗争手段,招致工人的普遍反对。1874 年大选自由党失利,在很大程度上就归因于工人选民的反对。

保守党上台后,迪斯雷利执行"新托利主义"政策争取工人选票,1875 年政府制定两项法律,其中《密谋与财产保护法》废除了《刑法修正案》,规定罢工中的纠察行为为合法;暴力行动和胁迫行为虽仍属犯罪,但不再以密谋罪论处。另一项法律《雇主与雇工法》把《主仆法》中剩余的不公正条文予以纠正,这项法律的名称本身也说明了问题:以前把劳资关系界定为"主仆"关系,现在则明确为雇佣关系。1875 年的这两项立法使工会获得了比较完整的法律地位,因此被看作是"工会运动的大宪章"。1878 年,保守党政府还通过一个《工厂与工作场地法》,把从 1847 年开始的规范工作时间与劳动条件的法律汇总成一个法律,使之适用于各行各业,而不仅只适用于个别的行业如纺织业。

在工会卷入政治活动的过程中,产生了工会代表大会。由于有许多问题需要各工会紧密磋商,采取共同立场,原有的"将塔"形式已经不够了,工会代表大会应运而生。1868 年,第一次工会代表大会在曼彻斯特举行,以后每年举行一次,各工会都派代表参加(也可以不参加),在会上讨论大家都感兴趣的问题，制定共同的政策，向政府施加政治压力。不久后，在大会休会期间又形成一个"议会委员会"，由大会委任成员，行使大会职能。当时有许多人提议把工会代表大会转变成一个有行政权威的工会管理机构，或干脆就变成总工会；但在英国始终没有形成类似于总工会这样的组织，各工会仍旧是独立的，工会代表大会仅是个"讲坛"。"将塔"后来融入工会代表大会并在其中发挥重大作用，但工会代表大会则变成有组织的劳工运动的正式发言人，其政治与经济立场都比"将塔"要激烈一些。

1868年起工会参与议会竞选，这一年有几个工人站出来竞选议员，但都没有成功。1874年大选中"议会委员会"指导工人投票，影响了选举结果；同时两位工人候选人在自由党帮助下竞选成功，成为英国最早的工人议员。这以后，工人支持自由党的倾向成为工会政治运动的主要倾向，"自由—劳工同盟"也逐渐形成。保守党通过"新托利主义"也能吸引一部分工人，但自由党更愿意支持工人在政治上的要求，给他们充分的选举权，并支持他们参与地方政治，甚至帮助他们竞选议员，因此也更受到工会的支持。

1875年废除《刑法修正案》之后，"自由—劳工同盟"迅速形成，此时工人阶级相当一部分已获得选举权，而工人候选人直接参选则是顺理成章的事。但在英国的政治结构中，没有政党的支持是不可能参选的，于是在两大党中，工会选择了自由党，以支持自由党为代价，换取工人候选人参选的机会。自由党此时已从传统的自由放任主义转向"新自由主义"，新自由主义强调社会公正，强调平等对自由的意义。新自由主义开始承认国家在建立一个平等的社会中的积极作用，注意到社会立法对改善工人经济状况的重要性。这样一些因素使自由党愿意考虑工人阶级的许多要求，从而使"自由—劳工同盟"有可能出现。与此同时，保守党自皮尔以来事实上已接受了自由主义的最基本原则，在政治、经济等重大国策上和自由党已没有根本分歧。保守党的这种转变吸引了很多选民，使他们愿意向保守党靠拢。在这种情况下，自由党日益感到需要争取更多的工人选民的支持，双方都有求于对方，"自由—劳工同盟"就是在这个前提下形成的。

"自由—劳工同盟"在两个层面上具体操作，在议会选举的层面上，自由党让劳工候选人在自由党势力不大的选区出面竞选，用他们来对抗保

第十六章 工会运动与工人政党

守党,在这些选区,劳工候选人会得到自由党支持,包括组织上和经费上的支持。作为交换,劳工在多数选区支持自由党,帮助自由党掌权。在国家政治的层面上,工会支持自由党的政策,自由党当然也要尽可能满足工会的某些要求,制定一些对工人有利的法律。工人议员在议会都站在自由党一边投票,实际上属于自由党议会党团。持批评态度的人说工人阶级成了自由党的小尾巴,情况确实也如此。但在19世纪末,这一方面是政治的现实,另一方面也不得不如此——自宪章运动失败后,战斗性的工人运动已经停止了,而工人阶级独立的政党政治时机尚未到来。由于"自由—劳工联盟"的存在,一些工人出身的人成为议员。1880年大选增加了一名工人议员(他是工会代表大会议会委员会的书记),到1890年,议会中已有8名工人议员。

很多人对这种情况感到不满足,他们认为工人阶级应该有自己的政治,应该选出更多的工人议员。其实,工人阶级组建自己的政党只是个时间问题,一旦选举工人议员成为政治目标,组织政党就是不可避免的。

1881年,亨利·海德曼组建"民主联盟",1884年改称"社会民主联盟"。它自称信奉马克思主义,马克思的女儿爱琳娜也曾经参与其中。但这个组织对工会采取敌视态度,称其为资产阶级的走狗;它内部又争执不休,分歧重重,所以无法争取工人群众的支持。在整个80年代,其成员从来没有超过1 000人,而且多数是中等阶级出身。

费边社是另一个社会主义团体,它人数更少,只有一两百人,而且几乎全都是知识分子,组织极其松散,仿佛只是一个沙龙,既无正式的组织机构,又无正常的组织活动,成员来去自由,完全没有正式的程序。但费边社的思想影响深远,不仅影响到工会运动,而且影响到英国社会主义的发展方向,对20世纪英国的政治走向有着决定性作用。费边主义是英国土生土长的政治学说,也充分反映了英国政治发展的特色。

由于英国的特殊情况,马克思主义始终未能在英国产生重大影响。早期的社会主义学说是欧文主义,它在40年代以后就基本上丧失了影响力。50年代以后,工人激进主义销声匿迹,起而代之的是工联主义(即工会主义)。但工联主义基本上是一种实践而不是学说,它的思想很简单:靠工人阶级的组织力量对资本家阶级开展直接的产业斗争(如罢工、集体谈判等),改善工人的生活状况与劳动条件。这样一个简单的思想不需要产生理论家,但它很容易为普通的工人群众所理解,因此一直到80年代为止,英国工人运动事实上没有理论指导。

费边社组织的一次集会,主持者是著名作家威尔斯

费边社的成立改变了这种状况。这个团体中有一些大知识分子存在,比如西德尼和比阿特丽丝·韦伯夫妇、萧伯纳、赫伯特·威尔斯等。这些人出身中等阶级,却对工人问题十分关心。他们提倡"社会主义",并不是出于对"社会主义"的信仰,而是认为历史发展的方向必然是社会主义,因此知识分子——作为最富有预见性的社会良知的体现,应自觉地推进社会主义,让它早日成为现实。他们认为资本主义已经为社会主义准备了条件,资本主义生产方式下必然出现的资本集中,已经为财富的社会化开通了道路。既然如此,社会主义就是一定要到来的,而工人阶级就是实现社会主义的历史工具。工会是一种现成的组织形式,它承担着把财产从私人占有向社会占有转化的使命。一旦财产的私人占有被消灭,在工会中的全体劳动者就会接管所有的财产,实行社会化生产。但费边社认为:完成社会主义改造是一个长期的过程,同时也是一个和平的过程,社会主义因素只能一点一滴地渗透到资本主义社会中去,最终和平地改造整个社会。这就如古罗马将军费边在打仗时采用的迂回战术一样,由此,这个团体起名为"费边社"。费边社的理论由韦伯夫妇最充分也最完整地表达出来,他们是费边社最卓越的理论家。此外,费边社还不定期地出版《费边论丛》,都是会员们撰写的有关各种社会问题的小论文。这些论文涉及面很广,有理论探讨,也有时事评论,观点和立场都不尽相同。但它们的基本出发点都是一样的,那就是改造资本主义,和平长入社会主义。

费边社的思想为英国工人运动提供了一种英国式的社会主义理论,英国工人运动本来就具有和平、改良的特点,费边思想恰好符合这种需要。英国工人在政治上组织起来之后,费边主义成了其指导思想。20世纪30年代,新一代费边主义理论家成长起来,最重要的代表人物是G. H. D. 柯尔。柯尔提出一种"基尔特社会主义"理论,主张把社会按"基尔

第十六章 工会运动与工人政党

特"(行业)重新组织,由基尔特控制社会生产。第二次世界大战后工党政府受费边主义影响很深,事实上,像艾德礼这些工党政治家,就都是费边社的成员。

费边社的出现对工人阶级组织政党起了重大的推动作用;而另一个推动因素是:在 19 世纪最后 10 年,工会运动发展到一个新阶段,大批无技术、无特长的下层工人组织起来,使工人运动重现已失去多年的战斗性。80 年代英国经济发生衰退,失业人数急剧增加,非技术工人人数特别多,于是不安定的因素迅速增长。海德曼以及激进的工会领袖约翰·伯恩斯、汤姆·曼等发动失业工人进行抗争,1886 年 2 月的一次抗议活动发展成一场群众暴乱,伦敦闹市区的许多商店被打砸、车辆被推翻。1887 年 11 月,特拉法加广场上发生军队与示威群众的暴力冲突,许多人受伤,被称为"流血星期日"。这两年,群众性的骚动在许多工业城市出现,其中包括曼彻斯特、设菲尔德、加的夫等。

但更重要的是非技术工人动员起来,1888 年罢工事件急速增加,到年底有 500 多次罢工发生,许多非技术工人投入斗争,其中意义最深远的一次,是由费边社会员贝桑特女士领导的伦敦一家火柴厂女工的罢工。这些女工在非常恶劣的条件下劳动,工资低,工作没有保障,深受剥削又没有申诉的地方,是社会所忘却的一个角落。由于广受各界同情,她们的罢工很快取得胜利,这项胜利触发了非技术工人此起彼伏的罢工浪潮。1889 年伦敦码头工人大罢工,经过一个月的斗争也取得胜利。随后首都煤气工人又发动罢工,这次罢工坚持了好几个月才取得胜利。其他非技术行业也相继出现了罢工潮,到 90 年代初,工人罢工步入顶峰。

在罢工的高潮中出现一种新工会,它们以非技术工人为主,面向普通的劳苦大众。这种工会人数多,力量大,愿意以激烈的对抗为斗争方式,具有很强的战斗性。它们收很低的会费,但给会员的福利待遇也相对少,日常性的(类似互助会式的)福利几乎没有,只在罢工时才会提供生活援助。这种工会按产业的原则(即同一个工作部门和同一个工作场地的工人)组织起来,而不像老工会那样按行业原则(不同工作部门和不同场地的相似工种)进行组织。这种工会叫"新工会",它为英国的工会运动添加了新的生命力。从 1888 年到 1892 年,4 年中工会总人数从 75 万增加到 157.6 万,增长一倍多。到 1900 年,有组织的工人总数已超过 200 万,工会显然成了一支巨大的社会力量。在这些工会中,最重要也是最著名的包括码头工人罢工后成立的"船坞、码头和河边工人工会",海员大罢工后成立的"海员和锅炉工人工会",煤气工人罢工后成立的"煤气和通用工人工会",以及"大不列颠矿工联合会"等。农业工人的工会也取得很大发展,其成员从几千人扩张到5万人。女工也大规模组织起来,1891年,成立了一个"妇女工会联盟"。

在非技术工人工会运动蓬勃发展之时,"白领"及中等阶级下层也开始组织,90年代初出现相当一批这种性质的工会,比如"全国店员混合工会"、"第二部门职工协会"、"邮递员联合会"、"税务员协会"等,甚至还出现一个"音乐师工会"。"小教工会"在1870年就成立了,到1888年有14 000名会员。

在"新工会"运动的高潮中,工人阶级的组党工作也在进行。迄至此时,选举工人议员的努力进展不大,工会代表大会显然不足以推动此项工作。许多人意识到建立一个工人阶级单独的政党势在必行,但工会代表大会对此却一直不置可否。1893年,苏格兰矿工联合会的领袖基尔·哈迪建立一个独立的工人阶级政党,称"独立工党",其党纲明显受费边社影响,提出要"保障一切生产、分配和交换手段的集体所有制"。工会代表大会对独立工党不予支持,结果,在1895年的议会大选中,独立工党提出的28名候选人全部落选,连哈迪都丢掉了他在1892年赢得的议会席位。这样一个结果说明建立一个全体工人阶级的政党已迫在眉睫了,而恰在此时,"新工会运动"遭受挫折,其成员已从运动之初的高峰急剧跌落。工厂主向工会运动进行反扑,而自由党显然不愿替工会说话。因此,没有一个独立的工人政党提供支持,工会运动看来就难以继续发展了。于是,在1899年,工会代表大会终于批准了独立工党的一项动议,同意召开一次特别会议,讨论工人阶级组党问题。特别会议于1900年2月召开,参加会议的有全国各工会、工人合作社及费边社、社会民主联盟和独立工党的代表。会议决定在议会中建立一个独立的工人党团,在议会活动中采取独立的政治立场,在工人党团尚未掌握议会多数之前,它应和同情工人立场的任何政党(无论是自由党还是保守党)共同工作,以争取工人阶级独特的利益。为此目的,应建立一个独立的政治组织,称"劳工代表权委员会"。1906年,在该委员会指导下工人阶级选出29名工人议员,同时还有25名工人在自由党旗帜下当选。这是工人阶级在议会政治中取得的第一次重大胜利,它也证明了政党的重要性。这一年,劳工代表权委员会

第十六章 ● 工会运动与工人政党

正式更名为"工党",20世纪英国最重要的一个政党便由此产生了。

工党成立之初没有党纲,参加工党的全是集体党员,工会代表大会下属的各工会都是工党成员,一部分合作社、行业协商会和费边社等社会主义团体也是集体党员。社会民主联盟后来退出工党,但此后也就不再有发展前途。各集体党员信奉不同的意识形态,无法提出统一的党纲,于是只好避开这个问题,把选举工人议员作为党的共同基础。这对一个政党来说是十分奇特的,但从英国文化传统的角度看,这又是个巧妙的安排。1918年,工党已经相当成熟了,它在英国政治舞台上牢牢地站住了脚。这一年工党进行改组,并在西德尼·韦伯的帮助下制定党纲。党的纲领明确了党的目标是建立"生产资料的公共所有",这一条列为党纲的第四条款,是党的社会主义性质的明确表露。但在1918年工党年会上,代表们对党纲问题并不十分在意,只花了很短的时间就将其通过了。大会注意的是党的组织重建,从此后,工党不仅包含集体党员,也吸收个人党员,为此建立了党的地方组织,开展基层活动。党与工会代表大会的关系也明确了:党虽然接受工会的财政资助,用于党的政治活动,但党不附属于工会,党有自己的年会和议会党团,党产生自己的领袖。至此,一个完整的议会党便形成了,它出自工会运动,但又从工会运动中脱离出来,成为独立的政党。工党在20世纪发挥重大作用,它很快就要在英国政坛上崭露头角了。

作者点评:

如果站在历史发生的当时当事来观察,我们对历史的理解也许会更全面,我们也许能更准确地回答这样一些问题:它为什么发生?为什么这样发生?为什么是这种情况而不是那种情况?为什么是这样一个结果?如果我们站在后人的角度上来评判历史,也许我们会苛求,我们也许会说:它应该是那样,而不是这样;人们应该那样做,而不是这样做。但如果我们自己就处在当时的情境中,我们大概也只会这样做而不是那样做。19世纪中期英国的"新模式工会"就是一个典型的例子,它具有很强的排他性,排斥绝大多数境遇更凄凉的阶级兄弟。但在当时当地,只有这样组织起来才能生存,在此之前,所有的工会组织都失败了,于是工人不得已找到了这种形式。无论如何,在当时,"新模式"毕竟是工人的一种阶级组织,而且是唯一的组织;没有它,也就没有后来的英国工人运动了。

第十七章 争夺世界帝国

一、"第二帝国"的形成与发展

美国革命结束后,英国丢掉"第一帝国",在海外剩下的殖民地主要是加拿大和印度。加拿大原是法国殖民地,七年战争中被英国征服,1774年英国颁布《魁北克法》,允许当地的法国移民保留天主教信仰,并继续实行法国法律。这一开明的措施保证了法国移民在美国革命时仍旧对英国表示忠诚,结果在美国革命后,加拿大留在英帝国里,没有发生分离运动。相反,大批在美国革命中站在英国一边的原殖民地人逃往加拿大,在那里寻找新的家园,于是在加拿大就出现了一批英裔居民,人数相当多。英裔人与法裔人讲不同的语言,文化和宗教信仰也不同。为避免冲突,英国在1791年颁布《加拿大法》,将该地分割为两个省,西边的叫"上加拿大"(即安大略省),由英裔人居住,实行英国法律;东边的叫"下加拿大"(即魁北克省),由法裔人居住,实行法国法律。两个省都有自己的立法会议,协助总督进行治理。此外,新斯科舍和纽芬兰仍然是单独的殖民地,到后来才并入加拿大。加拿大地域广阔,但人口稀少,气候寒冷,不适于居住,英国虽占有这样一片广大的土地,其重要性在当时却显示不出来。

印度的地位则重要得多,印度地广人多,物产丰富,是一块富裕的土地,但七年战争结束时英国的地位并不巩固,它所控制的地区仍然很小,大片土地仍保留在大大小小的土邦王公手里。当时,很少英国人认为印度会很快落入英国之手,但政府对印度的重视程度却非常高。1773年英国颁布《调整法》,把孟加拉、马德拉斯、加尔各答三块公司直辖地合为一

第十七章 争夺世界帝国

体,以加尔各答总督为主管官,总督的任命由英国议会决定。1784年议会再颁布《印度法》,规定统治印度的最高权威是政府而不是东印度公司,从而把印度的治理置于政府管辖之下。这两项法律奠定了英国统治整个印度的基础,此后,在印度的扩张就是政府行为了。

1770年,詹姆斯·库克船长发现澳洲,当时这里只是一片不毛之地,土著人很少,尚处于不开化状态。广袤的荒地对英国似乎毫无用处,经过激烈的辩论,政府还是决定把它占领下来,作为流放犯人的场所。在很长时间里,澳大利亚的最高行政长官就是监狱的典卒司令官,一切给养都要从英国运过来,澳洲自己不生产,反而成了英国的沉重负担。

总之,美国独立后英国的殖民地事业遭受重挫,留在英国手中的除印度和西印度群岛尚有价值外,其他都是荒芜之地。多数英国人对殖民事务不感兴趣,而政府对殖民地则提不出什么新思想,于是就维持原有的统治形式。

拿破仑战争是一个转折点。战争中,英国占据了海上优势,法国被打垮了,其海上力量一蹶不振。战后,英国在地中海、加勒比海、印度洋得到新的立足点,其中多数具有重大的战略意义,扼制着世界的海上通道。尤其是好望角殖民地和锡兰,都是通往东方、拱卫印度的海上门户,其重要性无与伦比。一个新的帝国实际上正在形成,在英国历史上这个"新帝国"被称为"第二帝国"。

第二帝国的基石是印度。在韦尔斯利侯爵(威灵顿公爵的兄长)任总督期间(1798—1805年),英国在印度迅速扩张。当时正在进行拿破仑战争,法国对印度觊觎已久,战火于是蔓延到印度。英国政府指示韦尔斯利执行挺进政策,保卫英国在印度的利益。韦尔斯利在土邦王公中打一派拉一派,利用矛盾从中渔利。在南方,他与海德拉巴德土邦结成同盟打击迈索尔,吞并其沿海地域而将其他地区置于一个强制性的城下之盟中。随后他又吞并卡纳蒂克和坦焦尔两个土邦,在3年时间里印度南部已落入英国之手。在北方,他强迫奥德土邦割让领土,其中包括莫卧尔王朝的首都德里。这时中部的马拉特同盟的势力强大,韦尔斯利再次采取分化政策,将马拉特同盟的参加者各个击破,到1805年他奉调离任时,大部分印度已在英国控制之下了。韦尔斯利的继任者继续执行扩张政策,1818年,英国对马拉特同盟再次发动战争,将其中某些领土兼并,其余的领土被迫臣服。1825—1826年英国进攻与印度毗邻的缅甸,兼并了其南方领土。1843年英国不提出任何理由就接管了信德邦,3年后又以制止内乱为借口吞并旁遮普全境,从而保证了对西北印度的控制。这时,英国对印度的统治基本上采取两种形式,一种是直接统治,由英国总督直接治理;另一种是与各土邦王公签订条约,各邦承认英国的宗主权,让英国掌握其军事与外交,控制其军队(英国人担任军官),而内部事务则继续由各土邦王公全权处理。这种办法使英国殖民当局和普通印度人之间隔着一个印度社会的上层,从而使印度人民的怨气有可能不直接指向英国当局。英国人在印度大量使用这种方法,从而巩固了他们在印度的统治。

澳大利亚的情况不同,19世纪初,英国改变它的政策,允许英国人自由移民,澳大利亚也就从犯人监管地逐渐变成了移民殖民地。1813—1815年,英国殖民者翻越蓝山,进入丰腴的大草原,开始发展养羊业。养羊业的发展使澳大利亚迅速走上自足之路,其羊毛出口创造出大量财富。更多的移民于是接踵而来,对这块荒无人烟的大陆进行大规模开发。1803年,塔斯马尼亚岛上建立了移民点;1824—1836年,昆士兰、西澳大利亚和南澳大利亚也相继被开发。在大约30年时间里,一个庞大而富裕的殖民地初露雏形,成为英帝国一个重要的组成部分。英国人在无意中得到澳大利亚,又在无意中将其开发,这对建立世界性的帝国无疑有重大意义。与此同时,新西兰殖民地也发展起来,1839年成立了"新西兰公司",开始进行大规模移民;1840年英国与岛上的土著居民毛利人签订《怀坦吉条约》,正式将新西兰划归英国所有。

这时,英国国内对殖民地的态度开始发生变化。迄至此时,殖民地主要建立在重商主义的基础上,英国人把殖民地看作是本国市场的延伸,要求对殖民地的生产与销售进行垄断,将其作为母国产品的推销地及原料的供应地。为此,英国政府一再颁布《航海条例》,规定殖民地只能与母国进行贸易,禁止它们与其他国家自由通商。随着工业革命的兴起,重商主义理论已过时了,许多人开始用自由主义的经济理论来看待殖民地,反对在殖民地实行商业垄断。亚当·斯密是这种新观点的主要代表,他认为商业垄断无论对母国还是对殖民地都是不利的,它既阻碍生产发展,又没有增加商业利润。他认为只有实行自由贸易才能对双方都有好处,为此,应解除一切贸易限制,让经济在完全自由的环境中运行。顺着这一思路推论,他甚至认为保有殖民地对母国实际上没有益处,既然贸易开放了,为什么还要保有殖民地?殖民地只会给母国增加负担,它需要行政经费,

第十七章 争夺世界帝国

还必须承担防务开支。母国人民要为殖民地交纳沉重的税务,殖民地不是财源,而是负担。

斯密的学说体现着一个历史的事实,即在当时,只有英国是工业国家,只有英国的实力最强,而不惧怕任何竞争。"自由竞争"对它而言实际上是"所向无敌",在"自由竞争"中它将夺取最大的经济利益。这种观点影响了越来越多的政治家和社会活动家,后来以工业家为主的"曼彻斯特学派"在殖民地问题上就赞成斯密的立场。辉格(自由)党领导层也有许多人同意斯密的观点,于是在19世纪20—30年代,出现了"自由帝国主义"的社会思潮。不少人觉得,保有殖民地是没有必要的,但既然英国已对其殖民地人民的福祉承担了责任,那么就应该鼓励其成长,逐渐成熟直至其最终可以独立。英国与殖民地的关系如同父母与子女的关系一般,子女长大了,就可以脱离父母。在这种关系中,感情是唯一的纽带,不一定要依赖正式的帝国统治。

正是在这种氛围中发生了加拿大的反叛事件。1791年《加拿大法》颁布后,上、下加拿大各成立自己的政府,总督在参事会辅助下负责行政管理,而总督的职务则由英国政府任命。立法会议负责立法工作,立法委员由民选产生。这种二元的政治机构也就是当年北美十三州的政治机构,而二元的对立则最终导致美国独立。现在,对立的因素也在上、下加拿大日趋明显,矛盾和冲突越来越尖锐。在上加拿大,居民主要是英裔移民,其社会分歧主要是贫富分歧和宗教分歧,贫穷的人抱怨分配不公,非国教徒抱怨国教控制了太多的土地。这些抱怨造成了反对派,要求对现存制度进行改革。但政府官员、富裕的家族把持政权,对改革的要求不肯做出让步。总督也反对改革,在他授意下,改革派领袖威廉·麦肯齐被赶出立法会议,双方的冲突立刻就升级了。

下加拿大的情况更糟。下加拿大原由法裔人居住,19世纪初开始发生变化,大量英裔人涌入各地,在有些地方法裔人反而成了少数民族。法裔人受到排挤,就要求对英裔移民进行控制。1815年法裔人领袖路易·帕皮诺当选为立法会议议长,这以后就开始了立法会议与行政当局的长期对抗。1834年帕皮诺提出改革纲领,要求参事会由民选产生、财政权交给立法会议等。这些要求被政府拒绝,帕皮诺于是在1837年发动叛乱。支持帕皮诺的人并不多,暴动很快就被镇压了。但这个时候,上加拿大在麦肯齐的领导下也乘机暴动,尽管其规模更小,与军队一接触就立刻瓦解,但上、下加拿大同时暴动却引起英国政府的高度警觉。

当时,离美国独立大约50年,人们清楚地记得与殖民地对立会造成什么结果。此时执政的是辉格党政府,他们受"自由帝国主义"理论的影响,认为应尽快满足殖民地的要求,避免美国革命的事态重演。在他们看来,殖民地本来就是个包袱,因此应赶紧想出一个办法,让殖民地自己去管自己的事,但同时又不损害帝国的利益。这样,政府就派达勒姆勋爵去加拿大出任总督,领导一个调查委员会,提出解决问题的方案。1839年,达勒姆提出《英属北美事务报告》,也称《达勒姆报告》,这份文件奠定了后来约一个世纪中英国殖民政策的基础。

达勒姆报告涉及许多问题,包括土地分配、城市建设、议会工作程序、移民等,但最重要的条款却是政治方面的。文件写作时报告仅就加拿大问题而谈,并不打算提出什么根本性原则。达勒姆的想法很简单:如果不想让加拿大变成另外一个美国或干脆落入美国之手,那就必须让加拿大成为一个"民族",有能力自己管理自己。为此他提出两项措施,一是上、下加拿大合并,组成一个国家(并且必须是由英裔人占多数的国家);二是建立民选议会,政府各部向议会负责,总督只起象征作用,其地位如英国本土的国王。英国只在涉及帝国问题时才干预加拿大事务,有关其内部的事则完全由加拿大政府自己处理。这意味着在加拿大建立责任制政府,议会的权威高于政府。同时,在加拿大建立自治政府,只在帝国问题上它才服从英国的指导。

但这样一来,《达勒姆报告》就确立了一个先例,即殖民地政府可以是自治的,同时又是责任制的,从而为改变英国在殖民地的统治方式奠定了基础。但这两条原则在加拿大付诸实施却花了不少时间,尽管在1840年上、下加拿大就实行合并,英国大多数政治家对殖民地的"自治"却很不习惯,因此在向加拿大议会"放权"时,便半真半假。同时,几任新总督都对报告内容无所适从,他们不知道在哪些问题上应对英国负责,在哪些问题上又应对加拿大议会负责,于是,议会和总督的职权就分不清。这种情况到1846年埃尔金勋爵接任总督后才开始改观,议会责任制政府逐渐成形。1867年,在加拿大的要求下,英国政府颁布《英属北美洲法》,最终建立起自治、责任制的联邦政府,上、下加拿大各保留其内部治理权,新不伦瑞克和新斯科舍也加入进来,形成"加拿大自治领"。这以后,加拿大领土不断扩大,直至今日的疆域,而纽芬兰是到1949年才加入加拿大的,此时它已经是一个独立的国家了。

《达勒姆报告》的原则后来推广到其他殖民地,并且还实行得更快一点。在澳洲,新南威尔士于1842年就获准组织议会,到1860年,除西澳大利亚之外,所有澳洲殖民地都已建立责任制政府,实行内部自治。紧接着,澳大利亚各殖民地(包括新南威尔士、维多利亚、昆士兰、南澳大利亚、北方领土、塔斯马尼亚等)开始商谈合并问题,到1900年谈判成功,1901年组建联邦政府,成立"澳大利亚自治领"。新西兰在1852年设立议会,1856年实行自治。达勒姆原则在澳洲实行得更顺利,原因是澳洲距离遥远,英国不准备承担太多的义务。

二、"炮舰政策"与"自由帝国主义"

19世纪中叶,英帝国的领土扩张有所缓和,"自由帝国主义"理论甚嚣尘上。多数英国人认为没有必要保留一个正式的帝国,英国以其强大的经济实力和海上霸权,完全能控制全世界的贸易。他们认为自由贸易是英国最大的利益所在,与其保护帝国,不如保护海上通道。在这种思潮影响下,英国实行"炮舰政策",即以海军的力量控制海洋,强制推行"自由贸易",迫使全世界为英国的商品打开门户。在这种政策下,领土扩张并不是首要目标,重要的是"贸易自由"。最充分执行了这一政策的是亨利·帕默斯顿子爵(中国史称"巴麦尊"),他在1830—1841年、1846—1851年担任外交大臣,1855—1858年、1859—1865年又两度出任首相。可以说,19世纪中叶的英国外交基本上是在他的指导下实行的。

帕默斯顿

"炮舰政策"的典型表现是中英鸦片战争。英国对华贸易长期亏损,中国当时是农业国,经济上自给自足,不求外物,为稳定国内政局,清政府又封关自守,不与外界往来。为扭转入超,英国向中国输入鸦片,尤其是1833年以后,英国政府取消了东印度公司在印度的贸易垄断地位,许多"散商"参与鸦片贸易,使鸦片输入失去控制,造成中国的社会危机。1839年,中国政府下令禁烟,在广州虎门烧毁大量英商鸦片。英国对此报复,借口其使臣在中国受到冷遇,于1840年发动战争,攻入中国沿海地区,迫使中国在1842年签订《南京条约》,接受了英方提出的苛刻条件。这以后,中国的门户被打开,被迫与西方国家"自由贸易",传统的社会结构开始瓦解,国家面临深刻的危机。1856—1860年,英国在法国帮助下再次发动战争,称"第二次鸦片战争"。战争的结果是中国的市场进一步开放,社会危机更加严重。

东印度公司存放鸦片的巨大仓库

英国在世界其他地区也实行炮舰政策,比如在日本,它乘美国迫使日本开国之机,也与日本签订商约,挤进了日本市场。1863年,英国以使馆人员被杀为由攻击鹿儿岛,索取巨额赔款,史称"萨英战争"。此后它又与其他欧洲国家多次联合攻击日本,目的都是迫使其"开国"。

在西非,英国也常用炮舰政策迫使土著就范,其中最典型的是阿散蒂战争。17世纪起英国人已出没于西非海岸,将其作为奴隶贸易中奴隶的来源地。19世纪中叶,以阿克拉为中心的一块沿海地区已接受英国的"保护",由于其出产黄金,被称为"黄金海岸"。但内陆地区的土著国家阿散蒂常对沿海进行骚扰,19世纪,英国多次对阿散蒂进行战争,直至1873年,英国人攻入阿散蒂腹地,彻底瓦解了阿散蒂的反抗。阿散蒂在1902年正式并入黄金海岸,在此之前,它只在名义上保留着独立国家的地位。

英国在西非的殖民地还有冈比亚、塞拉利昂和尼日利亚。冈比亚地处冈比亚河口,很早就作为贸易口岸而被占领。塞拉利昂则是英国反蓄奴运动中出现的一个被释放奴隶的集散地,后来正式成为英国殖民地。尼日利亚(以拉各斯为中心)起先是奴隶贸易的口岸,后来又成为释奴运动的据点。皇家尼日尔公司很早就渗透到尼日利亚内地,但直到1861年,拉各斯地区才成为正式的殖民地,内地则更迟。英国势力很早就进入西非地区,但后来它没有在这个地区大力发展,原因是1807年英国正式取消奴隶贸易,西非的重要性已开始下降了,但尼日利亚却仍是西非最富

第十七章 争夺世界帝国

裕的地区。

印度是真正的重要之地,尽管"自由帝国主义"一再宣称殖民地只是母国的负担,但从来没有人说英国应该放弃印度。1848年,达尔胡西侯爵出任印度总督,他甚至还加强了英国的控制。在韦尔斯利时代,英国对印度实行"属地同盟"政策,即土邦王公与英国签订盟约,他们接受英国的宗主权,但保留对本邦内部的治理。达尔胡西则声称,英国人有责任为广大的印度人民着想,为他们的福利创造条件。为此,"属地联盟"政策就不够了,英国人应对各土邦内政有更广泛的干预权。他认为应节制土邦王公的残暴统治,纠正印度社会中"蒙昧落后"的状态,传播西方文明。出于这种理论,他在印度修筑铁路,兴修水利,开办电报电信业,兴建公共工程,设立学校,大力传播基督教。在他的统治下,印度社会确实出现了一些新气象,新的科学技术引了进来,对后来改造印度社会起了一些作用。同时,他还企图革除印度社会中的许多陋习,比如在火车、监狱、学校中停止种姓隔离制度,允许寡妇再婚,反对妇女殉夫,禁止戮婴,等等。但所有这些在西方人看来是"文明进步"的表现,在印度却引起极大的恐惧,许多印度人认为英国企图消灭印度文化,因此抱有敌意。达尔胡西还没收了许多地产,说地主对农民的盘剥过重。他还征收鸦片税,因而又引起农民不满。他大力传播基督教,使印度的宗教界也大为恼火。达尔胡西试图使印度社会"现代化",结果却引发出前所未有的社会紧张关系,各阶层都聚积着强烈的不满。

更糟的是达尔胡西加强了在印度的扩张。1849年他镇压旁遮普暴动,将旁遮普完全置于英国管辖之下。他使用"遗产转归"理论,把没有子嗣的土邦王公的领地转为英国所有,而不允许他们按传统的习惯过继子嗣。1852年他攻打下缅甸,1856年又吞并奥德,在他统治下,"属地同盟"政策瓦解了,代之而起的是赤裸裸的吞并与控制。这样,在1857年,印度爆发了民族大起义,领导起义的正是土邦王公。

起义从印度士兵开始,当时,军中得到一批子弹,其弹壳上涂有牛油或猪油。子弹在射击前须用牙咬掉其壳盖,但根据宗教规定,印度教士兵不可食用牛油,伊斯兰教士兵则不可食用猪油。印度士兵认为这些子弹是蓄意对他们进行的污辱,于是在5月份,密拉特的士兵首先发难,全民大起义就开始了。起义主要在北部和中部发展,三个中心是德里、勒克瑙和坎普尔。参加起义的主要是印度籍士兵,尤其是孟加拉军队,但印度其他阶层也参加进来,领导者是王公贵族,其中包括马拉特邦主的养子纳纳·萨希布和詹西的女王拉克茜米·葩伊。起义者目标分散,又没有统一领导。德里地区主要以伊斯兰教为号召,并把莫卧尔王朝的末代皇帝抬出来作为首领。纳纳·萨希布和詹西女王企图恢复失去的邦国,重登统治地位。恒河流域由婆罗门领导运动,带有浓厚的印度教色彩。起义的分散状态导致整个起义过程中没有发生大规模的战斗,而且也不可能根本动摇英国的统治,但在起义之初,由于力量对比极为悬殊,4万多名英军分散在几千千米的战线上,所以起义者很快就给英国人造成重大打击。短期之中,40多个地区爆发起义,起义者赶走英国人,建立自己的政权。英国人花了很长时间才重新集结力量,把军队从旁遮普、下缅甸甚至波斯调过来镇压起义。一支派往中国参加第二次鸦片战争的军队也临时奉调转回印度;到1858年年底,已经有68个英国步兵营在印度作战。起义最终被镇压下去,英国人进行残酷的报复,许多骨干分子被塞进炮筒,点上火药射出去击杀。在有些地方,英军在破城之后实行屠杀,被杀的印度人不计其数。但在起义中印度人对欧洲人也有过火的行为,比如在坎普尔,几百名欧洲人在投降缴械、获准撤离时又被集体杀害,后来又有数百名妇女儿童死于兵乱。

印度的起义在当时是不可能成功的,因为印度本身四分五裂,不仅土邦林立,相互敌对,而且社会被种姓制所割裂,不同种姓之间互不来往,印度教和伊斯兰教之间的对立更给这种分裂雪上加霜。印度的独立要等到民族意识形成之后才可能实现,而具有讽刺意味的是,印度的民族意识却是由殖民地统治造成的。尽管如此,1857年民族大起义仍然产生了直接的后果,英国政府意识到在印度的统治必须改变,于是以女王的名义发布文告,对起义所揭露的问题予以纠正。文告明确否定"遗产转归"的做法,从而安抚了土邦王公;它还斥责对宗教信仰的粗暴干涉,从而抚慰了宗教界的不满;文告宣布不分种族、不分教派,一切人都可以为女王效劳,以此来缓和社会冲突。1861年,英国颁布《印度参事会法》,首次准许印度人进入立法会议,以此来平息印度人的怨愤。但最重要的措施是1858年颁布的《印度法》,该法完全取消东印度公司在印度的行政参与权,将其所属土地与军队全都转归英国政府,由一个内阁级的大臣负责管理,辅之以15人的咨询委员会,其成员中多数必须有10年以上在印度生活的经历。不久以后,当局对印度军队也进行改组,增加了英籍军人,直至对印籍士

第十七章 争夺世界帝国

兵的比例达到2∶5。

19世纪中叶,英国在欧洲参与一场战争,即克里米亚战争。战争的目的是阻挡俄国南扩,保护英国在土耳其奥斯曼帝国的优势。法国也对俄国南扩十分担忧,并图谋插手奥斯曼帝国。因此战争中英法联盟,共同抗击沙俄。

1853年,俄国借口保护东正教徒,占领了土耳其的附属国摩尔达维亚和瓦拉几亚(现罗马尼亚境内)。土耳其因此宣战,但抵抗不住俄军的优势,于是英法两国于次年3月参战。战争主要在克里米亚半岛进行,联军围攻俄国要塞塞瓦斯托波尔,但久攻不下,而伤亡惨重。直至1855年9月俄军撤出要塞,战事才告结束。1856年6月双方签订《巴黎和约》,俄方放弃了它自称的"东正教保护人"的身份,承认奥斯曼帝国的主权。俄国南下的企图受阻,英法的战争目的达到了。但战争中暴露的英军指挥无能、给养供应不上、卫生条件差等问题,迫使英国在战后进行军事改革,阿伯丁政府(1852—1855年)并因此而垮台。军事改革的主要内容是取消买卖军衔制,以军功为晋升标准等。这对贵族阶级是一个打击,但对英国军队的建设却有重大意义。战争还缔造了一位女英雄即弗洛伦斯·南丁格尔,她在战争中的工作使她成为现代护理学的创始人。

英俄争霸还表现在阿富汗。为阻止俄国南下,保护印度的北方边境,英国一直想吞并阿富汗,为此在19世纪曾两度入侵阿富汗(1838—1842年,1878—1880年),但都遇到剧烈抵抗,最后都没有成功。1907年英俄签订协约保证阿富汗独立;1919年英阿双方在印度边境再次发生冲突,后来签订《拉瓦尔品第条约》,阿富汗保住了独立地位。

为保护印度侧翼,英国也在伊朗(当时称波斯)与俄国长期争夺,后来在1907年协约中双方划分势力范围,俄国得到伊朗北方,英国得到伊朗南方。

总之,迟至19世纪中叶,印度一直是英国最重要的殖民地,英国的许多外交政策和军事策略都是围绕保护印度而展开的。1876年,维

1876年维多利亚女王加冕为印度女皇的招贴画

多利亚女王正式加冕为"印度女皇",标志着英国对印度的全面统治。

三、爱尔兰的沉沦与复兴

爱尔兰问题是英帝国面临的另一个难题,两大党在爱尔兰问题上严重对立,严格地说,爱尔兰并不是英国的殖民地,1801年它与英国合并后,就成为联合王国的一个组成部分,爱尔兰事务由内阁大臣直接管理,并非由殖民部管辖。但对大多数爱尔兰人来说,合并就意味着吞并,他们时刻想摆脱英国的统治。1829年,爱尔兰天主教徒在奥康内尔领导下完成天主教解放,取得了完全的公民权,但作为条件,"天主教同盟"也随即解散,奥康内尔与辉格党结成同盟,在很长时间里与其合作,渐渐丧失了爱尔兰人的支持。就在此时,发生了爱尔兰大饥荒。

这幅漫画表现的是爱尔兰遭遇灾荒,但英国政府仍将当地的粮食运出

1845年爱尔兰遭受虫灾,马铃薯被毁,几乎毫无收成。马铃薯是爱尔兰人最主要的食品,穷人几乎完全靠它生活,这场灾难使爱尔兰遭受前所未有的饥荒,从1846年起,100万人被饿死,另有100万人迁徙国外,而当时爱尔兰人口大约总共只有800万人。爱尔兰经济遭受沉重打击,后来几十年中都难以恢复。英国政府对灾荒没有采取积极的救济措施,唯一有效的步骤就是废除了谷物法,使粮食进口不受限制,因此可以降低粮价。但对于颗粒无收的爱尔兰农民来说,粮食价格再低都无济于事,他们对英国统治的怨恨情绪因此急剧上升。1848年,"青年爱尔兰"党人利用这种局势在爱尔兰发动起义,但立即被镇压。

这以后爱尔兰民族主义旗帜就传给了"芬尼社"。芬尼社是1858年在纽约成立的,创始人詹姆斯·史蒂文斯参加1848年起义,是青年爱尔兰党人的幸存者之一。芬尼社主张用暴力推翻英国统治,并且从美国向英国的殖民地加拿大发起过几次进攻,但都没有成功。1867年它在英国

第十七章 争夺世界帝国

发动起义,也立刻失败了。它还在澳大利亚预谋行刺维多利亚女王的次子,也被破获。芬尼社虽屡战屡败,但它暴烈的行动却震撼了英国社会,统治者中有一些人开始关注爱尔兰问题,这就使爱尔兰问题融入了英国政治主流。

把爱尔兰问题作为重大政治问题提出来的是自由党领袖格拉斯顿,格拉斯顿看出爱尔兰问题可被自由党利用,便借机提出对爱尔兰政策进行改革。这一立场得到自由党多数人的支持,1868年大选中自由党获胜,格拉斯顿第一次组阁。第二年,该政府就制定法律取消英国国教在爱尔兰的国教地位,使它与其他宗教(比如天主教)处于同等地位。接着,格拉斯顿又试图解决爱尔兰土地问题,1870年他制定了一项土地法案,禁止地主(多数是信仰新教的英格兰移民)在未做出赔偿之前就把佃户(多数是信仰天主教的爱尔兰农民)赶出土地。但这项法案其实效果不大,因为地主可以提高地租,通过这种手段迫使佃户主动退佃。爱尔兰农民对这种做法十分不满,于是一场轰轰烈烈的土地改革运动就逐渐酝酿成熟,后来它又推动了爱尔兰自治运动的发展。

1870年一个新的爱尔兰政治组织在艾萨克·巴特的领导下成立,取名为"爱尔兰自治会"。巴特是一位律师,长期为芬尼党人出庭辩护,后渐渐滋生出爱尔兰自治的思想。自治会不像芬尼社那样要求完全摆脱英国的统治,它只要求自治,让爱尔兰人管理自己的内部事务。1871年巴特进入英国议会,开始领导自治运动。1874年议会大选,自治党在100个爱尔兰席位中取得58个,1880年大选则取得60个。但爱尔兰议席在英国议会总席位数中比例很小,爱尔兰的呼声因此很难表达出来。巴特是个循规蹈矩的人,他虽然开创了自治运动,却未能把它推向前进。

1879年巴特去世,由查尔斯·斯图尔特·帕内尔接任领导。帕内尔是英格兰人后裔,有一份很好的地产,又是新教徒。但他仇恨英国的统治,于是投身于爱尔兰解放运动。他对巴特的策略不以为然,认为它太温和,解决不了问题。恰在这时,爱尔兰农民的土地改革运动进入高潮,由迈克尔·达维特领导的"土地联盟"发动斗争,对爱尔兰地主实行抵制。抵制运动最初出现在厄恩勋爵的地产上,1880年,这块地产上一个农民被无端解佃,土地联盟于是号召对该地产的总管博伊科特上尉实行封锁,让他既无法购物,也无法售货,结果他不得不离开爱尔兰,到其他国家去谋生。帕内尔抓住这个时机,向爱尔兰农民发出呼吁,要他们保卫自己的利益,向一切任意解雇佃户或随意提高租金的地主实行制裁。"抵制"(boycott)这个词,就是从博伊科特(Boycott)的姓氏转化而来的。一时间,爱尔兰掀起轰轰烈烈的反解雇、反高租运动,广大农民积极投入斗争,在1880年发生了2 590起反抗地主的斗争,局面极为剧烈,而自治运动也立刻受到爱尔兰农民的普遍支持。

1880年,格拉斯顿第二次组阁,他把解决爱尔兰问题作为该政府的首要任务。1881年政府通过新的爱尔兰土地法,确定三"F"原则,即固定租佃期(fixity of tenure)、公平租金(fair rents)、允许佃农自由出售其租地权(freedom of sale of the tenant's rights)。这些原则基本上满足了土地联盟的要求,于是该组织就解散了。但爱尔兰农民仍继续开展土地斗争,动荡的局势仍旧延续。格拉斯顿迁怒于帕内尔,遂将其逮捕,但局势仍不平静。格拉斯顿无法,就在1882年与关押在狱中的帕内尔谈判,最终达成非正式协议,以监狱名为名,史称"基尔梅内姆条约"。在条约中,政府答应进一步修订土地法,帕内尔则答应以他的声望来平息局势。正在这时,都柏林发生"凤凰公园暗杀事件",一个叫"决胜者"的组织刺杀了新上任的爱尔兰事务大臣及其副手,造成群情震动。但格拉斯顿仍履行了诺言,将帕内尔释放出狱,而帕内尔出狱后也履行他所承诺的保证,劝说爱尔兰农民保持克制。1885年保守党上台执政,制定了第三个爱尔兰土地法,规定由政府出资,一次性从地主手中赎回土地,由佃户取得所有权,佃户则分期归还政府款项,归还期可长达几十年。后来,历届政府都认同这项法律,到1909年,大约有一半土地转归佃户所有,爱尔兰农民的一大抱怨在相当程度上得到缓解。但爱尔兰人的不满情绪仍然存在,他们强烈要求实行自治。

1885年大选中出现了微妙的局势,自由党获胜,比保守党多出86席。但帕内尔的爱尔兰自治党恰好得到86个议席,如果他们站在保守党一边,自由党的多数地位就丧失了。因此,自治党得到了讨价还价的筹码,谁赞成他们的主张,他们就可以让谁掌权。实际上,这正是帕内尔梦寐以求的良机,他一心想造成两党间的平衡状态,以便把爱尔兰问题推到英国政治的前沿。格拉斯顿明白这一点,他于是决定支持爱尔兰自治,认为这是维护帝国统一的唯一出路,同时也是自由党掌权的唯一办法。次年,他组成第三次内阁,立即就提出"爱尔兰自治法"。根据这个法案,爱尔兰将组织自己的议会,处理爱尔兰自己的事务。爱尔兰自治政府对爱尔兰议会负责,它是爱尔兰真正的行政机构。伦敦政府只控制爱尔兰的外交、军事、铸币等,但如果爱尔兰议会的法律与英国法律相抵触,那么英王可以否决爱尔兰法律。这个安排实际上把爱尔兰放到了与英国海外自治领同等的地位上,说明爱尔兰的民族权利已经得到了某种承认。但当时英国人多数不愿接受这个法案,保守党反对爱尔兰自治,自由党内部也发生分裂,以约瑟夫·张伯伦为首的一批人与保守党一起投票反对自治法,结果迫使格拉斯顿下台。1886年夏举行了新的大选,格拉斯顿的自由党惨败。这以后自由党就与自治党组成统一战线,继续争取爱尔兰自治。张伯伦则领导一个"自由党联合派",坚决维护对爱尔兰的吞并。这一派参加以保守党为首的联合政府,坚定地推行帝国扩张政策。

1892年格拉斯顿第四次组阁,再次提出爱尔兰自治问题。这一次,法案获下院通过,但被上院否决。1910年大选中爱尔兰自治党又取得平衡地位,当时自由党获274席,保守党和联合派共获273席,工党获41席,爱尔兰自治党则掌握了82个席位。在这种情况下,自由党再度把自治问题提上日程,1912年"自治法"获下院通过,1914年自动成为法律。但此时第一次世界大战爆发了,法律暂缓执行。等战争结束后,自治的机会却已丧失了,爱尔兰人提出了更高的斗争目标,即要求独立。

帕内尔在1890年卷入一桩绯闻,他和一个部下的妻子长期有染,这时被披露。自治党因此分裂,格拉斯顿也不再和他来往。第二年,帕内尔在忧郁中死去,爱尔兰自治事业一直拖到大战之前才解决,与这件事有很大关系。一个政治领袖的不检点行为影响到一个民族的命运,帕内尔为爱尔兰事业做出巨大贡献,却也造成重大损害,这是帕内尔自己的悲剧,也是爱尔兰的悲剧。

四、争夺非洲及英布战争

从70年代开始,"自由帝国主义"理论受到挑战,世界的变化已经很明显了,英国失去它在工业方面的垄断地位,德国、美国、法国都在迎头赶上,其商品销售正在挤进国际市场。在这种情况下,"自由贸易"还有利可图吗?开放的帝国市场是否反而对其他国家有利?进而言之,德国和法国都在攫取殖民地,俄国则尽力向周边地区扩张,美国把拉丁美洲看作是自己的后院,西班牙、葡萄牙、比利时、荷兰等欧洲国家也拼命要保住已有的地盘。在这种情况下,英国是否应满足于构建一个"无形帝国",而坐视其他国家去把世界瓜分掉?"殖民地是负担"的看法似乎已站不住脚——即使殖民地真是负担,英国也必须占有它,而不能让其他国家夺了去。这些就是19世纪最后30年英国关于殖民地问题的争论点,英国政治也围绕殖民地问题而展开。其实,在这些年代,英国两大党在内政方面并没有太大的分歧,分歧发生在殖民地问题以及与此相关的外交与对外贸易问题上。总体而言,保守党更强调领土扩张,希望建立更广大的有形帝国;自由党则比较有节制,更强调英国对殖民地所承担的义务与责任。保守党希望建立帝国关税制,以保护英国与殖民地的特殊关系;自由党则坚守自由贸易原则,反对设立保护性关税壁垒。

1875年迪斯雷利在埃及迈出了重要的一步,标志着英帝国重新开始大规模扩张。1869年,苏伊士运河在法国人帮助下开凿成功,但由于管理不好,埃及政府希望法国人买下运河股票,以便摆脱债务负担。迪斯雷利听说后立即抢先行动,他让政府出面提供担保,说服伦敦银行家出资收买了将近50%的运河股票。这样英国就卷入了埃及财政,进而控制埃及的经济命脉,而最终的结果,当然就是控制埃及。运河是通往印度的捷径,具有重大战略意义,控制运河不仅意味着保卫印度,而且使英国在北非取得最重要的立足点。此后,英国逐渐形成"双开计划",即把英国的殖民地从开罗一直延伸到开普顿,纵贯非洲大陆。英国计划与法国计划、德国计划彼此冲突,于是,在剩下的四分之一世纪中,欧洲列强就在非洲大陆展开了激烈的争夺。

1876年,英法共同派代表到埃及,由于埃及还不起债,英法遂接管了埃及财政。这引起1881年由阿拉比上校领导的埃及军队起义,反对外国人干涉埃及内政。英国派军队镇压了起义,这以后埃及就完全落入英国之手,英国派出的特派员成了埃及的太上皇,凡事都要由他说了算。1915年英国宣布埃及是受保护国,正式把埃及纳入英帝国范围之内。

1884年,英国又卷入苏丹事务。苏丹是埃

1871年英国探险家利文斯顿与美国记者斯坦利在东非的戏剧性会面,斯坦利奉命去寻找失踪的利文斯顿

第十七章 争夺世界帝国

及的附属国,但并没有被彻底征服,1883年发生民族起义,穆罕默德·阿赫迈德自称是伊斯兰教的"马赫迪"(意为"受真主指引的人"),驱逐了埃及占领军,自己建立政权。当时自由党正在英国掌权,它不想进行军事干预,就派查尔斯·戈登将军(曾参与镇压中国的太平天国起义)去喀土穆观察形势。戈登到喀土穆后却与起义军为敌,结果起义军攻克喀土穆,杀死了戈登。戈登被杀在英国引起一阵帝国主义的叫嚣,格拉斯顿政府并因此而在1885年下台。苏丹的民族起义直到马赫迪死后才逐渐被镇压,1898年英国宣布苏丹是英埃共管地,实际上由英国控制。

80年代,英国与其他列强争夺非洲的斗争全面展开。法国占领了西非、北非、刚果河北岸大片地区和马达加斯加,比利时则在刚果河南岸及非洲腹地建立"刚果自由邦",德国占领西南非洲、德属东非(坦噶尼喀)和西非的喀麦隆,意大利染指索马里,葡萄牙则占据着东非和西非的大片土地。格拉斯顿的非扩张主义政策越来越不受欢迎,多数英国人愿意追随迪斯雷利,支持他进行公开的扩张。这样,英国在非洲的全面扩张由此展开,1885年,英国在西非的尼日利亚和南非的贝专纳(现博茨瓦纳)正式建立保护国,差不多同时又在东非积极活动,最终建立英属东非,包括现在的乌干达和肯尼亚。英属索马里在1884年成为英国的保护国,桑给巴尔岛则在1890年被英国正式吞并。在这些扩张中,英国与德国、法国形成正面冲突,1884年列强在柏林召开会议讨论刚果河和尼日尔河盆地的归属问题,这标志着列强共谋瓜分非洲的一个新阶段。1898年英法两国军队在法硕达地区(现苏丹境内)对峙,差一点形成武装冲突。

但英国最重要的扩张是在南部非洲,在这个地区的扩张奠定了英国在非洲的战略优势,并最终使英国在非洲取得最大的领土份额。

1814年英国获得开普殖民地,在苏伊士运河开凿之前,这是通往印度的必经之路,具有巨大的战略意义。但开普原是荷兰殖民地,荷兰人在这里生活了许多世代,已形成独特的

英国的亨利爵士在东非狩猎收获颇丰

305

文化和生活方式,他们以农业为生,自称是"非洲人"或"布尔人"。英国占领开普后大量向该地移民,于是造成两个民族间的许多龃龉。英国人禁止使用奴隶,这对大量蓄奴的布尔人形成重大冲击。布尔人于是北迁,在开普殖民地以北建立两个政治实体,即德兰士瓦和奥伦治自由邦。这些地区本来居住着许多非洲土著部落,于是在南部非洲出现了复杂的种族关系,首先是白种人和黑种人的对立,然后是英国人和布尔人的对立。50年代初德兰士瓦和奥伦治分别与英国签约,事实上取得了独立地位。但这种独立是很难维持的,它们和开普殖民地联系太紧密,不仅其亲戚纽带把它们和开普殖民地连在一起,而且在经济上它们也依赖开普,由于地理位置限制,它们只有面向开普才有出路,否则就没有出海的通道。60年代情况更复杂,在德兰士瓦发现金矿和钻石矿,大批英国移民涌入该地区,对两个布尔人国家造成重大威胁。同时,白人和黑人间的对立也在加剧,并且引发了祖鲁战争。

祖鲁是南部非洲一个强大的部落联盟,居住在纳塔尔省北部,在德兰士瓦和开普殖民地之间的地带。1869年英国吞并巴苏陀兰(现莱索托),1871年又吞并格里夸兰(现属南非开普省)。祖鲁人感到受挤压,便在开普和德兰士瓦边境频频发动攻击,新任祖鲁王塞蒂瓦约执行强硬政策,一方面攻击白人,一方面也欺负周围的弱小部落。1878年12月,英国以保护白人和弱小部族为名向祖鲁人开战,发动了祖鲁战争。这是一场力量悬殊的战争,英国人使用步枪、钢炮等现代武器,祖鲁人却是赤身裸体、手执长矛刀箭。1879年1月,英军在伊桑德尔瓦纳大败,损失惨重。这以后,英国从本土派出大批援军,才逐步挽回战局。7月英军在乌隆迪打了胜仗,俘获塞蒂瓦约,结束战争。1887年英国宣布祖鲁为保护国,1897年将其并入纳塔尔省。

此后,英国与布尔人的矛盾更突出了,德兰士瓦在克鲁格领导下发动起义,反对英国吞并。1881年2月,布尔军在马尤巴山大败英军。这时,英国国内政局发生变化,迪斯雷利下台,格拉斯顿组织政府。格拉斯顿不愿执行扩张政策,遂与布尔人议和。英国允许德兰士瓦在英国的宗主权之下管理内部事务;1884年又修改条约,把关于宗主权的词句也删除了,实际上就承认了德兰士瓦的独立。整个事件在历史上称"第一次英布战争",战争以议和告终,但问题并没有解决,许多人对格拉斯顿不满,认为他让步太多。南非的金矿吸引了大批英国人,他们与布尔人的冲突正在发展。一场新的战争迟早是不可避免的,这场战争将划分两个时代。

19世纪最后30年,帝国主义情绪已越来越浓厚了,更多的人相信帝国有必要存在,认为英国必须在瓜分世界的斗争中勇往直前。查尔斯·迪尔克是这种思潮在理论方面的主要代表,他的《更大的不列颠》提出以种族为纽带,建立并维护一个"更大的不列颠"。在实践方面,迪斯雷利大力主张帝国扩张,他与19世纪中期的帕默斯顿不同,他不以"炮舰"为手段强迫别国接受"自由贸易",而是直接抢夺殖民地领土。迪斯雷利死后,索耳兹伯里侯爵接任保守党领袖,在他三度任首相(1885—1886,1886—1892,1895—1902)期间,继续执行迪斯雷利的帝国扩张政策。在自由党方面,约瑟夫·张伯伦是帝国主义的最主要体现者,他在爱尔兰问题上的立场前面已经说过,在贸易问题上他也以帝国为考虑问题的出发点,提出了建立保护性关税的理论,从而对自由主义经济学说造成巨大冲击。

张伯伦是一个工业家,1873年出任伯明翰市长,他对市政管理进行改革,最大的创建是建立"市属企业",即由市政府出资,发展城市公共事业,比如供水、照明、道路、交通等。在自由主义经济理论盛行时,这似乎就是一场地震,因为自由主义理论反对政府对经济领域作任何干预,"无所作为的政府是最好的政府"。张伯伦的市政改革冲击了这种思想,收到了很好的效果,也为他争得了巨大的声誉,他被看作是一个"激进派"。1876年他成为自由党议员,后来在格拉斯顿政府担任贸易大臣和地方政府大臣。格拉斯顿提出爱尔兰自治法后,他带领自由党联合派弃党,转而支持保守党的帝国政策,并在索耳兹伯里政府中担任殖民大臣。这一时期,他最主要的兴趣是建立"帝国联邦"。

所谓"帝国联邦",是指把帝国中各白人殖民地联合成一个政治实体,设置统一的法律、统一的议会,实行统一的贸易和对外政策,而以英国作为联邦之首。80年代初,思想界就有人宣扬这种帝国统一,约翰·西利的《英格兰的扩张》和詹姆斯·弗劳德的《大洋国》就是其中的代表作。1884年,各界名流曾成立一个"帝国联邦协会",其成员中不乏政客高官,甚至有殖民地的政治家。

在协会怂恿下,1887年借维多利亚女王登基50周年之际,英国政府召开了一次殖民地会议,所有自治殖民地及一些其他殖民地都派代表参加会议,一般由殖民地政府总理亲自出席。这次会议没有取得实质性成果,但它第一次把各殖民地代表召集到一起,从而造成一种帝国的亲近感。它同时还在英国人中推动了帝国的情绪,让他们为帝国的存在而感到自豪。1895年张伯伦就任殖民大臣后,把建立帝国联邦作为目标。1897年,女王登基60周年庆典,英国举行更为隆重的庆祝仪式,各殖民地代表再次齐集伦敦,张伯伦乘此机会召开第二次殖民地会议,正式提出了建立帝国议会的主张。然而各殖民地对此热情不高,多数殖民地主张安于现状,真正支持张伯伦动议的寥寥无几,"帝国联邦"的计划也就夭折了。事实上,帝国内现在已出现一种离心的倾向,各自治殖民地已感觉到它们正在成熟,一种"民族"的感情似乎正在形成。殖民地的离心是不可避免的,自从英国给殖民地以自治的权利以来,一种新的认同就必然要产生。远在重洋之外的各殖民地不可能永远认同于英国,它们会形成新的社会、新的生活方式,以至于成为新的民族。一旦新的认同产生,脱离母国就是必然的。因此自治必然导致离心,自治的必然结果是出现新的国家。但不自治又如何呢?英国是为了避免美国独立战争的重演而给殖民地自治权利的,不自治则意味着帝国更快的瓦解——这就是帝国的逻辑。

第二次殖民地会议产生了一个长久性成果,即各殖民地同意定期召开殖民地会议,讨论共同关心的问题,主要是防务与贸易问题。加拿大主动提出给英国进口商品以优惠关税,其他殖民地也对关税问题发表了见解,这就把帝国特惠关税的问题提了出来,很快它成为一个重大的政治问题。殖民地会议在1902年、1907年再次召开,此后改名为"帝国会议"。帝国会议在第一次世界大战中发挥了很大作用,它把各殖民地的人力物力都调动起来,为支持英国做出了巨大贡献。但同时它也使各殖民地政府与英国政府日渐处于同等地位上,给殖民地的离心倾向提供了更大动力。

张伯伦也把自己的注意力转向关税改革,他认为英帝国应成为一个经济共同体,这才能保证帝国永世长存,为此就应该建立共同的关税,以保护帝国不受到外来竞争的危害。关税改革的思想反映着世界变化的现实,即英国已不能垄断世界市场,它正面对着各后起之国的剧烈竞争,因此建立关税制是大势所趋。但这个思想又从根本上否定了自由贸易的原则,而自由贸易长期以来已经是英国的立国之本,因此受到两大党的共同维护。1903年张伯伦公开宣布他主张建立保护性关税,并且辞去在政府内的职务。不久他建立"关税改革同盟",大力宣传关税改革思想。张伯伦的辞职使保守党发生分裂,并导致保守党政府在1905年下台。1906

第十七章 争夺世界帝国

年张伯伦去世,他的关税改革愿望也就暂告一个段落了。

在19世纪的最后10年,帝国联邦和帝国关税制两大设想都未能实现,这表明帝国已悄悄地走上了下坡的轨道。但在当时,很少有人看到这一点,英国继续进行领土扩张。1887年,南非的钻石大王塞西尔·罗得斯发起成立"英国南非公司",并于1889年得到英国政府批准。由此,就开始了英国在南部非洲最大规模的扩张,也使帝国的版图前所未有地扩大。

南非公司用各种手段攫取非洲领土,通常的做法是:公司派出代表,与土著酋长签订条约,酋长把部落的领土交给公司,接受公司的"保护"。这个过程通常是由威胁和欺诈共同完成的,许多酋长根本就不理解他们签订的条约是什么含义;当他们不愿签约或签约后又反悔时,就会受到赤裸裸的武力威胁。总之,南非公司很快就把一片巨大的地区攫为己有,这片地区后来被叫作"罗得西亚"(即现在的赞比亚和津巴布韦)。

罗得斯巨人,这幅漫画表现他设想构筑从埃及开罗到南非开普顿的"双开铁路",以建立纵贯整个非洲的英国殖民地

但是在罗得西亚和开普殖民地之间却横亘着布尔人的两个国家——德兰士瓦和奥伦治自由邦,他们当时都与英国人签有条约,答应给它们独立的地位。英国在南部非洲的迅速扩张使它们深感不安,他们深切地体会到:自己已处于被包围之中,这使它们充满疑虑,并且对英国人抱有敌意。1885年情况变得更糟:德兰士瓦发现大金矿,大批欧洲人涌入其中。德兰士瓦政府害怕外国人势力太大,便不给他们选举权,也不让他们取得国籍。外国人于是抱怨不迭,其中的英国人便要求英国政府给予保护。1890年,罗得斯就任开普殖民地总理,他早就想把两个布尔共和国兼并过来,此时正好找到借口。他暗中鼓动德兰士瓦的外国人,让他们发动"革命";同时让亲信利安德·詹姆森装备一支南非公司的军队,在一旦"革命"发生时就进攻德兰士瓦。但"革命"没有发生,詹姆森却在1895年攻进德兰士瓦。进攻很快就失败了,詹姆森本人也被逮捕。英国政府监禁了肇事人,但对罗得斯只进行言词谴责,而未做任何处理。罗得斯在1896年辞去总理职务,继续鼓吹在南部非洲的

309

英国通史

扩张。

德兰士瓦对英国政府充满疑虑,认为是英国政府在暗中操纵了詹姆森攻击。英国议会的调查表明:张伯伦有可能知道一点内情,而张伯伦是当时的殖民大臣。德兰士瓦政府于是对外国人加强压制,并暗中准备进行战争。英国政府多次与德兰士瓦进行交涉,但终不能改善双方的关系。1899年英国威胁要采取行动,德兰士瓦于是先发制人,攻入英国管辖地区,奥伦治自由邦随即参加,第二次英布战争开始了。

1900年参加英布战争的一支英军

战争初期对英国人非常不利,布尔人士气高昂,而且做好了充分的准备。英军被包围在马弗京、金伯利和莱迪史密斯三个据点中,12月9—15日一周之内,布尔人歼灭2 500名英军,这个星期被称为"不祥的一周"。消息传回英国,英国朝野震动,英军派战将弗雷德里克·罗伯茨为南非远征军总司令,另一名将军赫伯特·基钦纳为总参谋长,率援军前往南非。1月份援军在南非登陆,2月份已攻入金伯利和莱迪史密斯,3月份占领奥伦治首都布隆方丹,5月份进占德兰士瓦首都比勒陀利亚。此后,英国宣布正式兼并两个布尔共和国,战争似乎已经结束。

但布尔人并没有放下武器,他们发动游击战,继续与英军周旋。他们利用熟悉的地形,神出鬼没,打了就跑,给英军造成沉重的伤亡。布尔人几乎全民皆兵,使英国人穷于应付。于是,英国人开始采用残酷的战争手段,他们使用碉堡战术,实行三光政策,把布尔人赶进集中营,在战争中不分老幼,一律追杀。布尔人承受巨大的损失,他们的田庄被毁,庄稼被烧,牛羊被驱赶,国土完全荒芜。为征服布尔人,英国派出的军队达45万人,其中25万是正规军,比布尔人的人口总数加在一起还要多。在如此高压之下,布尔人终于支撑不住了,1902年4月双方开始谈判,5月底签订了和约,布尔人承认了英国的主权,但英国人则给布尔人战争赔偿,允许其使用荷兰语,并答应让他们实行自治。

第十七章 争夺世界帝国

从表面上看,英国人打赢了这场战争,将其在非洲的领土扩张到前所未有,除德属东非(坦噶尼喀)尚有待吞并之外,从开罗到开普的计划已基本上实现了。然而,英布战争却标志着一个时代的结束,英帝国的扩张至此已基本停止了。英国动用大量人力物力,还调动了其他殖民地人员参战支持,结果花了3年时间才征服布尔人这样一个小小的民族,表明英帝国的能力确实是有限的。在战争中,英国已表现出自己的虚弱,其地位在其他欧洲列强眼里已无形中降低。各强国都不支持英国的战争,英国已深深感觉到自己的孤立。英布战争在英帝国发展史上是一道分水岭,在此之前帝国在上升,在此之后帝国则走上了下坡路,一个庞大的帝国在19世纪末登上了顶峰,同时也就开始了它没落的路程。

作者点评:

15世纪以后,西方一些国家通过殖民活动建立世界性的大帝国,英帝国是其中最大也是影响最深的一个。英帝国与其他一些帝国相比,有许多明显的特征,比如说它更注重生产性的开发,而不纯粹是杀鸡取卵式的掠夺;它特别重视殖民地的商业价值,殖民政策的改变一般都以商业利益为出发点。在政治上,它引进殖民地自治的概念,这在很大程度上缓和了母国和殖民地的矛盾。有必要提醒读者的是:英帝国包括不同性质的殖民地,加拿大、澳大利亚等属于"移民殖民地",其居民基本上是白种人(尤其是盎格鲁-撒克逊人)的移民后裔,这些地方后来的发展与母国有很大的相似性。印度、亚非其他殖民地属"土著殖民地",在这些地方,英国人的统治方式有很大差异,后来各殖民地走过的道路也各有不同。爱尔兰是一个很特殊的地方,它严格地说不是殖民地,但英国人的所作所为使它形同殖民地。英帝国与西班牙帝国、葡萄牙帝国、法帝国、俄帝国等等相比,具有明显的"自由主义"色彩,这是与英国自身的发展相关的。英帝国瓦解后仍留下一个英联邦,就与这个特点很有关系。

第十八章 从第一次世界大战到第二次世界大战

一、20世纪初到第一次世界大战

1901年1月22日,维多利亚女王去世,她在位63年7个月零3天,是英国在位时间第二长的君主。她在位时,适逢英国国力最鼎盛时期,她的时代被称为维多利亚时代。维多利亚时代是英国的自由资本主义时代,政治、经济、文化、社会都发生着重大变化。维多利亚最大的功绩是在这个变动的时期维护了英国的立宪君主政体,使君主制在一个发展的现代社会中追随了时代的步伐。在维多利亚时代,君主立宪制度牢固地确立了,其规范、形式也成为定式。在20世纪,君主立宪制顽强地保存下来,其中基本的原因,就在于国王统而不治,置身于国内外政治漩涡之外。王权只是国家的象征,是整个民族认同的目标。人们有怨愤也不会指向王权,立宪制度为王权提供了一个安全的避风港。维多利亚还以其严肃的生活态度为19世纪英国人树立了榜样,她逝世时,受到全体英国人真诚的哀悼。

20世纪的英国国王多

1903年伦敦街头的汽车

第十八章 从第一次世界大战到第二次世界大战

数能追随维多利亚的样板,爱德华七世尽管在做太子时有一些轻浮,但他去世时却受到普遍好评。乔治五世和乔治六世都是勤勉的国王,他们在战争中的英勇表现受到国人的尊重。伊丽莎白女王二世是一位仁慈、具有母爱之心的女性,她的个人品质显然得到多数英国人的认可。只有爱德华八世上演了一出"不爱江山爱美人"的时代剧,他坚持要和一个已经离了两次婚的美国女人结婚,为此他被迫放弃王位。然而,到20世纪末,英国王室却不断传出艳事丑闻,伊丽莎白女王的子女多数都是离异的,其中王位继承人查尔斯王子和戴安娜王妃的离异在国人心中蒙上一层阴影,这给君主制的未来带来一些不祥之兆。

1905年,自由党上台。自由党已经连续10年不在台上了,它面临着一些深层的危机。在意识形态方面,自由主义不主张国家干预,因此已无法应付经济和社会所迫切需要解决的问题,经济的无政府状态和社会的贫困问题加剧,使人们对自由放任原则产生重大质疑。新的自由主义理论家,如托马斯·格林和伦纳德·霍布豪斯等,开始强调国家与社会的积极作用,他们认为在创造一个真正"自由"——即公正、平等的社会方面,国家应起主要作用。这就给自由党提出一个问题:它应坚持传统的自由放任主义,还是接受新的、强调国家作用的自由主义?在政治操作方面,自由党也面对困境,它原先的自由主义立场已经被保守党接受,而且保守党比自由党更坚定地执行自由放任政策。这就给自由党提出另一个问题:它是否应在新的方向上迈出一步,以便在纲领方面与保守党有所不同?而这一步一旦迈出,就会使自由党的社会基础发生动摇,从而使自由党面临危机。除此之外,世界格局的变化已经使自由贸易的理论很难维持了,英国经受着严峻的挑战:其他国家已抢占国际市场,并构筑了关税壁垒,英国是否仍应独善其身,坚持自由贸易的原则呢?

总之,自由党上台时,它感到必须做出一些新姿态。由于自由党上台是因为保守党在自由贸易问题上跌了跤,因此新姿态只能在其他方面表现出来,于是它选择了国家干预的方向,也就是新自由主义所倡导的方向。从政治的现实考虑,这也是可行的:上世纪末工人阶级已获得选举权,自由党希望以新的姿态争取工人选民,因此,它在组阁后不久就开始制定社会立法,包括工会立法,工伤保险立法,学校供应午餐的立法等。1908年,刚上任的赫伯特·阿斯奎斯首相加快了社会立法的步伐,在这一年制定"养老金法",这是英国第一个社会福利立法。此后,政府打算建立一个广泛的社会保险体系,以解决日益尖锐的贫穷问题。但保守党坚决反对国家干预的手段,因此用它所掌握的上院多数否决了自由党的多项社会立法。这样,自由党在上议院的摊牌就不可避免了,由此引发上院改革的斗争。

迄至此时,议会改革只针对下院,上院一如既往,始终是世袭贵族的俱乐部。多数贵族支持保守党,自由党执政时就会惹出许多麻烦。为改变这种状况,自由党决定对上院开刀。

但自由党并不准备重建一个上院,把它改造成如美国参议院那样的民选机构。自由党只打算克服上院的反抗,把它变成一个可有可无的空谈馆。1909年,财政大臣劳合-乔治提出该年年度预算,其中故意对贵族利益进行大规模打击,包括大幅度增收遗产税,增加所得税,征收土地税等,该法案被称为"人民预算"。上院果真进行反击,说这是个社会主义方案,是抢夺富人的钱包,接济穷苦的无赖,于是将法案否决。但这样做却违反了习惯做法,根据传统,讨论财政预算是下院的特权,上院不可干涉。上下两院于是就尖锐对立,政治气氛紧张。1910年1月举行大选,选举中自由党获274席,保守党获273席,工党获41席,爱尔兰自治党控制了82席,处于左右全局的地位。自由党于是决定向自治党让步,同意在爱尔兰实行自治,自治党反过来支持自由党,对上院进行改造。3月,阿斯奎斯在下院提出动议,规定任何法案只要连续在下院的三届会议上获通过,而三届会议相隔时间已超过两年,那么无论上院同意与否,该法案就应该成为法律。这项动议在上院受到严重阻挠,保守党贵族一再反击,使法案无法通过。后来爱德华七世国王逝世,又使法案拖延下来。11月,新继位的乔治五世国王答应在必要时册封足够多的新贵族迫使上院通过法案,但条件是举行一次新的大选观察民意。大选结果与前一次几乎一样,5月份,阿斯奎斯遂提出一份250人的新贵族名单,要求国王兑现诺言。在此情况下上院只得让步,9月份以131:114的票数批准了《议会法》。这以后,上院在立法问题上的发言权就非常有限了,它最多只能把一项法案拖延两年,两年后法案会自动成为法律。1949年,英国又制定第二个《议会法》,把上院的延置权缩减为一年。在英国政治体制中,这个以世袭为基础的贵族机构至此就起不了什么太大的作用了,它的实权已经被基本剥夺。

乘此大胜之机,自由党决定再接再厉,于是就提出《国民保险法》,让1400万工人得到了病残保险或失业保险,保险金由国家、雇主和工人三

第十八章 从第一次世界大战到第二次世界大战

方面分担。这是英国在建立社会保障制度方面迈出的重要一步,虽说还不是"福利国家",但国家终究在消除社会贫困方面承担了一部分责任,因此是对自由放任原则的重大否定。

在以后的两三年里,英国的局势极为动荡,工会运动日趋激进,罢工的活动风起云涌,在1912年,因罢工而损失的工作日达到4 000多万个,平均每天损失十多万个工作日。爱尔兰问题也日益突出,由于自由党对爱尔兰问题做出了承诺,因此它和保守党的分歧相当严重。在爱尔兰,天主教徒和新教徒都成立武装,内战有一触即发之势。此外,妇女选举权

1914年要求妇女选举权的潘克赫斯特女士在示威时被捕

问题也成为严重的政治问题,一批"战斗的妇女参政运动者"出现在公众舞台上,她们用一种剧烈的手段把妇女选举权问题提上日程。在那几年,一群群战斗妇女冲上街头,砸碎商店橱窗,破坏剧院博物馆,切断电话线,围攻议员,放火焚烧教堂,甚至安置炸弹。所有这些活动都是为引起公众对妇女问题的关注。警察对她们毫无办法,他们抓住这些妇女,妇女们就在狱中绝食,于是警察就被迫把她们放出来,但一出狱这些妇女又上街闹事;为此,议会不得不制定《猫鼠法》,授权警方在妇女绝食时将她们释放,释放期满再行收监。1913年,一位叫埃米莉·戴维森的战斗妇女冲到乔治五世的赛马面前,被马撞伤致死,在社会上引起巨大震动。总之,在大战爆发前,英国社会动荡不已,酝酿着重大的变化。

但这一切都被战争打断了。1914年8月1日德国对俄宣战,3日又对法宣战,4日英国站在俄法方面参战,世界大战爆发。

战争的根源由来已久。19世纪最后30年,欧洲列强在世界范围内争夺殖民地,造成许多积怨。各列强为保护自己的利益便互相结盟,到20世纪初形成了两大军事集团,一是德、奥、意组成的同盟国,二是法、俄、英组成的协约国。两大集团内部各用条约互相保证,加盟的任何一国一旦与另一方的某个国家发生冲突,就可能立即引发大战。英国在英布

战争中深感孤立,并意识到自己的国力已相对衰弱,不再像 19 世纪中叶那样,可以抗衡整个世界,于是在 1902 年与日本签约,结成"英日同盟";1904 年它与法国签约,1907 年又与俄国签约,至此,英国放弃了长期实行的"光荣孤立",正式卷入结盟外交。1914 年 6 月,奥匈帝国皇太子到新近被吞并的前土耳其属地波斯尼亚视察,28 日在萨拉热窝被刺杀,凶手是一个波斯尼亚人,但得到塞尔维亚民族主义者的支持。奥匈帝国要塞尔维亚政府对此负责,并于 7 月 28 日对塞宣战。但塞尔维亚是俄国的盟国,俄国于是实行总动员,德国则抢先一步对俄宣战,大战就这样爆发了。

战争中英法俄结盟,意大利于 1915 年背弃同盟国,参加协约国方面作战,罗马尼亚和希腊则在以后两年中分别加入协约国。美国在 1917 年对德作战,从而使力量对比发生决定性的变化,对协约国取胜起到了举足轻重的作用。站在同盟国方面的是德国、奥匈帝国和奥斯曼帝国,保加利亚在 1915 年加入同盟国。在东方,日本和中国先后卷入协约国方面的战争;此外,英帝国各组成部分自动随英国参战,从而使战争真正具有"世界大战"的性质。

第一次世界大战时的英国海报,号召妇女参加工厂生产

英军在世界各地作战。战争初期,英国派出一支远征军进入法国,以后一直在那里战斗,直至战争结束。这里即是所谓的"西线",是英国作战的主战场,它在这里投入几百万军队。英国第二个重要战场在中东,由于土耳其是敌对国,英国遂正式宣布埃及为保护国,并攻入奥斯曼帝国在西亚的许多属地,包括伊拉克、叙利亚、巴勒斯坦等等。在非洲大陆,英国向德属殖民地大举进攻,占领了多哥、喀麦隆、德属西南非和德属东非。在中东和非洲的战争中英国动用了大批殖民地和自治领的军队,第一支印度远征军于 1914 年 11 月就在中东登陆,此后一直在那里作战。南非和英国其他殖民地军队在非洲夺取德国属地,澳大利亚和新西兰则派兵攻占德国在西太平洋地区的岛屿。

1915 年,英法派大军进攻达达尼尔海峡,精锐的澳新军团也参加了这次战役。这次战役的目的是切断土耳其与欧洲大陆的联系,将同盟国从

第十八章 从第一次世界大战到第二次世界大战

中间拦腰切开。但战役组织得很不好,战场远离协约国势力范围,单靠海军维持数十万军队的军火给养供应是无济于事的,因此所谓的"加利波利半岛战役"以失败告终。当时任海军大臣的温斯顿·丘吉尔引咎辞职,这是他政治生涯中的第一个重大挫折。

英军的另一个战场在海上,战争开始后,英德两国舰队就不断交战,互有胜负。1916年5月31日—6月1日,两国舰队主力在日德兰半岛附近海域遭遇,德国舰队被包围,但最终趁夜色逃跑了。这次海战虽未能消灭德国舰队,但此后它就龟缩在基尔的海军基地不出来,英国舰队则一直进行封锁,德国海军事实上已被封死,不再发挥作用。此后,德国发动"无限制的潜艇战",用潜艇袭击协约国船只,主要是商船,英国因此而损失的船只达6 000多艘。1917年已担任首相的劳合-乔治发明了护航制度,即派武装的舰队护送大批商船结队航行,这才遏制了德国潜艇的威力。"无限制潜艇战"还造成一个后果即美国参战,德国潜艇对与英国进行贸易的中立国商船发动攻击,这损害了美国的利益。美国因此转变中立态度,参加协约国作战。

但战争最激烈的地方仍是西线,在这里,英法联军与德军对峙,双方投入的兵力各有好几百万,散布在几百千米长的战线上。这个时期,流行的作战方式是阵地战,双方在自己的阵地上挖壕掘沟,凭壕死守,一方发动冲锋,另一方就大炮机枪齐发,在毫无遮掩的空旷战场上射杀敌军,如快刀割韭菜一般造成陈尸遍野,血肉横飞,景象十分凄惨。进攻十天

在炮弹工厂做工的女工

半个月下来,可能只把战线向前推进了几千米,而据守的一方也许就立即发动反攻,于是同样的场面再演一场,只不过位置倒过来而已。这种战争中伤亡数极大,整连整营甚至整个团被消灭是经常的事。无论哪一方都很难取得决定性胜利,双方打的实际上是消耗战。到1918年,同盟国终于坚持不住了,其人力物力渐趋耗尽,尽管在东线由于俄国发生革命,同

盟国已取胜,但西线由于美军投入战斗,同盟国正面临崩溃。10月31日奥斯曼帝国首先投降。最后,德国国内发生革命,德皇逃往国外。11月11日,德军正式投降,大战以协约国的胜利而告终。

第一次世界大战历时四年多,波及全世界,世界上有7 000多万人走上战场,约1 000万士兵抛尸沙疆。英帝国整体卷入战争,投入的兵力约950万,其中600万出自英国本土。在战争中,帝国军队伤亡300多万人,阵亡的士兵大约有100万,其中约80%是英国士兵。在大战中英国承受重大的经济损失,支出战费近100亿英镑,损失船只约900万吨位,其经济结构遭受重大破坏。战后,虽说在1919—1920年经历了短暂的经济繁荣,其结构性的伤害却非常难以补救。从20年代起,英国经济一直处于不景气状态,英国丧失其经济上的霸主地位,其实是从第一次世界大战开始的。

巴黎和会四巨头,在门旁与人说话的是英国首相劳合-乔治

但英帝国却由于战争而扩大了。根据《凡尔赛条约》,德属殖民地由各战胜国实行"委任统治",其非洲殖民地由英、法、比三国瓜分,英国分得其中最大的一份。太平洋岛屿由英国与日本瓜分,日本取得赤道以北,英国及帝国自治领取得赤道以南。因此从表面上看,英帝国似乎比以前更强大。

二、自由党衰落与工党崛起

战争时期,英国各党组成联合政府,起初由阿斯奎斯任首相,自由党占主导地位。1916年劳合-乔治接过领导权,保守党开始占主导地位。劳合-乔治还成立一个内阁中的内阁即"战争指导委员会",这才是真正的决策机构。在这个机构中,保守党有3人,工党有1人,自由党只有劳合-乔治自己。劳合-乔治的做法给自由党造成重大伤害,1918年5月该党正式分裂,以阿斯奎斯为首的98名自由党议员反对政府,也反对劳合-乔治与保守党合作的政策。战争刚刚结束,英国就举行大选,大选中自由党

第十八章 从第一次世界大战到第二次世界大战

输得很惨,阿斯奎斯派只得到28席,阿斯奎斯自己也未能当选。劳合-乔治派得到133席,保守党则得到335席。这次大选是自由党衰落的一块墓碑,自此以后自由党再也没有振作起来,它迅速萎缩成一个小小的党。

自由党为什么突然衰落?原因固然很多。直接的原因是劳合-乔治分裂了党,造成党的一蹶不振。但有两个深层原因更为重要,一是自由主义的理念正经受全面的危机,其国家不干预的传统受到重大打击。出于战争需要,国家在第一次世界大战中对社会生活的各个方面进行控制,不仅指导战争,而且直接管理经济生活,调节物资分配,调度全国的人力。这些措施与自由党的意识形态是背道而驰的,很容易造成党的思想基础不稳。但仅此一宗仍不足以造成自由党的解体,前面已经说过,从19世纪末开始,自由主义已出现理论转向,自由党也竭力采取新政策,以争取工人阶级选民。但作为有产者的政党,自由党不可能代表工人群众的经济利益,因此当工党以工人党的面目出现时,工人选民就会大量涌向工党。自由党的悲剧根本原因就在于:它失去了党存在的社会基础——保守党接过自由主义的旗帜而成为有产者的旗手,工党则把工人群众团结在它周围,自由党夹在保守党和工党之间,无法找到立足的基础。工党则在这种背景下急速发展,1918年大选它得到约60个席位;1922年再次大选,工党以142席位居第二。这时,它离掌权的目标只有一步之遥了。

劳合-乔治在1918年大选后领导一个由保守党人占多数的联合政府,继续当了4年首相。到1922年,多数保守党议员不愿再接受这位自由党首相的领导,于是把他赶下台,组织清一色的保守党政府,由博纳·劳出任首相。这一年大选中,劳合-乔治派自由党只得到57个席位,阿斯奎斯派得到60个。1923年,博纳·劳去世,由斯坦利·鲍德温继任首相。在随后举行的新的大选中,保守党得到259席,工党得到191席,自由党两派加起来是158席。保守党和自由党不愿联合组成政府,于是只好由工党出面组阁了,由工党领袖拉姆齐·麦克唐纳出任首相。这个以"工人党"面目出现的"社会主义"党,在成立24年后,居然能够以和平的手段出掌政权!

不过工党政府并没有为它的工人选民做什么事,它唯一的作为就是制定一项"住房法",对工人阶级的住房发放建筑补贴。工党领袖来自下层,有些还是工人出身,面对着突如其来的掌权局面,党领袖们多少有点不知所措,不知该如何操作英国政府这台复杂的政治机器。因此10个月的掌权实际上是一次见习期,让工党熟悉一下政治运作的程序。工党政府在外交上承认了苏联,并且想和苏联签订一项双边条约。保守党和自由党怀疑工党企图与俄国的布尔什维克勾结,于是就联起手来,把工党政府推翻了。

10月底举行新的大选,选举前发生了所谓的"季诺维也夫信件"事件。《泰晤士报》发表一封信件,据称是共产国际主席季诺维也夫发给英国共产党的信。信中要求英国共产党动员工人群众,促成工党政府与苏联正在进行的谈判。信件隐含的意思十分清楚,即假如工党获胜,它将成为俄国布尔什维克的工具。信件发表对工党造成很大的损害,在随之而来的大选中,工党失去40个席位,只获得151席;保守党则大胜,得到419席。自由党两派加起来才得到40席,自此后自由党就再也不是个重要的党了。后来人们意识到季诺维也夫信件是假造的,但其负面影响已经造成了。

鲍德温于是第二次组阁,在此期间发生了1926年全国总罢工。罢工是由煤矿业的劳资冲突引起的,英国煤矿技术落后,工人工资低,劳动条件差,同时又富于斗争传统,矿工工会是英国最强大的工会之一。20年代,煤矿业的劳资冲突频频发生,多次出现全国性的行业对抗。1925年矿工要求增加工资,政府有惮于工会的实力,便在劳资冲突中居间调停,宣布政府对煤矿业的经济补贴延长9个月,使矿工的要求部分得到满足。然而明显的是:9个月后冲突会再起,到那时候怎么办?政府决定准备对抗。

1926年3月,政府的一个专门委员会发表调查报告,其中说政府对煤矿的补贴应该停止,为弥补停止补贴所造成的成本损失,工人要么降低工资,要么增加工作时间。这个报告立刻引起工人的反弹,工会表示不接受,劳资双方谈判破裂,政府则表示决不延长煤矿补贴。于是,摊牌就不可避免了。矿工方面得到工会代表大会的支持,早在1913年,煤矿工会、铁路工会和运输工会就结成"三角同盟",答应在劳资冲突时相互支持。现在矿业冲突已如箭在弦,4月30日政府补贴届满,雇主已宣布同盟歇业。5月1日,工会代表大会便不得不决定进行全国总罢工,声援矿工的斗争。5月3日子夜,大罢工开始了。

加入罢工的有300万工人,工会代表大会领导罢工,全国许多行业参加进来。工会代表大会的策略是分批投入罢工,第一批若干行业先罢工,

第十八章 从第一次世界大战到第二次世界大战

第二批再投入若干行业,一批批投入,以增加声势。这是一次真正意义上的全国总罢工,英国从来没有出现过(后来也没有再出现)如此多的行业、在如此大的地域范围内、由一个统一的领导指挥的全国性罢工。但罢工还是失败了,政府为对付这次罢工做了9个月的准备,储备了大量物资,动员了许多中等阶级的人来顶替由于罢工而停顿的必不可少的工作,如市内交通、食品分发等。5月12日,工会代表大会宣布停止罢工,但矿工一直坚持到11月,最后一批罢工工人才终于复工。总罢工是彻底失败的,罢工中没有一项要求得到满足。1927年政府还制定了《劳资冲突法》,禁止再发动总罢工,也不许进行声援性罢工,工会的力量因此而大受削弱,但工会却无力进行反抗。这以后,工会领导权转到比较温和的一派人手中,他们更愿意和当局合作而不是对抗。

但保守党还是得到了报应,1929年大选中工人把选票投向工党,报复大罢工的失败和1927年《劳资冲突法》。工党第一次成为议会中的最大政党,尽管它的席位仍未过半数,但比其他各政党都要多。工党于是第二次组织政府,麦克唐纳仍然出任首相。这一届工党政府本应该有更大的作为,但就在它上台还不到半年的时

1926年英国工人大罢工

候,纽约股市狂跌,引发了世界性的经济危机。英国在危机中受到很大冲击,它的生产下降,投资减少,出口下跌了三分之一,到1931年9月,黄金储备已基本枯竭,失业人数接近300万,占投保工人总数的23%。政府用大量资金实行救济,在1930年,预支的失业保险费已达到1亿英镑。英国财政承受着巨大的压力,若不削减政府开支,有可能出现财政崩溃。面对这种压力,麦克唐纳等人提出削减失业工人的救济金,这对工党政府来说,无疑是一剂难以下咽的药:作为"工人政府",它不可以这样做;但作为英国政府,它又不得不这样做。

1931年8月24日内阁就此问题进行表决,支持麦克唐纳的11票,

反对他的9票,麦克唐纳于是说他不能再干下去了,于是就驱车去王宫觐见国王,说是要辞职。但等他从王宫出来时,人们却惊讶地得知:国王没有按常规指定保守党领袖鲍德温组织新政府,而是让麦克唐纳继续留任,组织一个超党派的"国民政府"!工党政府垮台了,麦克唐纳却留在首相的位置上,而且没有和他的工党同事商量就采取了行动,在英国政党政治中,这显然是违章操作。于是工党群起而攻之,指责麦克唐纳叛党,并且在9月28日将他及留在他政府中的其他工党成员开除出党。但麦克唐纳还是依靠保守党组织了新政府,并随即对英国经济实行抢救。9月21日,英国放弃金本位制,英镑也同时贬值30%。次年2月,议会通过《进口关税法》,正式放弃了被视为国策的自由贸易原则,而改行关税保护主义。约30年前张伯伦为此奔走游说而一无所获,现在,在严酷的经济危机打击下它却不得不改弦更张,把最基本的国策也丢掉了。但英国历史的最大特点就在于此:它愿意随形势之变而变,决不把"原则"视作是束缚自己的锁链。

1931年大选,"国民政府"大胜,工党只得到52席。国民政府领导英国慢慢走出了经济危机,1935年左右总算开始复苏。在"饥饿的三十年代",人民生活很苦,物资匮乏,失业人数很多,但国民政府仍能得到多数英国人的支持,1933年初,失业人口已从300万下降到不足200万,国民生产总值也比1929年增长了10%。英国在世界各工业国中第一个走出危机,也第一个出现复苏的迹象。英国的恢复是在保守党领导下取得的,1935年5月,鲍德温正式取代麦克唐纳出任"国民政府"首脑,在随后的大选中,保守党获432席,取得绝对优势。麦克唐纳派从政治舞台上消失了,但工党却恢复过来,它在新领袖克莱门特·艾德礼领导下取得154个席位,一代新工党正在形成。新工党和老工党有许多不同,这在第二次世界大战之后将明显地体现出来。

30年代有一个重大话题就是安全与军备。第一次世界大战以后,英国的和平主义思潮严重,许多人对战争造成的巨大苦难刻骨铭心,希望和平永久保留,反对一切战争。但纳粹党在德国掌权后,战争的阴云正在聚集,英国是否要重整军备,防范侵略?这成为重大的政治问题。大多数政治家此时都持和平主义立场,他们虽然反对纳粹的黩武政策,却希望用绥靖手段来安抚希特勒,因此反对重整军备。两党在这个问题上立场相当接近,工党甚至比保守党更加对和平主义抱有幻想。知名政治家中其实只有丘吉尔一个人看到了战争的危险,他喋喋不休地警告国人,要他们做

第十八章 从第一次世界大战到第二次世界大战

好战争的准备,在战争中与纳粹德国决一死战。但英国人把他当作战争贩子来看待,他仿佛是一个口出恶言的女巫,不断地诅咒世界的毁灭。鉴于时局的恶化,保守党从1935年起开始进行有限度的重整军备,军费开支从1935年的1亿多英镑增加到1939年的7亿英镑,而且军备的重点在发展空军。尽管保守党重整军备是半心半意的,其政策核心是绥靖主义,但这些半心半意的军备措施仍然发挥了作用,在第二次世界大战初期帮助英国渡过了难关。

1936年,英国发生王位危机,这是英国历史上唯一的一次这种危机。这年1月乔治五世去世,爱德华八世继位,新国王要求和一个叫沃利丝·辛普森的美国女人结婚,但这个女人已经结过两次婚,英国舆论普遍反对这门婚事,于是首相鲍德温就强迫爱德华八世做出选择:要么放弃王位,要么放弃辛普森夫人。国王选择了前者,演绎了一出"不爱江山爱美人"的感伤剧。不过从这件事中可以看出20世纪英国国王的地位究竟如何,爱德华八世在1936年12月退位,接受了温莎公爵的封号,带着他新婚的妻子离开英国,此后再也没有回来。

1937年5月,爱德华的弟弟乔治六世加冕为王,他在位

1937年爱德华八世退位后带着辛普森夫人在法国

15年,忠实地履行了立宪君主的职责。鲍德温认为他的从政生涯已经很光辉了,可以回去安度晚年,于是在新国王加冕后他就辞去首相一职,由约瑟夫·张伯伦的次子尼维尔·张伯伦继任首相。在尼维尔·张伯伦领导下,英国把绥靖政策推行到顶点,结果不仅没有阻止战争,反而助长了战争的爆发,给历史留下了深刻的教训。

三、殖民地民族运动与英国的统治

20世纪上半叶,英国殖民政策经历了由帝国向联邦转化的过程。

19世纪,英国的白人殖民地已先后取得自治权,英国只保留外交、军事、帝国等少数权力,殖民地的内部事务完全由自治政府处理。这种统治制度虽然避免了殖民地与母国之间的冲突,因而不再会发生像美国独立那样的事,但它同时也培植了殖民地在自治框架内的认同感,从而导致新民族的产生。1867年,加拿大不再以"殖民地"称谓,而改称"自治领"。1901年澳大利亚建立联邦。1907年又和新西兰一起,分别取得自治领地位。这一年,"殖民地会议"改名为"帝国会议",表明自治领的地位已大大提高。1908年,南部非洲四个殖民地即开普、纳塔尔、德兰士瓦和奥伦治起草了一部联盟宪法,在1910年正式组建南非联邦,成为与其他殖民地一样的自治领。至此,白人殖民地都已具备独立的条件,英帝国事实上孕育了一批新国家。

第一次世界大战对英帝国的冲击非常大。大战中,各自治领都派军队参战,为战争胜利做出了贡献。战后各自治领又都参加了巴黎和会,并随后成为国际联盟的成员。这表明自治领的国际地位已发生变化,它们与英国的关系也不同了,自治领的离心倾向越来越明显,它们希望有完整的国际地位,不再依附于英国。1921年,爱尔兰南部成为"爱尔兰自由邦",也取得自治领地位。这对离心倾向无疑是一针强心剂,自治领的自主意识越来越强烈。加拿大、南非甚至派出驻外使节,表明它们在外交上也想摆脱英国。自治领与英国的关系必须加以调整,否则双方的冲突将不可避免。在这种情况下,1926年召开的帝国会议对自治领的地位重新加以界定,为英联邦的建立打下了基础。

帝国会议曾指定一个委员会,由英国枢密大臣阿瑟·贝尔福领导,负责研究帝国内部关系,结果起草了一份报告,称《贝尔福报告》,获大会通过。根据这份报告,今后各自治领和英国在法律地位上将彼此平等,互不隶属,各地区都只以对英王的共同效忠为纽带结合在一起,形成一个"英联邦"。报告还对各自治领总督的地位做出规定:总督是英王的代表,他不接受英国政府的指令,他在自治领的地位与作用,如同英王在英国一样。

根据《贝尔福报告》的原则和1929年召开的专家会议的建议,英国议会于1931年颁布《威斯敏斯特法案》,这项法案是英联邦的奠基石,它宣告英联邦正式形成。英联邦建立之初只包括英国及其原来的白人殖民地,不包括其他殖民地和保护国。所以,在很长一个时期中联邦和帝国共存,表现了平缓过渡的性质。

第十八章 ● 从第一次世界大战到第二次世界大战

尽管帝国的终结已指日可待,然而在 20 世纪初,它仍呈现出强劲的上升势头,并且在第一次世界大战后达到领土扩张的顶峰。第一次世界大战中英国出兵中东地区,并且把埃及变成保护国。战后英法两国瓜分中东,英国得到巴勒斯坦、外约旦、伊拉克大部分及波斯湾沿岸地区。1917 年英国政府还以贝尔福的名义发表一份文件,称《贝尔福宣言》,正式宣布英国支持在巴勒斯坦建立"犹太家园",目的是在这一地区造成两个民族即阿拉伯人和犹太人的永久对立,从而为英国的存在创造条件。第一次世界大战后,德国在东非的殖民地交由英国"托管","开罗—开普"计划便已实现。太平洋上许多德属岛屿则交给澳大利亚或新西兰"托管",因此从表面上看,帝国确实达到了辉煌的顶峰。

然而就在大战结束后不久,帝国的全面瓦解也就开始了,除白人自治领的离心倾向日重,最终导致英联邦建立外,帝国其他部分也爆发出民族主义浪潮,冲击着帝国脆弱的大堤:1919 年,埃及首先发生民众反抗,第二年,伊拉克也发生暴乱。但最严重的问题出现在爱尔兰,爱尔兰的事态影响到整个帝国。

19 世纪下半叶,帕内尔领导的自治运动迅猛发展,尽管它一再受到挫折,但到 20 世纪初,自治已是大势所趋,不可避免了。1912 年,自治法终于被英国议会批准,但爱尔兰内部却出了问题。新教徒占多数的北爱尔兰(即厄尔斯特)不愿接受自治方案,它害怕自治会让天主教徒占据优势,从而对新教徒进行迫害。南方则坚决主张自治,爱尔兰局势立刻恶化,南北两方紧张对峙,双方都成立武装团体,准备打内战。恰在这时世界大战爆发了,才侥幸避免了一场内战。

但英国在大战中犯下严重的错误,这些错误使爱尔兰不再接受自治,而是要求独立。战争中,爱尔兰新教徒和天主教徒都走上前线,在英国的国旗下一同作战。但新教徒可以组成独立的厄尔斯特师,天主教徒则被打散,分派到不同的团队中去,受到英国战友的监视,其自尊心受到极大伤害。进而,英国在事先未与爱尔兰商量的情况下,

这张海报反映的是信仰新教的爱尔兰北部厄尔斯特地区居民反对爱尔兰自治,欲发动武装起义

宣布推行征兵制,虽说最后并未实行,却使多数爱尔兰人十分反感,认为是把爱尔兰视为殖民地,而不是平等的伙伴。但最糟的是英国政府对"复活节起义"处理不当,结果使整个爱尔兰都与英国为敌。1916年复活节,一个极端的民族主义组织"爱尔兰共和兄弟会"在都柏林发动起义,企图以此唤醒爱尔兰人民,在爱尔兰争取独立。兄弟会是一个很小的组织,其起义也不得人心,绝大多数爱尔兰人并不同情起义,因此立刻就被镇压了。但随后英国政府却不顾爱尔兰人的吁请,甚至不顾国际社会的求情,而将被捕的起义领袖多数处死,结果,一场本来不受欢迎的武装起义变成了爱尔兰民族主义的象征,被处死的起义者也成了民族英雄。从这时起,英国在爱尔兰就丧尽了民心,爱尔兰人也下定决心要求独立。

第一次世界大战结束后举行的议会大选中,主张独立的新芬党在爱尔兰获胜,表明民意已经大变。新芬党的领袖是德·瓦列拉,他是复活节起义中唯一幸存的领导人,他把爱尔兰带上了争取独立的道路。1919年,南部天主教徒组建"爱尔兰共和军",开始进行暴力活动,在随后一年多时间里,英国军人不断受到袭击,100多人死亡,200多人受伤,爱尔兰事实上已成为战场。1921年底,英国政府被迫与爱尔兰达成协议,允许爱尔兰南部成为自治领,称"爱尔兰自由邦",享有与加拿大一样的法律地位。北部则留在"联合王国"治下,英国的国名也因此改为"大不列颠和北爱尔兰联合王国"。德·瓦列拉和他的战友不肯接受这一安排,他们要求完整的独立,于是继续开展暴力活动,从而与自治的爱尔兰政府发生冲突。但到20年代中叶,这一派也改变斗争策略,他们成立了另一个政党"芬尼亚党",在1932年的大选中获胜,由德·瓦列拉上台执政。经过与英国重新谈判,南爱尔兰获得更完整的国家地位,改称"爱尔兰国",留在英联邦内。1949年再改名为"爱尔兰共和国",这时,它已是个完全独立的国家了。

北爱尔兰的经历却十分不同,1921年北部6个郡(即厄尔斯特)留在英国治下,从而使爱尔兰问题经久不得解决。1926年芬尼亚党成立时,原新芬党中有一部分人不愿追随德·瓦列拉改变策略,他们主张继续进行暴力活动,并且与爱尔兰共和军结为同盟,要求统一爱尔兰。为此,他们从30年代起就在爱尔兰北部及英格兰本土制造许多暴力事件。但爱尔兰北部又以新教徒居多,他们反对与南部合并,并且组织武装团体与共和军作对。这样,北爱尔兰就一直不得安宁,暴力冲突不断,成了英国政治中的一根毒刺,至今仍是如此。

第十八章 从第一次世界大战到第二次世界大战

就在爱尔兰事态日趋激烈的同时,印度的民族主义也逐渐发展起来,最终成为汹涌澎湃的潮流。1857年印度民族大起义之后,英国取消了东印度公司,实行英国政府的直接统治。英国政府向印度派驻总督(亦称副王),作为印度的最高行政长官,总督之下是一个5人行政会议,行政会议之下建立一个印度文官系统,从牛津、剑桥大学毕业生中公开召募从政者。基层地方政府则吸收了一些印度人任职,让他们做一些低级的文官工作。这些人和新出现的知识分子形成印度早期的中产阶级,在他们中滋生出早期的印度民族主义。他们往往接受过西方教育,有些人甚至在英国留过学,西方的教育使他们接受了西方的理想,希望把印度也改造成像西方那样的国家。所以殖民统治的双重逻辑就表现出来了:它一方面把被统治民族置于宗主国统治下,一方面又培植它们的民族主义,使其成为殖民主义的掘墓人。1885年,一个印度民族主义的组织在孟买成立,其成员主要是在西方受过教育的知识分子。组织定名为"国民大会党",创始人是一名退休的前英籍军官。英国殖民政府当时支持甚至授意了国大党的成立,因为它认为:与其让知识分子暴露在民族主义的侵害之下,不如给他们一个言论的场所,让他们成为殖民统治的赞成者。但国大党最终还是成为民族主义的领导者,把印度引上了独立之路。然而它同时也未曾辜负英国当局的期望,它把印度引上了一条和平的独立之路。

英国在印度的统治被称为"仁慈专制",1898—1905年任印度总督的乔治·寇松,最充分地体现出所谓"仁慈专制"的特点。在他治下,英印政府一方面发展教育,兴修水利,改良农业生产,改革税制,减轻农民负担,保护农民利益,还大力修筑铁路、开展公共事业等,因此博得许多印度人的好感。另一方面,寇松又大力推行强权统治,压制民族主义运动,孤立知识分子,不让印度人有更多的机会参与政府工作,因此受到中等阶级的憎恶。1905年,他下令把孟加拉省分开治理,东面为穆斯林区,西面为印度教徒区,公开宣布的理由是孟加拉省太大,一分为二利于管理;但真实的原因是孟加拉一向是印度民族主义的摇篮,分而治之,可以挑起两个教派之间的不和,达到分化和削弱民族主义的目的。但事与愿违,孟加拉分治推动了民族主义运动,知识分子的追求第一次得到大众民族主义的支持,孟加拉发生罢市,家家不生火烧饭,许多人上街游行,有些地方还发生暴动。国大党走到了大众民族主义的前列,它在1906年宣布:"自治"将是它争取的目标。

1905年寇松去任，由明托伯爵接任。他上任时正是印度民族主义大爆发的时候，局势极为动荡，他到任后两次受炸弹袭击，都幸免于难。于是，他一方面加强镇压，逮捕和流放了许多民族主义领导人；另一方面又实行改革，调整统治政策，于是就有了"莫利—明托改革"，即1909年由英国议会通过的《1909年印度立法会议法》。这项法律规定，可以任命印度人参加设在伦敦的印度事务委员会和设在德里的总督行政委员会，并且增加各级立法会议中的印度议员人数。这项改革暂时稳定了印度的局势，使英印政府渡过了第一次群众运动的高潮期。

第一次世界大战中民族主义再次高涨，印度在自治的方向上也迈出新的一步。战时印度全力支持英国，派出上百万军队参加作战，为战争做出巨大的贡献。英国统治者不得不为此付出代价，于是就让印度和其他自治领一样，参加了帝国的战时内阁。战争中，印度的民族主义者消除了内部分歧，重新结成反殖民主义的全民战线。穆斯林表示支持国大党的自治要求，国大党则答应在未来的政治构架中，要考虑穆斯林的特殊利益。国大党内部激进派和温和派也言归于好，共同发动了"自治运动"。1917年，印度的民族运动达到新高峰，而英国的战争努力却进入最低谷，在这种双重危机下，英国政府决定部分满足印度的要求，扩大其自治。8月份，英国以印度事务大臣埃德文·蒙塔古的名义发表声明，表示最终将考虑在印度实行自治，这就是著名的《蒙塔古宣言》。1918年，英国再以蒙塔古和印度总督蔡姆斯福德的名义发表《蒙塔古—蔡姆斯福德报告》，对未来的印度政府结构提出设想。1919年英国议会以此为参照制定了《印度政府法》，该法规定在邦一级实行"二元制"，由民选机构负责教育、卫生、农业等事务，而以总督为首的行政机构则仍控制财政、司法、治安等大权。印度人在地方一级取得了一定的权力，但全印事务仍掌握在英国人手中。

1919年改革并未满足自治的要求，英国人也不想真正在印度实行自治。相反，1919年发生的两件事大大伤害了印度人的感情，民族主义情绪反而更激烈了。3月，英印政府通过《罗拉特法》，目的是强化对民族主义者的司法审判；4月，阿姆利则发生惨案，英军向和平集会的抗议民众开枪，打死近400人，打伤1 200人。这两件事在全印度引起极大的愤慨，印度的民族主义运动也由此而步入新的阶段。

走上舞台的是卡拉姆昌德·甘地，他开创了印度的非暴力不合作运

第十八章 从第一次世界大战到第二次世界大战

动。甘地出身在印度一个商人之家,曾在英国留学成为律师,后来他在南非开业,卷入印度侨民争取权利的斗争,由此他步入政坛,并创造了一种新的斗争方式:非暴力不合作。1915年甘地回印度,1920年被选为国大党领袖,他旋即率国大党发动不合作运动,成百上千万人立刻加以响应。参加运动的人抵制英国法庭、学校和商店,放弃政府公职,拒绝纳税,不承认政府法令。甘地还推出手纺车行动,他身先表率,脱去西服,腰缠一块印度土布,坐在传统的纺车旁纺纱绩线,象征着印度要脱离英国。甘地的榜样为无数人所模仿,一种无言的抗议震动着印度大地,印度民族以一种沉寂的愤怒向英国当局挑战,殖民者则感受到前所未有的恐怖。运动持续了一年多时间,1922年初,却在个别地区发生了群众的暴力行动,有一些警察被烧死,恐怖主义的浪潮似乎要蔓延。坚信非暴力原则的甘地认为这表明印度民族尚未成熟,便毅然宣布停止了不合作运动。英印当局立即以策动叛乱的罪名逮捕了甘地,给他判了6年刑。

20年代末,民族主义再次高涨,以莫蒂拉尔·尼赫鲁(即后来印度总理尼赫鲁的父亲)为首的一个国大党委员会起草了一份文件,要求在印度立即实行自治。英国政府不接受这个要求,总督欧文于1929年10月发表宣言,说自治只是印度变革的终极目标,而不是现在就实行的事。欧文建议召开圆桌会议来讨论印度问题,但国大党立即拒绝,并在当年的年会上提出新的纲领,即"完全的独立"。国大党说:自治的要求已被拒绝,印度人已被迫走上独立之路。国大党还宣布1930年1月26日是"独立日",并授权甘地发动第二次不合作运动。1930年3月,甘地率领78名信徒开始"食盐进军",斗争立刻进入高潮。甘地和他的追随者徒步行走200多英里向海边进发,沿途有无数人参加进来。到了海边,他们舀海水晒盐,象征着他们反对英国的食盐税,更反对英国的统治。全国掀起声势浩大的声援浪潮,英印统治者手忙脚乱,将6万多人投入监狱,并制定12项紧急法令,进行镇压。1931年3月,欧文与甘地会谈,甘

甘地带领印度人去海边煮盐,他以这种特殊的方式反对英国殖民统治

地同意结束这次斗争,欧文则答应要释放被捕者,撤销紧急法令,降低盐税。但是在这一年晚些时候召开的圆桌会议上冲突再起,国大党领袖不参加会议,甘地一人与会,中途又退出。1932年1月,甘地再次发起不合作运动,英国严厉镇压,国大党被取缔,其领袖全部被捕,到年底,印度局势已基本平静了,但其争取独立的意向却无可逆转。

在这种情况下,英国议会于1935年制定一个新的《印度政府法》,向印度做出了更大的让步。根据这项法律,印度在邦一级建立责任制政府,实行自治;中央设两院制议会,总督保留外交、国防、帝国、贸易等方面的权力,其他事务可由议会处理。这意味着印度人得到了管理内部事务和地方事务的权力,他们有充分的力量参与议会选举。1937年国大党在7个邦的选举中获胜,建立了自治政府。但法律中关于中央政府的规定却未能实行,不久后,第二次世界大战爆发,印度的独立进程再次被打断。

在帝国的其他地方,民族主义运动也同样兴起,其中最典型的是埃及。埃及在1915年成为英国保护国,但第一次世界大战后掀起激烈的反英运动,从1918—1921年,暴力活动不断,形同一场战争。1922年,英国让埃及取得有限的独立地位,但保留对外交、军事、外籍侨民、苏伊士运河和苏丹的控制权。这样一种半独立的地位使埃及的民族主义者十分不满,他们继续开展斗争,甚至刺杀了埃及军队中的英籍总司令斯塔克爵士。1936年,随着欧洲局势恶化及意大利在北非扩张形成对埃及的东西两面钳制之势,英国决定让埃及独立,以平息埃及的反英情绪。但英国仍在运河地区驻军,因此埃及的独立仍是不完整的,到第二次世界大战时,英国对埃及的控制再次明显地表现出来。

总之,在20世纪上半叶,英帝国从顶峰上跌下来,白人殖民地完成了组建民族国家的过程,成为英联邦中与英国平等的伙伴。印度开始离心,民族主义运动一浪高过一浪。亚洲非洲各附属殖民地的民族主义也开始抬头了,其最典型的表现就是埃及的独立和锡兰在1931年建立半自治政府。第二次世界大战推进了所有殖民地的民族主义潮流,英帝国的末日也即将来临了。

四、第二次世界大战

第二次世界大战的祸根是德意日侵略集团。1936年10月,纳粹德

第十八章 从第一次世界大战到第二次世界大战

国和法西斯意大利签订协约,形成柏林—罗马轴心;同年11月德国与日本缔结《反共产国际协定》,一年后意大利加入,战争集团正式形成。

在第一次世界大战后形成的"凡尔赛体系"中,英法作威作福,它们对战败国实行挤压政策,企图让它们永远处于依附地位。同时,英法对苏维埃俄国又采取敌视态度,1919—1920年甚至进行武装干涉。英法与苏俄的对立使东西方之间彼此戒备,这就为德意集团的崛起创造了国际环境。

在对德问题上英法处置不当,它们想永远削弱德国,便加紧勒索战争赔款,使德国的经济始终未能复苏。德国的仇外心理反而因此加强了,结果帮了希特勒的忙。

希特勒上台后,英法又实行绥靖政策,它们一方面希图依赖国际安全体系抑制德国,另一方面又对希特勒的扩张行径一味迁就,不作阻拦。这样,从1935年起,德国就破坏《凡尔赛条约》,它重整军备,进驻莱茵河左岸,武装干涉西班牙内战,吞并奥地利,这一切活动都没有受到英法的反击,希特勒的胆子也就越来越大了。与此同时,意大利入侵埃塞俄比亚,日本侵略中国,世界和平日益受到威胁,英法却仍旧推行绥靖政策。

绥靖政策的高潮是《慕尼黑协定》。1938年初,德国对捷克斯洛伐克提出领土要求,图谋占领苏台德地区。捷克政府予以抵制,德国则以武力相威胁,它操纵亲德的势力发动暴乱,制造流血事件,以图制造干涉的借口。在英法压力下,捷克政府一再退让,答应让苏台德区实行完全的自治,但希特勒实际上是要兼并苏台德,遂在9月份摆出进攻的架势,以战争相要挟。根据当时的条约,法国对捷克负有义务,在捷克遭受侵略时应出兵援助;英国与法国又应该互相支援,因此苏台德的危机将牵动整个欧洲,导致一场大战。面对战争的威胁,英法决定继续实行绥靖政策,不惜一切代价保住"和平"。这样,英国首相张伯伦在70岁高龄两次飞赴德国,与希特勒谈判。1938年9月30日凌晨1时,德、意、法、英四国首脑在德国慕尼黑签订协议,在捷克代表不在场的情况下肢解捷克斯洛伐克,把苏台德区割让给德国。协议签订后,张伯伦飞回英国,宣布他给世界带来了"和平"。他在伦敦受到凯旋般的欢迎,人们把他看作是和平使者,战争的阴云似乎已经被他消除了!

的确,在当时,有许多英国人支持张伯伦,主张不惜一切代价维持和平。绥靖主义并不是张伯伦一个人的错,而是当时的一种思潮。英国人希望他们的善意能得到好报,侵略者得到了犒赏就会心满意足。但希特

英国通史

勒并不领他们的情,1939年3月15日,《慕尼黑协定》签订不到半年,德军就占领布拉格,吞并了捷克斯洛伐克全境。到这时,绥靖主义就彻底失败了,妥协不仅未能保住和平,反而加速了战争的到来!

张伯伦这才发现自己上当了;希特勒的胃口其实填不满,他又把目标转向波兰。这一次,张伯伦决定用强硬政策来对付希特勒,3月31日,他对波兰提出安全保证:一旦波兰遭受侵略,英国将履行义务,帮助波兰进行抵抗。同时,英法与苏联开始谈判,企图建立统一战线。但谈判到8月份完全失败了,相反,希特勒与苏联签订了互不侵犯条约,条约还附有一个秘密协议,规定在战争爆发后,德、苏可在协议所划定的各自势力范围内扩张领土,彼此不干预,在得到苏方这样的保证后,德军于9月1日进攻波兰,英法则被迫卷入战争,第二次世界大战爆发了。英国因为执行了绥靖政策,现在必须付出沉重的代价。

战争开始后的8个月中,"西线无战事",希特勒企图再次使用敲诈的手法,不放一枪就取得胜利,但这次英法没有让步。1940年春天,战争真正开始了,从4月9日到6月16日两个月多一点的时间里,德国已控制了北欧和西欧大部分国家,包括法国在内;英国成了一个孤岛,孤零零地与强大的"第三帝国"对阵。在战争的巨大压力下,张伯伦下台了,人们对这位"和平英雄"丧失了信心,他不能把国家引向胜利,承受不了如此巨大的战争重担。挑起这副重担的是温斯顿·丘吉尔,仅仅在几个月之前,人们还把他看作是战争贩子,但事实证明他是唯一有远见的政治家,当此国难之时,他被推上了拯救国家的艰难岗位,而他一上台,立刻就发表了"我们决不投降"的誓言。

丘吉尔做的第一件事是把近30多万英法联军从被围困的敦克尔刻海滩抢救回国。英国海军动用各种船只,从巡洋舰到小渔轮,加上许许多多的志愿人员,9天之内昼夜运作,冒着德军的枪林弹雨,竟完成了这一奇迹般的任务,从而为英国军队保留了一支有生力量。这以后,英国就进入了单独抗敌的艰苦时期。德国要打败英国,就必须取得对英吉利海峡的制空权,否则德军无

1940年英吉利空战中躲避空袭的英国儿童

332

第十八章 从第一次世界大战到第二次世界大战

法渡海,英国海军有能力把德国军队封死在大陆海岸。这样,从7月份起,"不列颠之战"开始了,这是一场空战,目的是争夺英吉利海峡的制空权,英国飞行员英勇地冲上天空,保卫自己的祖国。对英国来说,这是一场殊死的战斗,英方一旦失利,英伦三岛立刻就要沦陷。英国空军顽强地顶住了,尽管从总体上说英军处于劣势,但他们利用战斗机的优势和雷达(在当时是一种秘密武器)的威力击落大批来犯的敌机,使希特勒消灭英国空军的企图未能得逞。8月底,德国将战略重点转向轰炸英国大城市,造成大量平民伤亡,其中考文垂市被夷为平地。但英国人民的斗志却越战越勇,到10月底,德国空军被迫停止轰炸,希特勒也被迫放弃了入侵英国的计划,不列颠之战以英方全胜而告终。这场战争对第二次世界大战的终极命运有决定性意义,它表明:英国在单独抗拒德国的斗争中坚持下来了,这就为反法西斯战争的继续进行创造了条件。

陆上的战争在北非和南欧进行。在北非,英国军队与意大利军队交战,将意军逐出埃及并赶回利比亚,但德军在1941年春投入战斗,使局势迅速恶化,埃及处于危险之中。在南欧,德军伙同它的盟国在1941年春大举入侵巴尔干,占领希腊和南斯拉夫,参战的英军则退往克里特岛,后来大部分被消灭。

此后英军主要在北非作战。1941年春德意联军发动进攻,英军败退至托布鲁克,后转入反攻,到秋天已收复大部分失地。但1942年初德意联军在德军元帅隆美尔指挥下再次进攻,一直打到埃及境内,离开罗只有200多千米、离亚历山大港不到100千米处。在此危急之机,蒙哥马利将军出任第八集团军总司令,经过他的精心准备,英军在10月23日发动反攻,12天的"阿拉曼战役"共消灭敌军6万人,而英军伤亡只有8 000人。阿拉曼战役是第二次世界大战期间英国陆军取得的最大胜利,它奠定了北非战事的胜局。4天后,英美联军就在摩洛哥、阿尔及利亚等地沿海登陆,东西夹击,于1943年5月在突尼斯境内会师,10余万德意联军投降。北非于是成为第二次世界大战中盟军最早取得全胜的一个战场。

在英吉利空战中被德国空军炸毁的考文垂大教堂

从1941年夏天起,英国就不再孤军奋战了,6月德国入侵苏联,12月日本偷袭珍珠港,这为英国提供了两个强大的盟友。就在德国对苏联发动进攻的当天晚上,丘吉尔便发表声明,放弃他一贯反苏的立场,表示支持苏联抗战。1942年1月1日,英、美、苏、中等26个抗战国家在美国发表《联合国家宣言》,标志着世界性反法西斯统一战线正式形成。以后,战争就不再是个别国家的单独行动了,它成了全世界反法西斯战争的各个组成战场。但英国的处境并未因此立即改善,除北非遭受隆美尔军团的凌厉攻势外,远东也受到重大挫折,日军对英国殖民地发动进攻,中国香港地区、马来西亚、新加坡、缅甸相继失守,印度边境告急。英帝国建立后,它还从未面临如此巨大的危险。1942年6月,日军占据新几内亚,澳大利亚也岌岌可危。幸亏美国军队在中途岛战役中扭转战局,澳大利亚才免遭入侵。此后,太平洋战场主要由美军承担,英国退守印度;在日军对印度入侵的危险解除后,英军才进入缅甸作战,与中、美军队共同发动缅甸战役,到1945年5月,英军收复仰光。英国在远东的不佳表现使它丧失在殖民地的威信,战后亚洲国家相继发生独立运动,与第二次世界大战有密切关系。

英国海军在战争中主要起护航作用,英国必须保证大西洋海道通畅,才能使援助物品源源不断地从美国运来,以保证战争能打下去。德国的海军力量处于劣势,于是就利用潜艇攻击商船,给英美造成巨大损失。英军在采用护航制度后才逐渐扭转这种局面,保证了战争物资的供应。这些战争物资不仅运往英国,而且大量运往苏联,有力地支援了苏军作战。

1943年年中战局开始改观,5月北非战役结束,7月英美联军在意大利西西里岛登陆,9月攻入意大利本土,意大利政府投降,不久又宣布对德作战。与此同时,美军在太平洋战场进展顺利,苏军则在斯大林格勒转入反攻。该年年底,英、美、苏三国首脑在伊朗首都德黑兰举行会议,确定了开辟欧洲"第二战场"的方案。1944年6月6日,一支由英、美、加拿大和自由法国军团组成的庞大军队在阴风冷雨中强渡英吉利海峡,在法国诺曼底海岸登陆,开始了盟军解放欧洲大陆的伟大进程。8月份,法国巴黎被解放,战争迅速向德国境内推进。1945年5月苏军攻克柏林,德国投降。9月日本也无条件投降,历时6年的世界反法西斯战争以盟军的彻底胜利告终,英国在战争中再次成为战胜者。

第十八章 从第一次世界大战到第二次世界大战

但英国的损失是巨大的,在战争中,近30万英军战死,6万多平民丧生,英国商船损失惨重,约一半运载量在战争中被摧毁,35 000名海员被打死。为换取美国"租借法案"的援助,英国将纽芬兰、百慕大、巴哈马、牙买加等殖民地的许多军事基地租给美国,租期达99年。英国欠下巨额战争贷款,1945年外债达到35亿美元,其黄金、美元储备及海外投资在战争中几乎耗尽,英国事实上已一贫如洗,它的"世界首富"的称号已一去不复返了,战后只有靠"马歇尔计划"以及50亿美元的美、加贷款,才勉强维持,不致破产。更重要的是,战后英国已经从世界一流强国的地位上迅速滑落,世界上出现了两个超级大国——美国和苏联,英国逐渐向欧洲二流国家萎缩。

但第二次世界大战又是一次"人民的战争",与历次战争都有所不同,在这次战争中,人民真心实意地支持战争,投入战争,为战争的胜利做出贡献。英国上下同仇敌忾,举国一致,上自王室公爵,下至黎民百姓,能出钱者出钱,能出力者出力,壮年男子出征打仗,老人妇女护卫家乡,男人留下的工作妇女来做,牺牲者的苦难全国来分担。在德军入侵最危险的时刻,平民自动组成国土保卫队,日夜巡逻,时时警惕;在战争进行到最激烈的日子,国王和他的全家都以各种方式参与战争,包括年仅14岁的国王长女(后来的英国女王)伊丽莎白公主和她的妹妹,都参加妇女辅助队,为战争的胜利做出贡献。人民取得战争的胜利,战后人民就要求回报;"人民的战争"导致"人民的和平",战争开创了一个崭新的时代。战争为战后英国拉开了帷幕,这个英国,将是一个前所未有的英国。

作者点评:

英国的保守主义是一个很奇特的东西,它从来不落伍于时代,当然也从来不走在时代的前头。它与时代的进展离一步之远,但一旦进展完成,它就迟早跟上,并且以新成果的守成者的面目出现,维护新成果,而把它原来的立场抛于身后。我们记得,保守党在19世纪是坚决反对自由贸易、因而反对自由主义的;到世纪之交时,它反而成了自由主义的旗手,要保护"自由经济"、"自由贸易"、"自由帝国"和"自由主义"的其他一切了。相反,自由党反倒被挤出自由主义阵地,向国家干涉主义迈进。英国保守主义的可变异性质是英国始终可以走改革道路的重要原因,17世纪革命以来,我们屡屡看到保守主义的变异,比如在光荣革命,在议会改革,在取消谷物法和接受自由主义的过程中,等等。以后,我们还要看到保守党又放弃"自由放任"的原则,接受"福利国家"和"国有经济"。保守党的可变异性也解释了为什么保守党比其他党派都更长时期地掌权,一个以"保守"为标榜的政党,它保守的是不断出现的变革的成果,当这些成果是由其他政治力量争取得来时,保守党反而成为守成者。

第十九章 走向福利国家

一、"福利国家"与"英国病"

第二次世界大战尚未结束,丘吉尔就下台了。1945年7月战火犹酣之时,议会就举行大选,工党在大选中获胜,得到393个席位,保守党只得到213个。工党组成政府,这是它第三次组阁,也是第一次组织一个掌握着议会多数的政府,因此可以放开手来大干。

丘吉尔对大选失败毫无思想准备,他领导英国取得胜利,他的政府虽说是联合政府,工党和自由党都派人参加,但保守党是政府的主干,保守党发挥了最大的作用,这是谁都知道的事实。然而,战争尚未结束,保守党却在大选中失败了!当时,美、英、苏三国正在柏林附近的波茨坦举行首脑会议,丘吉尔因参加竞选而中途回国;等大选结束三国会议复会时,回到会议桌旁的却是工党新首相了!

保守党的失败决非偶然,丘吉尔是位有远见的政治家,但他没有看出国内民情的变化。随着战争接近尾声,胜利的曙光就在眼前,人们把注意力转向了未来,憧憬着战后应该出现的"新英国"。"人民的战争"应该为人民创造出美好的前景,这是当时英国人的共同愿望。早在1941年6月,政府就曾组织一个委员会来考虑战后的社会发展问题,委员会主席

贝弗里奇

是威廉·贝弗里奇爵士,他曾担任过劳工交易所主席和伦敦经济学院院长。1942年12月,委员会发表一份报告,这就是著名的《贝弗里奇报告》,这份报告为战后建立"新英国"勾画了蓝图,是建设"福利国家"的指路标。报告的主要内容是建立一个包罗万象的社会保障体系,让所有英国人——不分阶级、不分贫富——都有权享受社会福利制度的保护,"从摇篮到坟墓",永不受贫穷疾病之苦!这样一个前景显然为千百万普通的英国人打开了通往光明之路,从今往后,英国将消灭贫穷,而贫穷曾使多少古往今来的英国人深受苦难!《贝弗里奇报告》引起的震动是可想而知的,人们的心被深深地打动了。一年中,几十万份《报告》被售出,许多人排长队购买这本小册子。到年底,95%的英国人知道这个报告,包括正在前线打仗的普通英国士兵。人们怀着无比期待把战争进行到底,他们相信,战争之后,新时代的曙光一定会到来。丘吉尔对这种情绪显然是低估了,他对《贝弗里奇报告》一直掉以轻心,并没有把它放到保守党的议事日程上来。工党却对建设"新英国"做出比较积极的反应,早在1943年2月,工党后座议员就发动议会辩论,要求政府接受《贝弗里奇报告》。1945年大选前工党又发表竞选宣言,其中说工党将在英国"建立一个社会主义的大不列颠共同体"。工党的积极态度与保守党的冷漠形成鲜明对照,工党在大选中的胜利便是理所当然的事。

1945年英国工党的竞选海报

战争之前,建立福利国家的思想就已经形成了。福利国家的本质是国家对社会问题进行干预,用国家的力量来调节财富的分配。这其实是对自由资本主义的一种否定,在理论上,则是对自由主义的一种修正。还在第一次世界大战时期,自由放任学说就已经受到冲击,为了领导战争,当时政府曾不得不承担起组织经济活动的责任,比如下达生产指标,分发原材料,调拨劳动力,控制物价,等等。这些措施保证了战争胜利,同时也第一次向英国人说明:在经济领域中国家的作用不可忽视。战争结束后战时的措施被取消了,但它对思想界的冲击却是深刻的。30年代初,世界性经济危机再次引起人们

第十九章　走向福利国家

的深思:经济的完全自由是否就真的是金科玉律？国家在解决社会经济问题中可以发挥什么作用？在一连串的思考之中，一部革命性的经济学著作问世了，它就是约翰·凯恩斯的《就业、利息和货币通论》。这部书否定了从亚当·斯密就开始的自由主义理论传统，提出要用国家干预的方法刺激消费，促进生产，达到充分就业，从而消灭贫困。《通论》问世表明在经济学理论上国家干预的学说已经成熟了，这就为后来向福利国家过渡准备了理论基础。

第二次世界大战中，人们对国家干预的重要性有了进一步认识，与第一次世界大战相比，这次大战的整体性、全民性更加明显，国家所发挥的作用也更加重要。第二次世界大战中几乎一切活动都需要国家出面加以组织，比如应付敌机轰炸需要组织疏散，食品和生活必需品需要定量分配，劳动力和原材料需要进行调度，全国的人力包括妇女在内都需要其指定工作或参加某种防卫活动。令人吃惊的是，由于国家干预，战时不仅物价稳定，而且工资还不断上升；尽管物资匮乏，人民的平均营养水平却反而提高了，根本就没有出现饥饿现象。这就启示了人们:在战时可以做的事，战后为什么不可以继续做？国家干预就这样在英国人的头脑里扎下根来，为战后的变革创造了条件。

凯恩斯

在这种背景下，《贝弗里奇报告》的出现就不是意外之事了，人们对"新英国"的期待也就在情理之中。工党作为"社会主义"的党，首先对这种期待做出反应，因此立刻得到选民的支持。1945年工党执政后，就开始履行它的诺言，具体而言包括两方面内容，一是"福利国家"，二是国有化。

"福利国家"由两项法律奠定基础，其一是《国民保险法》，其二是《国民医疗服务法》。《国民保险法》规定一切有收入的人定期交纳保险金，而一旦失业，就可以领取失业津贴，从而免除饥饿之苦。《国民医疗服务法》对全民实行免费医疗，一旦生病，即可就医，从而避免了疾病的威胁。这两项法律的优越性是显而易见的，自此之后，一切英国人都不必担心忍饥挨饿，也不必顾虑缺医少药了。国家出面为全体国民提供了保障，让一切人可以享受最低的生活标准，英国人从此不必为生存问题操心了，国家保证了他的生存。自此后,他所关心的就是如何生活得更好。

英国走到"福利国家"这一步经历了漫长的路。16世纪,在伊丽莎白一世时期,英国建立"济贫制度"。济贫制以教区为单位实行救济,每个人都要交纳济贫税,结果是穷人交钱养活穷人,其实质是"劫穷济穷"。但济贫制度为社会提供了最低限度的社会保障,由不幸和灾难造成的困境不致导致最糟的后果。工业革命以后,自由放任思想甚嚣尘上,济贫制度受到动摇,劳动者暴露在严重的生存危机之下,随时面临着生老病死的威胁。由此造成的社会后果是十分明显的,工业革命时期,英国的阶级矛盾十分尖锐,社会孕育着深刻的危机。1911年,自由党制定《国民保险法》,目的就在于缓解这种危机。但这时采取的做法是互助式的,尽管国家出面组织了社会保障,具体操作者却是各种社会团体,包括工会、合作社、互助会等,而且社会保障的覆盖面很小,只包括若干行业中的工资劳动者。1946年的《国民保险法》才把覆盖面扩大到全体国民,并且由国家具体操作,承担社会保障的一切责任。正因为如此,这样一个国家被称为"福利国家"。

1946年立法是福利国家的奠基石,后来历届政府加以补充完善,制定了更多的法律,使福利制度涉及许多方面,而国民的生活标准也提高到很高的水平。应该说,第二次世界大战后,因为有"福利国家",英国便成为基本消灭了贫穷而高度发达的国家了。经过几百年的努力,英国在社会平等方面取得了重大成就。

福利国家需要大量资金,资金来源于三个方面:国家、企业和个人。但归根结底,所有资金都来自英国国民,国家的钱是从税收得来的,为维持福利制度的运作,资金的需求会越来越大,税收也就会越来越高,从而影响企业的效率,也影响个人的收入。当支付福利制度的资金达到国民生产总值的一定比例时,就会形成一种阻力,影响国家的经济发展。从60年代起,这个问题逐渐显得突出,1959—1964年,公共开支已达到国内生产总值的三分之一,而其中除防务之外,福利开支是最大的一个项目。1965—1966年度这项开支(包括教育)达到65亿英镑,而20年后则接近920亿英镑了。显然,负担已经太重了。

工党的第二项承诺也从1946年开始,这一年英格兰银行实行国有化,由此开始了国有化进程。两年时间里,煤矿、民航、铁路、公路、运输、煤气、钢铁、电力等部门相继完成国有化,使工党的"社会主义"色彩看起

第十九章 ● 走向福利国家

来十分强烈。但国有化并不是公有化,它采取国家所有制的形式,对国民经济中某些特定的部门实行国家控制。从实行国有化的行业看,主要是公用性质的部门,其中某种形式的国家控制本来就是需要的。另一些部门则是长期亏损的行业,比如煤矿,既不赚钱,不经营又不可能,于是由国家接管,亏本经营,同时企图加以改造。国有化过程中对原有的企业主给予补偿,随之由国家成立管理机构(如国家煤炭局),作为国家所有权的体现者。在多数场合下,原有企业内部的管理人员并不改变,工人的地位也没有变化,在很大程度上,国有化是用一个国家的代表机构取代原来的私人老板,工人仍是受雇佣者,国家是他们的雇主,工人可组成工会与"国家"这个老板讲定工资。不过具体的谈判却是在工人与经营人员之间进行的,国家仍站在仲裁者的地位上调节冲突,充当中间人。1948年,国有化基本上告一段落,这时,80%的劳动力仍然在私营企业中工作,国有化的雷声显然大于雨点。

但国有化仍然是巨大的观念变化,在英国这样一个自由资本主义的发源地,国有化意味着双重否定。它意味着"社会主义"是一种可以接受的实践,而资本主义也是可以不"自由"的。实际上,保守党对国有化并没有当真反对,1947年保守党研究部提出一份文件叫《工业宪章》,其中对英格兰银行、煤矿等行业的国有化表示认可。在国有化过程中保守党只对工党法案作部分修正,并不反对国有化的根本做法。这表明在思想深处,保守党和工党已形成某些共鸣之处,而凯恩斯的经济理论就是其间的纽带。

在福利制度方面,保守党也接受了工党的理念,即建立一个全方位的社会保障制度,这既是社会公正的需要,也是国家安全的需要。这种共同的思想基础便形成战后的"共识政治",保守党后来执政时,全面接受了工党制定的社会立法,也基本上认同了工党已经实行的国有化措施,由此而产生英国政坛上的"共识政治",这一次"共识政治",是以保守党向工党靠拢为基础的,事实上若保守党不认同工党的做法,它就会永远被选民抛弃。

工党创建了福利国家,但它内部的分歧已逐渐明朗。工党左派以安奈林·比万为首,要求进一步实行国有化;艾德礼、贝文等主要领袖则不打算这样做,左、右派之间的隔阂越来越深。1950年大选工党只得到5票多数,政局非常不稳。1951年工党在朝鲜战争问题上分裂,工党政府垮台。在随之举行的大选中保守党取胜,丘吉尔再次出任首相。这以后一直到1964年都是保守党掌权,但执行的政策却与工党无根本不同。英国的情况是很有意思的:工党创建了福利国家,维持它的却是保守党。

两党的经济政策都是一致的,即推行"混合经济"。在这种经济制度下,国有企业和私有企业同时存在,"计划经济"和自由竞争也同时起作用。国家不仅通过立法来干预经济,而且下达指标,对经济发展实行"指导"。国家并不直接参与生产与经营活动,却可以用"计划"来引导经济发展的方向;同时又用税收的手段调节财富的分配,用福利制度来保障最低的生活标准。这样一套社会经济政策在战后大约20年时间里效果很好。这段时间里,经济稳定,失业率很低,人民的生活水平明显提高,英国似乎已走进了一个"富裕社会",战争的代价确实没有白付,人民为自己创造了前所未有的繁荣。两党的"共识"体现为一个新的符号:"巴特茨克尔主义"。这个词来源于理查德·巴特勒和休·盖茨克尔的姓,他们分别担任过保守党政府和工党政府的财政大臣,由于两党执行同样的经济政策,两个人的姓就被合成一个有意思的新词了。

保守党一直执政,先由丘吉尔任首相,后由安东尼·艾登接任。艾登在1956年苏伊士运河事件中栽了下来,哈罗德·麦克米伦接替。麦克米伦在1963年因病做了个小手术,他决定提前卸任,并提名霍姆伯爵继任。但这时,人们一般认为首相应该是下院议员,贵族不应该做首相。于是霍姆伯爵放弃爵位,通过一次选举进入下院,这才当上了首相。但霍姆在党内威信不高,许多人不服他,这使工党在1964年大选中获胜,由哈罗德·威尔逊组阁。保守党在1970年卷土重来,由爱德华·希思出任首相。1974年威尔逊再次组阁,1976年则由本党的詹姆斯·卡拉汉接替首相职。至此时为止,各届政府无论何党派都执行大同小异的内外政策,"巴特茨克尔主义"也始终在英国生效,凯恩斯的经济学说是两党治国方案的共同基础,"共识政治"指导着两党的行动。

在"共识政治"期间,英国宪政发生了一些有趣的变化,使权力的重心更倾向下院。首先,上院的作用进一步削弱,根据1949年的《议会法》,上院对下院所通过的法案,只能行使一年的延置权,一年之后,法案将自动成为法律,送英王批准。这样,上院在立法方面的权力就几乎被剥夺殆尽。1958年议会又通过《终身贵族法》,旨在改变上院的世袭性质。这项法案规定国王可以册封"终身贵族",终身贵族不可世袭,终生而终。这以后,英国就很少再册封世袭贵族了,企图以这样的方法逐步减少世袭贵族的人数,改变上院的组成。但《终身贵族法》并不取消世袭制度,因此改变不了上院的性质。第二次世界大战后各种政治力量曾多次提出彻底改造上院的问题,但最后都不了了之,无可付诸行动。世纪之末新的工党政府再次把这个问题提出来,虽已提出初步方案,但因此问题涉及政治制度的基本框架,因此非常复杂,实施起来当会碰到不少困难。

但另一方面,1963年制定了一项《贵族法》,规定世袭贵族可以放弃世袭头衔,成为平民。这主要为生来就是贵族的人卷入政治主流铺平道路,因为作为贵族,他们无法参加大选,不可以成为下议员,因此也就不可能作为党的领袖进入主流政治中去。

在上院影响继续衰落的同时,下院的重要性则持续增长。第二次世界大战前英国已实行全民普选,1948年制定的《选举权法》实行了彻底的一人一票制,把过去残存的一人多票现象完全消除了。1969年将选民的年龄限制从21岁降为18岁。现在,凡年满18岁的英国公民,不分男女,都有权参加下院选举(少数情况例外,比如贵族)。正因为下院是普选的产物,所以它自称代表民意,体现着国家的主权。下院在当代英国政治中具有举足轻重的意义,争夺下院多数是各政党的目标。

但第二次世界大战之后,权力却在向政府方面倾斜。从理论上说,政府应该服从议会,执行议会的立法;但在现实政治中政府却通过政党控制议会多数,让议会制定符合政府愿望的法律。在这个过程中起关键作用的是政党,20世纪英国政党已成为群众性党,也就是说,它们不再像在19世纪那样只是议会内部贵族政治家的不同派别,与社会大众没有直接联系;20世纪政党都有地方党组织,有大批的普通党员,虽说党的领导并不能要求党员随时服从党,但党却可以通过党的地方组织动员群众参加选举,选出本党议员,再通过党的议会党团对本党议员实行纪律约束,要求他们在一切重大问题的投票表决中与本党保持一致,从而达到控制议会的目的。执政党对党的控制就意味着对议会多数的控制,政府控制议会也就通过政党这样一个中介工具而完成。20世纪的英国政治是典型的政党政治,政党是政治运作的基石。

政府通过政党而取得权力,首相则在政府中地位日显。第二次世界大战期间,丘吉尔的地位已相当显赫;第二次世界大战后,首相的作用越来越超出政府中其他成员。80年代,玛格丽特·撒切尔在英国政坛崛起,她就是一位以强悍著称的首相。

撒切尔夫人当选为首相

撒切尔上台标志着"共识政治"的结束,它有着深刻的历史背景。60年代下半叶英国经济出现奇怪现象,即一方面发展停滞,另一方面物价飞涨,出现著名的"滞胀现象",通称"英国病"。按照传统的经济理论,经济萧条时物价会下降,购买力疲软,经济发展的动力不足,市场缩小,而失业人口则随之增加。针对这种情况,凯恩斯提出用国家干预的方法刺激需求,人为扩大市场,用市场需求带动生产,达到经济繁荣,并解决失业问题。福利政策就是在这种理论指导下制定的,它是一种扩大消费的手段,希望在消费增长的情况下经济也自然增长。但"滞胀现象"出现后凯恩斯理论就受到动摇,人们发现经济萧条与通货膨胀同时存在,需求与发展的关系似乎断开了,人们一方面没有钱,劳动力大量失业,另一方面物价却居高不下,好像人们有数不尽的钱似的。这种现象是如何形成的?一种新理论认为是公共开支太大而造成了恶果。它指出:凯恩斯理论从扩大消费的角度来刺激经济,为此必然扩大公共开支(其中最重要的项目之一就是福利开支),因此就必然加重税收,而沉重的税务则一定会影响企业的收益,妨碍投资,造成生产率下滑,失业率则上升,因此,一方面市场疲软,另一方面则物价高抬。这种理论主张从扩大生产的角度来刺激经济,为此就应该减少货币总量,削减公共开支,大幅度降低税收,尤其要降低针对富人的高额所得税,鼓励投资,刺激生产。这种学说被称为"货币主义"。

70年代,滞胀现象达到高潮,年经济增长率在2%以下,有时还出现负增长;零售物价指数不断上涨,1974—1978年其指数从201上涨到365

第十九章 走向福利国家

(以1963年数字为100),同时,到1978年,失业人数达到160万。工会连续发动大规模罢工,70年代出现第一次世界大战以来最活跃的罢工浪潮,每年因罢工而损失的工作日少则1 000多万个,多则2 000万个,1979年达到1926年以来的最高数字,即2 947万个。罢工工人要求大幅度提高工资,而工资一旦提高,物价就会更高,生产能力却并未因此而有所改进,相反,在生产水平不发展的前提下提高工资,只会加剧通货膨胀,使滞胀现象更为突出。面对严重的经济危机,各届政府无论是工党还是保守党都用尽浑身解数力图解救,但只要他们试图抑制消费、缓解通货膨胀时,经济发展就立刻受阻;而一旦他们企图刺激生产,解决停滞问题时,又立刻造成更严重的通货膨胀。历届政府都头痛医头,脚痛医脚,结果滞胀现象愈演愈烈,"英国病"已病入膏肓。1978年,工党卡拉汉政府宣布对工资问题采取强硬立场,规定年增长率不得超过5%;但第二年,在强大的罢工压力下政府不得不同意把工资提高9%,在全体国人面前大丢其脸。在这种情况下,保守党对政府提出不信任案,并以一票多数击败政府。这是20世纪唯一一次当权的政府丢失议会多数的场合,此时英国正陷在最深刻的社会经济危机中。

玛格丽特·撒切尔在这时上台,她上台便抛弃了"共识政治"。撒切尔信奉货币主义理论,上台后就进行大刀阔斧的改革。她主要采取四项措施,一是私有化,二是控制货币,三是削减福利开支,四是打击工会力量。在私有化方面,撒切尔政府把40%的国有企业出售给私人,总资产达200亿英镑,包括英国航空公司、英国电信公司、英国钢铁公司等。在货币政策方面,撒切尔政府实行严格控制,将通货膨胀率降到5%以下。在社会福利方面,撒切尔政府大量削减各种补贴,包括住房、医疗、失业、教育等,这些削减对社会下层造成比较大的影响,但它不敢根本否定福利制度,因为福利制度关系到大多数人口的根本利益。在打击工会力量方面,撒切尔政府制定一系列相关法律对罢工进行限制,使罢工的决定很难做出,罢工需经过工会会员的投票及一系列法律程序的批准才可进行。1984年,撒切尔政府还与煤矿工会摊牌,煤矿工会发动了362天的长期罢工,其间甚至发生一些暴力活动,但罢工最终还是被政府击败了,这以后,整个工会的力量都大大受到削弱。

撒切尔的一系列政策确实取得效果。起先,撒切尔的"猛药"似乎把英国抛进了危机的最低谷,300万人失业,国民生产总值下降3%,经济一片不景气。但从1983年起情况好转,到1988年英国已走出危机,经济增长率超过了欧美国家的平均水平,通货开始稳定,失业率也持续下降,达到了正常水平,"英国病"似乎已治好了。在此后举行的两次大选中保守党都获胜,撒切尔也成为20世纪在职时间最长的首相,并且是1827年以来唯一在连续三次大选中获胜的首相。

撒切尔虽说政绩斐然,但她的政策基本上是"扶富抑贫",在她的政策下,富人富了,贫穷的阶层却受到伤害;政府在文化教育方面削减开支,从长远角度看对国家也不利。撒切尔个人作风强硬,引起党内同僚不满。1990年11月,内部冲突终于爆发,导致撒切尔下台。保守党在欧共体问题上一直有严重分歧,形成所谓的"亲欧派"和"亲美派"。"亲欧派"的黑塞尔廷趁下院保守党领袖杰弗里·豪对撒切尔的外交路线发起公开攻击之时,宣布挑战撒切尔的党领袖地位,并争夺首相职务。在党内第一轮投票中撒切尔未能获胜,虽说还可以进行第二轮投票,但她宣布退出竞争,主动结束了"撒切尔时代"。不久后,她被授予女男爵称号进入上院,一代女相逐渐淡出英国政坛。

保守党选择了性格较为平和的约翰·梅杰接任首相,梅杰基本上是个"撒切尔派",但他不是个强有力的领导人,被看成英国历史上最没有作为的首相之一。但他却在1992年大选中带领保守党轻易获胜,原因是工党实在太弱,拿不出吸引人的竞选纲领。梅杰在多数问题上继续执行撒切尔路线,似乎是撒切尔的翻版,"撒切尔时代"仿佛仍在继续。但在1997年的大选中风向却变了,保守党因为在对欧政策问题上再次发生严重分歧,不能团结一致;选民则对保守党的沉闷气氛感到失望,希望再现新风。这一年,在野18年的工党在大选中终于获胜,一个"新时代"于是开始了。

二、殖民地独立与英帝国解体

第二次世界大战后英帝国解体了,民族主义运动在殖民地蓬勃兴起。战争开始时,自治领和殖民地与英国一同卷入战争,再次体现了帝国的团结。帝国各地共派出500万军队投入战斗,这个数字已高出第一次世界

第十九章　走向福利国家

大战中的数字。但战争结果却表明：它恰恰是英帝国解体的催化剂，如果说第一次世界大战使英帝国发生动摇，那么第二次世界大战就使英帝国走向终结，战争的胜利反而促进了殖民地的离心倾向，最终导致战后的独立。

以下这些因素促进了殖民地的离心倾向。首先，战争初期英军在亚洲的败退造成深远影响，人们意识到英帝国已相当脆弱，不能给殖民地带来安全，自治领和殖民地都开始重新思考它们和英国的关系，这就使帝国的凝聚力受到重大打击。第二，在战争中，迫于战局需要，英国对殖民地做出种种许诺，希望它们全力以赴投入战争。但战争结束后这些许诺就需要兑现，从而为民族独立提供了契机。第三，战争促进了殖民地人民的觉醒，这次战争的重要特征之一，就是受侵略国家反对侵略的战争，战争中联合国家提出了民族自决的原则，由美、英签署的《大西洋宪章》也体现出了这一精神。但民族自决的原则一旦提出，它就回避不了殖民地与宗主国关系的问题，殖民地以民族自决为口号，一定会走上与帝国分离的道路。第四，战争使大批殖民地人走出国门，走上战场，开拓了他们的眼界，改变了他们的思想，这些人回国后往往会成为民族主义的传播者，为英帝国培养更多的掘墓人。最后，战争中的盟国都对殖民主义不抱好感，尤其是美苏两国，它们在战后成为超级大国，造成了瓦解英帝国的国际环境。

这样，在战争结束后不久，英帝国的解体也就开始了。

印度是走向独立的第一个地区。战争中，印度的反英情绪很浓，许多人不愿为英帝国打仗，甚至站在日本侵略者一边反对英国统治。甘地领导的非暴力不合作运动在战争期间屡现高潮，英印当局残暴镇压，于是和民族主义形成尖锐对立。1942年日军侵占缅甸，一直打到印度边境，英国政府慌忙派特使赴印度与国大党谈判，做出了许多保证。但国大党坚持要求在战后实现独立，英国则未予承诺。战争结束后，英国遵照它的保证在全印度进行大选，国大党和穆斯林联盟分别得到印度教徒和伊斯兰教徒的全力支持，而印度的独立也就不可避免了。但这时，印度教和伊斯兰教之间却发生严重冲突，穆斯林不愿留在一个统一的印度国家内，生怕印度教的人口优势会对他们不利。英国起初想维持一个完整的印度,但后来发现做不到,就打算撒手不管。1947年2月首相艾德礼宣布:英国将在1948年6月之前撤离印度,而不管印度当时的局势如何。这就意味着在1948年6月之前国大党和穆斯林联盟必须解决它们的分歧,否则印度将处于无政府状态。在这种情况下,印度两大党终于都承认分治是唯一的出路,并接受了由新任总督蒙巴顿勋爵制定的分治方案,即"蒙巴顿方案"。根据这个方案,独立后将出现两个新国家——印度和巴基斯坦。印度主要由印度教徒组成,巴基斯坦则是个伊斯兰教国家。各土邦都可以自主决定加入印度或加入巴基斯坦,从理论上说也可以选择独立,但在实践上这一点却无法做到。

蒙巴顿勋爵代表英国向尼赫鲁移交政权,承认印度独立

于是,印、巴独立后,除了克什米尔的归属问题直至现在都未能解决、并引起印巴之间的三次战争外,其他地区按宗教信仰分成两部分:西北部和东北部的伊斯兰地区组成一个国家即巴基斯坦(后来东北部又单独成为孟加拉国),中间的印度次大陆主体则成为现在的印度。1947年8月两国先后宣布独立,英国皇冠上的这颗明珠,在经受英国300多年的侵略和统治之后终于脱离了英国,成为战后英帝国解体的第一声。独立后,印度和巴基斯坦都加入英联邦,成为英联邦中与英国平起平坐的独立国家。两国的做法为后来独立的殖民地提供了先例,英联邦逐渐成为英国与新独立国家的松散联合体。

但印、巴在独立之时却发生了难以名状的惨剧,印度在争取独立的过程中完全遵循甘地的指引,走非暴力不合作之路。但就在独立的前夕,两个教派之间的冲突,却演变成印度人之间的大仇杀,印度教徒和穆斯林互相厮杀,成千上万的无辜者在血泊中倒下。年逾古稀的甘地

第十九章 ● 走向福利国家

老人再次呼吁非暴力,并且进行最后一次绝食,他想用这种方式吁请人们停止暴力,呼吁宗教的和解、人心的互谅。但这一次却没有人追随他,也没有人响应他,他的声音孤零零地飘过印度上空,几百万印度教难民却从印巴分界线的巴基斯坦一侧涌入印度,另外几百万穆斯林难民则从分界线的印度一侧涌入巴基斯坦,逃避宗教迫害。这些人在途中饥寒交迫,饱受劫难,至少有50万人被对方的狂热分子杀害,有人说受害者达到100万。在这样一个仇恨的癫狂中,印度历史上最悲凉的一剧发生了:1948年1月30日,当甘地老人去做他例行的晨祷时,一名印度教青年向他弯腰祝福,突然间却拔出手枪向他射击,甘地连中三枪,惊讶地死在他自己人民的手中,而原因就是他主张宗教和解、提倡和平地解决问题!

尽管如此,印、巴独立还是带动了亚洲一批国家的独立。1948年,缅甸、锡兰相继独立,英国并放弃了在巴勒斯坦的托管权,结果巴勒斯坦问题成为当今世界上最难解决的问题之一。情况之所以如此,就是因为英国先在巴勒斯坦执行"犹太家园"计划,后来又限制犹太移民,结果两头不讨好,犹太人和阿拉伯人都反对它,两个民族之间的仇恨也被挑动起来。1948年英国宣布撤离,以色列立即立国,接着,第一次阿以战争就爆发了。

50年代初保守党政府采取较为强硬的政策,结果卷入三场殖民地战争。1948—1955年英军在马来亚镇压共产党游击队,为此曾派出25万英军,而马共武装大约只有8 000人。从军事上说英国是胜利了,但1957年它却不得不让马来亚独立。第二场战争从1952

英军在巴勒斯坦搜查一阿拉伯人

年起在肯尼亚进行,目标是当地土著吉库尤人的一个带有神秘宗教色彩的"茅茅"组织。战争打了4年,几千人战死,而肯尼亚仍然在60年代取得独立。第三场战争是在1954年开始的,英军在地中海的塞浦路斯岛上向希腊族"埃奥卡"武装力量开战,投入军力约3万人,最后却未能制服"埃奥卡",不得不在1959年同意塞浦路斯独立。这三场战争中,尽管前两场战争从军事上说是胜利的,但其政治意义却不大。后一场战争在军事上都是失败的,战争并不能解决问题。

但1956年英国在殖民地问题上犯了更大的错误,卷入一场更丢脸的战争。这一年,英国从苏伊士运河撤军了,恢复了埃及的完整主权,这意味着20年前埃及独立时留下的一条殖民主义尾巴已经彻底被割断了,埃及问题似乎已经解决。但不久后,刚刚掌握政权的纳赛尔宣布对

英军士兵押送肯尼亚民族主义领导人肯雅塔

苏伊士运河实行国有化,大大地触犯了英法的利益,因为英法控制着苏伊士运河的大批股票。英法于是和以色列秘密商定:由以色列对埃及发动进攻,然后英法借保护运河、制止战争为由,派军队进驻运河区,重新实行军事占领。这是个十分拙劣的阴谋,英国既想占领运河区,又想扮演正义的角色。起初,一切都进行得十分顺利,但美国却出于自身的利益,一开始就不支持英法动武。战争爆发后,美国一方面在联合国谴责侵略,一方面又迫使以色列接受停火,使英、法失去了干涉的借口。在苏联、中国和全世界正义舆论的反对下,英法不得不撤军,在全世界面前丢了脸。

苏伊士运河事件是英国殖民史的重大转折点,它说明老牌殖民主义已四面楚歌,很难继续维持下去。它也说明美国的影响已超过英国,没有美国支持,英国什么也干不成。事件结束后,艾登政府垮台了,工党本来有很好的机会取而代之,但工党内部有分歧,无法利用这个机会向保守党

第十九章 走向福利国家

发动穷追猛打。结果保守党组成新政府,由麦克米伦出任首相。麦克米伦嘴上喊着帝国主义的口号,行动上却改弦更张,加紧英国从殖民地撤退。1956年之前,英国已基本上撤出远东,但不打算放弃非洲。英国人认为非洲的民族尚不成熟,还不能自己管理自己,除黄金海岸(现在的加纳)、苏丹和尼日利亚外,英国并不准备离开其他地方。但苏伊士运河事件后英国加快了撤离的步伐,它已经意识到无力维持一个帝国了,因此越早撒手,情况就越好。1960年麦克米伦访问南非,在开普敦发表了著名的"变革之风"演说,在演说中他承认民族主义觉醒已传遍非洲大陆,对这样一股"变革之风"英国准备接受。在这种思想指导下,英国在60年代让非洲几乎所有的殖民地全都获得了独立,而英帝国至此事实上就已经结束了。

1956年英军在苏伊士运河危机中进攻塞得港

独立的国家多数都留在英联邦内,这多少对英国是一种安慰。别的帝国垮台了就烟消云散,英帝国却还能留下一个幻影。其中的原因与英国的统治方式不无关系,英国人善于让步,一旦他们发现民族主义的烈火已不可遏止,他们便见好就收,趁早把权力交给本地人,因此从感情上说,英国与殖民地之间并未发展到势不两立的地步。此外,英国在多数殖民地建有代议机构,本地人经长期的努力,可能早就进入了这些机构,这对平稳过渡也是有益的。新独立的国家认为与英国保持某些比较正式的关系是有好处的,英联邦则正是这种新关系的体现。但英联邦毕竟不是英帝国,随着时间的推移,联邦内部关系越来越松散,成员国对地区事务日趋重视,而超地区的联邦对它们来说则越来越遥远了。

70—80年代,又有一批英属殖民地获得独立,它们主要是加勒比地区、太平洋岛屿和印度洋岛屿。这时非殖民化运动在全世界都已接近尾声;香港则在1997年归还中国。

在整个过程中,南罗得西亚是个特例。这个地区的白人想建立一个南非式的国家,由白人少数种族控制政权。英国反对白人的图谋,表示支持向多数人统治过渡,结果白人单方面宣布独立,于1965年脱离英国统治。英国对此不予承认,和国际社会一起对它进行制裁;黑人解放运动也开始进行武装斗争,到1980年,白人政权终于把权力交还给英国,由英国向多数人移交权力,南罗得西亚成为独立的津巴布韦。

撤离香港时的末任港督彭定康

在帝国光辉日益黯淡的过程中,1982年英国却重温了一次帝国梦。这一年,阿根廷用武力进占马尔维纳斯群岛(英国称福克兰群岛),英国则用武力加以收复。福克兰群岛在1833年被英国占领,此后一直在英国统治下,岛上一共只有1 800名居民,基本上都是英裔移民,并没有什么经济和战略价值。阿根廷动武,是因为它认为英国已经衰落,无力顾及1万海里之外这样一群孤岛了。但此时在英国是撒切尔执政,"铁娘子"不愿让英国的国威在她手上受辱,于是派出一支特混舰队,由英国海军三分之二的兵力组成。舰队浩浩荡荡地驶向阿根廷南部海域,这一次英国得到了西方世界的支持,尤其是美国,它向英国提供了大量军事情报。英军在1982年6月收复福克兰群岛,虽说胜利是辉煌的,意义却很渺小,它主要是安慰了英国人的帝国心理,让他们突然回忆起英帝国昔日的光荣。

在英帝国全方位撤退的同时,爱尔兰问题日益使英国进退两难。第二次世界大战中,爱尔兰保持中立,不愿参加英国的战争。1949年,爱尔兰改名"爱尔兰共和国",表示它与英国更加拉开距离。但使英国头疼的是北爱尔兰问题,1926年,德·瓦列拉接受宪政方法、放弃暴力活动时,一部分新芬党人不愿追随他,他们和爱尔兰共和军结为表里,新芬党是政治翼,进行合法斗争,共和军是军事组织,从事暴力活动,目标都是统一爱尔兰,结束南北分裂的局面。但问题的复杂性在于:北爱尔兰人口多数是新教徒,他们不愿归并爱尔兰,希望留在英国统治下,因此如果把北爱尔兰交给爱尔兰,就会受到北爱尔兰多数人的反对。在这种情况下,北爱尔

第十九章 走向福利国家

兰两派激烈地冲突,使英国左右为难。60年代末,两派的冲突愈演愈烈,双方互相残杀,北爱尔兰陷于战乱之中。1969年8月,英军开入北爱尔兰,这以后便开始了大约30年的英国直接统治。这段时间里,共和军不断发动暴力攻击,杀害英军士兵,袭击警察,制造爆炸事件,暗杀政界人士。1979年共和军刺杀撒切尔夫人的重要盟友艾雷·尼夫,同年又刺杀王室成员蒙巴顿勋爵,蒙巴顿是第二次世界大战时盟军东南亚战区的总司令,又是印度独立的主持人,他的死在全世界引起巨大震惊,对共和军的声誉造成重大损害。撒切尔上台后对共和军采取强硬态度,1981年,一批共和军犯入狱中绝食,撒切尔不顾国际社会的求情,坚决不予理睬,致使11名犯人饿死。共和军则加强了暴力活动,1984年,共和军在保守党召开年会时爆炸了会议宾馆,企图刺杀撒切尔;1991年,共和军在伦敦向首相官邸发射火箭,而当时梅杰和他的政府正在开会。

时至今日,英国早就想丢掉爱尔兰这个包袱了,但它又丢不掉。英国在爱尔兰问题上一再犯错误,起先它把爱尔兰看作殖民地,引起爱尔兰人的深恶痛绝;后来爱尔兰要求自治,英国的拖延却错过了时机,爱尔兰反而要求独立了。等英国想彻底丢掉爱尔兰时,它又丢不掉了。现在北爱尔兰的问题是:若英国不丢掉北爱尔兰,天主教徒反对;若英国丢掉北爱尔兰,新教徒又不愿意。新教徒在北爱尔兰占人口多数,天主教徒则在整个爱尔兰占人口多数。因此,英国无法摆脱这个困境,让两边的多数人都能满意,而同时又能使自己脱身。它唯一能做的就是拼命把双方都拉到谈判桌上来,在谈判中找到一个双方都能接受的方案。从梅杰开始,历届英国政府都采用这个方针,布莱尔的工党政府上台后更推动了谈判的势头。1998年4月,爱尔兰和平会议终于取得成果,签订了一个历史性的决议,为最终解决爱尔兰问题提供了可能性。但问题的解决仍有待时日,积怨已经太深了,牵扯的方面又太多,各方都有过多的期待和过多的怨恨,历史的冤结有时是很难解开的,化解怨仇谈何容易!

相对来说,苏格兰和威尔士的情况就平和得多。战后这两个地区也出现民族主义,不过它们更强调的是文化特色,因此是一种"文化民族主义"。在政治上,两个地区都提出分权的要求,即建立地区性议会,讨论和决定本地区的地方事务。为此,1979年在两个地区分别举行了全民公决,决定是否建立分权议会,但都未能成功。1997年工党政府上台后再进行一次全民公决,结果两地都建立了地区议会。现在,联合王国内部已经有三个议会,一个是在威斯敏斯特的中央议会,讨论和决定全国事务;两个是苏格兰和威尔士的分权议会,讨论和决定地区事务;北爱尔兰问题尚未最后解决,但在构想中也应成立一个地区议会。由此看来,第二次世界大战后不仅英帝国解体了,"联合王国"如何"联"法也成了问题。英国在这个世界上的地位已发生根本变化,它将以何种姿态进入 21 世纪?

三、从"帝国情结"到融入欧洲

英帝国的命运直接影响着英国的对外政策及它在世界上的自我定位。第二次世界大战结束的时候,英国是个庞大的帝国,它以帝国作为自己存在的基石,一切对外政策都是以帝国为出发点的。这个时候,丘吉尔为英国的国际存在进行定位,他说:当今世界存在三个环,第一个是英联邦和英帝国,第二个是英国、美国及英语世界其他国家,第三个是联合起来的欧洲。通观全球,只有英国在三个环上都占有位置,而且处在三个环的交叉之处,因此,英国仍将发挥举足轻重的国际作用,仍然是世界上的一个大国。丘吉尔的这个判断后来在很长时间里指导英国的外交政策,被人们称为"三环外交"。

1973 年在渥太华召开的英联邦首脑会议

三环外交的基石是英联邦和英帝国,英国把很大的注意力放在这个方面。但英国也意识到它的力量已经削弱,而美国已成为超级强国,没有美国的支持它将寸步难行,所以特殊的英美关系事关重大。三环之中最不被重视的是欧洲,而恰恰在这一点上英国做出了错误的判断。英国人一直有一种很奇怪的想法,即认为英国不属于欧洲,英国与"欧洲"之间没有关系。这固然是一种岛国心态的反映,但更重要的是英国有一个帝国情结,它始终站在帝国的立场上考虑问题,而帝国利益与欧洲的利益又往往是冲突的,比如国际贸易,假如照顾了帝国,便难以兼顾欧洲。这种思维定式使英国在战后几十年中漠视了欧洲事态,或者在必须做出选择时选择了帝国,结果就错失了引导欧洲潮流的机会。

战后西欧的主要潮流是一体化,1950年法国提出"舒曼计划",两年后法、德、意、荷、比、卢六国组成"欧洲煤钢共同体",这就是欧洲经济共同体的前身。英国对此项计划毫无兴趣,它担心在煤钢方面与欧洲国家合作,会影响到帝国内部的生产与贸易。1957年煤钢共同体转变成欧洲经济共同体,英国再次袖手旁观,对西欧的一体化持消极态度,生怕过多的欧洲色彩会影响它的帝国性质。但这样一来英国就失去了在欧洲事务中起领导作用的机会了,以致后来再想加入欧共体,就不得不一次又一次去申请。

后来的事态发展却迫使英国把注意力转向欧洲。首先,英国在60年代患上"英国病",经济景况十分不好,相比之下,欧共体六国呈现出欣欣向荣的发展趋势,使英国的劣势日趋显著。欧共体对外实行统一关税,对内进行经济互助,英国事实上已被排除在欧洲经济一体化之外,照此发展,英国将越来越处于不利的地位,其经济将承受更大的损失。其次,英国本来把帝国看得非常重要,希望帝国内部的经贸关系可以补偿它在其他地方受到的损失。但第二次世界大战后帝国迅速瓦解,英联邦又不能取代帝国的作用,站在帝国的角度看问题,看到的只会是一个幻影,对英国的经济无济于事。苏伊士运河事件后,英国加快从帝国撤退,帝国显然不能再作为对外政策的基础了,英国必须另辟蹊径。第三,战后世界格局迫使英国重视欧洲,两极化将英国与西方拴在一起,英国不得不重视它与西欧国家的关系,更多地卷入欧洲事务。最后,特殊的英美关系也要求英国重视欧洲,美国的外交重点是抑制苏联,美国希望英国在这方面发挥重要作用,甚至在欧洲起引导作用。英国要维持它与美国的特殊关系,就必须满足美国的愿望。并且,美国是讨厌英国的旧式殖民帝国的,这在第二次世界大战及苏伊士运河事件中表现得很清楚,美国的这种情绪也影响着英国的政策。

总之,随着时间的推移,英国一点点发生转变,把脸转向欧洲,而背却开始对着帝国。这是英国对自身国际地位的重新界定,标志着在大约500年中一个历史性的大转变。

英国人对这一转变反应迟缓,英国人的帝国情结太深,难以在一代人时间里完成变化,英国人的心目中总是存留着一个帝国,哪怕它已萎缩成一个影子也罢。出于这种心态,当战后出现西欧联合的最初迹象,而英国明显处于最优越的地位上时,英国却拱手让出这一机会,错过了这一千载难逢的良机。然而现实是无情的,它迫使英国向欧洲靠拢,当加入一体化进程的必要性逐渐展现出来时,英国人被迫踏上这条路。尽管如此,英国人仍勉为其难地在这条路上行走,迄今仍不愿痛痛快快地追赶一体化的步伐。

英国政界始终有两派,一派主张靠拢欧洲,另一派则持强烈的反对态度。一般来说,工党中的左派反对欧洲化,保守党中的右派与他们结盟。但保守党对一体化的态度相对积极一些,为此做出的努力也更加大。英国第一次申请加入欧共体是在1961年,当时保守党的麦克米伦任首相。但1963年初法国否决了英国的申请,第一次努力也就此失败。1964年工党执政,工党左派强烈反对欧共体,说它是"帝国主义"的一个阴谋,申请过程因此中断。但1967年威尔逊政府转变态度,于是提出第二次加入申请,这次努力很快也受挫,欧共体成员国搁置了英国的请求。1970年,保守党的希思在大选中获胜,他于1971年重新开始与欧共体谈判,最后在1972年达成协议,从1973年起,英国将成为欧共体成员。但英国国内关于欧共体的争论却并未因此结束,1975年,威尔逊政府为应付党内的反对意见而举行一次全民公决(也是英国历史上第一次全民公决),就是否退出欧共体问题进行投票。虽说多数选民支持留在欧共体内,但反对的意见仍十分强烈。撒切尔作为保守党中的右派,上台后对欧共体采取较为强硬的态度,在许多问题上闹独立性,常使其他成员国大伤脑筋。虽说这与撒切尔的个人作风不无关系,但在更深的层面上却体现着英国朝欧洲转向的艰难过程。1990年,执政11年的撒切尔在党内受挫折突然宣布辞职,其中政策方面的分歧就在于欧洲问题,撒切尔是"欧洲怀疑派",她反对加强与欧洲的关系,反对拟议中的欧洲联盟。时至今日,英国仍是欧盟中一个半心半意的伙伴,它的边境仍处于半开放状态,它反对防务一体化,它不愿加入欧元体系,所有这些都使英国与联合的欧洲若即若离,使人们常常记起:英国是一个岛国,又曾是一个帝国。

总之,第二次世界大战后英国发生了很大的变化,这些变化可以概括为三个方面:第一,它改变了自由资本主义的色彩而成为一个福利国家;第二,它不再是一个大国而成为一个小国;第三,它丢掉了一个帝国而重新回到欧洲。大战到现在虽说只有半个多世纪,但变化却是深刻的,在很

第十九章 走向福利国家

大程度上改变了英国的性质。这些变化也是世界潮流变化的产物,英国跟进了潮流,却也在潮流中受到了猛烈的冲击。

作者点评：

我曾多次在英国旅行,也接触过许多英国人。英国的原野非常美丽,千姿百态,乡村之静秀,山峦之挺峻,苏格兰高地的雄峰凄壮,威尔士海岸的惊涛悲凉,这些都给我留下很深的印象,我禁不住总是想:造物赐予英国何等的关爱！这片优美的国土,本是在海中安详地漂荡,但突然间它成了文明的中心,在世界的漩涡中随波澜起伏,卷入了时代的狂风巨浪！这是由工业革命引起的,因工业革命,英国改变了世界,也改变了自己的命运。为什么工业革命从英国开始呢？这是多少人心中始终闷闷不得其解的问题,他们孜孜不倦,企图寻找答案。但答案存在于历史之中,历史是一个广阔的天地,它能够包罗万象。到 20 世纪下半叶,漩涡的中心已离英国而去了,英国又恢复了它相对的宁静。我见过许多英国人,他们对此似乎很坦然,他们并不为失去中心地位而感到痛心疾首,也不为丢失昔日帝国而时有哀挽之情,他们似乎安然于现状,安然于自己新的定位,那就是:英国是一个发达的、现代化的欧洲国家,它关注于自己的生活。当然,他们对过去的历史满怀豪情,毕竟,是英国打开了现代化的大门。历史上的英国时代已经过去了,但英国开创的文明却仍在继续；人们对英国的兴趣也许会淡薄,但对它开创的那种文明,却是挥之不去的。

第二十章 此去何方

一、寻找新方向

1997 年,时隔 5 年之后英国大选,44 岁的托尼·布莱尔领导工党大获全胜,成为继 1812 年利物浦勋爵执政以来最年轻的英国首相。一个"新时代"由此开始,那就是"布莱尔时代"。

布莱尔欢庆工党在大选中的胜利

此前,工党已连续 18 年不在台上,它若继续在野,其政治生命岌岌可危,很可能失去存在的理由,究其缘由,是工党提不出明确的路线。第二次世界大战结束后以凯恩斯主义和福利国家为两大支柱的"共识政治"被撒切尔破坏了,工党应该怎么办?为此党内出现了严重的路线分歧,分歧的焦点是:工党应该维持"工人党"的面貌,坚持"社会主义"路线;还是做一个"全民党",像保守党那样争取有产者的支持? 工党在建党初期是一个"工人党",党员中除极少数具有社会主义倾向的知识分子(如费边社)之外,全都是工会会员;党的领导阶层几乎全是工人出身,党对自己的工人身份感到自豪。1918年,在费边社的帮助下工党制定出一部党纲,其中第四条提出"生产、分配和交换手段公有制"的纲领,从而明确了自己是一个"社会主义党"。但"社会主义党"和"工人党"的身份使它在1924年和1929—1931年两次早期执政时的处境十分尴尬,因为在议会选举体制下,它既不能单独为工人阶级掌权,又不能不为工人阶级掌权,结果就不知所为,只好一无所为,并导致麦克唐纳的"叛党"事件。第二次世界大战改变了这种尴尬局面,在战后英国国民要求改变现状的强大民意支持下,工党第三次执政的艾德礼政府实行"国有化",并建立福利制度,工党的"社会主义"与全民拥护的福利国家似乎携起手来,于是"工人党"和"全民党"居然融为一体,工党的支持率也达到顶峰。在这种情况下形成了第一次"共识政治",即保守党向工党靠拢,接受了工党的路线走向。此后直到20世纪70年代末,两党都执行大致相同的政治和经济政策。

但工党却逐渐失去社会基础,给党的生存带来危机。在"福利国家"框架下,"有产"和"无产"之间的对立似乎在消失,许多体力劳动者上升为"白领",而脑力劳动者和管理阶层也受雇于人,像工人那样拿工资,虽说他们的收入远远高于普通工人,但"工薪"的表征却是一样的。社会下层的经济和社会地位都在提高,高等教育普及劳工,为其子女进入"中等阶级"提供了可能性。一个多层次、多元性的社会正在形成。在这个社会中,"工人阶级"的定义开始变得模糊,真正从事社会低下工作的有许多是外籍移民、边缘人群或者妇女,他们不是传统的"工人阶级"。第二次世界大战以后的总体趋势是:工人阶级不断萎缩,中等阶级日趋扩大。这对工党是致命的威胁:工党如果继续做"工人党",并且指望通过选举来获取政权,它就会找不到自己的社会基础,丢失基本盘;而保守党却可以因为它"全民党"的招牌在社会各阶层中找到自己的投票人。这就是工党在一次又一次大选中接连失败的根本原因。这样,工党面临着艰难的选择:是继续做"工人党",还是转变成像保守党那样的"全民党"?工党内部的路线斗争就是集中在这一点上展开的。

早在20世纪50年代末,党内右翼就提出要修改党章。1959年,时任工党领袖盖茨克尔对党章"第四条"发起攻击,并要求对社会主义、国有化等问题进行重新认识。盖茨克尔的提议被党内左派和工会代表多数所否决,但党的性质第一次遭遇挑战。事实上,此时的工党至少从领导集团看已经很难说是"工人党"了,其阶级成分和受教育程度都越来越接近保守党。同时,工党的"社会主义"也名存实亡,"国有化"到50年代末就基本停止了,"福利国家"建立后英国向哪里走?工党说不清楚。保守党则接过工党的路线,形成"共识政治"。

20世纪80年代,面对严重的"英国病",撒切尔用"新自由主义"的猛药取得成功,同时也破坏了"共识政治"。但这反而刺激了工党左派,使他们更坚定了党的"社会主义"路线。1981年左派富特出任工党新领袖,他随即加强了党与工会之间的联系,使其更具备"工人党"色彩。这推动右派脱离工党,另组社会民主党。在左派领导下,工党在1983年议会大选时提出党的竞选纲领《英国的新希望》,其中不仅强调工党的"社会主义"性质,并且提出大幅度扩大公共开支、加快国有化、退出欧共体、实行单方面裁军等。此时正是撒切尔主义风头正盛时,工党的纲领帮了倒忙,结果在大选中惨败。

接连四次大选失败震动了工党,"工党现代化"由此开始。两任党领袖金诺克和史密斯相继提出改革主张,尤其是后者,他明确表示,工党只有在放弃公有制纲领后才有机会重新执政,也就是说,工党要抛开社会主义,改造为"全民党"。史密斯的思路成为工党转型的方向盘,其具体实施者是托尼·布莱尔。1994年布莱尔41岁时出掌工党,是工党历来最年轻的领袖。继任之后他立即打出"新工党、新英国"的旗号,对工党进行彻底改造。他认为工党必须完全抛弃"阶级党"性质,把工党转变成"全民党";为此就必须放弃"公有制",把"第四条"从党纲中清除。1995年工党修改党章,把原本"第四条"中关于"生产、分配和交换手段公有制"的提法改成"市场进取精神及竞争活力与伙伴合作力量相结合";工党仍然是"民主社会主义"的党,但公有制没有了,"社会主义"变成了"合作"。由此,工党被抽掉了"阶级党"的灵魂,它在性质上与保守党无异。为了给这种转变以理论支持,布莱尔将吉登斯的"第三条道路"奉为新的意识形态基础,一时引起全世界的关注。然而什么是"第三条道路"?吉登斯本人曾解释说:它既不同于社会民主主义,也不同于新自由主义。这种说法无异于"既非A,也非B",但究竟是什么?还是没说出来。不过在布莱尔那里,这种"两不是"意味着既不是撒切尔,也不是艾德礼,因此是"新工党";新工党将缔造一个"新英国"。但是从他10年执政的情况看,布莱尔其实执行了一条没有撒切尔的撒切尔路线,由此形成第二次"共识政治"。只不过第一次"共识政治"是保守党向工党靠拢,这一次却是工党向保守党靠拢,工党也因此转变成另一个保守党,成为又一个"全民党"。

为了完成向"全民党"的转变,布莱尔与工会拉开距离。工会一直是工党的支柱,自从工党成立起,工会就为工党提供经费、输送干部,并且影响工党的决策。但几乎从担任党的领袖开始,布莱尔就宣布工会今后将不再是工党内部的特殊部分,工党与工会是"公平"关系,双方应该互相尊重。工会应该做工人的发言人,而不是工党的发言人;工会可以就工党的政策提出意见,但不能支配工党。在布莱尔出任工党领袖之前,史密斯已经改变了工党选举领袖的办法,将工会的权重从 2/5 压低到 1/3,并且将投票权分散给每一个工会会员,而不是像从前那样每个工会只投一张票,工会领导人控制着谁当工党领袖的话语权。布莱尔是按照这种办法选举出来的第一位工党领袖,因此他对工会可以不领情。

布莱尔上台后面临的急迫问题是如何处理撒切尔的"遗产"。第二次世界大战后英国政府的一大难题是福利开支,布莱尔执政前这笔开支已达到 900 亿英镑,是英国政府最沉重的负担。巨大的福利开支迫使政府实行重税政策,而这样做势必阻碍经济活力,造成通货膨胀,由此而形成了"滞胀"。为解决滞胀问题,撒切尔曾执行激烈的货币主义政策,将政府的关注点从刺激消费转向刺激生产。她采取减税、削减福利项目、压缩文化教育经费等措施,试图减少公共开支。这些措施曾缓解了"英国病",但同时又造成严重的两极分化,贫富差距拉大,社会对抗加剧,引起广泛不满。

面对如此困局,布莱尔政府一方面接受撒切尔的基本原则,对福利开支进行控制;另一方面又试图寻找新路,在保留福利框架的同时清除它的积弊。布莱尔对"福利"进行重新解释,他认为与其把钱花在设定福利项目上,还不如用在人力、智力和基础设施的投资上,从生产的角度提供"福利",因此他的经济政策其实与撒切尔推崇的供应学派经济理论一脉相承,是撒切尔主义的另一个版本。出于此种思路,布莱尔政府鼓励公私企业共同向基础部门投资,扶持中小企业,用创造就业来代替救济。它增加对教育的投资,通过发展人力资源来提高劳动生产率,推动经济发展。政府还向英格兰银行下放权力,让它独立于政府,自行决定汇率。在医保方面,它一面承诺大幅度增加政府拨款,一面又在具体规定上精打细算,节省每一笔钱,并且鼓励私人医疗。在劳工政策方面,它一方面批准欧盟

《马斯特里赫特条约》所规定的"社会宪章",限制劳动时间,提高最低工资标准,保障职工参加工会的权利;另一方面又有意识地疏远工会,将工会的作用边缘化。总之,布莱尔执政期间缓和了撒切尔"猛药"中最激烈的部分,但保留了撒切尔政策的精髓。

布莱尔第一届政府还做了以下两件事:

一是在1998年提出上院改革法案,缩减世袭贵族在上院的表决权。改革上院是工党在竞选时做出的承诺,人们曾普遍认为工党将彻底改变上院的性质,将它从一个世袭的机构改变成民选的"第二院"。不过最终却是雷声大雨点小,改革的结果是:只保留92个世袭贵族的表决权,其中两人由政府指定,其他由各政党推派;"终身贵族"因其非世袭身份不受影响,仍保留表决权。这样就大大加强了政府对上院的控制权,因为终身贵族都是由政府提名的。这部法律在1999年11月获得通过。

二是1997年履行了另一项竞选承诺:在苏格兰和威尔士进行分权公投,两项公投都得以通过。根据公投结果,1999年两地都建立分权议会,并进行第一次选举。从理论上说,分权议会把苏格兰和威尔士的地方事务交给两地自行管理,加强了这两个地方的"自治"权,尊重了这两地人民的"特殊认同",因此政治上是"正确"的。但工党这样做又带有明显的党派动机:当时工党在两地都握有选票优势,分权后可以在两地议会中稳占多数,这样就加强了工党在全国议会中的力量,以达到长期执掌全国政权的目的。但事实证明如此盘算十分"短视":苏格兰民族党很快就在苏格兰的分权议会中掌握控制权,不久又在全国大选中拿下了苏格兰几乎所有的席位。它乘胜追击,提出苏格兰独立的主张,并迫使后来的卡梅伦政府同意举行独立公投。

首届布莱尔政府在平衡经济发展与福利开支方面还算做得不错。1999年,政府自称它在竞选时做出的177项承诺中的多数已经完成或正在执行。英国经济平稳发展,实现了低通胀、低利率、低失业的目标。布莱尔顶住了参加欧元区的要求,兑现了"反对建立欧洲联邦"的承诺;在2000年欧盟尼斯峰会上,他继续采取英国一贯的若即若离的立场,为实行欧洲统一的税收与社会保险政策保留了否决权——所有这些,都是当年撒切尔的做法。2001年,在十分有利的政治环境中,布莱尔政府提前解散议会,举行新的大选。工党在大选中再次以大比数获胜,拿下了2/3以上的议席。

第二十章　此去何方

大选后工党的锐气就开始消退,"第三条道路"也日渐消声,"新工党"只是在走保守党的路,人们对它已经没有新鲜感。费边社当时的领导人马丁·雅各布斯评论说:"假如第二届(工党)政府想要完成它的历史承诺,工党就必须找出一个适合于新时代的故事来。"但这个故事没有找到,政府反而麻烦不断。在第二届布莱尔政府当政期间英国卷入由美国主导的伊拉克战争,这是布莱尔个人声望开始下滑的转折点。越来越多的人反对战争,最终成为促使布莱尔下台的一个因素。但更强烈的风暴来自国内,工党不断被爆出腐败案件。用金钱换取爵位是英国政坛的一个潜规则,政党用晋爵封贵来奖励向本党捐赠巨款的人,尤其是在大选时慷慨解囊的人。布莱尔任职期间册封了大量贵族,是20世纪历届政府所少有的,受封者多是向工党提供捐款的人,其中包括歌剧演员迈克尔·利维,他为1997年工党的胜选立下大功,为此他受封为男爵。2006年初利维捐款事件东窗事发,伦敦警察厅介入调查。其间,布莱尔在一个月内被传唤三次,在英国历史上他是唯一被警察传唤过的在职首相。利维等一干人被拘捕,多名高官被传讯,一百多人接受质询,内阁几乎所有成员都被查问。调查进行了一年多,直至布莱尔下台才不了了之。

在此事件发生之前,2005年英国再次举行大选,工党以66席多数获胜,比起前两次大选,工党的势头已大大减弱。但布莱尔第三次出任首相,这在工党的历史上绝无仅有。此时的布莱尔是一个世界级风云人物,他紧跟美国的小布什,看起来好像是西方世界的第二号首脑。但他在国内的人望却急剧下跌:除伊拉克战争引起普遍不满外,一个又一个的政治丑闻败坏了工党的形象。有人说,布莱尔第三次执政成绩斐然,在教育、医疗、福利、财政、司法公正、核能政策等方面做了不少事。从细节上说大概如此,但撇开细节,工党的锐气却消磨殆尽,已拿不出更多的创造性思维,工党执行保守党路线,"新工党"也走到头了。

2007年布莱尔下台,接替布莱尔的是戈登·布朗,他和布莱尔是同志加战友,都属于"苏格兰帮",在史密斯领导下同为工党改革派,共同憧憬"新工党"。布莱尔执政时期他一直是事实上的二号人物,民间一直有传闻说两人曾经有预约,首相的职务轮流当。但布莱尔三次连任,丝毫没有让位的意思,两人间的关系就变得十分微妙,彼此经常说一些摸不着头脑的话。人们甚至传言:在"金钱换爵位"的危机中,布朗是真正的幕后操盘手。然而就在丑闻风波闹得沸沸扬扬时,布莱尔宣布他将辞职,他意识到人们已经厌烦他了，他的最佳选择就是让位。

布朗是一位出色的理财家，长于实干却不善言辞。布莱尔时代，在台上夸夸其谈的是布莱尔，在台下默默做事的是布朗。政府在经济方面的成就很大程度应归功于布朗，是他维持了布莱尔时代大体上的平稳。然而正当布朗踌躇满志当上首相准备大干一场时，2008年的金融风暴却降临了，布朗没能顶住这场风暴，在2010年的大选中输给了保守党，由44岁的卡梅伦出任新首相。

卡梅伦执政6年，他的运气比较好，成功恢复了受金融危机打击的英国经济，就业率达到高位。他的经济路线依旧继承撒切尔衣钵，因此总体上说，仍旧是第二次共识政治的延续。但他最重要的政治遗产有两项，一是苏格兰独立公投，二是英国脱欧公投。苏格兰公投暂时堵住了独立的路，脱欧公投则留下无穷的遗患，开启了长达4年的"拖欧"工程。

二、英国与欧洲，英国与世界

2010年大选中保守党胜出，却没有获得半数议席，因此只能组建联合政府，与自由民主党共同执政。自由民主党是个"奇怪"的党，它是自由党和社会民主党合并的结果。自由党在19世纪势压政坛，其自由主义意识形态风靡一时；社会民主党是20世纪80年代从工党中分离出来的，原属于工党右派。这两个党合并，是因为到20世纪末两者都处于没落状态，合并之后易于生存。但它们的意识形态相距甚远，很难在同一张床上做同一个梦。卡梅伦与自由民主党联合执政显然是"政治婚姻"，完全为了执政的需要。但这桩"婚姻"并未得到保守党内部的一致认可，从来就有很多保守党人心存不爽。根据英国法律，2015年又需要进行大选了，卡梅伦希望在这次大选中能够完全取胜，使保守党单独执政，于他自己也很风光。为此就需要拿出一个能吸引人的竞选承诺来，于是英国与欧盟的关系就被选中，作为大选的话题。

英国与欧盟的关系一直是个问题，在英国各界、上上下下所有人中都是问题。保守党内部对这个问题也一直有分歧，反欧的情绪相当强烈。20世纪60年代，受当时国内的经济困境与国际形势变化所迫，英国申请加入欧共体，而且是由保守党完成的。不过此举在当时就备受争议，反对者大有人在。为平息争议，工党的威尔逊政府于1975年举行了英国历史

第二十章 此去何方

上的第一次公投,结果是多数人赞成留在欧共体。但两派意见从未消除,工党和保守党内部都有分歧。保守党内有相当强大的反欧力量,撒切尔就是典型的"疑欧派"。卡梅伦执政时疑欧派在党内呼声很高,对卡梅伦的领导地位构成挑战。为解除这种威胁,卡梅伦就想用公投的方式借助"人民"的力量打压对手。2014年卡梅伦曾批准苏格兰进行"脱英"公投,结果如他所愿公投结果是不"脱英"。他因此断定:"人民"是永远正确的,不会出错,所以有信心再组织一次公投,一劳永逸地解决问题。

此外,党外的挑战也是一个因素。工党是主要反对党,但工党在欧洲问题上也意见不一,总体而言,工党对欧盟更有好感,但仍有相当一部分人反对与欧洲融合。两大党的反欧势力如果联起手来共同行动,对卡梅伦当然是重大威胁。但更大的挑战来自一个叫"英国独立党"的小党,这个党的宗旨就是要脱离欧盟,实现英国的"独立"。这个党在2015年大选前不久才成立,但很快就招揽了大量支持者。卡梅伦认为该党的势头不可小觑,担心它抢走保守党选民。以上因素叠加在一起,促使卡梅伦用"脱欧"话题做竞选承诺,一方面保证保守党获胜,另一方面也保住自己的首相地位。他于是宣布只要保守党赢得大选,就举行全民公投,让人民来决定与欧盟的关系。卡梅伦相信"人民"会和他站在一起,不赞成脱欧的。

保守党在大选中获得微弱多数单独组建政府,终于摆脱了联合执政的尴尬。但"英国独立党"一共只得到一个议席,卡梅伦虚惊一场;他自己继续担任首相,了结了一桩心愿。但他必须兑现诺言举行公投,于是,经过大约一年的准备,于2016年6月23日进行公投。公投前英国各方力量开足马力开展宣传,不仅是政界,而且是媒体、社团、各行各业,从上到下都卷入一场前所未有的大辩论。赞成留欧的人说:自从加入欧共体后英国经济发展很快,生活水平比以前高;金融中心地位更稳固了,英国变得更繁荣;国家安全更有保障,朋友更多了,提升了国际地位;来自欧洲的

卡梅伦

年轻劳动力注入渐趋老龄化的社会,给英国带来新的活力。反对留欧的人说:英国丢失了主权,许多与英国相关的决定是在欧盟总部做出的,英国人自己不能做主;大量移民来自落后的东欧国家,抢走了英国人的饭碗,还分享了他们的福利待遇;其中不乏恐怖分子,把英国变得很不安全;英国向欧盟交钱,比以前变得更穷了……诸如此类。双方都有大量的舆论工具,像《泰晤士报》《卫报》这样的主流媒体支持留欧,而《每日电讯》《太阳报》这种小报却主张脱欧。对民众来说,社会精英喜欢的"大报"离他们太远,他们喜欢小报,所以小报的宣传很起作用,小报用煽情的语言讲诉英国人的工作如何被外来人抢走,英国的钱如何被欧盟拿走,英国的文化传统如何被移民改变,等等。这些宣传非常有效,普通老百姓很愿意听。此外,卡梅伦执政6年,许多政策让民众不满,多数老百姓其实不明白什么是"脱欧",更弄不懂如果脱了欧英国会怎样,很多选民把公投理解为对卡梅伦的信任投票,于是就把他们的不满演变成脱欧,因为卡梅伦主张留欧。

在英国精英中,多数人明白脱欧对英国不利,从长远来说会损害英国的经济,伤害英国的国际地位,因此不主张脱欧。下院多数议员是反对脱欧的,当时的民调都说明了这一点。政党中,工党大部分领袖人物如布莱尔、布朗及新任党魁科尔宾等都不主张脱欧;而苏格兰民族党、自由民主党、绿党、北爱尔兰及威尔士的地方民族主义政党也都主张留欧,它们不希望英国离开欧盟。然而当公投变成对卡梅伦的信任表态、对欧盟"掠夺"的民意测验时,其结果就很清楚了:51.9%赞成脱欧,48.1%主张留欧,反欧力量获胜,英国将离开欧盟。卡梅伦盲目动用"人民"的力量,声称这是"人民主权",他不明白:英国是精英统治的国家,"人民"只是个招牌;如果把如此重要的问题交给议会中的精英们去表决,结果必定是留欧。等卡梅伦意识到自己的错误时,大局已定。于是他只好辞职谢罪,然后完全退出政界。

工党本可以有很好的机会夺取政权,但工党内部分歧太大,又缺少出色的领导人,因此保守党得以继续执政,由特蕾莎·梅继任首相。梅是一个脱欧派,在卡梅伦内阁担任内政大臣,是个重要人物。按照政治惯例,内阁成员应共进共退,必须与首相保持一致立场;梅作为脱欧派,却不能公开反对卡梅伦的留欧态度。但卡梅伦辞职后,人们认为梅作为脱欧派来主持英国脱欧事务是再好不过了,况且梅如果继任将是英

第二十章 此去何方

国第二位女首相,人们期待她像撒切尔那样成为又一位"铁娘子"。但人们的期待落空了,梅不是那样的人;梅的魄力不够,并且欠缺政治家必须具备的前瞻性。梅执政期间英国的经济情况不好,加上脱欧不顺利,使其政策执行难上加难。她两次遭遇下院的不信任投票都只是侥幸过关,而且在2017年提前举行大选后又不得不和北爱尔兰统一党组建联合政府,使其脱欧决策经常受到该党的羁绊。

特蕾莎·梅

欧盟对英国的公投结果非常愤怒,担心英国成为坏榜样,让更多的欧盟国家起而效尤。欧盟于是决意要好好惩罚英国,让英国为脱欧付出沉重代价。这就使双方的脱欧谈判非常艰难,欧方提出很高的"分手费",以及各种先决条件;英方则力图维护自己的利益,企图做到既脱欧又能享受欧盟成员国的各种好处。双方于是就陷入旷日持久的拉锯式谈判,将脱欧变成了"拖欧"。其间,双方官员来回穿梭于海峡两岸,梅自己也亲赴欧盟好几次,与欧洲大国首脑不断会谈,试图打破僵局。但所有这一切都少有成效,脱欧的进程非常缓慢。北爱尔兰边界问题成为重大障碍:作为联合王国的组成部分,北爱尔兰在脱欧后就和爱尔兰共和国之间产生了边界,也就是在南北爱尔兰之间重新树建壁垒,这就打破了约20年前为解决爱尔兰暴力冲突问题好不容易才达成的政治解决方案,再一次触动了爱尔兰的民族主义敏感神经。其他如北海渔业问题、英欧关税问题、双方劳务问题、人员居住权与身份问题等,都很复杂又很琐碎,因此从梅上台开始,到2019年6月,差不多三年时间中脱欧进程几乎无进展,英国公众也从情绪激动到麻木不仁终至极不耐烦,只盼望早日结束这场没有意义的马拉松,而无论结果如何。

三年中,英国为脱欧问题吵得天翻地覆,各派政治力量都在博弈。有人希望推翻公投结果,要求进行"二次公投";有人不满意保守党执政,要求政府下台;有人支持脱欧,但对如何脱欧争执不休;有人对英欧谈判的细节挑三拣四,对任何方案都不满意……更糟糕的是,保守党内部分歧严

英国通史

重，"硬脱欧"和"软脱欧"两派视同陌路，梅三次提出脱欧方案都被议会否决，其实是被自己党内反对派否决，梅在党内已丢失威信。在这种情况下特蕾莎·梅不得已宣布辞职，由"硬脱欧"派鲍里斯·约翰逊接任首相。

约翰逊采用"砸锅"打法，也就是把"锅"砸烂了背水一战。面对议会中留欧派的阻挠和保守党内部的分歧，他宣布举行新的大选，让全世界观察家都大吃一惊，因为民调发现公众的态度正在逆转，原先投票支持脱欧的人有许多反悔了，反而希望留欧。这个情况对工党很有利，新的大选有可能翻转英国政坛，让工党上台，把脱欧反转成留欧。结果约翰逊的"豪赌"却成功了，保守党得到 2/3 以上的绝对多数议席而单独执政，这意味着约翰逊的保守党可以"随心所欲"。紧接着他就把这口"锅"砸向欧盟，以英国"民意"的名义，宣布 2020 年 1 月 31 日是英国脱欧的最后期限。此后是 11 个月的与欧盟谈判过渡期，若谈不成，英国就"硬脱欧"，也就是在无协议的情况下离开欧盟，而不管后果如何。

"硬脱欧"对双方都会造成重大损失，欧盟在如此威逼下做出让步，满足了英国的诸多要求。2020 年 12 月 24 日圣诞节前一日，英欧草签商业贸易协议，长达 4 年半的"拖欧"终于结束了。

2016 年 6 月，约翰逊参加英国脱欧公投

脱欧后英国与世界的关系会如何？英美特殊关系会是其主轴。英美特殊关系是第二次世界大战后丘吉尔设计的三环外交中的重要一环，现在英帝国既已解体，英国又退出欧盟，英美关系就成为硕果仅存了。第二次世界大战后的英美关系有过一些波折，总体而言保守党执政时比较热，工党执政则比较一般，威尔逊时期甚至有点冷。撒切尔和里根的私人关系极好，两人都信奉新自由主义，都实行大刀阔斧的政策改革。有趣的是，极好的私人关系在布莱尔和克林顿之间也保持下来，布莱尔甚至把克林顿的"新民主党"视为"新工党"的楷模。小布什执政时，英国是真真实实派军队协

第二十章 此去何方

助美军在伊拉克作战的国家,为此引起英国公众的极度反感。英国脱欧,特朗普竭力怂恿,因为特朗普想破坏欧盟;拜登则愿意看到英国留欧,英国留在欧盟,可以成为美国在欧盟的传声筒。

英国与欧洲的关系一直不算融洽,许多英国人不认为他们是"欧洲人",不认为英国属于"欧洲"。英国脱欧是符合逻辑的,历史上英国对欧洲一直很戒备,哪个欧洲国家强大起来,就一定要把它打下去。现在英国做不到这一点了,但它既想超然于欧洲之外,不接受欧洲的约束;又想分享欧洲的红利,鱼和熊掌兼得。不过如此美餐能不能到手却是未知的,英国和欧盟的关系隐含着潜在危机。

英国离开欧盟,经济上会受损;为弥补损失英国不得不和新兴经济体打交道,包括中国、印度、巴西、东盟等。在这方面英国会受到美国的牵制,经常要服从美国的全球利益。但无论如何,英国仍会尽可能按照自己的国家利益与新兴经济体打交道,至少是维持经济关系。中英关系在香港回归后势头良好,到习近平访英前后进入"黄金时代",两国高层经常互访,两国的经贸、文化交流也不断深化。约翰逊任首相后有所改变。但总体而言,为了在脱欧以后不陷入孤立,英国和欧美以外的国家正常来往却

英国伦敦,支持"脱欧"的示威者在游行

英国伦敦,反对"脱欧"的示威者参加游行

是不得不做的选择。英国离开欧盟,它的国际地位只会降、不会升,这也是不争的事实。

三、是"合"还是"分"?

　　脱欧将英国置于国家分裂的危险中,"联合王国"面临前所未有的挑战。就全国而言,赞成脱欧的人超过愿意留欧的人;但在苏格兰,有百分之六十多的人不愿意离开欧盟,在北爱尔兰也有一半以上的人主张留欧。这就迫使苏格兰人和北爱尔兰人在英国和欧盟之间做选择:他们愿意做"欧洲人",还是做"英国人"?

　　众所周知,"联合王国"由4个部分组成(详见所附英国政区图),其中威尔士和英格兰在历史上渊源较深,苏格兰和北爱尔兰一直有分离倾向,以苏格兰的情况尤为微妙。苏格兰在1707年和英格兰合并,当时是"自愿的",由此而有了"联合王国"之名。合并后苏格兰在商业、工业、殖民地、帝国等方面都很受益,和英格兰一起完成工业革命,一起统治殖民大帝国。所以在两百年中苏格兰人是满意的,他们对"英国"(即联合王国)有高度认同感。但苏格兰人又保留着很多文化特征,比如男人穿裙子、吹管风琴、操苏格兰方言等。苏格兰的司法制度、教育制度、地方管理等也和英格兰不同。不过这些特征并没有影响"英国"(即联合王国)的存在,直到第二次世界大战以后情况才发生变化。20世纪60年代"英国病"发作,苏格兰受很大打击,经济情况不好。而差不多同时北海油田被发现并开采,属于英国的这部分恰好处于苏格兰海域,而石油在那个时候价格疯涨,这给了苏格兰地方主义一个抬头的机会。从那时起,英国两大党为党派私利而执行的政策,不仅不是消除分离主义,反而助长了离心倾向,终于使地方主义和苏格兰的文化特征纠缠在一起,发展出文化民族主义,后来又演变为政治民族主义,导致苏格兰独立意向日益壮大。

　　在这个过程中,苏格兰民族党发挥了决定性作用,可以说,没有这个党的活动,就不会有苏格兰独立的意图。苏格兰国家党是民族党的前身,成立于1928年,是一些知识分子和激进主义者的组织,持有模糊的独立意识。因为得不到民众支持,1934年国家党与苏格兰自治党合并,改名为民族党。但它很快就将那些主张自治的领导人排挤出去,把民族党改造成要求苏格兰独立的党。1948年,"独立"被写进民族党党章。

第二十章 ● 此去何方

但在当时,要求独立是不可想象的,苏格兰人的脑子里根本没有这个念头,因此一直到1960年,民族党也只有大约1 000名党员,在英国历次大选中只能得到苏格兰选民中百分之零点几的选票。就在这时"英国病"发作了,民族党开始炒作经济话题,把苏格兰面临的经济困难包括失业、老工业部门衰落等问题都归咎于"威斯敏斯特的统治",归咎于英格兰对苏格兰的掠夺。同时,由于北海油田开发,一个美妙的故事被编造出来:只要独立了,苏格兰的石油就会由苏格兰所有,为苏格兰人创造财富,带来就业和美好生活。这个故事能够吸引大量苏格兰人,特别是受经济危机打击的中、下层民众,于是政治分离主义就和社会经济问题联系起来,"独立"被说成摆脱危机的唯一方法。60年代末,民族党急剧壮大,党员发展到十多万人,成为苏格兰最大党。

就在这时,英国两大执政党却不断犯错误,为苏格兰的独立势头火上添油。撒切尔上台正是"英国病"高发之时,为恢复经济撒切尔下猛药,砍伐福利项目,整治衰老产业,苏格兰作为工业革命的发源地之一有许多传统企业倒闭了,人员大量失业,福利计划的削减又加大了生活的困难。尽管撒切尔的救治计划是针对全国的,但在很多苏格兰人眼里却是剥夺苏格兰的利益。民族党趁机加强宣传攻势,使更多的苏格兰人愿意倾听他们的诉说。就是从这个时候起,"独立"成了一个可以思考的选项,而不是痴人说梦话了。撒切尔的经济复苏方案在全国有效,但在苏格兰却帮了民族党的忙,让许多人认定保守党是"英格兰党"。

工党与保守党争夺选民,便大打"分权牌",即在苏格兰建立分权议会,让苏格兰得到更大的自治权,以此换取选民的支持。工党在苏格兰一直占有选举优势,它希望通过分权的手段长期控制苏格兰,既可以排挤保守党,又可以打压民族党,阻挡它的独立意图。不想民族党迅速改变斗争策略,它借力发力,接过分权方案把它变成了走向独立的第一步,并用分权思想刺激苏格兰民族主义的进一步发展。1977年工党卡拉汉政府时期就在苏格兰对分权方案进行过公投,未能通过;1997年布莱尔上台后很快就对分权问题再次公投,当时工党势头正足,布莱尔以为一旦分权成功,工党将长期主宰苏格兰政局,并加大工党在全国政治中的砝码。然而事实是,尽管分权成功了,工党也在第一次分权议会中赢得了多数,但从

2007年开始民族党便逆转选情开始执政，一直到现在。分权为民族党打造了合法的政治舞台，让它控制了苏格兰，并利用苏格兰的政治优势推进独立进程。

在这种情况下，2014年民族党发动独立公投，结果以44.7%：55.3%失败。这是向独立方向发动的第一次冲击，尽管是失败的，却向独立方向推进了一大步。苏格兰有将近一半的人表示愿意独立，这在民族党获取苏格兰的执政权之前是不可想象的，因为直至2007年民调都显示支持独立的人不超过30%，可见分权带来多么大的变化。英国保守党和工党在这个变化中都起了作用，是他们的所作所为改变了苏格兰人对"英国"（即联合王国）的态度，党派利益使他们在苏格兰政策方面彼此争斗，民族党则坐收渔翁之利。事实上，民族党最大的优势就在于它以"苏格兰党"的面目出现，让人们相信只有他们是维护苏格兰利益的。但一旦把苏格兰的利益与英国的利益切割开，地方主义就变成了分离主义。

英国脱欧又给分离主义添加了一把火，在脱欧公投中，百分之六十多的苏格兰选民主张留欧，而英格兰则以接近60%的大比数支持脱欧，结果在全英总数中，脱欧比例过半。民族党于是发声：脱欧是违背苏格兰人意愿的，苏格兰被裹挟脱欧，因此苏格兰人将维护自己的权利，为自己选择自己的未来。民族党党魁同时也是苏格兰地方政府首脑的斯特金宣布，她将寻求第二次独立公投。她说：独立不是可能不可能的事，而是什么时候的问题。脱欧公投后苏格兰的独立倾向愈加严重，到2021年1月英国正式退出欧盟时，已经有一半以上的苏格兰人愿意离开英国了。

在苏格兰问题日益严峻时，爱尔兰的局势也愈加奇特。1801年爱尔兰与英国合并，被爱尔兰人视为殖民吞并。20世纪上半叶爱尔兰南部取得独立，即今爱尔兰共和国；爱尔

斯特金

第二十章 此去何方

兰北部因其居民多数为新教徒,不愿加入天主教徒占多数的南部爱尔兰,于是仍留在联合王国(即英国)内。但北爱尔兰的天主教徒仍要求南北爱尔兰统一,于是天主教徒和新教徒两派互不相让,斗争愈演愈烈,以至发展到武装对抗,暴力活动不断升级。撒切尔试图用铁腕手段强行压制,但未能奏效,反而将暴力活动引向英格兰;梅杰政府采用怀柔方式启动对话,也没有达到目标。爱尔兰问题成了英国政府的烫手山芋,欲进不成,欲退不得。

布莱尔上台后决意解决这个问题。1997年9月,在美国总统克林顿的斡旋下,北爱尔兰问题相关各方开始会晤,经过7个月的艰苦谈判,于1998年4月10日达成协议,这一天是星期五,协议被称为《好周五协议》,其主要内容:一是在北爱尔兰成立地方议会,其中新教徒和天主教徒平分秋色,一半对一半,议会任何决议都需经双方各自的多数赞成才能生效;行政机构服从议会,负责管理北爱尔兰。二是建立南北委员会和东西委员会,南北委员会由爱尔兰政府代表与北爱尔兰议会代表组成,负责协调南北关系;东西委员会由爱尔兰政府、北爱尔兰议会、英国政府和苏格兰、威尔士的地方议会代表组成,负责协调爱尔兰岛与不列颠岛之间的多边关系。三是爱尔兰共和国修改宪法,放弃对北爱尔兰的领土申述,宣布只有当北爱尔兰人民多数同意时,南北爱尔兰才能统一;英国则承认:南北爱尔兰根据其人民的共同意愿可以在未来统一。这个协议是在各方都做出重大让步的情况下达成的,此后20年协议得到很好的执行,南北爱尔兰都进入和平发展阶段,取得很好的成绩。

但整个解决方案有一个前提,即英国和爱尔兰都属于欧盟,在欧盟这个大框架下,南北爱尔兰统一问题被模糊了;进而,欧盟作为一个共同市场,人员和物资在其内部是自由流动的,成员国之间不设边界。然而英国脱欧破坏了这个前提,《好周五协议》其实是很脆弱的。一旦英国脱欧,北爱尔兰怎么办?从理论上说,北爱尔兰也脱欧了,南北爱尔兰之间的边界也恢复了,于是统一问题再次凸显。再者,南北爱尔兰之间出现"硬边界"后,人员和物资就不能自由流动,于是南北爱尔兰都不高兴。在脱欧公投中,北爱尔兰有56%的人选择留欧,他们不愿意脱离欧盟,原因是多数北爱尔兰人已经习惯了南北分歧的淡化,享受在无边界的情况下自由流动。

显然,北爱尔兰也是"被脱欧"的。这样,南北爱尔兰的边界问题就成为英国和欧盟谈判的重大障碍,英国政府进退两难:设立"硬边界"无疑是重提南北的差异,必将刺激出统一问题;不设"硬边界",则等于在脱欧之后仍留有一条自由来往的通道,由于有这条通道存在,英国和欧盟之间的关系就变得很难界定。特蕾莎·梅未能解决这个问题,英国政界则为此吵得不可开交;欧盟、英国、爱尔兰、北爱尔兰都卷入争吵,脱欧由此变得遥遥无期。约翰逊上台后做出重大让步,他同意将北爱尔兰留在欧盟单一市场,爱尔兰与北爱尔兰之间边界开放,人员物资可自由往来,英国与欧盟之间的边界事实上退居到海洋中线。换句话说,北爱尔兰事实上留给欧盟了。但这样就留下一个隐患:北爱尔兰属于英国(联合王国)还是欧盟?在那些长期以来不愿离开英国、坚持北爱尔兰是联合王国的一部分的爱尔兰新教徒看来,这几乎就是背叛;而在天

英国议会大楼前拍摄的缺了一颗星的欧盟旗帜

主教徒看来,爱尔兰统一似乎又有了新希望,代表这些人的新芬党已经放话:他们会考虑发动爱尔兰统一公投。可以设想:一旦苏格兰脱英成功,北爱尔兰也会趁势效仿。

联合王国还有一个组成部分是威尔士。威尔士有53%的人投票赞成脱欧,与英格兰保持一致。但这个数字是危机重重的,说明在威尔士也有近半数民众不主张脱欧。威尔士是联合王国的一个特殊地区,它有自己的语言,英语和威尔士语都是通用语;威尔士人有浓厚的克尔特人血统。第二次世界大战以后文化民族主义在威尔士也强势发展,只是还没有像在苏格兰那样转变成政治民族主义。1999年,威尔士也建立分权议会,也是在工党的创意下建立的。尽管威尔士未见得像苏格兰、北爱尔兰那样想和英格兰"分家",但一种离心力仍然是存在的。在未来,即便威尔士一直和英格兰站在一起,永远不离开,但一旦苏格兰和北爱尔兰都离开

英国,那也意味着联合王国就此消失。"联合王国"这个概念是在英格兰与苏格兰合并之后出现,并在将北爱尔兰兼并之后得到加强的,一旦失去苏格兰和北爱尔兰,联合王国也就不存在了。

是"分"还是"合"?这个问题已经摆在英国人面前了。对英国来说,21世纪将是重大考验。人们不禁会问,路漫漫其修远兮,此去何方?

作者点评:

21世纪最初二十多年,英国的表现乏善可陈。在国际上,它丢失大国风范,除紧跟美国之外,很少表现出独立的风度。在国内,撒切尔遗风一路顺延,人们再也没有看见有新的创意。吉登斯的"第三条道路"一时新风拂面,最终却无实际内容。布莱尔曾带来一线生机,"新工党"和"新英国"让人憧憬,但结果却让人大失所望。布莱尔更擅长说,而不是做。进入21世纪以来的英国确实很平淡,正像它美丽的乡村,一切都静静的,如同一幅静止的画,永远定格在那一瞬间。也许是想打破这种宁静,英国上演了一场"脱欧"秀,吸引了全世界的眼球。不过人们最终还是没有看懂:脱欧后,英国将向哪里走?当代英国丢失了以往的活力,它没有更多的抱负,这是最大的问题。作为发达国家和富裕的社会,英国在和平的环境中享受宁静、享受富足,不想再有更为远大的追求了,它满足于现状。常言道:人无志则怠,国无志则衰;英国现在是后工业社会,后工业社会就是这样吗?当一个大国丢掉了远大的志向,丢掉引领世界进步的能力后,它就从第一档掉落到第二档、第三档的行列了。这,就是大国兴衰的宿命吧。

结束语 过去、现在与未来

英国的历史讲述到现在,基本上可以告一段落了,但历史本身仍在继续,它的延伸是无穷无尽的。

在一部通史中讲述英国史,必然只能讲一个梗概,把最主要的轮廓勾画出来,让读者了解其基本线索。因此"撮其要者而书之",便只能以直陈史实为主旨,学术的争鸣与讨论就很少能体现。不过,我们在最关键的部分都提出了自己的看法,很多观点具有原创性,是我们长期研究英国史的心得,也是一种论争,熟悉英国史的读者都能看出这一点。许多观点与国内长期流行的说法不同,那些说法太陈旧了,照搬苏联史学界20世纪30年代的做法,说教多于史实,为了框架的完整性而任意裁剪历史,而不是从历史的真实中抽取结论。这是一种颠倒的历史学方法,表达不出历史的面貌。

在这部通史中我们看到英国历史的梗概大约是这样的:

在几个与大陆分离的小岛上,人类的足迹虽不是不至,文明的曦光却迟迟不见,蛮荒时代长时期延伸,在岛上留下了石器时代的遗迹。等文明由罗马军团的军事征服带来时,已经是基督教纪元的第一个世纪了。文明的迟到表明这些小岛在地理上的边缘性,事实上,这里是古代文明的西部疆界,再往西,是滔滔大洋,人类的主体文明要再等一千多年才有能力跨越这道障碍,把"旧世界"和"新世界"连接起来。

地理上的边缘性造成了文明的边缘性,英伦三岛一直处于西方文明的最边缘,既没有独立发展出自身的文明,又不能在西方文明中发挥主体作用。罗马占领结束后大约有200年时间,这些小岛似乎又被人遗忘了,静悄悄地再走一遍从蛮荒到文明的自生自灭之路。文明在罗马人撤离后居然也消失了,不列颠重新退回到野蛮时代。这在人类文明发展史上是极少见的,不过这足以说明不列颠诸岛的边缘性,罗马人撤离后,文明已经把这块土地抛弃了!

幸好基督教没有抛弃这几个小岛,尤其是当6世纪末圣奥古斯丁奉教皇之命在英格兰登陆后,这片土地又被拉回到西欧主体文明的框架里,若即若离地与欧洲大陆保持着某种联系,缓慢地发展出自己的"封建社会"。这个过程后来被诺曼底征服所打断,大陆人再次统治不列颠,再次带来大陆的社会与经济制度。这一次,大陆统治者把他们所征服的社会彻底改造了,不列颠完全融入西欧文化,从此后它再也没有摆脱过"西方"。

诺曼底征服把英格兰与法兰西纠缠在一起,此后英国便不可从欧洲脱身,它的边缘地位逐步被改变了,英法相争成了中世纪西欧史的主线之一。两地相争终于发展成百年大战,正是在百年大战中,法兰西成为民族,英吉利也成为民族。这一结果对英法、对欧洲都有巨大的影响,不久后,两国都建成专制政体,王权靠武力统一国家,建立集权的中央政府,民族国家出现了——这恰恰就是现代化所必须的先决条件!

此后,英国就处在幸运之神的召唤下了,它每走一步都体现出幸运,乃至一步步走完之后,终至跨进现代文明之门,率先发动了世界现代化。

英国的幸运是一环套一环的,它在14世纪发生农奴制解体,15世纪开始文艺复兴,16世纪进行宗教改革,17世纪就发生政治革命。如果说前几项变异还只是随西欧变局之大流而动,并无领先或特殊之处,那么从专制王权建立起,它的进展就特别顺利,幸运之星始终陪伴着它。专制王权即将建立时,一场玫瑰战争清扫了地基,把古老的领地军事贵族消灭干净。专制权力的建立几乎不费力气,结果就使这个权力不需要太强大,国家机器也不需要太完备。英国因此既不设常备军,也没有健全的官僚体系,地方势力仍发挥很大的作用,乡绅控制地方,能和王权抗衡。所谓"地方自治"的传统就是在这种特殊的环境中培植起来的,"生而自由的英国人"则是这一传统的天然产物。后来,当王权企图继续扩张并以法国为样板时,不强大的王权就和强大的乡绅势力——议会碰撞了,结果是"人民"战胜国王,专制权力在世界范围内第一次失败,而这正是现代化过程的第一步,把英国推进了现代化的大门。冲突的结果是议会成为国家的主权,从而为现代国家奠定了一个基本的模式。

光荣革命后出现一个宽松的社会,从而为经济发展创造了环境。工业革命在宽松的政治环境中发动,这是一个最值得注意的问题。人被解除束缚,是发挥人的创造力的首要条件;而人的创造力的发挥,则是工业革命的基本条件。工业革命一旦发生,就把人类社会一切已有的文明全都撼动了,工业革命开创了一种新文明,它不仅是新的生产力,而且是新的社会和新的文化。总之,工业革命创建一种新的文明形式,我们把它叫作"工业文明"或"现代文明"。英国是走进现代世界的第一个国家,它领先了世界现代化。

现代化是可以"输出"的,凭借它的工业力量,英国把触角伸向世界,用早期资本主义的血腥手段,竟夺取一个世界帝国!这时,地图似乎为它重新画过了,英国从地理的边缘变成中心。地理的中心其实就是文明的中心,凭借这种新文明,一个小小的岛国成了现代世界的领头羊,其中的因缘,仍等待一代代的学者们去探寻。

不过,英国的辉煌终究成为过去,20世纪两场大战耗尽了它的国力。第二次世界大战后,它终于从世界帝国的顶峰上跌落下来,跌到与它人口和面积相匹配的位置上。但英国的"衰落"是否还有其他原因呢?是不是有更深层的文化、社会因素?这是否意味着某种"模式"的归宿,或一种"制度"的终结?再不然就如英国学者所说,是"工业精神的丧失"?当然也可能这只是一个自然的回归——毕竟英国人口少、资源小,它在工业文明的顶峰盘踞一个世纪本是一种超常发挥,如今当世界其他国家也终于都赶上工业文明时,英国回落到它的正常位置上,这本是一件正常的事?到21世纪,英国只是一个欧洲的中等强国了,"脱欧"更使它前途未卜。一个世界大国,在几个世纪时间里勃然兴起,却又迅速衰退,不禁让人想起古代的罗马帝国,何其相似乃尔。

英国的衰落只是相对的,它没有落后,仍能跟上时代的潮流,只是无力领导这个潮流而已。但逆水行舟,不进则退,不能领导潮流就会被其他国家超越,这是历史的逻辑。英国丢掉帝国这也是一种时代潮流,对此英国并不情愿,但它仍能跟着走,而且当其他帝国一瓦解就烟消云散时,英帝国变成了英联邦。英国对变革常常抱一种顺应的态度,它一旦意识到某种变革是大势所趋,不可阻挡,就很快会调整自己的立场,接受变革,哪怕它对此痛心疾首也罢。英国接受变革、接受民主,都是在这种心态指使下造成的,但这就使它最早走进工业社会,也最早走进民主社会。18世

结束语 过去、现在与未来

纪美国独立战争后英国就改变其殖民政策,让殖民地取得更大的自主权。因此20世纪英联邦取代英帝国,是一个漫长过程的自然结果。

另一个例子是君主制的演变。16世纪,君主的权力至臻顶峰,上帝之下,君主极尊。但17世纪开始,议会向君主的权力挑战,最终把君权一点点剥夺。在这个过程中,王权起初对抗,引发了内战;后来采取顺应的态度,到维多利亚时代完成了向"虚君"地位的转变。"顺应"是对历史潮流的服从,作为回报,英国的王位保留下来,仍然维持崇高的尊严;而世界上其他王冠则一顶顶落地。

贵族制向民主制的让步也是这样。在民众抗争的冲击下,少数人垄断政权的局面逐步改变,权力的范围一点点扩大,到20世纪完成向民主制的转变。这个过程也是漫长的,但从来没有停止过,也没有倒退。民主化过程充分显示了英国历史发展的特点,即和平、渐进、改革的方式,英国式道路是一条最稳健的发展道路。

由此可见,英国留给世界的遗产不仅是工业化、民主化、世界化、城市化——这些现代化有形的标志,而且还创造了一种模式,这种模式是通向现代化的有效方式,从某种意义上说,是最成熟的发展方式。适时而变、和平渐进,这是社会变革的最佳选择,它要求社会每一个成员承担义务,对国家的命运负起责任。渐进改革不是一件容易的事,它要求社会的共识,要求各方的妥协,每一方都不可以完全胜利,每一方也不可以完全失败。各方都要放弃自己立场的一部分,最终达成整个社会的利益平衡。这需要高度的责任感和高超的政治技巧,统治者和被统治者都必须承担责任。

总而言之,英国是一个有意思的国家,它的历史留下了丰富的遗产。在英国的历史中我们可以读到很多东西,这些东西蕴藏于历史本身而不在书写它的文字中。所以,我们希望读者透过书中的文字,去看历史本身。

附录一 英王世系简表
（自诺曼底征服始）

1. 诺曼王朝与金雀花王朝

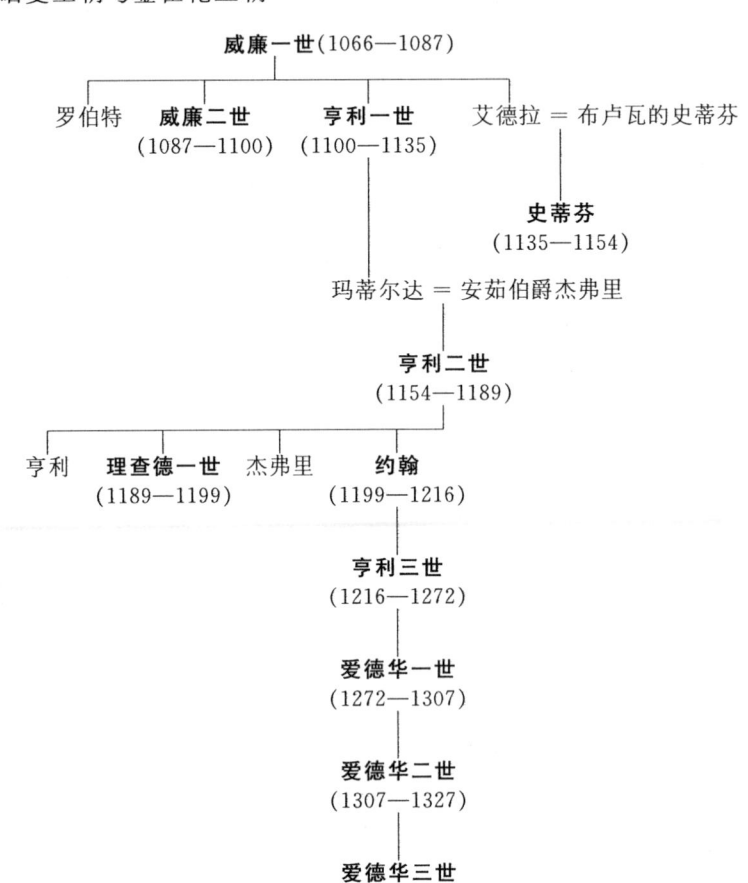

2. 兰开斯特王朝和约克王朝

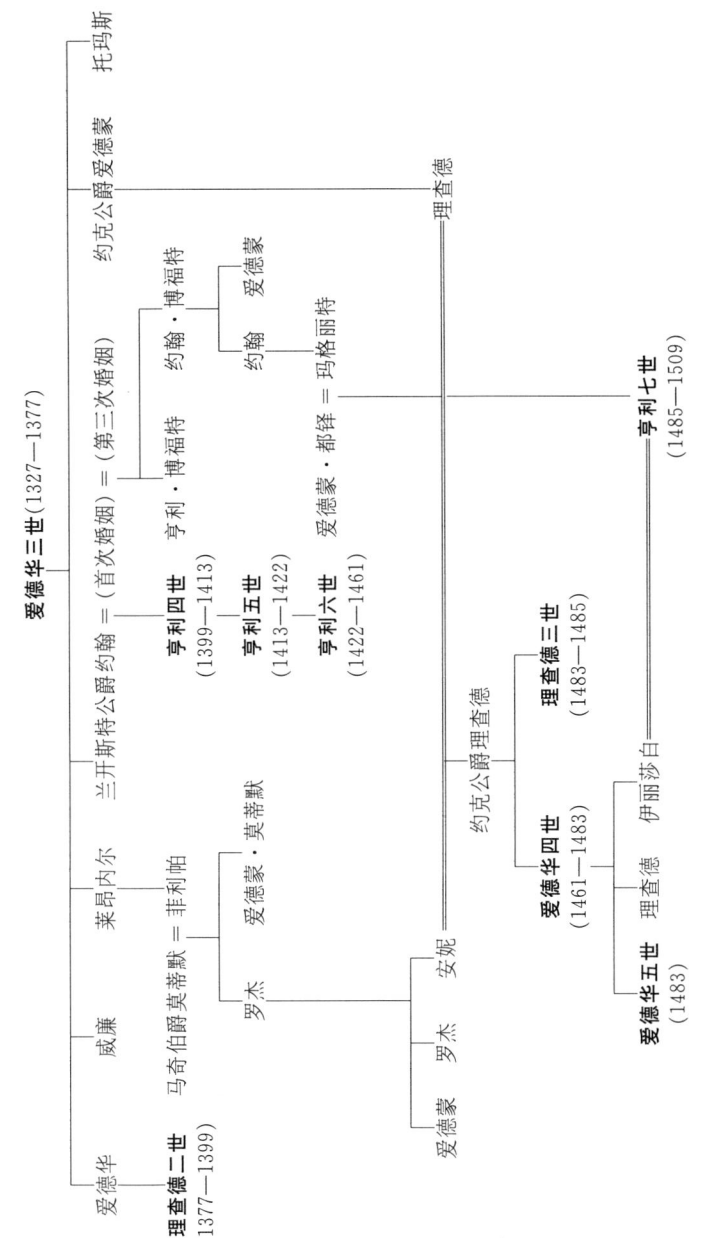

3. 都铎王朝和斯图亚特王朝

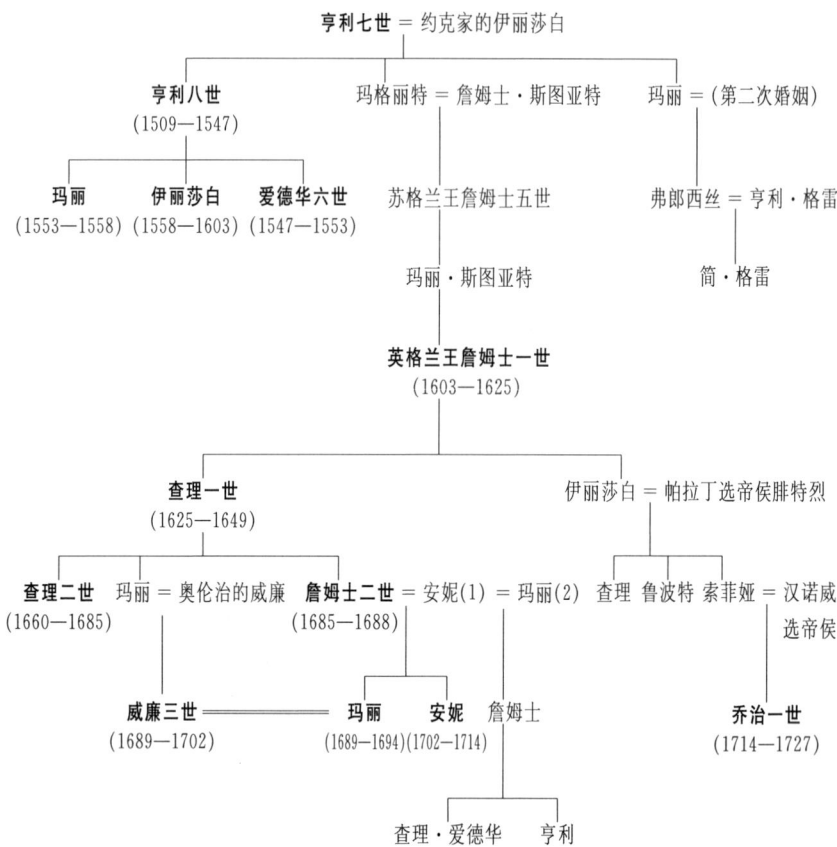

4. 汉诺威王朝和温莎王朝(1917年以后)

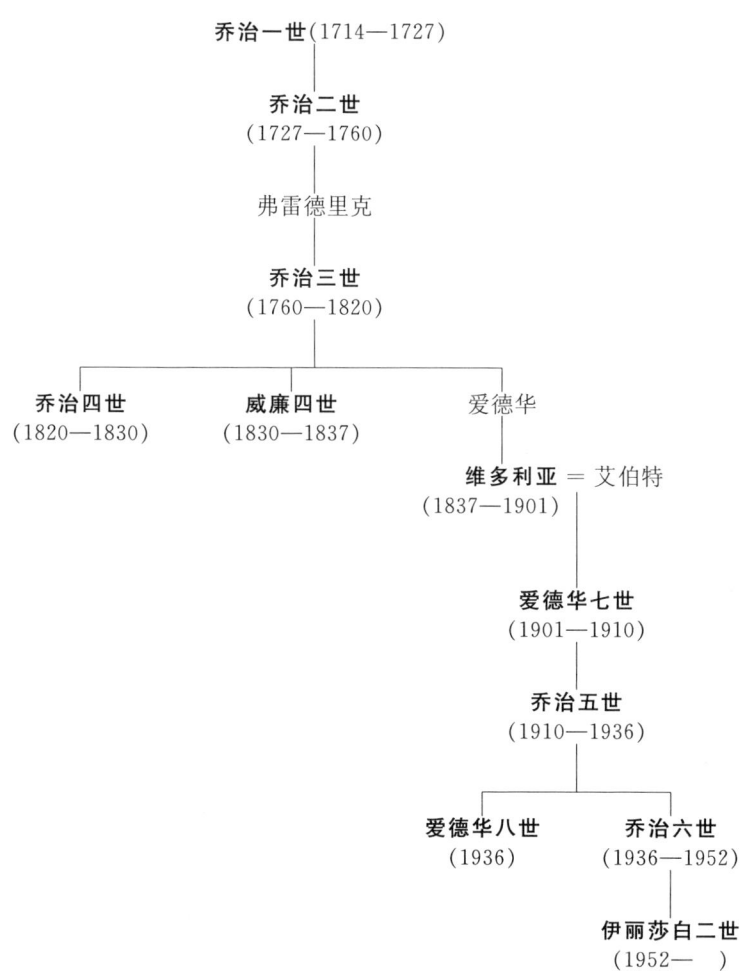

附录二 英国历届首相表

罗伯特·沃尔波尔	(1721—1742，辉格党)
约翰·卡特莱特	(1742—1744，辉格党)
亨利·佩勒姆	(1744—1754，辉格党)
纽卡斯尔公爵	(1754—1756，辉格党)
威廉·皮特	(1756—1757，辉格党)
皮特和纽卡斯尔公爵	(1757—1761，辉格党)
纽卡斯尔和布特伯爵	(1761—1762)
布特伯爵	(1762—1763，国王之友)
乔治·格伦维尔	(1763—1765)
罗金汉侯爵	(1765—1766，辉格党)
查塔姆勋爵威廉·皮特	(1766—1768，辉格党)
格拉夫顿公爵	(1768—1770)
诺思勋爵	(1770—1782，国王之友)
罗金汉侯爵	(1782，辉格党)
谢尔本勋爵	(1782—1783，辉格党)
福克斯和诺思	(1783)
小威廉·皮特	(1783—1801，托利党)
亨利·阿丁顿	(1801—1804，托利党)
小威廉·皮特	(1804—1806，托利党)
查尔斯·福克斯	(1806—1807，"全才内阁")
波特兰公爵	(1807—1809，托利党)
斯潘塞·帕西瓦尔	(1809—1812，托利党)
利物浦勋爵	(1812—1827，托利党)

附录二 英国历届首相表

乔治·坎宁	(1827，托利党自由派)
戈德里奇勋爵	(1827，托利党)
威灵顿公爵	(1828—1830，托利党)
格雷伯爵	(1830—1834，辉格党)
墨尔本勋爵	(1834，辉格党)
罗伯特·皮尔	(1834—1835，保守党)
墨尔本勋爵	(1835—1841，辉格党)
罗伯特·皮尔	(1841—1846，保守党)
约翰·罗素勋爵	(1846—1852，辉格党)
德比勋爵和本杰明·迪斯雷利	(1852，保守党)
阿伯丁勋爵	(1852—1855，辉格党与皮尔派联合)
帕默斯顿勋爵	(1855—1858，辉格党)
德比和迪斯雷利	(1858—1859，保守党)
帕默斯顿勋爵	(1859—1865，辉格党)
罗素勋爵	(1865—1866，辉格-自由党)
德比和迪斯雷利	(1866—1868，保守党)
威廉·格拉斯顿	(1868—1874，自由党)
本杰明·迪斯雷利	(1874—1880，保守党)
格拉斯顿	(1880—1885，自由党)
索耳兹伯里勋爵	(1885—1886，保守党)
格拉斯顿	(1886，自由党)
索耳兹伯里勋爵	(1886—1892，保守党)
格拉斯顿	(1892—1894，自由党)
罗斯伯里勋爵	(1894—1895，自由党)
索耳兹伯里勋爵	(1895—1902，保守党)
阿瑟·贝尔福	(1902—1905，保守党)
坎贝尔-班纳曼	(1905—1908，自由党)
赫伯特·阿斯奎斯	(1908—1915，自由党)
赫伯特·阿斯奎斯	(1915—1916，联合政府)
劳合-乔治	(1916—1922，联合政府)
博纳·劳	(1922—1923，保守党)
斯坦利·鲍德温	(1923—1924，保守党)

拉姆齐·麦克唐纳	(1924，工党)
斯坦利·鲍德温	(1924—1929，保守党)
拉姆齐·麦克唐纳	(1929—1931，工党)
拉姆齐·麦克唐纳	(1931—1935，国民政府)
斯坦利·鲍德温	(1935—1937，国民政府)
内维尔·张伯伦	(1937—1940，国民政府)
温斯顿·丘吉尔	(1940—1945，联合政府)
温斯顿·丘吉尔	(1945，看守政府)
克莱门特·艾德礼	(1945—1951，工党)
温斯顿·丘吉尔	(1951—1955，保守党)
安东尼·艾登	(1955—1957，保守党)
哈罗德·麦克米伦	(1957—1963，保守党)
道格拉斯-霍姆爵士	(1963—1964，保守党)
哈罗德·威尔逊	(1964—1970，工党)
爱德华·希思	(1970—1974，保守党)
哈罗德·威尔逊	(1974—1976，工党)
詹姆斯·卡拉汉	(1976—1979，工党)
玛格丽特·撒切尔	(1979—1990，保守党)
约翰·梅杰	(1990—1997，保守党)
托尼·布莱尔	(1997—2007，工党)
戈登·布朗	(2007—2010，工党)
戴维·卡梅伦	(2010—2015，联合政府)
戴维·卡梅伦	(2015—2016，保守党)
特蕾莎·梅	(2016—2017，保守党)
特蕾莎·梅	(2017—2019，联合政府)
鲍里斯·约翰逊	(2019—　，保守党)

附录三 英联邦成员国一览表

国别	加入英联邦时间
安提瓜和巴布达	1981.11
澳大利亚	1931.1
巴巴多斯	1966.11
巴布亚新几内亚	1975.9
巴哈马	1973.7
伯利兹	1981.9
博茨瓦纳	1966.9
多米尼加	1978.11
冈比亚	1965.2
格林纳达	1974.2
圭亚那	1966.5
基里巴斯	1979.7
加拿大	1931.7
加纳	1957.7
津巴布韦	1980.4
肯尼亚	1963.12
莱索托	1966.10
马尔代夫	1982.7
马耳他	1964.12
马拉维	1964.7
马来西亚	1957.8
毛里求斯	1968.3

孟加拉	1972.3
瑙鲁	1968.1
尼日利亚	1960.10
塞拉利昂	1961.4
塞浦路斯	1961.3
塞舌尔	1976.6
圣克里斯托弗和尼维斯	1983.8
圣卢西亚	1979.2
圣文森特和格林纳丁斯	1979.10
斯里兰卡	1948.2
斯威士兰	1968.9
所罗门群岛	1978.7
坦桑尼亚	1961.12
汤加	1970.6
特立尼达和多巴哥	1962.8
图瓦卢	1978.10
瓦努阿图	1980.7
文莱	1984.1
乌干达	1962.10
西萨摩亚	1970.8
新加坡	1965.10
新西兰	1931.2
牙买加	1962.8
印度	1947.1
英国	
赞比亚	1964.10
巴基斯坦	1989年重新加入
南非	1994年重新加入

附录四 进一步阅读的书籍

通史方面的经典著作是 Sir George Clark 主编的 *Oxford History of England*，共 15 卷，从 20 世纪 30 年代到 60 年代出齐，有很高的学术水平，影响也很大，适宜于专业读者阅读。50—60 年代企鹅出版社出版了一套适于大众阅读的英国通史丛书 *The Pelican History of England*，9 卷，主编是 F. E. Morpurgo。这套书简明扼要，通俗易懂，而且文字很生动，非常适合中国读者阅读。70 年代以后陆续出版了好几套新的英国通史丛书，表达了英国史学界各种新的观点和新的研究成果，并体现了史学研究的新方法、新领域，对有心的读者来说，是很值得注意的。这几套书各有特点，各有所长，都是大部头、大分量的丛书，以学术见长，其中包括 Longman 出版社的 *A History of England*，11 卷，主编是 W. N. Medlicott；Basil Blackwell 出版社的 *Fontana History of England*，10 卷；以及剑桥大学出版社的 *The New History of England*，10 卷，主编是 A. G. Dickens 和 Norman Gash。后面这套书从 1460 年开始写起，因此毋宁说是一套多卷本的近代英国史丛书。

单卷本的通史著作首推 Kenneth O. Morgan 主持的 *Oxford History of Britain*，此书 1984 年第一版，有中译本，且有一个精美的插图版本，其权威性比较大，但阅读起来不太容易，对没有基础历史知识的人更不容易，因其跳跃性较大，面广而不连贯。可读性较强的是 Clayton Roberts 和 David Roberts 的 *A History of England*（上下册），1980 年初版，对一般读者很适宜。较早的单卷本英国史包括 W. E. Lunt 的 *History of England*（1946）；Keith Feiling 的 *A History of England*（1963）；Sir George Clark 的 *English History, a Survey*（1971）等。G. M. Trevelyan 的 *A Social History of England*（1944）是第一部从社

英国通史

会史角度撰写的英国通史，虽它在内容上与现在的"社会史"不完全一致，但仍传递了许多有趣的信息。Henry Hamilton 的 *History of the Homeland* (1947)也是一部通史性社会史，内容也十分有趣。但社会史方面最成功的通史著作是 Asa Briggs 在 1983 年出版的 *A Social History of England*(有中译本)，这是一本真正意义上的社会史，条理清楚，内容丰富，涵盖面广，系统性强，是一本值得一读的好书。

中文通史著作以蒋孟引主持的《英国史》最为重要，它是我国学者自己撰写的第一部英国通史，也是我国英国史研究的重要成果。在翻译著作方面，丘吉尔的《英语国家史略》和莫尔顿的《人民的英国史》都属于通史性质，但其阅读价值仅属一般。王觉非主持的《近代英国史》是我国学者撰写的近代断代史，钱乘旦主持的《二十世纪英国》是 20 世纪断代史。

如果对古代和中世纪感兴趣，读者可以先看上述丛书中相关的卷册，也可以阅读 *Cambridge Medieval History* 多卷通史中有关英国的章节。如果对某个专题感兴趣，那就应该寻找相关的专著了，通史著作中都会列出有关的书目。有两部古籍详细记载了盎格鲁-撒克逊人入侵的经过，其中一部是 Bede 的 *Ecclesiastical History of the English People*(有中译本)，另一部是 8—10 世纪修道院教士记载的 *Anglo-Saxon Chronical*，读者若翻阅一下，会感到有兴趣的。在罗马不列颠研究中，F. J. Haverfield 是老辈学者中最有影响的一位；当代学者则以 Malcolm Todd 较为突出。盎格鲁-撒克逊时期的研究以 H. M. Chadwick 和 R. H. Hodgkin 为代表，他们也是老派学者，新派学者则有 F. M. Stenton 和 J. Campbell 等。中世纪的宪政史是传统史学研究的一个重要内容，在这方面，W. Stubbs 的 *Constitutional History of England* (1897)虽说老，却仍然有参考价值。W. A. Morris 的 *Constitutional History of England to 1216* (1930) 和 G. B. Adams 的 *Constitutional History of England* (1934)也是这种情况，它们代表着传统的宪政史方法。当代学者做的题目就比较小，也比较专，体现着现代历史学的特点。当然也有做稍大一点题目的，比如 G. W. S. Barrow 的 *Feudal Britain 1066—1314* (1956)之类。

都铎研究是英国史研究中的重头，许多学者致力于这个时期。在这个方面，最不负众望的是 G. R. Elton，他的作品很多，包括 *The Tutor Revolution in Government* (1953)，*England under the Tudors* (1955)，*Reform and Renewal* (1973)，*Reform and Reformation* (1977)等，可

以看出，Elton 走的是宪政史的路子。J. J. Scarisbrick 的 *Henry VIII* (1968)是一本出色的传记，同时也是都铎研究的重要成果。J. E. Neale 在 1934 年出版的 *Elizabeth* 有同样的效果，当然这本书成书的时间比较早。都铎研究中有一本很重要的著作后来引起广泛重视，那就是 Laurence Stone 的 *The Crisis of the Aristocracy* (1965)，这本书用贵族的衰落解释社会的变化(或用社会的变化解释贵族的衰落)，是社会史研究方法的典范，但其中的观点引起了不少争论。

17 世纪英国革命是英国史研究的另一个热门，Christopher Hill 是这个领域中最著名的学者。Hill 是马克思主义历史学家，他坚持用阶级斗争的观点解释革命，认为革命体现了阶级斗争。Hill 最重要的著作是 *The Century of Revolution* (1961)，其他如 *God's Englishman* (1970)也很有影响。后来许多学者针对他的观点提出不同意见，其中包括 Derik Hirst。革命史方面早一点的学者有 S. R. Gardiner (*History of England 1603—1642*；1883—1884 年出版)和 G. P. Gooch (*History of English Democratic Ideas in the Seventeenth Century*；1927 年出版)，他们也是很有名气的。不同学者对英国革命做出了各种解释，其观点从宪政冲突到宗教对抗等等不一而足。

18 世纪研究中最引人注目的是 E. P. Thompson 和他的研究成果 *The Making of the English Working Class* (1963，有中译本)，此书现在已经是公认的世界名著。Thompson 也是一位马克思主义历史学家，他提出了工人阶级"形成"的理论，强调"阶级意识"在阶级形成中的重要作用。他的主要论文后来编成一本书，题为 *The Customs in Common* (1991)，这是又一本理论性很强的著作，其中提出了"道德经济学"的概念，对 18 世纪民众与统治者的关系作了深刻的分析。Sir Lewis Namier 也是一位重要的 18 世纪史学家，他在 *The Structure of Politics at the Accession of George III* (1951)一书中提出了用社会结构变化来解释政治变化的观点，这在当时是非常有新意的。

有关工业革命的著述中，最简明扼要的是 T. S. Ashton 的 *The Industrial Revolution* (1968)，但其观点比较保守；David S. Landes 的 *The Unbound Prometheus* (1969)和 Eric Hobsbawm 的 *Industry and Empire* (1968)是两本很重要的著作，内容很丰富，观点极鲜明，前者偏重经济，后者偏重社会，了解工业革命应该是不得不看。Hobsbawm 是第三

位重要的马克思主义历史学家,他的著作还包括 *The Age of Revolution*(1962,有中译本), *The Age of Capital* (1975,有中译本)等,都是对工业革命时期的社会做出解释(但其内容涉及整个欧洲,而不仅限于英国)。他后来出版的 *Nations and Nationalism since 1780* (1990,有中译本)为他赢得了国际声誉。工业革命史研究中早一点的著作是 Paul Mantoux 的 *The Industrial Revolution of the Eighteenth Century* (1911,有中译本),其中偏重细节描述,但仍是很有价值的。

与工业革命相关的是经济史,其中第一本重要的著作是 J. H. Clapham 的 *An Economic History of Britain* (1933,有中译本)。这本书否认工业革命是一次"飞跃",认为它不是什么"革命",由此就引发了旷日持久的工业革命是不是"革命"的论战,至今余波未歇。当代经济史作家中最重要的有 Phyllis Deane,他和 W. A. Cole 合著的 *British Economic Growth 1688—1959*(1962)是一部"纯"经济史著作,学术价值很高,并肯定工业革命是一次"革命"。B. R. Mitchell 的 *Abstract of British Historical Statistics* 及他和 H. G. Jones 合著的 *Second Abstract of British Historical Statistics* 提供了大量的统计资料,使对经济史感兴趣的读者能够接触到很多直观的数据,可说是对 Deane 著作的数据补充,因此很有价值。

工业革命引起社会变化,这是许多学者非常关注的问题,相关著作也相当多。Harold Perkin 的 *The Origins of Modern English Society* (1969)是一本重要的著作,很有影响,其中对许多问题进行了探讨。J. F. C. Harrison, John Foster, Asa Briggs, E. Halevy 等人在这方面也都各有成就,他们涉及的领域不同,但有一个共同点,就是都主张"自下而上地"看历史,人民群众是他们观察的重点,这是"社会史学家"最重要的一个贡献,体现着 20 世纪下半叶西方史学的全新动向。Edward Royle 的 *Modern Britain, a Social History 1750—1997* (1997,第二版)是全面表现工业革命以后 200 年社会变化的作品,有很强的阅读价值。

18 世纪末,随着工业革命的进展,民众政治与民众骚动成为引人注目的问题,在这个方面进行研究而做出突出贡献的是 E. P. Thompson (*Customs in Common*),此外 Alfred Cobban, J. R. Dinwiddy, Ann J. Hone 等人也各有所成。H. T. Dickinson 的研究比较突出,他的 *Liberty and Property* (1977), *The Politics of the People in Eighteenth Century*

Britain(1995)等,都是很有学术深度的作品,也有广泛的影响。

工人阶级问题是这个领域里最重要的问题之一,在这方面研究最多,争论也最多。J. L. & Barbara Hammond 夫妇在 20 世纪初出版的"劳工三部曲"(*The Village Labourer*, *The Town Labourer*, *The Skilled Labourer*)首先把这个问题提了出来,并做出了"悲观"的判断(即工人阶级在工业革命中深受苦难)。其他学者(包括 Clapham, Hartwell 等)则提出"乐观"的观点(即工业革命使所有人受益),这个争论贯穿 20 世纪并持续进行,直到 Thompson 出版 *The Making of the English Working Class* 而把争论推向了又一个高潮。

与此相关的是工人运动问题,事实上,Hammond 夫妇和 Thompson 的著作中都讨论了这个问题,并各自提出了不同的观点。Sidney & Beatrice Webb 夫妇的 *The History of Trade Unionism*(1894)是最早研究工会运动史的著作,后来 G. D. H. Cole 也在这个领域做出了很大贡献;他们都是费边社的成员。Henry Pelling 是工人运动史和工党史专家,他关于工党早期史的研究负有盛名,其著作包括:*A History of British Trade Unionism*(1963),*The Origins of the Labour Party*(1965)等。宪章运动史最好的学者是 E. P. Thompson 的夫人 Dorothy Thompson,她的 *The Chartists*(1984)是一部成功的作品。20 世纪下半叶还发生过"工人贵族"问题的大讨论,许多马克思主义历史学家投入论争,出版的重要著作有 Hobsbawm 的 *The Labouring Men*(1968),R. Q. Gray 的 *The Aristocracy of Labour in Nineteenth Century Britain*(1981)等。

19 世纪政治史:研究第一次议会改革及民众改革运动的有两部重要作品:John Cannon 的 *Parliamentary Reform 1640—1832*(1973)和 Michael Brock 的 *The Great Reform Act*(1973);研究第二次议会改革的有 F. B. Smith 的 *The Making of the Second Reform Bill*(1966)。这些书都详细地记叙改革的过程,文字也很耐读。研究自由党和保守党及相关政治的著作相当多,但一般都选择一个较小的题目或一个政治家的生平做切入口,企图以小见大。多数课题都做得很小,但也很细,比如某一届政府的若干年时间,或某一个政治家的一段生平。略大一点的题目也是有的,比如 John Vincent 的 *The Formation of the Liberal Party 1857—1868*(1966)和 Martin Pugh 的 *The Making of Modern British Politics 1867—1939*(1982),这些就算相当大的题目了。读者若想了解此时期政党和政治的概貌,仍以读断代通史性质的书为好。

英帝国史是英国历史中一个重要的分支,也可说是一项专门的学问。经典的帝国通史多卷本系列是 J. Holland Rose 主编的 *Cambridge History of the British Empire*（1929—1959）,它至今仍具有极大的权威性。近几年牛津大学组织编写的 *Oxford History of the British Empire*,由 William R. Louis 任主编,共 5 卷,已基本出齐。这套书在观点和风格上都蓄意创新,取得了不小的成就,堪与剑桥帝国史抗衡。单卷本帝国通史中最具权威的是 P. J. Marshall 的 *Cambridge History of the British Empire*（1996）,这是了解帝国史的必读之书。T. O. Lloyd 的 *The British Empire 1558—1995*（1997）也是一部很好的单卷本通史;Marshall 和 Lloyd 在帝国史方面都很有造诣,他们写了很多书。在帝国解体和非殖民化方面,John Darwin 的研究颇具影响(*Britain and Decolonisation*,1988;*The End of the British Empire*,1991 等)。D. George Boyce 的 *Decolonisation and the British Empire 1775—1997*（1999）也是一本出色的书,值得一读。

20 世纪史是最近一二十年兴起的一个新的方向,越来越多的历史学家投入到这个领域,而且取得了很大成就。在政治史方面,Malcolm Pearce 和 Geoffrey Stewart 的 *British Political History*（1992）十分出色,其内容详尽,叙述生动,史料多而不艰涩,对了解 20 世纪史十分有帮助。Alfred F. Havigurst 的 *Britain in Transition*（1985,第四版）是另一本 20 世纪断代史,它的特点是面广,不局限于政治史,也值得一读。第二次世界大战以后的断代史中首推 Kenneth O. Morgan 的 *The People's Peace*（1992）,这本书出版后,已取得很大成功。20 世纪的社会史方面,John Stevenson 的 *British Society 1914—45*（1984）和 Arthur Marwick 的 *British Society since 1945*（1982）堪称姊妹篇,它们成功地展现了 20 世纪英国的社会变化,对我们认识一个工业社会向"后工业"的转化有很大的帮助。Pat Thane 的 *Foundations of the Welfare State*（1982）是福利国家问题的专著,这是 20 世纪社会史的一个重要方面。值得一提的是,由 Paul Johnson 主持的 *20th Century Britain—Economic, Social and Cultural Change*（1994）是一本极有意义的社会史研究著作,它包括 20 多位作者撰写的论文,每一位作者都是一个方面的专家,因此全书涉及 20 世纪英国社会的方方面面,很有参考价值。在社会史方面还有一书值得一提,就是 Martin J. Wiener 的 *English Culture and the Decline of the Industrial Spirit*(1981),书中从社会文化的角度来解释20世纪英国的衰落,因此引起了普遍的注意。

应该说,长期以来,英国史研究领域是成果集中涌现,大师云集的。英国民族从来就非常重视史学的研究,他们积累了深厚的基础,取得了很多的成就。以上所列只是诸多成果中的很小一部分,但其中包括许多重要的著述,值得中国学者使用阅读。本书将这些成果附列于此,希图为感兴趣的读者提供更多的读书指向。

近20年西方史学界受"后现代主义"影响比较深,"解构"和"修正"盛行。"解构"是对历史学的理念和方法进行冲击,否定历史的客观性和存在性;"修正"是对过往的研究结果进行修改,经常是反其道而行之。英国历史学界也受到"后现代主义"冲击,不过相比于其他一些国家,多数英国学者仍能坚守历史学的基本原则,虽说"反其道而行之"的情况并不少见。这是我们在阅读晚近出版的著作时,应该了解的。

"大众史学"是过去二三十年流行的另一个特点,在英国历史学界也有很强的表现,BBC拍摄的一套英国史电视片就是典型。作家和记者撰写历史书是"大众史学"的常见现象,他们的作品一般比较生动,适合大众阅读,当然在专业学术标准方面可能会有欠缺。有两本书可视为这方面的参照对象,一本是彼得·阿克罗伊德撰写的《伦敦传》,另一本是劳伦斯·詹姆斯撰写的《大英帝国的崛起与衰落》,都已翻译成中文。

下面这份书单是过去20年里专业历史学著作中有较大影响、学界评价比较高的一些作品,由我的朋友、国际著名历史学家、爱丁堡大学教授哈里·狄金森(Harry Dickinson)提供给中国读者,作为本书的补充参考书,读者们可根据需要选择阅读:

(1) Christopher Dyer, *Making a Living in the Middle Ages: The People of Britain 850-1520*.

(2) Martin Wall, *The Anglo-Saxon Age: The Birth of England*.

(3) David Bates, *The Normans and Empire*.

(4) Gerald L. Harriss, *Shaping the Nation: England 1360-1461*.

(5) Christopher Dyer, *An Age of Transition?: Economy and Society in England in the Late Middle Ages*.

(6) T. W. Moody, F. X. Martin and Others, *Early Modern Ireland*

1534-1691.

(7) Austin H. Woolrych, *Britain in Revolution 1625-1660*.

(8) Blair Worden, *The English Civil Wars 1640-1660*.

(9) T. C. Smout(ed.), *Anglo-Scottish Relations from 1603-1900*.

(10) Thomas M. Devine, *Scotland and the Union 1707-2007*.

(11) Ian McBride, *Eighteenth-Century Ireland: The Isle of Slaves*.

(12) Thomas M. Devine, *The Scottish Nation, 1700-2007*.

(13) Christopher Whatley, *The Industrial Revolution in Scotland*.

(14) Emma Griffin, *Liberty's Dawn: A People's History of the Industrial Revolution*.

(15) Robert C. Allen, *The British Industrial Revolution in Global Perspective*.

(16) H. T. Dickinson (ed.), *A Companion to Eighteenth-Century Britain*.

(17) Alvin Jackson, *Two Unions: Ireland, Scotland and the Survival of the United Kingdom, 1707-2007*.

(18) John Charmley, *A History of Conservative Politics since 1830*.

(19) Alvin Jackson, *Ireland 1798-1998: War, Peace and Beyond*.

(20) Robert N. W. Blake, *The Conservative Party from Peel to Major*.

(21) Noel W. Thompson, *Political Economy of the Labour Party: The Economics of Democratic Socialism, 1884-1995*.

(22) Ewen Cameron, *Impaled upon a Thistle: Scotland since 1880*.

(23) David Rubenstein, *The Labour Party and British Society, 1880-2005*.

(24) David Dutton, *A History of the Liberal Party since 1900*.

(25) Selina Todd, *The People: The Rise and Fall of the Working Class 1910-2010*.

(26) Peter A. Lynch, *The History of the Scottish National Party*.

(27) Martin Pugh, *Speak for Britain! A New History of the Labour Party*.

(28) Anthony Seldon and Peter Snowdon, *The Conservative Party*.

(29) Stuart Ball, *The Conservative Party since 1945*.

(30) Ross McKibbin, *Democracy and Political Culture: Studies in Modern British History*.

谨此向哈里·狄金森教授致以谢意!

后记

本书由我和许洁明分工写作，修订本增加了第二十章，使时间下限延续到2020年，从而给读者提供了一部更加完整的《英国通史》。全书分工为：许洁明撰写第一章至第九章，我写第十章至第二十章。书后所附"进一步阅读的书籍"也做了增补，增加了新近出版的书，可供感兴趣的读者进一步阅读。写一部《英国通史》一直是我的一个夙愿，现在这个版本应该是较完整地介绍了英国历史的主体线索，比较客观，比较能体现英国的特色，也较能反映国际学术界的最新研究成果。历史应该以"真"为本，我们在书中是努力去做的。书中有不少观点是我们自己的，若有不当，敬请读者指教。书中使用的插图相当精美，有不少在国内图书中不可见到，插图由陈仲丹教授等提供并作文字解说，在此特表感谢。此次出版的国别通史将大大地增长我国读者对世界上一些重要国家历史的认识，这将为我们更好地走向世界作出贡献。上海社会科学院出版社在这方面已经做了许多工作，作为读者兼作者，我们向出版社致敬！读者关注我们的写作，我们也要向读者致谢！

钱乘旦
2021年3月15日于北京大学

图书在版编目(CIP)数据

英国通史：珍藏本 / 钱乘旦，许洁明著 . — 上海：上海社会科学院出版社，2017
 ISBN 978 - 7 - 5520 - 1965 - 0

Ⅰ . ①英… Ⅱ . ①钱… Ⅲ . ①英国—历史 Ⅳ . ①K561.0

中国版本图书馆 CIP 数据核字(2017)第 096850 号

英国通史(珍藏本)

著　　者：钱乘旦　许洁明
责任编辑：王　勤
特约编辑：张广勇
插　　图：陈仲丹、顾村等
封面设计：周清华
出版发行：上海社会科学院出版社
　　　　　上海顺昌路 622 号　邮编 200025
　　　　　电话总机 021 - 63315947　销售热线 021 - 53063735
　　　　　https://cbs.sass.org.cn　E-mail：sassp@sassp.cn
照　　排：南京理工出版信息技术有限公司
印　　刷：江阴市机关印刷服务有限公司
开　　本：710 毫米×1010 毫米　1/16
印　　张：25.75
插　　页：5
字　　数：405 千
版　　次：2017 年 8 月第 1 版　2025 年 11 月第 8 次印刷

ISBN 978 - 7 - 5520 - 1965 - 0/K · 394　　　　　　　　　　　定价：88.00 元

版权所有　翻印必究